Hinter dem Horizont gibt es noch Meer

Rüdiger Neukäter

Buchbeschreibung

Reisen war immer Rüdiger Neukäters bevorzugtes Hobby. Immer war es ihm ein Bedürfnis, das Erlebte in Worten festzuhalten. So entstanden diese Reiseberichte. Er erkundete Städte, Länder, Landschaften und schaute aufmerksam und kritisch weit über den Horizont hinaus. Dort gibt immer wieder Dinge, Begebenheiten, Menschen, mit denen auseinanderzusetzen sich lohnt. So erfährt der Leser Interessantes, Wissenswertes, Lustiges. Dieser erste Band führt u.a. nach Paris, Ägypten, die USA, Kenia, Bali. Es sind Pauschalreisen, aber auch selbst organisierte Touren. Ein Reiz dieser Aufzeichnungen liegt in ihrer Authentizität. Von 1990 bis 1997 geschrieben, geben die Berichte auch die Erfahrungen und die Empfindungen dieser Jahre wieder.

Über den Autor

Rüdiger Neukäter war viele Jahre Lehrer.
Er lebt mit seiner Frau, der Malerin Ildiko Hajnal, in Kassel. Vor und vor allem nach seiner Pensionierung ist er viel gereist. Von jungen Jahren an war es ihm ein Bedürfnis, über die engen Grenzen seiner Heimat hinauszusehen. Reisebücher über Sri Lanka, Indonesien, Südostasien und Indien, Dubai/Abu Dhabi sind so entstanden. Aber auch Kurzgeschichten, Gedichtbände und ein Roman zählen zu seinem Werk. Außerdem hat er viele Videos bei YouTube veröffentlicht.

Hinter dem Horizont gibt es noch Meer

Reiseberichte (1990 – 2018)

Band 1 (1990 – 1997)

Rüdiger Neukäter

rueneuk@gmx.de
www.ruediger-neukaeter.de

Bibliografische Informationen
Der Deutschen Nationalbibliothek:
Die Deutsche Nationalbibliothek verzeichnet diese
Publikation in der Deutschen Nationalbibliografie;
Detaillierte bibliografische Daten sind im Internet über
http://dnv.d-nb.de abrufbar.

1. Auflage, veröffentlicht 2025.

Verlag: BoD · Books on Demand GmbH, Überseering 33,
22297 Hamburg, bod@bod.de

Druck:
Libri Plureos GmbH, Friedensallee 273, 22763 Hamburg

ISBN: 978-3-7693-3832-4

rueneuk@gmx.de
www.ruediger-neukaeter.de

Inhaltsverzeichnis

1. Vorwort

Seitdem ich denken kann, hat es mich immer gereizt, Neues zu entdecken und mich auf den Weg irgendwohin zu machen. Mit Sieben wollte ich mit dem Zirkus auf Wanderschaft gehen. Vom 10. Lebensjahr an machte ich Radtouren, kreuz und quer durch den Bayerischen Wald, wo ich viel Jugendzeit verbrachte und einmal auch bis zum Gardasee. Dann kamen Touren per Anhalter, nach Frankreich und Spanien. Eine Zeit lang war Interrail in und ich entdeckte Griechenland mit dem Zug, quer durch das damalige Jugoslawien. Von Piräus ging es dann weiter mit dem Schiff auf diverse Inseln. Als ich älter wurde und mir ein Auto leisten konnte, fuhr ich wieder nach Griechenland. Immer wieder. Als ich mit knapp dreißig meine Frau kennenlernte, machten wir die Hochzeitsreise nach England. Ich überzeugte sie davon, dass Reisen der schönste Zeitvertreib sei, und von da an unternahmen wir alle Reisen gemeinsam. Es wurden sehr viele. Bis 2019 Corona dem erst mal ein vorläufiges Ende machte.

Im Laufe der Jahre sind einige Bücher über unsere Reisen entstanden: Unterwegs in Südostasien, Indien, Indonesien, Vietnam, Sri Lanka, arabische Emirate.

Vor Kurzem entdeckte ich, als ich die Festplatte meines Computers ein wenig aufräumte, eine Anzahl von Reiseberichten aus früheren Jahren. Nicht, dass ich diese vergessen hatte, aber sie schienen mir über dem Aktuelleren nicht wichtig. Ich las sie, fand sie nicht schlecht und sogar würdig, sie in Form eines Buches der Nachwelt, womit ich im Wesentlichen unsere Kinder und Kindeskinder meine, zu erhalten. So entstand der Plan für dieses Buch. Natürlich musste ich die alten Texte kürzen und überarbeiten. Aber dabei habe ich mich zurückgehalten, denn ich fand, dass der Reiz, der von den Texten ausging, nicht zuletzt in ihrer Authentizität bestand. Es sind Reiseberichte von gestern, ohne aktuelle Tipps und Empfehlungen, doch vieles von dem, was damals stimmte, ist auch heute noch richtig. Die Berge, Täler, Kirchen, Tempel und Sehenswürdigkeiten sind auch heute, sofern nicht Erdbeben, Brände, Kriege oder sonstige Katastrophen sie zerstört haben, an der gleichen Stelle. So gesehen sind diese Reiseberichte ein Stück Zeitgeschichte, wobei die Welt aus meiner Sicht wahrgenommen wird. Ich hoffe, dass den Texten dadurch ein gewisser Charme des Gestrigen und zu anderer Zeit Erlebten zu eigen ist.

Ich habe eine Reise gebucht, bin angekommen, halte die Augen auf und bemühe mich unvoreingenommen, neugierig, offen zu sein. Ich habe mir die Zeit genommen, aufzuschreiben, wie die Tage verlaufen sind, was ich erlebt, gesehen, empfunden habe. Ich habe versucht, Erlebnisse, Gedanken, Impressionen, Wissenswertes festzuhalten, mir zur Erinnerung und anderen vielleicht zu unterhaltsamer Lektüre. Was mir begegnete, habe ich auf meine Art festgehalten: mit Wörtern und Sätzen. Manchmal war das mühsam und zeitraubend, doch ist mir diese Aufschreiberei irgendwann zur Pflicht geworden. Ich habe in allen Lebenslagen geschrieben und manchmal war meine Schrift selbst für mich schwer entzifferbar. Zu Hause habe ich dann die Notizen am Computer überarbeitet. Vielleicht ist in meinen Berichten die eine oder andere Darstellung nicht ganz korrekt, Lokalitäten mögen fehlerhaft beschrieben, Historie eigenwillig oder irreführend interpretiert sein. Wie auch immer: Meine Darstellung ist subjektiv und soll es auch bleiben.

In diesem Sinne hoffe ich, dass die Lektüre meiner Reiseerinnerungen nicht nur anregend, sondern möglicherweise auch nützlich ist. Vielleicht kann sie dem einen oder anderen in seinen Erinnerungen nachhelfen oder auch bei der Planung einer Reise von Nutzen sein.

Rüdiger Neukäter, im Mai 2025

2. Budapest – Prag – Dresden – Weimar (1990)

Am 5. Oktober beginnen die Herbstferien.

Ursprünglich hatten wir geplant, nach Ägypten zu den Pyramiden zu reisen. Doch Saddam Hussein, der irakische Diktator, hat uns die Tour vermasselt. Die Reise wurde storniert. Wer möchte schon in ein Krisengebiet zu reisen, in dem alles unvorhersehbar ist, in dem sogar ein Krieg, losbrechen kann.

Also planen wir das schon oft Bewährte: Wir werden nach Ungarn fahren und in Budapest bei Ildikos Eltern wohnen und die Rückreise über Prag nehmen. Ildiko macht sich Sorgen um ihre alten Eltern. Opas Verkalkung wird von Monat zu Monat bedrohlicher. Er vergisst alles, richtet nur noch Unsinn an und ist darüber hinaus häufig aggressiv.

Ein weiterer Anlass der Ungarnreise ist mein Zahn, besser gesagt, mein fehlender Zahn. Im Frühjahr machte er Beschwerden und im April trennte ich mich von ihm. Seitdem pfeift die Luft durch die Lücke und ich lispele mehr denn je. Der Kostenvoranschlag des Zahnarztes für eine Brücke bereitete Kummer: 2200.- DM. Ist ein gestopftes Zahnloch so viel Geld wert? In Budapest lebt Marianne, Zahnärztin und Ildikos Freundin. Und Zahnbehandlungen, Zahnersatz sind viel billiger im Osten. Was also lag näher, als die Kosten der Gebissreparatur in Ungarn zu verringern.

Ildiko und ich fahren zum ersten Mal seit vielen Jahren ohne die Kinder. Eine ganz neue Erfahrung.

Die Fahrt verläuft ohne nennenswerte Besonderheiten. Wir machen die üblichen Pausen an den gewohnten Tankstellen. Selbst McDonalds steuern wir wie all die Jahre zuvor an. In Österreich Föhn: Selten sahen wir die Alpen so klar in der Ferne. Stau in Wien: Eine Stunde lang quälen wir uns durch das Gewühl.

Das neue Gefühl an der österreichisch-ungarischen Grenze kennen wir nun schon. Das grenzenlose Europa ist fast Wirklichkeit geworden. Der Traum von der unbegrenzten Freizügigkeit ist kein Traum mehr. Noch vor einem Jahr bereiteten die Stahlschranke und die bewaffneten Soldaten und das Warten auf den Stempel im Pass Angst. Heute geht der Grenzübertritt fast ohne Unterbrechung vonstatten.

In Budapest erwarten uns Ildikos Eltern und Schwester mit warmen Gefühlen und leckerem Essen.

Budapest

Am Sonntagabend sind wir zum Essen bei Marianne und Janos eingeladen. Marianne ist die besagte Zahnärztin, Janos ist Jurist. Als Budapest noch die Hauptstadt einer Volksrepublik war, besuchte uns Janos zweimal in Kassel, um sich ein deutsches Auto zu kaufen, einmal einen BMW, das zweite Mal einen Opel Omega. Er brachte viel Geld mit, wir suchten gemeinsam das entsprechende Fahrzeug und Ildiko veranlasste, dass ein Notar die Schenkungsurkunde ausstellte. An der Grenze ließ sich Janos die Mehrwertsteuer zurückerstatten und verkaufte die Autos kurze Zeit später in Budapest. Mit ordentlichem Gewinn natürlich. Eine fragwürdige Art, zu Geld zu kommen. Im letzten Jahr bauten sich Janos und Marianne eine prachtvolle Villa, elegant, großzügig, allen westlichen Ansprüchen genügend.

Unsere aktive Beteiligung am Wohlstand der beiden ist sicher gering, aber nicht völlig von der Hand zu weisen. Die Einladung nehmen wir gerne an. Die beiden lieben wie die meisten Ungarn gutes Essen und Trinken und sind infolgedessen nicht gerade schlank. Marianne führt einen ständigen Kampf gegen die überflüssigen Pfunde. Sie lebte mit ihrem ersten Mann mehrere Jahre in Deutschland, sodass unsere Konversation teilweise auf Deutsch verläuft und ich nicht nur zum Zuhören verdammt bin.

Zunächst feilt Marianne meinen gesunden Zahn ab, als Stützpfeiler für die Brücke. Nach zwei Stunden etwa lässt die Wirkung der Spritze nach und wir essen zu Abend. Die Politik spielt bei dem Gespräch natürlich die Hauptrolle. Ungarn ist wie der gesamte ehemalige Ostblock im Umbruch. Alles verändert sich in einem unglaublichen Tempo und keiner weiß so recht, wie und ob er Schritt halten kann. Janos ist optimistisch, obgleich auch er nicht weiß, ob er seine Stellung beim Magistrat behalten wird. Irgendwann wird sie ausgeschrieben werden, und ob man ihn dann wieder einstellt, ist ungewiss. Aber Janos ist clever und bereit, neue Gedanken zu denken. Mit einem halben Fuß stand er sowieso schon immer im Westen.

Am nächsten Tag, einem Montag, machen wir einen Stadtbummel durch Pest. Die Stadt platzt mehr denn je aus den Nähten. Der Verkehr quält sich im Schritttempo durch die breiten Straßen. Mit viel Glück finden wir einen Parkplatz am Deak-Ter. Jahrelang haben wir hier im DDR-Kulturzentrum Bücher gekauft. Oft war das, was in der gesamten DDR nicht zu finden war, hier zu haben: Maxi Wander, Stefan Heyms Romane, Stücke von Christoph Hein. Natürlich gibt es kein DDR-Zentrum mehr. „Dieser Laden musste leider schließen. Wir danken all unseren Kunden für die langjährige Treue." Deutsche Bücher findet man noch in einigen Buchhandlungen, weniger zwar als vor dem Umbruch und teurer sind sie alle geworden. Überhaupt die Preise: explosionsartig haben sie sich im Laufe weniger Monate erhöht. Ich frage mich, wer all diese westlichen Produkte, die zum Teil teurer sind als bei uns, kaufen kann. Die Löhne sind zwar gestiegen, aber in ungleich geringerem Maße. Man merkt das an den Kosten für Dienstleistungen, die immer noch unglaublich niedrig sind. Eine Fußpflege umgerechnet etwa vier Mark, eine Reifenreparatur inklusive zweimaliger Montage acht Mark, die Straßenbahn kostet das Doppelte wie vor einem Jahr, nämlich sechs Forint, fünfzehn Pfennige. Ildikos jüngste Schwester verdient als Kindergärtnerin etwa 10 000 Forint. Was ist das schon, wenn Kleidung, Schuhe, Lebensmittel, Kosmetika, Schmuck, überhaupt alles gewaltig im Preis gestiegen sind. Die Verlockungen sind größer geworden, die Kaufentscheidungen schwieriger und der persönliche Etat vieler Ungarn kleiner. Und man bekommt alles. Markenartikel mit Rang und Namen schmücken die Schaufenster. Wenigstens gibt es in den Warenhäusern noch ungarische Produkte, weniger elegant verpackt, aber viel billiger. Ob sie deswegen schlechter sind?

Trotz des Preisanstiegs ist Ungarn immer noch Billigland für westliche Touristen. Der Schwarzmarktkurs liegt fast bei 50 Forint für eine Mark, gegenüber den offiziellen 39 Forint ein erheblicher Unterschied. Für hundert Mark gehört einem zwar in Budapest auch nicht die Welt, aber es reicht bei Weitem, um über die Verhältnisse zu leben und den Mann von Welt zu spielen. So erleben auch die Váci-utca und die Ringstraßen einen wahren Kaufrausch. Die Geschäfte sind voll, die flanierenden Kunden vielsprachig und multinational. Deutsche Wortfetzen überwiegen. Ungarn, hieß es vor wenigen Tagen im Fernsehen, sei auf dem besten Wege, das Bangkok Europas zu werden. Liebe, Rauschgift und Alkohol sind wohlfeil, Zigeuner und dunkelhäutige Banden beherrschen den Markt. Zwar wirkt auch am Abend die Stadtszene nicht bedrohlich, aber auffällig ist die Vielzahl von dunkelhaarigen und exotisch-arabisch aussehenden Männern, die an den Straßenecken und in den Unterführungen in Gruppen zusammenstehen.

An der Népköstarsasag-utca, werden wir Zeuge eines historischen Moments. Das Schild mit dem ungeliebten Straßennamen wird von einem auf einer Leiter stehenden Herren im dunklen Anzug abgeschraubt. Die Prachtstraße erhält wieder ihren alten historischen Namen. „Andrási". Die Fernsehkameras surren und am Abend kann das Ereignis auf den Bildschirmen der Nation besichtigt werden. Die Ungarn finden ihre Geschichte wieder.

Wir machen ein paar kleine Einkäufe, bummeln und kaufen Theaterkarten für drei Abende. Dann beginnt es zu regnen. Janos und Marianne haben uns zwei Dauerkarten für Sauna und Schwimmbad in einem Hotel überlassen. Was können wir Besseres tun, als uns aufzuwärmen und unsere Gesundheit zu pflegen.

Zu Hause bei Oma und Opa ist die Stimmung eher trüb. Ildikos Vater, das Sorgenkind, das ständiger Aufsicht bedarf, ist das Hauptthema. Es ist deprimierend, zu sehen, wie dieser kräftige Mann im Laufe des letzten Jahres abgebaut hat und infantil in den Tag hinein lebt. Dabei ist der Körper noch kräftig und verlangt nach Betätigung, der Geist jedoch ist unfähig geworden, diesen Betätigungsdrang zu regulieren. Spannungen sind die Folge. Was noch funktioniert, sind die ritualisierten Handlungen: waschen, essen, den Garten spritzen. Aber das geschieht zur Unzeit.

Am nächsten Tag besuchen wir die internationale Kleinplastiken-Ausstellung. Vor Jahren war dieses Kunstereignis uns eine überraschende Offenbarung: eine Fülle witzig-ironischer, anmutiger Kleinplastiken. Diesmal aber überwiegt Enttäuschung. Fast alle Objekte sind spartanisch, kaum etwas findet sich, das lustig und verspielt die damaligen Eindrücke wiederholen könnte. Immerhin fällt unser Blick in der Eingangshalle auf das Plakat einer Marilyn-Monroe-Ausstellung. Diese Ausstellung in der Innenstadt macht alles wieder gut: witzige Objekte im Pop-Art-Stil. Schmunzeln über die Verballhornung eines amerikanischen Traums.

In der Burg gibt es eine Karikaturen-Ausstellung. Eine Fülle von Ideen und wohlgelungenen bissigen Zeitbetrachtungen. Auffällig ist, dass die Karikaturisten der vormals sozialistischen Staaten die interessanteren und aussagekräftigeren Themen haben. Die Arbeiten der Russen, Rumänen, Tschechen, Polen und Ungarn beißen mehr als die der westlichen Cartoonisten. Bei diesen verliert sich der Witz häufig im Unverbindlichen. Im gleichen Museum findet sich seit Neuestem ein Ableger der Sammlung Ludwig. Großartige Werke der Moderne in einer Dauerleihgabe.

An drei Tagen nacheinander gehen wir ins Theater. Das erste Stück, das wir sehen, das Musical ‚Les Miserables‘, eine Adaptation des Romans von Victor Hugo, zur Zeit Erfolg auf allen großen Bühnen der Welt, ist eher ärgerlich. Die Musik strömt unverbindlich während des ganzen Stückes zum einen Ohr hinein, zum anderen heraus, die Handlung ist trivial und tränenrührend. Schlimm ist die Revolutionsromantik. Das Sterben der braven Studenten, die für die Märzrevolution in Paris kämpfen, vollzieht sich quälend langsam und kitschig. Jeder ist ein Held und Märtyrer, und als endlich der letzte der Tapferen von Kugeln niedergestreckt von der Barrikade plumpst, ist man als Zuschauer all dieser Heldenhaftigkeit von Herzen froh.

Über das zweite Stück, ‚Padlás', der Dachboden, ist nicht viel mehr zu sagen, als dass es ein liebevoll gemachtes Märchen ist mit zum Teil ansprechender Musik.

Von Brechts Dreigroschenoper am letzten Theaterabend waren wir begeistert. Die Aufführung, locker revuehaft, ohne den eh nicht mehr vorhandenen Zeitbezug in den Mittelpunkt zu stellen, lebt ganz und gar von den Songs. Und die werden, in bravouröser Manier vorgetragen. Die berühmten Weill-Songs gehen nach wie vor durchs Ohr unter die Haut. Und Mackeath bekommt sein verdientes Fett. Am Schluss rettet ihn der amerikanische Botschafter vor dem Strick und Mackie Messer erhält einen Lehrstuhl für Ökonomie an einer amerikanischen Universität.

Vor und nach den Theaterbesuchen fängt uns Budapest mit seinem Charme und seinem Flair ein. Wir bummeln durch Geschäfte, über die bekannten Straßen und die berühmten Brücken. Seit dem regnerischen Montag strahlt beständig eine warme Oktobersonne.

Am Samstag verstauen wir unser frisch erworbenes Konsumgut im Bus. Sieben Tage Budapest sind genug, zumal wir beide die Stadt so gut kennen, dass wir manchmal sogar das überhebliche Gefühl haben, sie könne uns nur noch wenig Neues bieten. Ich war eine Woche lang sprachlich auf Sparflamme gesetzt und freue mich, mit Ildiko wieder ausgiebig Deutsch sprechen zu können. Sie war, wieder sehr von ihrer Familie absorbiert worden und wenn man nur so wenig versteht wie ich, zieht man sich schnell ins Schneckenhaus zurück.

Am Abfahrtstag schlafen wir morgens recht lange. Bis Prag sind es ja nur 500 Kilometer.

Prag

Mittags sind wir an der ungarisch-tschechoslowakischen Grenze, im Dreiländereck Österreich, Ungarn, Tschechoslowakei. Der Hauptstrom des Verkehrs ist von Masonmajoróvár weiter in Richtung Wien geflossen. An der Grenze sind wir fast alleine. Zwei Grenzbeamte begutachten nacheinander unsere Pässe. Der Eine möchte wissen, woher wir kommen. Dann winkt er uns durch. Vor einem Jahr hätte dieser Grenzübertritt sicher noch mehr als eine Stunde gedauert. Wir sind uns noch nicht sicher, ob wir schon auf tschechischem Gebiet sind. Ildiko hält sicherheitshalber die Pässe parat und ich suche nach einer Wechselstube, denn natürlich haben wir kein tschechisches Geld dabei. Wir sind ziemlich naiv und unvorbereitet in dieses Land gefahren. Außer einem Reiseführer Prag und einer Straßenkarte der CSSR haben wir kein Informationsmaterial. Ildiko war vor Jahren einmal in Prag. Für mich ist die CSSR nicht mehr als ein Name. Die Abgeschlossenheit dieses Ostblockstaates hat dazu geführt, dass die CSSR als Reiseland kaum einer Überlegung für wert befunden wurde. Nun, da die Grenzen offen sind, hat sich das geändert.

Eine Wechselstube ist auch nach einigen Kilometern nicht zu sehen, dafür aber eine kleine, etwas schmuddelige Kneipe, vor der zwei ungarische Autos stehen, deren Besitzer noch schnell vor der Heimreise tschechisches Bier kaufen. Wir fragen den Kneipier, wo man Geld wechseln könne. Er versteht weder Deutsch noch Ungarisch, macht uns aber irgendwie klar, dass er zum Wechseln bereit wäre. Zu welchem Kurs, frage ich. 16 Kronen für eine Mark, das sei 2 Kronen besser als der offizielle Kurs. Ich habe ein ungutes Gefühl, ärgere mich, dass wir uns nicht wenigstens nach dem Wert der Krone erkundigt haben. Aber wir brauchen Geld und so tausche ich 200 Mark und erhalte dafür 3200 Kronen. Mein Gefühl, dass der Kerl ein gutes Geschäft mit uns gemacht hat, hat mich nicht getrogen. In Prag finden wir heraus, dass der offizielle Kurs 1:20 ist. Natürlich ärgern wir uns, über unsere Einfältigkeit und auch über dieses schäbige Gaunertum, sagen uns aber, dass wir besser die Sache schnell vergessen sollten.

Wohnsilos, soweit das Auge sehen kann am Rande von Bratislava, Pressburg. Die Stadt sieht aus der Ferne nicht einladend aus und wir wollen schließlich nach Prag. Die Autobahn ist in gutem Zustand und wenig befahren. Man merkt, dass man im Herkunftsland der Skodas ist. Jedes zweite Auto ist ein Skoda. Die ungarische Mischung zwischen 20 Prozent Westautos und dem Rest Trabant, Wartburg, Lada gibt es hier nicht mehr.

Fünfzig Kilometer vor Prag fahre ich eine Tankstelle an. 18 Kronen kostet laut Zapfsäule der Liter Sprit. Ich tanke für 600 Kronen und als ich zahlen will, fragt der Kassierer nach meinen Coupons und winkt mich, als ich ahnungslos die Schultern zucke, ins Innere der Tankstelle. Sein Kollege zückt den Taschenrechner und verlangt 770 Kronen von mir. Ich verstehe zwar nicht warum, zahle aber brav. Ein paar Stunden später erfahren wir, dass das Benzin in der CSSR kontingentiert ist und man ohne Coupons eigentlich gar keinen Sprit kaufen darf, oder aber einen höheren Preis in westlicher Währung zahlen muss.

Vor Prag kommen wir in den zweiten Stau dieser Reise. Stop und Go auf 15 Kilometer. Halb Prag kommt anscheinend von einem sonnigen Sonntagsausflug zurück.

Direkt gegenüber dem Prager Hauptbahnhof auf einem Parkplatz sehen wir einige Wohnmobile stehen. Wir zahlen 22 Kronen Parkgebühr für die ganze Nacht. Der folgende Tag kostet 104 Kronen. Jeder Campingplatz wäre wahrscheinlich teurer und der Bahnhofsparkplatz hat den Vorteil, dass er innenstadtnah ist. Bis zum Wenzelsplatz sind es keine fünf Minuten. Wir beschließen, unseren Wagen für die Dauer des Pragaufenthaltes hier stehen zu lassen. Nachts wird es sicherlich etwas laut sein, aber wir haben einen gesunden Schlaf. Unsere Chemietoilette haben wir zu Hause vergessen. Doch auch dieses Problem löst sich: die Toiletten im Bahnhof sind sauber, kosten zwei Kronen und sind Tag und Nacht geöffnet. Sogar eine Dusche für acht Kronen Benutzungsgebühr gibt es. Die einzige Unannehmlichkeit, morgens nach dem Aufwachen zur Toilette zu pilgern, nehmen wir in Kauf.

Unser Abendspaziergang beginnt am Wenzelsplatz. Vom Nationalmuseum abwärts zieht sich dieser Platz, der eigentlich eher eine sehr breite Allee ist, auf eine abschließende Häuserfront zu. In der Mitte eine Vielzahl von Blumenrabatten und Bänke. Der Wenzelsplatz lebt und brodelt von flanierenden, die angenehme Wärme dieses Oktoberabends genießenden Menschen. Zu beiden Seiten des Platzes Jugendstilhotels und Cafés mit klingenden Namen. Der Glanz einer vergangenen Epoche, zwar heruntergekommen und abgeblättert, reicht immer noch aus, die Stadt und die Menschen zu bestrahlen. Wir bummeln ziemlich

15

ziellos umher. Zwar habe ich den Stadtplan in der Hand, aber wir benutzen ihn nur als grobe Orientierung. Erste Eindrücke genügen bei diesen Bummel. Wir wollen zur Moldau und dann in die Altstadt. Und wir haben Hunger. Alex heißt das Restaurant, in dem wir tatsächlich das Glück haben, einen Platz zu bekommen. Bekannte haben uns gewarnt: Abends seien alle Prager Restaurants voll und ohne Reservierung habe man keine Chance. Dass das stimmt, erfahren wir am folgenden Abend. Diesmal komme ich aber recht schnell zu meinem Schweinebraten mit Knödeln und Kraut. Das Essen ist vorzüglich und recht billig. Kein Wunder bei diesen Preisen, dass Prag voll ist von Westtouristen. Am Nebentisch sitzen zwei Mädchen aus der ehemaligen DDR. Natürlich kommt das Gespräch schnell auf die Politik. Heute wird in den fünf neuen Bundesländern gewählt und die beiden jungen Damen schwänzen ihre staatsbürgerliche Lektion. Sie sind resigniert: „Die DDR wählt sowieso CDU." Sie sind nicht besonders glücklich darüber, das der bundesrepublikanische Zuwachs eine ‚Kolonie' geworden ist.

Das nächtliche Prag hat durchaus seinen Charme. Überall sind Kirchen, Häuserfassaden und Brücken angestrahlt. Auch noch gegen 23.00 Uhr ist der Wenzelsplatz voll von Menschen. Gruppen von Jugendlichen stehen vor den Discos, aus denen Rapstakkatos erklingen.

Im Wohnmobil leeren wir noch eine Flasche ungarischen Sekt und schlafen damit gut bis zum nächsten Morgen, an dem uns eine drückende Blase zum Gang auf die Bahnhofstoilette zwingt. Viele Jugendliche und auch Obdachlose haben in der abgestandenen Wärme der Bahnhofshalle übernachtet. An einigen Ständen werden, um halb acht Uhr morgens schon Flohmarktartikel, russische Mützen, Armeemäntel und alternative Zeitschriften verkauft.

Nach dem Frühstück beginnen wir unseren Stadtbummel. Manches ist schon ein Wiederentdecken nach dem abendlichen Spaziergang: der Wenzelsplatz, der Altstädter Ring, das Judenviertel. Die Sonne strahlt und nachdem wir uns zur vollen Stunde vor der astronomischen Uhr in die wartende Menschenmenge eingereiht und dem Vorbeidefilieren der zwölf Apostel zugesehen haben, setzen wir uns auf eine der Bänke vor dem Johannes-Hus-Denkmal und lassen den wunderschönen Platz auf uns wirken.

Prag ist eine übersichtliche Stadt. Alle Sehenswürdigkeiten liegen in einem relativ kleinen Radius beieinander. Zwar ist man müde, wenn man von der Nove Mesto, der Neustadt über den Wenzelsplatz zur Stare Mesto und durch die Josefstadt zum Hradschin und wieder über Karlsbrücke zurückgelaufen ist, aber nach diesem langen Spaziergang hat man auch die meisten Sehenswürdigkeiten zumindest in einem ersten flüchtigen Eindruck gesehen.

Mehr als schnuppern an diesem, vom Krieg unzerstört gebliebenen, Prag wollen wir diesmal auch gar nicht. Man kann ja jetzt, da die Grenzen offen sind, wiederkommen.

Prag gefällt mir: Die Kleinseite mit den verwinkelten Sträßchen, die Burg mit dem imposanten Veitsdom und dem niedlichen Goldenen Gässchen, das Altstädter Rathaus, die eigenartige, von Barockhäusern umgebene Teinkirche und nicht zuletzt das rege Leben und Treiben auf der Karlsbrücke, der ältesten Brücke über die Moldau mit ihren zwar rußschwarzen, imposanten Statuen. Ein quirliges Durcheinander herrscht auf dieser Brücke: Porträtisten, Musikanten, Aktionskünstler, eine Viermann-Band, die fröhlichen New Orleans-Jazz spielt und viele Menschen, die auf den Brückenbrüstungen sitzen und die warme Sonne genießen.

Wir versuchen, Karten für das berühmte Laterna-magica-Theater zu erhalten, aber das ist aussichtslos. Die Schaufenster in den Geschäftsstraßen sind weniger elegant als in Budapest. Man merkt den Vorsprung mehrerer Jahre, den die ungarische Metropole Prag voraushat. Zufällig kommen wir an der Nationalgalerie vorbei. Werke von Andy Warhol werden ausgestellt. Doch leider sind auch in Prag montags die Museen geschlossen. Aber just, als wir an der Eingangspforte vorübergehen, öffnet sich diese und eine Gruppe von Männern tritt heraus. In ihrer Mitte Vaclav Havel, der Präsident und politische Glücksfall für diesen neuen Staat. Von großer Statur, aber in einem unscheinbaren Lederjäckchen und sehr salopper Kleidung wirkt dieser sympathische Literat etwas unbeholfen inmitten seiner die staatsmännische Wichtigkeit unter-

17

streichenden Begleitung. Ildiko wird höflich gebeten, zur Seite zu treten. Havel lächelt. Wahrscheinlich bilde ich mir nur ein, dass er meine Frau anlächelt. Andere Passanten erkennen ihn nun auch, winken. Havel winkt zurück und verschwindet dann in einem bereitstehenden Auto. Wir sind ganz gerührt von dieser Begegnung. Sie passt zu diesem Tag, dem Sonnenschein und unserer aufgeräumten Stimmung. Ja, Prag macht Spaß. Trotzdem wollen wir am nächsten Morgen weiter.

Am Abend erweist es sich als schwierig, etwas zu essen zu bekommen. Alex, ein Altberliner Lokal ist voll, bei drei anderen Restaurants werden wir ebenfalls abgewiesen und erst beim fünften haben wir Glück. Eigentlich rutschen wir nur so zufällig mit einer Reisegruppe am Wächter vorbei ins Reich der Oberkellner. Die Bräuche sind streng hier. Zwar sind mehrere Plätze frei, aber ob jemand herein darf oder nicht, bestimmt nach unerfindlichen Gesetzen die Kellnerschar. Wir jedenfalls bekommen Speis und Trank und bewundern die herrliche, trotz einer gewissen Verwahrlosung beeindruckende Sezessionshalle. Jugendstil pur. Großflächige Gemälde an der Stirnseite des Raumes. Die Garderobenfrau meint, es seien echte Muchas. Am Wenzelsplatz trinken wir in einem Café noch ein Glas Wein. Auch dieses Lokal beeindruckt mit seinem Sezessionsstil. Nur die vier Kronleuchter passen nicht zum Ambiente der übrigen Beleuchtungskörper und auch die Sitzgelegenheiten sind eher sozialistische Massenware. Um 23.00 Uhr schließen die Türen. Man geht immer noch früh zu Bett im nachsozialistischen Prag. Also tun wir das auch. Müde genug sind wir von diesem langen Tag auf den Beinen.

Dresden

Bis um 9.00 Uhr haben wir die Parkplatzgebühren bezahlt. 22 Kronen für eine weitere Nacht. Wir haben gut geschlafen und lassen Prag hinter uns.

Zwischen Prag und Dresden beträgt die Entfernung rund 150 Kilometer. Landstraße, von langsamen und stinkenden Lkws frequentiert, eng, kurvig und zum Teil in schlechtem Zustand. Kein angenehmes Fahren. Und es riecht nach ungefilterter Industrie und Hausbrand. Der

Gestank des Sozialismus, den wir zum ersten Mal am 3. Januar 1990 kennenlernten, als wir neugierig auf das unbekannte Land jenseits der Mauer die Grenze zur DDR überquerten, um nach Heiligenstadt in Thüringen zu fahren.

Irgendwo zwischen Prag und Dresden werden wir von der Hauptstraße an einem größeren Industrieort vorbei umgeleitet. Die Landschaft wird überragt von einem Dutzend Schloten, aus denen sich grauschwarze Rußfahnen gleichmäßig über das Land ausbreiten. Die Häuser sind schwarz getönt und das, was links und rechts der Straße aus dem Boden ragt, kann man kaum noch als Bäume bezeichnen. Dürre, blattlose, verdorrte Äste fingern erbarmenswürdig in den fahlen Himmel. Die Wiesen wirken stumpfgrün. Wie mögen sich die Menschen fühlen, die hier leben! Vielleicht haben sie sich an das Leichenhafte der Landschaft gewöhnt.

Ein Schild weist auf die Gedenkstätte Terencin hin. Wir sind uns nicht sicher, ob es sich dabei um Theresienstadt handelt. Die Landkarte der KZs ist uns nicht geläufig. Wenig später gibt es keinen Zweifel mehr. Sie gleichen einander, die Vernichtungslager der Nazis, auch von außen: die Mauern, die niedrigen Barackenbauten, der weite Vorplatz. Erinnerungsstücke des tausendjährigen Reiches. Was ist von dieser grauenhaftesten Epoche deutscher Geschichte sonst noch auf die Nachwelt gekommen außer Auschwitz, Buchenwald, Theresienstadt, Dachau. Entsetzliche Hinterlassenschaft. Zum ersten Mal auf dieser Reise kommen Spannungen zwischen Ildiko und mir auf. Ich möchte Theresienstadt besichtigen, fühle so etwas wie Schuld und glaube nicht, einfach so vorbeifahren zu dürfen. Ildiko weigert sich, möchte sich nicht deprimieren lassen. Sie habe schon so viele dieser Lager gesehen, eines sei wie das andere, hinterlasse nur Beklommenheit. Vielleicht hat sie recht. Wir fahren vorüber.

Bald sind wir in Teplice, dem früheren Teplitz-Schönau. Ich kann mich an Erzählungen meiner Eltern erinnern, die häufig diesen Ort besuchten und davon schwärmten. Wie Marienbad und Karlsbad war auch Teplitz ein berühmter Platz mit Hotels und einem internationalen Kurbetrieb inmitten herrlicher Landschaften. Was haben die vierzig

Jahre Sozialismus daraus gemacht! Eine einfallslose, schmutzige Stadt, ein Marktplatz mit Betonklötzen und einigen wenigen Häusern, die noch etwas vom Glanz vergangener Zeiten ahnen lassen.

Wir besitzen noch 370 Kronen und die bis zur letzten Münze auszugeben erweist sich als gar nicht so leicht. Bücher haben wir schon genug gekauft, Kosmetika und Kleidung sind uninteressant. Also kaufen wir zwei Paar Schuhe, eins für mich, eins für Patrick auf Verdacht. Für umgerechnet ganze sechzehn Mark. Ein unanständiger Preis. Allerdings sind dem Einkauf Schwierigkeiten in den Weg gelegt: Am Eingang zum Laden wartet eine Menschenschlange, das Geschäft selbst ist fast leer. Erst wenn ein Kunde herauskommt und sein Körbchen an den nächsten Wartenden weitergibt, darf dieser den Verkaufsraum betreten. Etwa zehn Körbe sind so im Umlauf. Sechs Verkäuferinnen passen auf, dass alles ordentlich zugeht, beraten tun sie kaum. Und die Menschen warten geduldig auf ihre Eintrittskarte ins Paradies. Endlich haben auch wir eines der verbogenen Drahtkörbchen ergattert. Danach besitzen wir immer noch 22 Kronen. Ildiko zieht es in einen Schreibwarenladen. Auch hier wartet geduldig eine Schlange von Kunden. Körbchen gibt es hier nicht. Dafür wird man bedient und muss der Verkäuferin genau sagen, was man möchte. Für einen Füllfederhalter und ein Gläschen Tinte reicht das Geld noch.

Wir fahren durch das Elbsandsteingebirge. Da, wo früher wohl einmal Wälder standen, sind jetzt ausgedehnte Kahlschläge zu sehen. Was einmal Wald war, sieht entsetzlich aus. Baumleichen klagen himmelwärts. Kaum noch ein Baum, den man als nur geschädigt bezeichnen könnte. Man sollte Besichtigungstouren veranstalten, um allen Menschen vor Augen zu führen, wie tote Wälder aussehen und was Waldsterben im Endzustand bedeutet.

Dann sind wir in der DDR, in der seit einer Woche ehemaligen. Wie nennt man das Kind denn nun? Ostdeutschland, Mitteldeutschland, die fünf neuen Bundesländer? Von einigen Mauern und Wänden blicken uns die zukunftsfrohen und vertrauenerweckenden Gesichter Kurt Biedenkopfs und Anke Fuchs' an. Wir sind in Sachsen, der lustlose Wahlkampf ist gelaufen und brachte eine absolute Mehrheit für die CDU. Ich bin deprimiert in Hinblick auf die Bundestagswahlen am 2. Dezember.

Am frühen Nachmittag sind wir in Dresden.

Am Elbufer unter der Friedrichsbrücke stellen wir neben einigen anderen Wohnmobilen unser Fahrzeug ab und laufen die knapp tausend Meter bis zu dem Teil Dresdens, der der Stadt den Namen Elbflorenz eintrug. Die ehemaligen Prunkgebäude zeigen sich in schlimmstem Verfall, tiefschwarz von Ruß und Abgasen, als ausgebrannte Ruinen wie das Taschenbergpalais oder sie sind mit Baugerüsten verstellt. Der Krieg ist seit fünfundvierzig Jahren beendet, aber hier entsteht der Eindruck, als sei er es erst seit kurzem. Touristen wie wir schwärmen durch diese Trümmerlandschaft und suchen vermutlich nach den Spuren ehemaliger Herrlichkeit. Aus dem Gewandhaus hat man ein Hotel gemacht, einen sozialistischen Feudalschuppen. Selbst die Semperoper, deren Wiederherstellung im Inneren vor Jahren den Ruhm des Arbeiter- und Bauernstaates in alle Welt trug, sieht äußerlich schäbig aus. Es wird Unsummen kosten, bis das alles wieder in historischem Glanz einen Besuch wert ist. Wir flüchten uns ins Museum und genießen die alten Meister.

Ein kurzer Bummel in das wiedererbaute Dresden erweist sich als noch deprimierender. Unendlich breite Straßen, deren Überquerung fast einer Wanderung gleichkommt und dann auf der anderen Seite nur wieder triste Betonkästen, breite Straßen und öde Plätze. Wie schön war da doch Prag mit seiner belebten Enge. In unserer Verzweiflung gehen wir essen. Das Menü ist gut und der Ober freundlich. Wenigstens das.

Es ist noch nicht acht Uhr. Um diese Zeit können wir uns doch noch nicht ins Wohnmobil verkriechen. Zunächst aber finden wir einen anderen Standplatz, näher an einer öffentlichen Toilette, unter der Brücke mit dem schönen russischen Namen Georgy Dimitroff. Wer war dieser Volksheld? Nach einer Stunde Ausruhen raffen wir uns dann noch einmal auf. Über die Brücke zur ‚Straße der Befreiung'. Namen sind nicht nur Schall und Rauch, sondern sie zeugen auch von der Fantasie ihrer Geber. In dieser Prachtstraße, hat eine nette Buchhändlerin Ildiko gesagt, ergehen sich die Dresdner gerne. Geschäfte links und rechts der breiten Allee in den Gebäuden, die das Können sozialistischer Beton-

21

bauer bezeugen. Die Auslagen entsprechen inzwischen dem westlichen Standard und unterscheiden sich kaum noch vom Warenangebot in Düsseldorf, Deggendorf oder Castrop-Rauxel. Warum sollten sie auch? Wir sind ja in der Bundesrepublik Deutschland. Nicht, dass ich das bedaure, aber es passt alles nicht so richtig zusammen. Was zusammengehört, wird zusammenwachsen, aber braucht seine Zeit. Vielleicht lohnt es sich in ein paar Jahren, nach Dresden zu fahren.

Auf der Suche nach einem Lokal geraten wir in den Meißner Weinkeller. Ein künstlich zum Weinlokal stilisierter Keller in einem Neubau, in dem alles unecht wirkt. Die Akustik stimmt nicht, man versteht jedes Wort, das an den Tischen im Umkreis gesprochen wird, die pseudovornehmen Sessel sind zu weich und man sitzt sich Schwielen auf dem durchdrückenden Holzgestell. Die Empfangsdame ist zu penetrant höflich und sortiert die Gäste, der Wein ist mit neun Mark für einen Viertelliter zu teuer. Ich kann mir gut vorstellen, dass hier die Funktionärsclique des Rates der Stadt Dresden und die Stasi-Oberen ihre illustren Gäste bewirteten. Wir zahlen bald. Die Luft im Gewölbe ist stickig. Draußen ist es kühl und stinkt nach Abgasen.

Nachts ist es laut auf der Terrasse am Elbufer. Als ich einmal austreten muss, pinkele ich in Ermangelung einer Toilette in die Elbe. Schmutziger kann der Fluss davon auch nicht werden.

Bevor wir am Morgen Dresden ohne Abschiedsschmerz verlassen, findet Ildiko noch ein Fotomotiv: Eine Moschee, die 1909 als Zigarettenfabrik errichtet wurde. Glimmstängel mit dem exotisch klingenden Namen ‚Yenidse‘ wurden dort hergestellt. Das Minarett ragt in den Himmel, Wahrzeichen einer Industrie, die sich als Kultur gerierte. Die Honeckers sind dem Verwendungszweck treu geblieben, haben ein Tabakkontor daraus gemacht und eine hässliche Fabrikhalle neben das Prachtgebäude gesetzt.

Weimar

Um neun Uhr sind wir auf der Autobahn Dresden Chemnitz. Das heißt, ich verfahre mich ein wenig, gerate versehentlich in Richtung Berlin. Es soll wohl so sein, dass wir uns wenigstens von außen noch das Schloss Moritzburg ansehen. Wenigstens ein guter Eindruck. Das Jagdschloss, in dem Käthe Kollwitz starb und das eine Gedenkstätte der Malerin beherbergt, ist in gutem Zustand. Die Sandsteinfiguren auf der Brücke davor sind allerdings auch angenagt von der allgegenwärtigen Umweltverschmutzung.

Gestern hörte ich in den Nachrichten, dass die Unfallzahlen in der DDR im September ebenso hoch waren wie im ganzen vergangenen Jahr. Kein Wunder: das Autofahren ist ungleich gefährlicher als im Westteil dieses unseres Vaterlandes. Keine Standspur auf der Autobahn, keine Spuren zum Einfädeln, kein gesicherter Mittelstreifen. Hin und wieder blockieren liegen gebliebene Lkws die rechte Spur und erweisen sich als gefährliches Hindernis. Einspurige Verkehrsführung alle zwanzig Kilometer und man sieht meist nicht ein, warum. Einmal streichen zwei Arbeiter eine Brücke und dafür ist eine Seite der Autobahn auf fünfzehn Kilometer gesperrt, ein anderes Mal steht ein Trabbi quer über die Fahrbahn. Wiederum zehn Kilometer einspurige Verkehrsführung. Das Verkehrsaufkommen ist gewaltig. Lkws in beiden Richtungen, Unmengen westlicher Kennzeichen und neu zugelassener Fahrzeuge westlicher Marken. Die Staus und Unfälle sind vorprogrammiert. Am Abend stehen wir mehr als eine Stunde im Stau auf der Autobahn vor Erfurt. Eine Einengung auch hier ohne einsehbaren Grund. Man kann nur fluchen oder verzweifeln. Schon am Abend in Dresden haben wir uns entschlossen, heute zu Hause anzukommen. Wir haben keine Lust mehr, herumzustromern.

Weimar, der letzten Station der Reise sieht man an, dass es einmal eine schöne Stadt war und es hat auch gute Chancen, wieder eine solche zu werden. Die alte Bausubstanz ist erhalten geblieben, bedarf nur der Restaurierung. Und überall ist man bereits dabei. Baugerüste an den Häusern am Markt, an der Zentralbibliothek der Deutschen Klassik, an vielen anderen Gebäuden.

Der unverständliche Schlendrian feiert aber immer noch Urstände: Zwischen zwölf und zwei Uhr sind alle Sehenswürdigkeiten, selbst die Stadtkirche geschlossen. Die werktätige Bevölkerung braucht ihre Mittagspause. Wir nutzen die Zeit, um zum historischen Friedhof zu laufen.

Die Toten halten keine Mittagsruhe. Die Goethe- und Schillergruft ist geöffnet. Die beiden Dichter haben in ihren Eichensarkophagen den zentralen Platz in dem Raum. Die großherzogliche Familie muss sich mit den seitlichen Rängen begnügen. Aus der russisch-orthodoxen Kirche hinter der Gruft erklingt Gesang: ein sonorer Bass im Wechsel mit einem klaren, klingenden Sopran. Wir stören die wenigen Gläubigen nicht in ihrer Andacht. Der Friedhof, letzte Stätte so vieler Künstler der Goethezeit, strahlt Ruhe und Geborgenheit aus. Wer hier ruht, ruht gut und in bester Nachbarschaft.

Natürlich sind Goethehaus und Museum Hauptanziehungspunkt der Stadt. Goethes Haus am Frauenplan, weitgehend in dem Zustand, in dem es der Deutschen Dichterfürst in seinen letzten Lebensjahren bewohnte, spiegelt die klassische Ruhe und Ausgeglichenheit ihres Bewohners wieder. Die siebzehn Räume, die sich hufeisenförmig um einen Innenhof gruppieren, sind jeder für sich ein kleines Museum des Sammlers Goethe. Eine Vielzahl von Büsten, erlesene Gipsnachbildungen antiker Stücke, belebt die Interieurs. Zeichnungen Goethes und Gemälde von ihm bevorzugter Künstler schmücken die Wände. Der Gang durch das Wohnhaus ist eine behutsame Annäherung an den genialen Dichter. In den Vorräumen zum Arbeitszimmer entdeckt man Teile der Mineraliensammlung und die Bibliothek ist zum Schutz der Bücher in dämmriges Halbdunkel gehüllt. Im Arbeitszimmer, ausgestattet mit Büchern und Mineralien steht der Schreibtisch vor dem Fenster zum Garten. So konnte Goethe sich während der Arbeit immer wieder an der blühenden Natur erfreuen. Neben dem Arbeitszimmer gibt es ein kleines Räumchen mit Bett, Schrank und Paravent. Nachdem seine Frau Christiane gestorben war, mochte Goethe nicht mehr im gemeinsamen großen Schlafzimmer ruhen.

Der gepflegte Garten verlockt auch heute noch zu kleinen Spaziergängen. Zwischen Hecke und Mauer ein schmaler Weg vom Gartenhaus zur Laube. Gespräche mit Charlotte von Stein. Goethes Kutsche, vor Berührung geschützt, steht in einem verschlossenen Raum.

Das Museum ist ein mehrtägiges Studium wert. Die thematische Ausgestaltung der einzelnen Räume mit ihren Bildern, Zitaten, Zeitzeugnissen könnte die Lektüre manches Buches über den Dichter ersparen. Man erfährt vieles beim Hindurchgehen, Schauen, Lesen. Mit Faust fängt der Rundgang an und mit Faust schließt er. Dazwischen liegen fast ein Jahrhundert und ein Lebenswerk, das so voll und so erfüllt ist, dass man beinahe zusammenbricht unter der Last des Versuches, es in seiner Gesamtheit zu erfassen. Ich möchte wiederkommen und Goethe in seinem Wohnhaus näher kommen, doch für diesmal reicht es.

Für das Schillerhaus reicht die Zeit nicht mehr, außerdem möchte Ildiko noch die Gemälde im Schloss sehen. Auch hier nagt der Verfall und Restaurierung tut not. Der reiche Bestand ist reduziert und in wenigen Abteilungen des weiträumigen Gebäudes zusammengefasst. Das zweite Stockwerk ist zurzeit nicht zu besichtigen, die Ausstellungsstücke des Bauhauses sind überhaupt eingemottet, können, wie mir ein Museumsbediensteter sagt, nicht adäquat präsentiert werden. Es wird noch eine Zeit dauern, bis alles zu besichtigen sein wird.

Auch Ildiko, sonst in Kunstgeschichte und Museumskunde fast unschlagbar, wusste nicht, welch ein reicher Bestand von Gemälden Lucas Cranachs hier in Weimar hängt. Satte Farbigkeit und Charakterstudien, die weit über die Zeit ihres Schöpfers hinausragen. Gesichter, die Geschichten erzählen. Ich wusste wenig über Cranach, aber nun hat er gute Chancen, mir etwas zu bedeuten.

Nach soviel Kultur können wir einem Stück Torte im nahe gelegenen Café Resi nicht widerstehen. Dann aber drängt es uns nach Hause. Mit gut zwei Stunden Fahrt rechne ich. Aber der besagte Stau kommt dazwischen und so dauert es fast vier Stunden, bis wir wieder Heimatluft, sauberer und weniger abgasgeschwängert, schnuppern.

Wir sind froh, wieder zu Hause zu sein.

3. Durch Amerikas Westen (1990)

Vorspiel

25. März 1990: Heute Nacht wurden die Uhren auf die Sommerzeit umgestellt. Der Frühling ist drei Tage alt, doch nach Zwischenspielen im Februar und Anfang März hat er sich noch einmal in den Schmollwinkel zurückgezogen: es ist kalt heute Morgen. Ich habe Zahnschmerzen und eine geschwollene Backe. Meine Nervosität wächst. Nicht wegen der dicken Backe oder der Sommerzeit, nein, die USA, Kalifornien, Los Angeles und San Francisco sind die Ursache des Kribbelns in der Magengegend. Wir fliegen am Donnerstag, den 29. März nach Los Angeles. Das ist schon aufregend, denn Amerika ist immer noch so etwas wie ein Traum für einen Europäer: die neue Welt, die großen Weiten, das andere Lebensgefühl.

An einem Samstagmorgen Ende Februar war ich früh aufgestanden und ich las in aller Seelenruhe Zeitung. Außer DDR, Wiedervereinigungsgezeter und gesamtdeutschem Spektakel war nichts Wesentliches passiert. Ich komme schnell zum Anzeigenteil. Unter ‚Reisen' fällt mir eine kleine Anzeige ins Auge: „Wegen Rücktritts USA-Reise Los Angeles - San Francisco für vier Personen inkl. Wohnmobil günstig abzugeben." Ich rufe kurz vor neun an, doch niemand geht ans Telefon. Eine halbe Stunde später bekomme ich den Anschluss: Ja, die Reise ginge ab Frankfurt über London nach Los Angeles, dort übernähme man ein Wohnmobil und drei Wochen, später ginge es ab San Francisco wieder nach Hause. Das Ganze koste für vier Personen siebentausend Mark. Ich bedanke mich und sage, dass ich gegebenenfalls zurückrufe. Da die übrigen Familienmitglieder immer noch ihren Träumen nachhängen, schwinge ich mich aufs Fahrrad, nehme unseren Hund an die Leine und mache eine Runde durch den Park. Dabei kann man gut nachdenken: Amerika, das wäre doch etwas, zumal wir für Ostern noch keine Urlaubspläne haben. Allerdings sind siebentausend Mark auch ein ganz schöner Batzen. Ich komme leicht aufgekratzt nach Hause. Ildiko sitzt am Frühstückstisch und liest Zeitung. Wenn sie das tut, vermag kaum etwas sie zu stören. Also versuche ich es gar nicht erst. Wenn die Kinder hoffentlich irgendwann zum Frühstück auftauchen, werde ich das Bömbchen platzen lassen.

Endlich: Was haltet ihr davon, wenn wir in den Osterferien nach Amerika fliegen? Schweigen, Überraschung, fragende Blicke. „Was soll das?" Ich berichte. Natürlich herrscht bei den Kindern nicht der geringste Zweifel, dass wir uns in dieses Abenteuer stürzen. Julia fragt zwischendurch mal zaghaft, ob wir denn das Geld hätten. Als ich bejahe, dass das zurzeit wohl ginge, sind die letzten Unsicherheiten beseitigt. Ildiko zögert: In ein Land mit so wenig Kultur! Eigentlich habe sie nicht den Wunsch..., doch in der ungestümen Begeisterung der Kinder versickern diese Widersprüche. Einen Haken hat das Ganze, berichte ich weiter. Die Reise beginnt am Donnerstagmorgen und die Ferien erst am Freitag. Die Kinder sind natürlich krank: Das ist nicht das Problem, aber wir, Ildiko und ich, als Lehrer an der gleichen Schule! Da die Reise Gestalt anzunehmen beginnt, rufe ich unseren Schulleiter an. Nach einem kurzen Gespräch haben wir die Genehmigung. Dennoch immer noch Zögern, auch bei mir. Gegen vierzehn Uhr rufe ich die Reiserücktrittsnummer an, in der Hoffnung, dass sich kein weiterer Interessent gemeldet hat und dass ich die Entscheidung bis zum Montag hinauszögern kann. Es hat sich einer gemeldet und der scheint wild entschlossen, die Reise zu übernehmen. Jetzt wirds auf einmal spannend. Ich werde in fünf Minuten wieder anrufen. Familienrat: Wer ist dafür, dass wir nach Amerika fliegen? Ildiko hat wenig Chancen und meint schließlich, sie mache mit und werde schon auf ihre Kosten kommen. Das genügt. Ich rufe an und sage zu. Eine halbe Stunde später sind wir im Reisebüro und leisten eine Anzahlung. Wir fliegen in den Osterferien nach Amerika!

Seitdem sind vier Wochen vergangen. Ich habe Reiseprospekte besorgt, Reiseführer studiert, Dollars eingetauscht, mir Plastikgeld und Travellerschecks besorgt, die Reiseroute auf der Karte eingetragen, Temperaturtabellen verglichen, und der Familie vorgeworfen, dass sie sich so wenig informiert. Seit drei Tagen liegen die Tickets der British

Airways in der Schreibtischschublade und die Gutscheine für Hotelübernachtung und Wohnmobil. Morgen werden wir die Reisetaschen packen, Mittwoch nach der Schule nach Mainz fahren, dort bei meinen Eltern übernachten und uns am frühen Donnerstagmorgen mit dem Taxi zum Flughafen bringen lassen. Um 8.05 Uhr wird die Maschine planmäßig abheben und am Nachmittag des gleichen Tages werden wir amerikanischen Boden betreten.

Ich bin nervös, habe Zahnschmerzen und eine etwas angedickte Backe. Morgen um vierzehn Uhr muss ich zum Zahnarzt.

Die Reise

Zunächst ist der Zahn noch das Wichtigste. Die Röntgenaufnahme zeigt eine starke Entzündung. Der Arzt ist begeistert: ein richtige Lehrbuchfall, ein Zahn zum Ziehen. Penicillin, kühlen und warten, was sich tut. Nicht gerade das, was man sich vor einem Urlaub wünscht. Ich traktiere meine Backe mit Eis und packe meine Sachen. Egal, ob mit oder ohne Zahn, Amerika wartet. Zahnärzte, dentist surgeons, soll es ja dort auch geben. Außerdem fahren wir in den Wilden Westen und dort sind harte Männer gefragt, die mit einer Flasche Whisky die stärksten Schmerzen herunterspülen. Am Mittwochmorgen zeigt der Blick in den Spiegel, dass die Schwellung noch etwas größer geworden ist. Ein richtiges Hamsterbäckchen. Der Schmerz aber ist geringer geworden.

Zwei Stunden Unterricht, dann bin ich wieder beim Zahnarzt. Der ist richtig lieb und nimmt Anteil. Ich entscheide: Der Zahn kommt mit nach USA. Das Risiko, ihn ziehen zu lassen und die möglichen Folgen, scheint mir größer als eine eventuelle weitere Entzündung. Ich setze auf die Wirkung des Penicillins. Das Röntgenbild und eine zusätzliche Packung Tabletten nehme ich mit. Sicherheitshalber und falls ich in Amerika zum Zahnarzt müsste. Bis zum späten Nachmittag trödeln wir herum. Dann ab nach Mainz. Meine Eltern warten schon ungeduldig. Abendessen und früh ins Bett.

Donnerstag, 29.3.

Um 5.00 Uhr klingelt der Wecker. Kurzes Frühstück im Stehen und um 5.40 Uhr pünktlich steht das Taxi vor der Tür. Mein Gott, haben wir einen Haufen Gepäck: fünf schwere Reisetaschen und dann noch eine Menge Handgepäck. Mit Sicherheit haben wir viel zu viel mitgenommen: Klamotten für vier Jahreszeiten in drei Wochen und Lektüre für Monate und genug Schuhe zum häufigen Wechseln. Wir lernen es nie.

6.15 Uhr Frankfurt Flughafen. Patrick bekommt am British Airways-Schalter ein neues Ticket, da auf Ildikos komplizierten Namen versehentlich zwei ausgestellt wurden. Gepäckabgabe, einchecken, warten, aber die Zeit vergeht schnell.

Um 8.05 startet die Maschine. Die Anlaufgeschwindigkeit beim Start und das atemberaubende Abheben vom sicheren Boden sind am schönsten. Ich genieße das Kribbeln im Bauch und denke an den dämlichen Spruch, dass man runter allemal kommt. Dann fliegen wir über der dichten Wolkendecke, ruhig und sanft wie im Reisebus. Das Frühstück ist so reichhaltig, dass es auch bis zum Abend anhalten würde. Kurz vor dem Erreichen des Kanals reißt die Wolkendecke auf. Unter dem tiefblauen Himmel das Grau, Grün, Braun der Felder und Wiesen, der altbekannte Flickenteppich, die Küstenlinie, große Dünenflächen, das Meer.

Alles geht sehr schnell, kaum Zeit zu verdauen.

Wir sitzen in Gatwick in der Departure-Lounge und warten. Wir hätten jetzt alle vier Schule. Das macht das Warten angenehmer. Fast drei Stunden haben wir Aufenthalt. Endlich ist es so weit. Wir haben die Uhr eine Stunde zurückgestellt und um 12.00 Uhr hebt die Boing 747 ab zum Flug über den Großen Teich. Sie schießt himmelwärts, stößt durch die dichten Wolken über England und darüber dehnt sich unendliches Blau. Wir sitzen wie in einen komfortablen D-Zug, der fast schwerelos über die Schienen gleitet. Kein Beben, kein Schütteln, nur das gleichmäßige Röhren der Motoren. Die Zeit vergeht mit Essen, Dösen, Lesen. Zwischendurch läuft ein Film, den ich halb wach, die Kinder hellwach, zur Kenntnis nehme. Als ich nach Stunden aus dem kleinen Fenster schaue, sehe ich tief unten die Eisfelder Grönlands. Scholle an Scholle ewiger Winter. Drei Stunden später liegt die Wüste unter uns. Wie ein

Bleistiftstrich zieht sich schnurgerade eine Straße durch das Gelb. Wir haben Kalifornien erreicht und landen um 14.00 Uhr, nach elf Stunden Flug, in Los Angeles.

Der Himmel ist bedeckt. In Deutschland ist es jetzt 23.00 Uhr. Wir warten auf unser Gepäck, die Passkontrolle und den Eintritt ins gelobte Land. Unsere Reisetaschen scheinen noch schwerer geworden zu sein. Wir sind zu warm angezogen und laufen ein wenig verschreckt in diesem Gewirr von Gängen, Hallen, Treppen und Schildern herum. Flughäfen sind wie Bahnhöfe: hektisch. Internationaler, farbiger, vielleicht spannender, aber nicht sympathischer. Nach sechzehn Stunden unterwegs sind wir ausgelaugt und müde. Bei der Immigrationskontrolle geht es sehr schnell. Keine Probleme, keine Formalitäten, ein Zettel im Pass.

Dann finde ich keinen Zubringer, keinen Shuttlebus zum Hotel. Das Hotel gibts in Downtown LA gar nicht. Pleite. Fängt ja gut an. Ich schwitze, bin Familienhaupt und der Einzige, der gut Englisch spricht. Die ganze Verantwortung lastet auf meinen Schultern. Weltmännisch wende ich mich an einen freundlichen Herrn an der Information und finde heraus, dass das Hyatt Regency in Anaheim liegt, etwa 40 Meilen vom Flughafen entfernt. Außerdem finde ich zum ersten, aber nicht zum letzten Mal heraus, dass die Amerikaner überhaupt nicht gut Englisch können: sie verstehen mich kaum und ich sie nur schlecht.

Ich telefoniere zum ersten Mal. Alles ist neu. Der Operator, eine Sie, erklärt mir, welche Münzen ich einzuwerfen habe. Etwas ungewohnt, mit der Vermittlungsdame zu sprechen und Erklärungen entgegenzunehmen, aber man fühlt sich nicht schlecht an die Hand genommen. Die Hotelrezeption erklärt mir kurz und bündig, ich solle ein blaues Super-Shuttle nehmen.

Vor dem Flughafen ein Gewirr von kleinen Minibussen in allen Farben. Alle haben es furchtbar eilig. Time is money. Wir finden tatsächlich eins, das bereit ist, uns nach Anaheim zu bringen. Unklar bleibt zunächst nur, ob wir den Transfer schon in Deutschland bezahlt haben. Wir zahlen die 50 Dollar aus der Reisekasse. Im Taxi erste Eindrücke von LA. Breite, vierspurige Autobahnen, links und rechts Ansammlungen flacher Häuser und Hallen und Autos, Autos, Autos. Der Fahrer, ein Schwarzer, fährt abenteuerlich. Blitzschnell fädelt er sich in jede noch so kleine Lücke ein. Die Fahrt scheint endlos. Julia und Patrick können kaum noch die Augen aufhalten. Nur ab und zu reißen die vielen unförmigen, großspurigen Autos unseren Sohn zu Begeisterungsrufen hin. Nach einer guten Stunde sind wir am Hotel: Ein bonbonrosafarbener Hochhausblock mit spiegelnden Glasfassaden, einer Säulenallee, die auf eine kitschige überlebensgroße Flamingogruppe zuläuft, die von Springbrunnen und einem kleinen Palmenhain umgeben, mitten im grünblauen, nach Chlor riechendem Wasser steht. Die große Hyatt-Eingangshalle ist beste Postmoderne, gläsern, durchsichtig, durchgestylt bis ins letzte Detail. Alles scheint für unser Portemonnaie eine Nummer zu groß zu sein, aber es ist ja schon bezahlt. Hoffen wir.

Das Zimmer ist hübsch, sachlich, funktional. Patrick entdeckt als erstes den mit 24 Programmen ausgestatteten Fernseher. Das Pay-TV bietet den ‚Rosenkrieg', den neuesten Filmhit. Die 15 Minuten, die unser Sohn im Halbschlaf davon wahrnimmt, kosten uns am nächsten Tag fast sieben Dollar. Ich rufe unser Motorhome-Unternehmen an, erreiche aber niemanden mehr. Next morning.

Auf unserer Zimmeretage liegt ein großer Dachgarten mit Swimmingpool, Whirlpool, Tennisplätzen. Das sprudelnde, warme Wasser macht müde und frisch zugleich. Im Pool ist das Wasser zwar viel kälter, aber immer noch warm genug, um angenehm darin zu schwimmen. Julia, Ildiko und ich fühlen uns erfrischt und tatsächlich noch ein bisschen unternehmungslustig. Patrick schläft schon und ist durch nichts mehr wachzukriegen. Also gehen wir ohne ihn noch aus. Wir landen in einem kleinen Restaurant. Angenehm die Trennung zwischen Raucher und Nichtraucher: „Please wait, you will be seated." Non-smokers haben den größeren Teil. Die Karte ist vielfältig, verwirrend und die Speisen sind verdammt teuer. Das meiste kostet mehr als 10 Dollar. Wir bestellen das Billigste und fluchen über die amerikanischen Preise. Eiswasser gibts umsonst. Ildikos überbackener Käse und mein und Julias Toast entpuppen sich als riesige, wohlschmeckende, gut gewürzte und reich garnierte Portionen. Über die Preise sind wir danach auch nicht mehr so entsetzt. Am Nachbartisch isst eine Familie. Jeder hat auf dem Teller so viel, wie wir mit Mühe über den ganzen Tag verteilt schaffen würden. Wir sehen noch viele dicke Menschen in den nächsten drei Wochen.

Um 22.00 Uhr liegen wir im Bett, nach mehr als vierundzwanzig Stunden Wachseins.

Muss man Disneyland gesehen haben?

Nein, das muss man nicht.

Bei der Vorbereitung der Reise hatten wir Amerikareisende danach gefragt. Na ja, sagten sie, Disneyland, das seit eben ein Stück typisches Amerika. Und wenn man schon einmal da sei, dann solle man es sich doch ansehen.

Eigentlich wollten wir nicht. Doch wie der Zufall so spielt. Am Ankunftstag fuhren wir im Taxi an Disneyland vorbei. Unser Hotel liegt fünfzehn Minuten Fußweg von Disneyland entfernt. Unser Mietfahrzeug übernehmen wir ebenfalls in Anaheim, in unmittelbarer Nachbarschaft dieses ‚glücklichsten aller Plätze auf Erden'. Kann bei solchem Zufall der Weg an Disneyland vorbeiführen?

Doch der Reihe nach.

Ich werde früh wach am ersten Morgen in Amerika. Die Backe ist zum Glück abgeschwollen. Das Frühstück fällt mangels Essbarem zunächst aus. Das heißt, vom Flug gibt es noch drei Portiönchen Marmelade. Die kann man auch mit dem Finger auslöffeln. Aber satt wird man davon nicht.

Zwischen 11.30 und 12.00 Uhr sollen wir abgeholt werden, um unser Motorhome zu übernehmen. Bis dahin sind wir verhungert. Doch glücklicherweise gibt es ein Hamburger-Restaurant auf der gegenüberliegenden Straßenseite. Dort nehmen wir ein herrliches amerikanisches Frühstück zu uns: Pancakes, Ahornsirup, zwei Eier, ein wabbeliges Brötchen und Kaffee, soviel man will. Eine tolle Einrichtung, dass der Kaffee nicht portioniert ist. Die Bedienung kommt mit der vollen Kanne vorbei, fragt und füllt nach. Und das Ganze ist wirklich preiswert.

Um 11.30 ist der Bus von Go-Vacations am Hotel. Wir sind nicht die einzigen Deutschen, die auf ihr Motorhome warten. Bei der dritten Fuhre sind wir dabei und nach wenigen Minuten Fahrt, sehen wir unser rollendes Heim für die nächsten zwanzig Tage. Nach drei Stunden Einweisung, Versicherungsabschluss, Formalitäten nehmen wir unsere ‚Unit‘, Nr. 3416 in Besitz. Ein geräumiger Ford Econovan von fast sieben Metern Länge (24 Foot) und zwölf Fuß Höhe, klobig auf breiten Zwillingsreifen unter der Hinterachse. Innen ist alles vorhanden, was man braucht: Schlafgelegenheiten für fünf Personen, Sitzecke, viel Stauraum, Toilette und Dusche, ein großer Kühlschrank, Gasherd mit Backofen, Heizung und sogar eine Klimaanlage. Mit diesem Lkw werden wir nun den wilden Westen erobern.

Disneyland ist bis 24.00 Uhr geöffnet. Patrick möchte furchtbar gerne und er bekommt seinen Willen. Saumäßig teuer ist der Spaß aber schon: 110 Dollar. Gegen Ende unserer Reise sagt mir eine Amerikanerin, um Disneyland zu erleben, müsse man wieder Kind werden und mit großen staunenden Augen durch die Welt gehen. Na ja, vielleicht haben wir unsere Kindheit in Europa gelassen. Disneyland ist so etwas wie Amerika-Extrakt, gefriergetrocknet, steril und bunt wie eine Handvoll Gummibären. Ein bisschen hiervon und ein bisschen davon, Cinderella und Robinson Crusoe und Papageienballett, Futureland und Adventureland und Klimbimland. Alles verpackt in Licht, Flitter und bonbonfarbene Verkleidung. Ein Amerika im Westentaschenformat für kindliche Kinder und kindische Erwachsene. Ein Raddampfer, die ‚Mark Twain‘, schippert von unsichtbaren Seilen unter Wasser gezogen unter Tuten und des Captains tiefer Stimme vom Tonband über einen kleinen Teich durch lianenverzurrte, wasserfallgeschwängerte Wildnis und Indianerland. Die Rothäute am Ufer lachten sich wohl tot über die Weißen, wären sie nicht aus Plastik. Die Bergwerksbahn und der Gletscherexpress rasen auf Rollen zu Tal und die Mitfahrer und vor allem Mitfahrerinnen quietschen sich bei den hohen Geschwindigkeiten der Talfahrt die Seele aus dem Leib. Auf der Gletscherbahn dräut irgendwo beim Vorbeirasen ein Schneemensch und ein weißer Tiger fletscht die Zähne. Zwischen all dem Kitsch und Kram beginnt gegen 22.00 Uhr endlich die

Micky-Maus Parade. Die Goofys, Dagoberts, Plutos und die Statisten in den farbenprächtigen Kostümen spielen Carneval in Rio und singen und tanzen den allabendlichen Mardi Gras. Kameras surren und Fotoapparate klicken. Höhepunkt dieser glücklichen Welt ist die Future-World. Hier tobt sich im ‚Krieg der Sterne' die Technology der neuen Welt aus. Perfekte Illusion, Geschwindigkeit und Nervenkitzel, Disneys Inszenierung der Reise in ferne Galaxien.

Kurz vor Mitternacht haben wir genug von dem Rummel und sind überfüttert vom Licht- und Tonspektakel dieses amerikanischsten aller amerikanischen Vergnügungsparks. Erschöpft und todmüde kuscheln wir uns das erste Mal in die Betten unseres Schlafmobils.

Nein, Disneyland muss nicht sein.

Getti und die schönen Künste.

Der RV-Park, auf dem wir unsere erste Nacht im Wohnmobil verbracht haben, ist eigentlich nur ein großer Parkplatz. RV steht für recreation vehicle, Erholungsfahrzeug. Der europäische Begriff Campingplatz stimmt für Amerika sowieso nicht, denn das, was man auf dem Kontinent findet, sucht man hier in der Regel vergebens: Zelte und Wohnwagen. Stattdessen Wohnmobile von unglaublichen Ausmaßen. Die Größenvorstellungen sind einfach andere und die bisweilen spartanische Einfachheit, mit der wir in Europa bei einem Campingurlaub zufrieden sind, ist wohl für Amerikaner unvorstellbar. Unser Motorhome mit seinen sieben Metern ist eines der kleinsten. Rundherum stehen Fahrzeuge von der doppelten Länge und manchmal noch mehr, auch Caravans, die nur noch mit einem Sattelschlepper zu transportieren sind. Viele dieser mit allem Komfort ausgestatteten Monstren stehen ständig auf den RV-Plätzen. Aber auch auf den Straßen begegnen uns häufig diese rollenden Häuser einer Nation, die sich der Freizeit-Mobilität verschrieben zu haben scheint. Oft hängt hinten ein Jeep oder ein Pkw dran, rollt mit zum nächsten Standplatz, um dort für kleinere Ausflüge zur Verfügung zu stehen.

Patrick ist früh aufgestanden und fotografiert Straßenkreuzer. Viele Amerikaner wohnen auch auf den RV-Parks. Immer wieder finden wir

Anlagen, von einem Zaun umgeben, auf denen mehr oder weniger fest installiert, Caravans und Mobile Homes stehen.

Nach dem Frühstück brechen wir auf. Das J. Paul Getti-Museum in Malibu ist unser Ziel. Ildiko möchte Kunst sehen.

Zum Glück haben wir einen guten Stadtplan von Los Angeles. Landkarte wäre allerdings der treffendere Begriff. Denn dies ist keine Stadt, sondern eine ausgedehnte Ansammlung von Siedlungen mit hallenförmigen Flachbauten, Wohncontainern, umzäunten Bungalows und kleinen Häuschen. Werbeflächen und Palmen überragen das Einerlei. Irgendwo in der Ferne sieht man eine Ansammlung von Hochhäusern. Dort muss Downtown sein. Und diese ‚Unstadt‘, die sich Los Angeles nennt, mit ihren mehr als acht Millionen Einwohnern dehnt sich über 1200 Quadratkilometer entlang der Pazifikküste aus. Ein weitmaschiges Netz von vier bis fünfspurigen Highways und Freeways, ein Gewirr von Autobahnen, durchzieht dieses Gebilde. Der Verkehr rollt zügig, aber verglichen mit unseren Geschwindigkeitsvorstellungen eher langsam. Kaum jemand fährt schneller als 60 Meilen. Man kommt, wenn nicht gerade Rushhour ist, überall gut durch und das Fahren ist nicht besonders anstrengend.

Wir haben in Anaheim übernachtet und bis Santa Monica im Norden, auch das gehört zu L.A., sind es etwa vierzig Meilen, etwa die Hälfte der Nord-Süd-Ausdehnung dieses Molochs einer Stadt. Nach einer guten Fahrtstunde sind wir da.

Auf einem Hügel an der Strandstraße, inmitten eines Parks liegt die Villa des J. Paul Getti, die das Museum der Getti-Stiftung beherbergt. Vor 14 Tagen ging es durch die Schlagzeilen der Weltpresse, hat es doch das teuerste Gemälde der Welt, Van Goghs Schwertlilien, gekauft. Ich hatte im Reiseführer gelesen, dass Fußgänger keinen Eintritt ins Museum erhalten. Entweder man kommt mit dem Auto zum museumseigenen Parkplatz, mit dem Taxi oder per Bus, wobei man das vom Busfahrer abgestempelte Ticket vorweisen muss. Die Erklärung dieser Bestimmung erhalte ich vor Ort: Malibu ist der Wohnsitz der Reichen und man möchte keine parkenden Autos vor den Villen. Also hat man mit der Getti-Stiftung eine Regelung getroffen, die verhindern soll, dass

Besucher mit dem eigenen Fahrzeug kommen. Ob das funktioniert? Wir dürfen hinein, obwohl wir als Fußgänger ankommen. Allerdings muss ich unser Fahrzeug an einem öffentlichen Parkplatz abstellen. Vielleicht haben wir auch nur Glück mit dem Parkwächter, der die Besucher vorsortiert, jedenfalls lässt er uns passieren.

Der Herr über das Museum, J. Paul Getti, wurde unermesslich reich durch Erdöl, das schwarze Gold. Und vielleicht, weil es in seinem armen Leben als Millionär nichts mehr zu erleben gab, entdeckte er seine Liebe für die Kunst, vor allem die der Griechen, Römer und der Renaissancemalerei. Er machte sich auf ins alte Europa und begann aufzukaufen, was immer er an Schönem und Altehrwürdigem finden konnte, wobei Geld keine Rolle spielte, und er ließ die Kostbarkeiten in seine Villa an der kalifornischen Pazifikküste schaffen. Als diese zu klein wurde, um auch noch darin zu wohnen, wurde sie ein Museum, perfekt umgestaltet als stilechtes Ambiente für all die Kunstschätze. Getreu nach den Grundrissen einer römischen Villa im antiken Herculaneum, die im Aschenregen des Vesuv begraben wurde, entstand hier ein Stück Rom, so geschichtsgetreu, dass man sich in die Antike zurückversetzt fühlt. Vieles ist echt, manches nachempfunden. Selbst die Vegetation spielt mit, sind doch hier Flora und Fauna dieselben wie im Südzipfel Italiens. Es gibt Parkanlagen, Wasserspiele, zierliche Statuen, Palmen, mediterrane Blütenpracht und einen meist blauen Himmel. Betritt man das Gelände durch den herrlichen Park, strahlt Reichtum aus allen Ritzen und Fugen. Selbst die Toiletten in der weiträumigen Garage, die nur für die Museumsbesucher zur Verfügung steht, sind aus reinstem Marmor.

Und dann die Sammlungen in den einzelnen Räumen! Jeder Saal ist den Exponaten entsprechend gestaltet: Mosaikfußböden, Wandmalereien, Gobelins, Rokokomöbel, Einrichtungsstücke aus der Zeit Ludwigs XIV.. Es gibt sicherlich Museen, die mehr bieten, aber wohl kaum eines, in dem Ausstellungsraum und Exponate solch eine harmonische Einheit bilden. Die Plastiken, Vasen, Gemälde, Grafiken sind vom Besten, was die 2000-jährige europäische Kultur hervorbrachte. Rundherum gediegene Vornehmheit, Freundlichkeit, Höflichkeit. Getti hat noch zu Lebzeiten das Museum in eine Stiftung umgewandelt und so wird hier geforscht und weitergesammelt und gesichtet. Man ist Gast in diesem Prunkstück eines kultivierten Sammlers und zahlt keinen Pfennig dafür.

Nach drei Stunden verlassen wir, um einige kulturelle Erfahrungen reicher geworden, dieses beeindruckende Museum. Vielleicht hätte J. Paul Getti mit seinem vielen Geld Besseres anfangen können, aber die Idee, seinen Landsleuten ein kunstvolles Stück Europa nahezubringen, war nicht die Schlechteste.

Wir fahren nach Süden, verlassen Los Angeles und nach etwa achtzig Meilen auch den Freeway, um auf der Küstenstraße weiterzufahren. Zufällig erblicke ich am späten Nachmittag ein Schild, das auf den State Park South Carlsbad hinweist. Ein wunderschön an der Steilküste gelegener Campingplatz, der mit zehn Dollar noch dazu recht billig ist. Alles ist einfach, praktisch und sauber. Warme Duschen gibt es auch. Die Kinder sind müde, Ildiko und ich machen noch einen Klippenbummel, hören in das Rauschen der heranbrandenden Wellen und genießen den sternenklaren Abend.

Balboa Park

Verbringt man die Nacht im Freien, weckt einen der nächste Tag sehr früh auf. Entweder kräht der Hahn oder die Sonne kitzelt in der Nase. Schon vor 8.00 Uhr sind wir mit dem Frühstück fertig. Hundegebell von nebenan. Unsere Nachbarn, eine Gruppe von Amerikanern in mehreren Motorhomes, sind wohl Mitglieder eines Hundeklubs. Eine Familie hat sogar fünf Hunde dabei, in den verschiedensten Größen und Rassen.

Wir machen zu viert einen Spaziergang zum Strand. Vom Campingplatz fällt die Küste etwa fünfzehn Meter steil ab. Von Wind- und Wetter zerfurchte Sandklippen. Plötzlich huscht etwas an uns vorbei. Bei genauerem Hinsehen entpuppt es sich als ein braungraues Erdhörnchen. Ein possierlicher Nager mit einem langen, breiten Schwanz. Zunächst Entzücken: Das Tier macht Männchen, reckt sich auf die Hinterpfoten, schnüffelt uns an. Wir fotografieren. Wenig später entdecken wir, dass es nicht nur eins oder zwei dieser Tierchen gibt, sondern Tausende. Die ganze Klippe ist ein Labyrinth von Gängen. Überall linsen diese Viecher heraus und knabbern herum. Jetzt verstehe ich, warum die Amerikaner über unsere Fotografiererei so mitleidig lächelten. Wir waren der festen Meinung, etwas ganz Besonderes entdeckt zu haben.

Auf dem Meer tummeln sich trotz der frühen Stunde schon Wellensurfer auf kurzen schmalen Boards. Natürlich mit Anzügen, das Wasser ist kalt. Die Dünung ist nicht besonders hoch, aber es reicht, um auf ihr fünfzehn bis zwanzig Meter zu gleiten. Es ist ein schönes Gefühl, barfuß über den feinen Sand am Strand zu laufen.

Weiter geht es nach San Diego, zunächst über die Küstenstraße. Häuschen an Häuschen, vielfarbig und ungeordnet. Die Baupolizei hat hier wohl nicht viel zu sagen. Urlaubsstimmung wie am Mittelmeer, nur etwas ruhiger, da der Tag noch jung ist.

Die gesamte Küstenregion ist unglaublich zersiedelt. Überall die Hügel hinauf ziehen sich Häuseransammlungen und große, palmenbewachsene Gärten um kleine, flache Bungalows. Fünfundzwanzig Meilen vor San Diego endet die schmale Küstenstraße. Auf dem sechsspurigen Highway geht es weiter.

In San Diego, einer Stadt mit über drei Millionen Einwohnern, stark mexikanisch geprägt und sehr sehenswert, verfahren wir uns. Ich spreche eine Amerikanerin an. Sie fährt uns voraus und zeigt uns den Weg zum Balboa Park. Welch ein Paradies! „Einer der schönsten Parks der Erde", hatte ich gelesen und das ist sicher nicht übertrieben. Üppige tropische Vegetation, Täler und Höhen, palmenumsäumte Wiesen und Wege, Vögel von unglaublicher Buntheit. Den ersten Kolibri glauben wir gar nicht. Erst der zweite und dritte weckt unser Entzücken. Eine breite Allee durch den Park öffnet sich zu einem weiten Platz, umstanden von zinnen- und turmbewehrten Prachtbauten im mexikanischen Stil und mündet in eine Promenade, an deren Ende eine Fontäne in den Himmel schießt. Spanish village, ein Künstlerdorf mit Ateliers, Museen, Theater. Spaziergänger, Gaukler, Einradfahrer, Musikanten ergeben ein vergnügliches, sonntägliches Treiben. Und im Tal erstreckt sich der berühmte Zoo von San Diego mit seinen Koalabären.

Natürlich finden wir auch Kunst. Wir schauen uns die Gemälde in der Timken-Gallery und im San Diego Arts Museum an. Kleine Museen, aber mit einer Reihe großer Malernamen. Patrick überzeugt uns, dass wir noch ins Science-Center müssten. Und das ist wirklich interessant. An allen Ecken kann man spielerisch die unglaublichsten Naturphänomene entdecken und wenn man die Erklärungen liest, sogar begreifen. Meine Gesichtshälften sind tatsächlich unterschiedlich und in der Addition der beiden rechten Hälften sehe ich ziemlich blöd aus.

Es hat ein begonnen zu tröpfeln. Es ist zwar warm, doch der erhoffte Sommer bleibt aus. Noch ein letzter kurzer Bummel durch Spanish Village, wo bis 17.00 Uhr Künstler und Kunsthandwerker ihre Werke herstellen und auch verkaufen. Danach suchen wir einen Campingplatz. Es ist nicht ganz einfach, sich in dieser Riesenstadt zurechtzufinden. 1., 2., 3., 4., bis 90. und 95. Straße oder C, D, E, J, K - Straße, dann mal wieder Straßen mit richtigem Namen wie Market- oder Imperialstreet. Ist es Einfallslosigkeit oder Mangel an geschichtsträchtigen Namen, die die Amerikaner dazu brachte, ihre Straßen so banal zu benennen. Ich kann mir keinen Europäer vorstellen, der erfreut darüber wäre, in der V-Straße oder der 88. Avenue zu leben. Und dazu geht dann diese V-Straße auch noch kerzengrade über Stock und Stein, bis sie an der 5. Avenue ihren Geist aufgibt. Immerhin finden wir nach anstrengender Sucherei nach einer Stunde das angepeilte Ziel.

Shopping in San Diego

Wir stellen unser Fahrzeug ganz am Anfang des Lamplight Districts ab. Hier findet sich das, was vom alten San Diego noch geblieben ist. Zum Teil ist es Wiederaufbau und Restaurierung, also nicht das, was wir uns unter einer echten Altstadt vorstellen. Wie auch? Kalifornien ist noch so jung. Vierkantige Backsteinhäuser mit Feuerleitern an den Vorderfronten. Der Charme des wilden Westens, verbunden mit der saloppen Gangsteratmosphäre der Al Capone-Jahre.

Auf dem Parkplatz habe ich Schwierigkeiten, meine Parkgebühr von drei Dollar loszuwerden. Ein verbeultes Kästchen mit vielen Nummern und Schlitzen hängt da. Die Bedeutung der Nummern ist klar: Abstellflächen der Autos. Aber wie bekomme ich drei Dollar in die Schlitze? Münzen würden ja hineinpassen, aber es gibt nur Dollarscheine und dass man zwölf Quarters hineinsteckt, kann ja wohl nicht gemeint sein. Ich frage jemanden. Der guckt mich erst an, als hätte ich ihn nach dem Weg zum Eiffelturm gefragt, dann klärt er mich auf. Ich verstehe immerhin die Hälfte und versuche mein Glück. Wenn man die Scheine ganz klein zusammenfaltet, in den Schlitz steckt und mit einer Art Löffelchen, das an einer Kette neben dem Kasten hängt, nachstopft, passen sie hinein. Auch eine Methode, aber verblüffend, in einem Land, in dem die Automaten zum Alltäglichsten gehören.

An der Convention Hall, die gestern erst eröffnet wurde, einer Riesenhalle im Stil der Postmoderne, imposant und wie so vieles hier farbig, vorbei, gelangen wir zum Seaport-village.

Seaport-village ist ein ausgedehnter Komplex mit einer Vielzahl von kleinen Läden, Boutiquen, Restaurants, untergebracht in bunten, verschachtelten Häuschen. Überall viele Pflanzen, Palmen, Bäume, Brunnen und Bänke, auf denen man sich ausruhen und das geschäftige Treiben beobachten kann. Eine hübsche Atmosphäre, durchwoben von gedämpfter Musik. Wir bummeln umher und entdecken immer wieder neue Blickfänge. Die Kinder durchstöbern die Läden und finden vieles, was man unbedingt haben muss. Es ist Mittagszeit und überall im Seaport-village sieht man speisende Leute. Wir haben auch Hunger und suchen uns einen Platz. Als ich auf einem Nachbartisch etwas Leckeres sehe, bestelle ich es: Chicago deep, ein große, tiefe Pizza mit Wahnsinnsmengen von Käse.

Wir suchen Downtown, die eigentliche Innenstadt. Da, wo die in den Himmel greifenden Wolkenkratzer aufragen, müsste sie eigentlich sein. Aber es gibt nur Banken, Versicherungen, Bürohäuser. Das kann doch nicht alles sein. Julia möchte richtige Geschäfte. Das, was wir unter Einkaufsstadt verstehen, suchen wir vergebens. Aber wir finden ‚Horton Plaza'. Und das ist ein Erlebnis. Architektur wie aus Traum und Fantasie: Ineinander verschachtelt, gegeneinander verschoben, mit Erkern, Türmchen, Rundbögen geschmückt, ein riesiges Einkaufsparadies auf drei mit Rolltreppen und vielfarbigen Aufgängen verbundenen Etagen.

Wir fühlen uns wie in einer Synthese aus Tausendundeinernacht, Venedig und Theaterkulisse. Wohin man auch blickt, eröffnen sich neue, immer wieder andere Perspektiven. Unmöglich, die Farbenpracht der Blumen, Wandbemalungen, Wände und Säulen zu beschreiben, unmöglich, die Unzahl der Ideen wiederzugeben. Wenn das die Architektur der Zukunft ist, lässt sich in ihr recht fröhlich leben. Horton Plaza ist ein Erlebnis.

Mir hat übrigens mein Zahn noch einmal böse zugesetzt. Während die drei herumbummelten, saß ich wie ein Häufchen Elend auf einer Bank und presste ein feuchtes Taschentuch auf die Backe. Am nächsten Tag ist es dann zum Glück besser.

In Chula Vista im Süden der Stadt finden wir eine Bleibe für die Nacht. Auf dem Weg dorthin fahren wir über die Coronado-Bridge, eine gewaltige, sich hoch aufwölbende und in einer weiten Kurve die San Diego-Bay überquerende Brücke.

Auf dem Campingplatz ist die Rezeption schon geschlossen. Wir sind Late-comers. Für solche liegt ein Briefumschlag mit Platznummer und einigen Anweisungen bereit. Bezahlen am nächsten Morgen. Nur den Schlüssel für die Toiletten und den Pool zu bekommen, macht noch Schwierigkeiten. Aber den bringt uns dann gegen 22.30 Uhr ein Guard vorbei.

Wenig los!

Am Abend dieses Tages sagen die Kinder, „Heute haben wir eigentlich gar nichts gemacht!" Dabei haben wir Unmengen Grußkarten geschrieben und uns gesonnt, haben Old Town San Diego besucht und La Jolla gesucht und nicht gefunden.

Einen halben Tag Ruhe haben wir nach vier Tagen nötig. Außerdem ist der Morgen fast sommerlich warm, der Pool groß und es gibt viele freie Liegestühle. Einen Haufen schmutziger Wäsche haben wir auch schon. Zu jedem RV-Park gehört eine Laundry mit Wasch- und Trockenautomaten. Wir füllen die Maschinen und lassen sie die Arbeit machen, während wir in der Sonne liegen. Um 12.00 Uhr ist Check-out und bis dahin ist die Wäsche sauber.

Old Town, Alt San Diego ist nach Seaport-village und Horton Plaza etwas enttäuschend. In einer Galerie spricht man uns an. Ein interessantes Gespräch über Kunst, und ob wir denn nicht einen kleinen Vasarely, als Souvenir gewissermaßen, mitnehmen wollen. Nur 6500 Dollar! Überall findet man diese Galerien. Shops für Bilder, in denen heftig verkauft wird. Die Atmosphäre ist gediegen. Viel moderne amerikanische Kunst. Die Bilder sind großformatig und häufig fotorealistisch, die Plastiken dekorativ und oft nahe an der Grenze zum Kitsch. Viele Jugendstilzitate. Die Preise sind zeitgemäß. Reichlich Kunst für reiche Amerikaner. Vermutlich sind diese Kunstwerke so geschaffen worden, dass sie zur innenarchitektonisch perfekten Einrichtung eines Livingrooms passen. Kunst als Dekoration.

In La Jolla (ausgesprochen La Hoia) gibt es ein zeitgenössisches Museum. Aber offensichtlich haben wir ein Brett vorm Kopf. Jedenfalls verwechselten wir die Universität von La Jolla mit dem Ort und fanden dort natürlich kein Museum. Dabei haben wir, wie wir später auf dem Stadtplan herausfanden, ganz in der Nähe geparkt und hätten nur wenige Schritte zu gehen brauchen. Immerhin haben wir wenigstens die La Jolla Caves gesehen und davor in der kleinen Bucht die Seehunde und Seelöwen. Der Pazifik ist noch ziemlich kalt und da der Himmel sich im Laufe der letzten Stunden immer mehr bewölkt hat, hat keiner das Bedürfnis, zu schwimmen. Bis zu den Knien werden wir nass. Das genügt.

Richtung Coronado. Dort finden wir schnell einen RV-Park und machen einen Bummel ins nahe Einkaufszentrum. Um einen riesigen Parkplatz herum gibt es alle Arten von Geschäften und vier Kinos in einem großen Hallenbau. Hier ist wirklich amerikanische Provinz. Man kommt mit dem Auto, kauft ein, nimmt sich aus dem Drive-in sein Fast Food mit, fährt kurz am Bankschalter vorbei, um Schecks einzulösen, und geht schließlich mit der ganzen Familie ins ‚Driving Miss Daisy'. Stadt gibt es nicht, nur weit verstreute Siedlungen und Straßen, Straßen, Straßen. Für Fußgänger sieht es schlecht aus im Land der Autofahrer. Und die Häuser! In Los Angeles, San Diego und überall, wo wir waren, sind sie aus Holz gebaut. An den Berghängen sieht man die Balkengerippe neuer Siedlungen und daneben die fertig verkleideten Behausungen. Steinbauten sind wohl so gut wie unbekannt. Und das in einem Staat, der zu einem Fünftel von Wüste bedeckt ist.

Wildlife

In der Nacht hat es begonnen zu regnen und am Morgen regnet es immer noch. Der Himmel ist tiefschwarz. Wo ist der immerblaue kalifornische Himmel? Wen ich auch frage, der gibt mir zur Antwort, dass es morgen aufhören wird zu regnen. Wir frühstücken und danach flüchte ich mich in den angenehm warmen Pool.

Den anderen Campern macht das Wetter offensichtlich weniger aus. Sie haben mehr Zeit als wir mit unseren drei Wochen. Einer der Motorhome-Besitzer erzählt mir, dass sehr viele Amerikaner nach der Pensionierung fast das ganze Jahr mit ihren RVs kreuz und quer durch die Vereinigten Staaten unterwegs sind. Das erklärt die Vielzahl älterer Ehepaare. Keine schlechte Art, das Alter so zu verbringen, und die USA und Kanada sind schließlich so groß wie ganz Europa zusammen. Zustande kam das Gespräch durch die häufig an uns gestellte Frage: „Where are you folks from?" „From Germany." „Oh, the Rhine valley?" Offensichtlich liegt für die meisten Amerikaner ganz Deutschland am Rhein. Man weiß sehr wenig von Deutschland und von der Geografie noch viel weniger. Dass wir aus Kassel kommen, sage ich sowieso schon nicht mehr. Kennt doch keiner. „A City near Frankfurt." Frankfurt ist ein Begriff. Aber das Interesse an uns ist groß und die Freundlichkeit mehr als überraschend. Ob wir Amerika mögen und wo wir hinfahren, und dann gibt es Tipps über Tipps. Jeder hat einen Morgengruß und ein Lächeln parat: „High!, How'd you do?" Man geht sehr unkompliziert und offen aufeinander zu.

Wir brechen auf und fahren zuerst zum Shopping Center. Auf den Highways weisen Schilder auf solche ‚Parkways‘ hin. Und das ist auch nötig, denn auf den Autobahnen findet man weder Tankstellen, noch Restaurants oder Geschäfte. An den Parkways aber gibt es dann alle Arten von Shops und Stores. Auffällig ist hier wie überall ein offensichtlich reges Umweltbewusstsein: Containerautomaten für benutzte

Plastikflaschen, Aluminiumdosen, Glasflaschen. Die allerdings findet man selten in den Supermärkten. Plastik überwiegt bei Weitem. An jeder Ecke stehen Mülltonnen und Behälter für Zigarettenkippen. Als Raucher habe ich ständig ein schlechtes Gewissen und wenn ich die Kippe einfach in den Boden trete, mahnt mein Sohn mich oder reicht mir sogar den Stummel und was bleibt mir dann übrig, als auf frischer Tat ertappt, errötend denselben zu entsorgen. In Lokalen ist die Raucherecke die kleinere und schäbigere. Schilder weisen überall darauf hin, dass Rauchen verboten oder unerwünscht ist. Und man sieht viel weniger rauchende Menschen als in Europa. Zigarettenautomaten gibt es fast nirgends und auch keine Zigarettenwerbung.

Auf der Post hat uns der Angestellte den Weg zum San Diego Wildlife-Park erklärt. Nach dem Briefmarkenkauf sagt er „Dankeschön" und ergänzt auf meinen überraschten Blick hin, dass er Jaeger heiße und seine Großeltern Deutsche waren.

Gegen Mittag sind wir am Wildlife. Es hat aufgehört zu regnen. Die dreiundvierzig Dollar Eintritt zahle ich mit der Visakarte. Übrigens ist auch in den USA Bargeldzahlung durchaus noch in. Cash zählt, zumindest bis zu Beträgen von dreißig Dollar. Bei ‚Credit' kostet vieles, z.B. Benzin mindestens zehn Prozent mehr.

Wie empfohlen machen wir in diesem weitläufigen ‚Tiergarten', einer Außenstelle des San Diego Zoos, zuerst die einstündige Fahrt mit der Einschienenbahn. Der Fahrer hält oft an und gibt viele Erklärungen. Schwerpunkt des Wildgeheges ist die afrikanische Tierwelt, vor allem der west- und südafrikanischen Savannen. Den Tieren ist in diesem großen, trockenen Tal ihr natürlicher Lebensraum nachgestaltet worden. So finden sich weite Sandflächen, Tümpel und Teiche, steppenähnliche Teile und Palmenhaine. Tiere, die auch in der freien Wildbahn zusammenleben, leben auch hier miteinander: Nashörner, Giraffen, Zebras, die verschiedensten Antilopenarten und viele Vogelarten. Die Bahn umrundet langsam das Gelände und es gibt viele Möglichkeiten, zu filmen.

Von der Ausstiegsstelle aus zweigen verschiedene Hiking trails, Wanderwege ab: zu einem schönen, großen Gelände, in dem eine

Gorillafamilie lebt, zum tropischen Urwald, in den australischen Regenwald usw.. Bei den Gorillas zeigt sich nur ein schlanker, offensichtlich noch junger Gorillamann, aber auch er ist ziemlich gelangweilt oder er fröstelt in der Kühle und macht sich kurz darauf davon. Sehr viele exotische Vögel sind in mehreren kuppelartigen, mit einem dünnen Netz überspannten Volieren gehalten. So fliegen sie ,frei' herum und man läuft zwischen ihnen hindurch. Nach zwei Stunden Herumstromern, vorbei an den indischen und afrikanischen Elefanten, an den Cheetahs und an verschiedenen Aussichtspunkten, von denen man immer wieder herrliche Blicke über das Gelände hat, verlassen wir den Zoo und machen uns auf in Richtung Osten.

Zunächst hügelige, sanft ansteigende Straßen durch eine grüne, fruchtbare Landschaft. Farmen und kleinere Siedlungen. Dann geht es hinauf in die Berge. Kakteen und Trockensträucher, hin und wieder große Felsbrocken. Die Vegetation wird immer karger. Rechts geht es ab in die Anza Borrego Wüste. Wir fahren vorbei. Man kann nicht alles sehen und Anza Borrego wäre ein Umweg auf dem Weg zum Grand Canyon. Außerdem schrecken uns der Regen und die tief liegenden Wolken auf dieser Seite der Berge ab. Wir hoffen auf Sonne jenseits der Rockies in der Mojave-Wüste. Steil und lang gezogen führt die Straße bergan: Eine wilde Berglandschaft, die sich in ein weites Hochtal, das Anza Valley, öffnet. Kalt ist es hier. Wir sind etwa 1500 Meter hoch. Und es geht weiter bergan. Kaum haben wir die Passhöhe überquert, bleiben die Wolken hinter uns und vor uns erstreckt sich ein weiter blauer Himmel. Schroffe, mächtige Felskulissen ohne Bäume und Sträucher in der Weite das Gelbbraun der Wüste. In der Abendsonne leuchten die kahlen Bergwände rotviolett und ganz fern am Horizont erstrahlt eine zweite graue Bergkette. In endlos scheinenden Serpentinen geht es nun abwärts bis Desert Springs. Nach der menschenleeren Einsamkeit der Bergfahrt ist es gut, wieder in bewohnte Gegenden zu kommen. Von Desert Springs fahren wir westwärts nach Palm Springs. Es ist inzwischen dunkel geworden, aber man sieht links und rechts der Straße Prachtvillen, Nobelrestaurants und Hotels. Die Straßen heißen ,Bob Hope Drive' oder ,McCallum Way'. In diese Wüstenoase kommen die

Reichen und Superreichen nur, um in der Wärme zu überwintern, Golf zu spielen und in den Swimmingpools zu baden. Winter gibt es hier nie. Wir finden einen RV-Park am Rande von Palm Springs.

Joshua Tree

Am Morgen ist es sehr windig, doch der Tag verspricht, warm zu werden. Weiße Wolkenschlieren ziehen über den blauen Himmel. Bis elf Uhr bleiben wir am Swimmingpool. Patrick hat sich den Schlüssel für den Billardraum geholt und ich spiele eine Partie mit ihm. Überrascht stellt er fest, dass ich gar nicht so schlecht bin.

Wir verlassen Palm Springs Richtung Indio, dem Zentrum der Dattelpalmen und gelangen auf den Interstate 10. Bald schon erreichen wir das Hinweisschild zum Joshua Tree National Monument. Joshua Trees sind Yuccapalmen und die Mormonen nannten sie so, weil sie sie mit ihren aufragenden Ästen an den zu Gott betenden Propheten Josua gemahnen. Schon auf den letzten fünfzig Meilen sah die Landschaft nicht anders aus. Die Autobahn führte bergauf zwischen Steinwüsten im Wechsel mit grauen Sandflächen. Faszinierende Eintönigkeit. Blauer Himmel und Hitzewellen, die der Wind durch die geöffneten Fenster ins Auto jagt.

Am Information Center entrichten wir den Eintrittspreis von fünf Dollar. Zuerst fahren wir zu Cottonwood Springs, einer Ende des letzten Jahrhunderts von Menschen geschaffenen Oase. Wasser sprudelte hier in Mengen aus dem Boden, man pflanzte Palmen, doch Jahre später versiegte das Wasser fast. Heute tritt ein schmales Rinnsal aus dem Boden, gerade genug, die Pflanzen zu ernähren. Einige vereinzelt stehende Palmen, doch den Mittelpunkt bildet das gewaltige Geflecht einer ausladenden Palme über Sträuchern und Lianengewirr zwischen abgerundeten Felsen. Ein grüner Hoffnungsschimmer inmitten braungelber Ödnis. Das wuchernde Pflanzengewirr gleicht einem Haus. Wir klettern darin herum und machen Fotos. Eine Echse sonnt sich auf einem Stein.

Eine schmale Straße verläuft durch die weite wüstenhafte Ebene, in der wie Pfosten Kakteen mit bizarrem Kopfschmuck aufragen. In diesen Jolla-Gärten steht eine Trockenpflanze neben der anderen. Fantastisch, was in dieser ausgedörrten Öde alles wächst. ‚Die Wüste lebt'. Tiere und Pflanzen haben sich an dieses Biotop angepasst, oft unscheinbar, doch voll herber Schönheit. All dieses Leben versteckt sich vor der sengenden Sonne, zieht sich fast unsichtbar zurück in Gänge und Höhlen unter dem heißen Sand.

Auffällig sind die runden, imposanten Felsformationen. Patrick klettert. Ich traue mich nicht. Hinauf käme ich schon, doch wieder runter? Diese Landschaft ist in ihrer Fremdheit schwer zu erfassen, so einmalig, menschenfeindlich, faszinierend.

Dann gelangen wir ins Hidden Valley. Auch hier wieder gigantische Steinpyramiden, an denen Kletterer ihre Geschicklichkeit beweisen. Das Tal ist zwischen Felsen und Steinwänden versteckt. Früher sollen Viehdiebe ihre Beute an diesem malerischen Ort hier verborgen haben. Hin und wieder entzückt uns eine blühende Kaktee in voller Pracht, daneben verkohlte Baumstümpfe, die bizarr ihre Äste ausstrecken. Aus dem grobkörnigen gelben Sand ragt ein Gewirr von trockenen, wie tot aussehenden Büschen. Doch auch sie leben. Wenn man genau hinsieht, entdeckt man Blüten, Knospen, Astsprosse. Wir sind etwa zwei Meilen zu Fuß gegangen. In der noch warmen Abendsonne spürt man schon die Kühle der kommenden Nacht. Wir sind hier auf über 1000 Meter Höhe.

Bei den Jumbo Rocks finden wir einen Platz zum Campen und klettern zuerst einmal begeistert in den Felsen herum. Die Steine machen ihrem Namen alle Ehre. Abgerundete, zerfurchte Quader und Kugeln von bis zu zwanzig Metern Höhe, miteinander verbunden durch Rampen, Kanten und Zungen. Die Felsen haben Gesichter oder gleichen hingestreckten Gestalten. Ein liegender Löwe, ein Mädchenkopf, ein auf dem Rücken liegender Mann, in dem Ildiko Stalin zu erkennen meint.

Gegen 9.00 Uhr kommt die Nacht und lässt einen prachtvollen Sternenhimmel erstrahlen. Es wird empfindlich kühl. Da wir nicht am Elektrizitätsnetz hängen, müssen wir Strom sparen, um unsere Batterie zu schonen, können also auch die Heizung nicht laufen lassen. Aber wir sind auch müde genug, um gegen 22.00 Uhr die Bettwärme zu suchen.

Colorado

Gegen 7.00 Uhr wache ich auf. Es ist noch kühl, der Himmel ist wolkenlos. Ich frühstücke an einem der großen Holztische, die auf allen Campingplätzen zur Ausstattung gehören und mache meine Notizen über den gestrigen Tag. Als ich damit fertig bin, ist auch der Rest der Familie aufbruchsbereit.

Zwanzig Meilen haben wir noch durch Joshua Tree zurückzulegen, dann sind wir in Twenty-nine Palms und damit am Ausgang des Parks. Im Joshua Tree treffen die beiden Ökosysteme der Mojave-Wüste und der Colorado-Wüste zusammen. Die Letztere ist trockener und vegetationsärmer. In beiden gibt es ganz unterschiedliche Formen von Flora und Fauna. Wir sind jetzt in der Colorado-Desert. Fast hätte ich das Schild am Highway übersehen: ‚Keine Tankstelle auf 120 Meilen'. Ich fahre ein paar Meilen zurück und tanke voll. Für diese Entfernung hätte der Sprit nicht mehr ausgereicht. Man gewöhnt sich nur langsam an die großen Entfernungen, hat die europäische Landkarte vor Augen und schätzt die Distanzen in Kilometern ab. Hier fährt man und fährt schier nicht enden wollende Strecken.

130 Meilen durch die Colorado-Wüste. Trostloses, kahles Graubraun vor besonnten Bergkulissen. Weite Sandflächen wechseln mit Stein- und Schotterfeldern. Kaum Verkehr. Nach zehn Meilen hören die letzten Häuser auf und unter dem tiefblauen Himmel erstreckt sich eine unabsehbare Weite. Immer wieder geht es bergan und von der Höhe schweift der Blick in ausgedehnte Ebenen. Nichts, woran er sich festhalten könnte: kein Baum, keine Siedlung, kaum eine Erhebung, nur dürre Sträucher bis an den Horizont. Im Sommer hier zu fahren, muss wahrlich höllisch sein und eine Panne zu haben, eine Katastrophe. Auf mehr als 100 Meilen (200 km) gibt es keine Tankstelle, kein Restaurant, keinen Imbiss. Flugzeuge überwachen den Highway. Wir sehen keines.

Endlich geschafft. Ich habe chauffiert, die Kinder und Ildiko haben gelesen oder geschlafen. Am Knotenpunkt der Highways gibt es ein Fast-Food-Restaurant und endlich wieder Menschen. Die Landschaft ist nur geringfügig anders. Die Sträucher sind etwas höher und ein wenig grün gefärbt. Ein paar Verkaufsstände mit Indianerschmuck.

Dann plötzlich sind wir am Colorado. Tiefblau wie ein Bergsee und nicht sehr breit schlängelt er sich durch eine schmale, grüne Schneise. Trotz der vielen Staustufen ist die Strömung noch beachtlich. Irgendwo am Fluss halten wir und ziehen die Badesachen an. Ich springe in das sehr kalte Wasser. Leider müssen wir schnell weiter, da das Gelände zu einem RV-Park gehört und wir hier nicht bleiben wollen. Dieser Tag soll ein Reisetag werden. Bis Flagstaff wollen wir kommen und das sind noch fast 500 Kilometer. Wir überqueren den Parkerdamm, der als letzte Staustufe den Colorado in seinem Bewegungsdrang hemmt.

Lake Havasu City ist die nächste Station. Eine Stadt, die 1967 gegründet wurde und auch heute noch nicht nach Stadt aussieht. Verstreute Siedlungen wie Pickel an den braunen Hängen. Schmutziggraue, zersiedelte Landschaft. Und eine Kuriosität, die weltweit Schlagzeilen machte: Man hat eine Brücke komplett in London aufgekauft und hier Stein für Stein wieder aufgebaut. Nun überspannt dieses historische Ding einen kleinen Nebenarm des Sees, den der gestaute Colorado gebildet hat. Ein sinnloses Bauwerk: Statt über die Brücke zu gehen, kann man ebenso gut um den kleinen See herumlaufen. Zusätzlich gibt es noch nostalgische Fährboote, die an den Brückenpfeilern vorbei auf die andere Seite schippern. Wo es eine London-Bridge gibt, muss es auch London geben. Also haben die Stadtväter von Havasu City zu Füßen der Brücke ein Stückchen London aufgebaut, so wie man es sich hier im westlichen Arizona eben vorstellt. Zuckersüße Disneykulisse. Ein Stück Micky-Maus-Country inmitten einer wüstenhaften Urlandschaft. Natürlich verfügt die Stadt auch über das obligate Shoppingcenter mit Banken, Supermärkten, Kinos, Parkplätzen. Und Highways kreuz und quer. In einem Taco-Imbiss stillen wir unseren Hunger, doch die Tacos, eine mexikanische Fast Food-Spezialität, schmecken uns nicht. Eine undefinierbare, braune Bohnensoße in einem trockenen Mehlfladen.

Weiter. Irgendwo am Fluss möchte ich noch einmal baden und finde auch eine Möglichkeit. Patrick traut sich nicht in den Fluss, der hier nicht mehr ganz so blau ist und, wie unser Sohn meint, stinkt. Julia wagt sich auch ins Wasser. Die Strömung ist stark und man muss aufpassen, nicht vom Ufer abgetrieben zu werden.

Bis zum Grand Canyon ist es noch ein schönes Stück. Wir schaffen es bis zum Abend nicht einmal bis Flagstaff. Bei der Höchstgeschwindigkeit von 55 Meilen geht es recht langsam und selbst die schafft unser schwerer Ford bergauf nicht immer. Ich beginne, die Automatik mit der Möglichkeit des Cruising zu genießen. Man drückt aufs Gaspedal, bis die gewünschte Geschwindigkeit erreicht ist, drückt dann die Knöpfe ‚on' und ‚Accelerator' und der Wagen hält genau die gespeicherte Geschwindigkeit. Beim Bremsen schaltet der Bordcomputer ab und auf den Knopfdruck ‚resume' wieder auf die entsprechende Meilenzahl. Ich sitze entspannt und schlenkere mit den Beinen.

Über die Stadt mit dem kraftvollen Namen Bullhead City gelangen wir auf den Interstate 40 und der zieht sich wie ein breites Band durch die Berge. Während der 150 Meilen bis Williams bleiben wir auf etwa 1200 Meter Höhe. Auch hier ist das Land wüstenhaft und trocken. Magere Rinder grasen auf den steppenartigen Koppeln. Ab und zu sehen wir Schneereste unter einem Gebüsch. 55 Meilen pro Stunde darf man auf diesem Interstate fahren und eigentlich halten sich mit fast alle daran. Der Verkehr läuft viel geruhsamer und fairer als bei uns. Keine Lichthupe, keine bedrängenden Signale. Man hat Geduld. Vielleicht, weil das Land so riesengroß ist und Rasen auch nur unwesentlich schneller zum Ziel führen würde. Natürlich sind auch die Straßen breiter und der Verkehr ist dünner. Am Straßenrand sehe ich eine Reihe Schilder. Alle zeigen comicartig die Karambolage zweier Autos. Jeweils darunter die Ursachen: Alkohol, Rasen, Schlafen, also Übermüdung und die Mischung dieser drei. „Don't Mix These Things!" Auf einem Schild lese ich: „Erkenne, was Du Dir zutrauen kannst: 55 Meilen Höchstgeschwindigkeit." Aber die Selbsteinschätzung von Amerikanern ist bestimmt nicht ausgeprägter als die von Europäern. Sicherlich ist es vor allem ein langwieriger Erziehungsprozess, der die Amerikaner zu anderem Autofahren veranlasst als uns. Ein Erziehungsprozess, der wahrscheinlich nicht auf Vernunft und Einsicht, sondern Kontrolle, drakonische Strafen und strenger Verkehrsüberwachung beruht. Die Cops lauern überall und zu schnelles Fahren kostet 500, gar 1000 Dollar. Die Strafe wird sofort an Ort und Stelle kassiert. Wer einmal bezahlt hat, hält sich wahrscheinlich in Zukunft an die Regeln. Überhaupt Strafen: Zumindest in der Androhung ist man nicht pingelig. 1000 Dollar für Wegwerfen von Müll auf den Highways, 500 Dollar für unbefugtes Benutzen eines Behindertenparkplatzes usw. Dennoch, viel Polizei sehen wir auf unserer Reise nicht. Aber auch keinen einzigen Unfall. Und das bei immerhin 4300 Kilometern, die wir durch Kalifornien, Arizona und Nevada zurücklegen.

Der Himmel hat sich während der Fahrt nach Osten langsam bezogen. Wir lassen einen herrlichen Sonnenuntergang hinter uns und fahren in den Regen. Kurz vor Williams landen wir auf einem KOA-Campground. Der Boden ist schwer vor Nässe. Offensichtlich hat es den ganzen Tag geregnet. Wir frieren und sind müde, wärmen uns zum ersten Mal mit der Heizung im Wagen auf und schlafen dann auch bald ein.

Rund um Flagstaff

Am frühen Morgen ist der Himmel schlierig blau, verspricht nichts Gutes und schon zwei Stunden später haben sich schwarze Wolken vor die Sonne geschoben.

Wir fahren zunächst nach Williams, um zu tanken und Einkäufe zu machen. Einen richtigen Ort suchen wir vergebens. Aber vielleicht sind die fünfzig Holzhütten, umgeben von ebenso vielen Wohnwagen und Landmaschinen das, was wir auf der Landkarte als Williams ausgemacht haben. Aber wollen ja nur tanken. Für zehn Dollar, weil das Benzin hier recht teuer ist. Die Benzinpreise sind überhaupt sehr unterschiedlich. Von 99 Cents bis zu 1.50 Dollar reicht die Preisspanne. Seltsamerweise ist verbleites Benzin überall billiger. Man geht zunächst zur Kasse der Tankstelle und sagt an, für wie viele Dollar man, an welcher Tanksäule ‚Gas' entnehmen will. Nachdem der Betrag auf der Zapfstelle erreicht ist, schaltet die Pumpe automatisch ab. Hat man zu viel angegeben, bekommt man das überzahlte Geld anstandslos zurück. An vielen Tankstellen gibt es auch noch den Preisunterschied zwischen Cash und Credit. Cash ist überall billiger.

Wir fahren weiter in das größere Flagstaff. Eine Wildweststadt wie so viele, bunt und eintönig. Hotels, Fast Food, Tankstellen, Stores. Einkäufe im Supermarkt. Das dauert fast eine Stunde. Das Angebot ist umfangreich: Früchte, die wir nicht einmal vom Hörensagen kennen, Brotsorten in großer Auswahl, aber alle weich und wabbelig, Fertiggerichte, Soßen, Dips.

Die erste Sehenswürdigkeit an diesem Tag ist der Oak Tree Canyon. Wir halten am Parkplatz und blicken in die Tiefe. Es ist fast halb zwei. Wir sind wieder mal zu spät losgefahren. Plötzlich fängt es an zu regnen. Die Indianer, die am Canyonrand ihre Schmucksachen feilbieten, schöne Silber- und Goldgeschmeide mit eingelegten blauen Edelsteinen, decken schnell ihre Preziosen zu und verschwinden unter ihren Ponchos.

Wir fahren die fünf Meilen nach Flagstaff zurück. Natürlich verfahre ich mich. Wir müssen auf den Highway 40, ich lande aber plötzlich auf 101. Die Highways sind häufig vierspurig, die übrigen Landstraßen zwei- oder dreispurig. Wenn nicht alles so weit voneinander entfernt wäre, könnte Autofahren ein Vergnügen sein. Kerzengerade ziehen sich die Trassen durchs Land.

Zehn Meilen nach Osten und wir sind am Walnut Canyon. Wie eine riesige, nach oben offene Walnussschale liegt der Canyon Hunderte Meter tief inmitten weiter Wälder. Drei Dollar Eintritt kostet es, aber dafür bekommt man einen Naturlehrpfad und eine detaillierte Beschreibung der Höhlenbehausungen der Indianer, die hier seit jahrhundertelang unter den vorspringenden Felsdächern lebten. Der Stamm der Sinagua-Indianer hat sich an den Rändern des Canyons verewigt. Viel allerdings ist nicht geblieben: Felshöhlen, rauchgeschwärzte Decken, ein paar versteinerte Fußabdrücke. Grabbeigaben und Schmuckstücke kann man im kleinen Museum im Visitor's Center anschauen. Wir haben bisher nur wenig über das Leben der heutigen Indianer erfahren. Um sich darüber ein Bild zu machen, braucht es wohl intensiveres Forschen und mehr Zeit. Die Reservate, durch die wir fuhren, gaben wenig Aufschluss. Die Indianersiedlung, die wir in Arizona passierten, sah kaum anders aus als die Orte der Weißen. Immerhin entsteht in den Naturparks der Eindruck, als fände in Amerika eine zaghafte Wiedergutmachung an der Kultur dieser ersten Bewohner des Kontinents statt. Sicherlich ist das auch der Versuch, die eigene Geschichte zu definieren. Die Darstellungen der Indianerkulturen in den Museen sind jedenfalls detailliert und lehrreich.

Während unseres einstündigen Rundgangs durch den Canyon überfällt uns ein heftiger, kalter Regen. Wir stellen uns in einer der Höhlen unter, bis es zum Glück aufhört zu regnen.

Der nächste Naturpark ist etwa zwanzig Meilen entfernt: Sunset Crater und Wupatki Monument, zwei Sehenswürdigkeiten in einem Park. Eine Ringstraße mit ein paar Abzweigungen führt vierzig Meilen hindurch. Eigentlich wissen wir gar nicht genau, was uns erwartet, der Park lag eben an unserer Strecke zum Grand Canyon, und wenn man schon vorbeifährt, kann man ja auch den kleinen Umweg machen. Doch der Park entpuppt sich als ein wahres Juwel. Kurz nach dem Entrance passieren wir ein ausgedehntes Lavafeld. Sicherlich zwei Quadratkilometer Gelände, bedeckt mit schwarzen, scharfen Lavablöcken. Wenn man darüber klettert oder vorsichtig darauf geht, klingt es, als schreite man über Keramik, die unter dem Gewicht des Körpers zerklirrt. Verwirrend ist die Vielfalt der Formen. Vier Meilen weiter, am Fuße des Vulkans, der 1260 seinen letzten Ausbruch hatte, erstreckt sich ein noch ausgedehnteres Lavafeld. Ein Wanderpfad führt durch die bizarre Landschaft, in der Schwarz in allen Schattierungen die vorwiegende Farbe ist. Der verschleierte Himmel korrespondiert mit der Trostlosigkeit der Gegend. Schwarz sind die Sandhänge, schwarz das Geröll und die sich plötzlich auftuenden Spalten, schwarz sind auch die wie Geisterhände gereckten Baumruinen mit ihrem spinnenfingrigen Geäst. Wir sind hier auf einer Höhe von etwa 1600 Meter und das merkt man an den Temperaturen. Die schneebedeckten Berge in der Ferne sehen wie Hügel aus und sind doch viertausend Meter hoch. Als wir unseren Rundweg durch das Lavageröll beendet haben, immer wieder fasziniert von den vielen umgestürzten Bäumen, sind bereits die Vorboten der Dämmerung zu sehen.

Nach zehn Kilometern durch lichten Wald, an Vulkankegeln vorbei, öffnet sich plötzlich die Weite der ‚painted desert', der farbigen Wüste. Selbst an diesem trüben Tag glänzen die fernen Wüstenflächen und Felswände. Wir fahren talwärts, vorüber an schwarzen Sandflächen, Wüstenpflanzen und Kakteengewächsen.

Das Wupatki-Monument ist die größte von Hunderten von Indianerburgen in dieser Hochwüste. In ziegelroten Talmulden versteckt, erheben sie sich zwei- bis dreistöckig in der gleichen Farbe. Ähnlich den europäischen Burgen des Mittelalters haben auch sie Zinnen und Innenhöfe. Die Indianer, die diese großen Pueblos erbauten, trieben Viehzucht und Ackerbau. Sie waren wie die Sinagua Verwandte der Navajos. Verblüffende Spuren einer fast unbekannten Kultur. Unser Bild des Indianers ist geprägt vom Klischee des skalpabschneidenden, gellend brüllenden und Kriegstänze aufführenden Prärieindianers. Was wissen wir schon von der Kultur dieses Volkes oder besser, der Vielzahl dieser Völker, die unterschiedlich, den jeweiligen Lebensräumen angepasst, lebten?

Die Dämmerung bricht herein. Wir fahren nach Osten durch öde Hochebenen. Manchmal ist am Straßenrand ein schon geschlossener Schmuckverkaufsstand eines angeblichen Indianerhäuptlings zu sehen, eine Tankstelle oder ein kleiner Laden: Außenposten der Zivilisation in einem gottverlassenen Landstrich.

Bei Camero, auch das nicht mehr als eine Handelsstation im Navajoland, biegen wir in die Straße zum Grand Canyon ein. Noch mehr als fünfzig Kilometer bis zum Village Center am Südrand, wo wir hoffen, einen Campingplatz zu finden. Die Dunkelheit ist plötzlich da, nur im Westen ist noch ein schmaler leuchtender Streifen der untergehenden Sonne zu sehen. Die Schluchten des Little Colorado ahnen wir nur noch im Nachtschatten.

Ich hasse solche Abendfahrten, zumal unser schwerer Ford recht langsam bergauf und beim Rangieren schwer beweglich ist. Auch die Automatikkupplung, zwar bequem beim Cruising, erweist sich auf dieser schmalen Straße mit den vielen Steigungen und Gefällstrecken als schwerfällig. Ich bekomme, vielleicht auch ein wenig aus Übermüdung und der Anstrengung des Sehr-Viel-Gesehen-Habens so etwas wie Panik und die steigert sich noch, als am Eingang des Grand-Canyon-Monuments Schilder darauf hinweisen, dass alle Camps voll sind. Ich habe auf einmal die verrückte Angst, nirgends einen Platz für unser Motorhome zu finden, und steigere mich förmlich in eine absurde Hysterie hinein. Ich streite mich mit Ildiko, die, was ich nicht zuzugeben imstande bin, mit ihren Einwänden Recht hat, die Kinder sind bedrückt und still, die Stimmung katastrophal. Jeder gibt dem anderen die Schuld. Wir finden schließlich und ohne große Schwierigkeiten einen Standplatz auf einem Campground nahe beim Grand Canyon Village. Müde und enttäuscht und verzweifelt über ... ja, worüber eigentlich? Erst, als Julia zu weinen beginnt, breitet sich wieder Vernunft aus und die Spannung löst sich in den Umarmungen.

Patrick klagt über Zahnschmerzen, ich über Rückenschmerzen. Trotzdem schlafen wir alle vier gut in dieser Nacht am Südrand des Grand Canyon in 2200 Meter Höhe.

Grand Canyon
Einen ganzen Tag im Grand Canyon.

In der Nähe vom Visitors Center finden wir den Anfang des Bright Angel Trails, eines der leichteren Wanderwege in den Canyon.

Wir sind gestern Abend in der Dunkelheit fast dreißig Kilometer am Canyon vorbeigefahren, ohne einen Blick hineinwerfen zu können. Von Bildern kennt man dieses Naturwunder. Doch in der Realität erschlägt uns der Anblick fast: eine unendliche Schlucht, wie ein riesiger Krater, rötlich braun bis violett, mit Kegeln und Spitzen, die wie seltsam geformte Pilze aus der Tiefe emporragen. Ränder wie geriffelte Halskrausen und Steilwände, von Adern durchzogen. Irgendwo da unten, vom Rand nicht zu sehen, mehr als 1600 Meter tief, strömt der Colorado durch sein Flussbett, das sich im Laufe von Jahrmillionen in dieses Gebirge gefressen hat.

Wir beginnen den Abstieg um 9.00 Uhr. Im Führer stand etwas von fünf Stunden Abstieg und acht Stunden Aufstieg. Wir nehmen uns vor, um 12.00 Uhr den Rückweg anzutreten, egal, wie weit wir bis dahin gekommen sind.

In Serpentinen zieht sich ein steiler Pfad an den Steilwänden entlang hinab. Immer neue Eindrücke eröffnen sich in diesem unglaublichen Panorama. Der Abstieg macht keine besondere Mühe, das Wetter ist ideal, leicht bewölkt, kühl. Oft kommt die Sonne heraus. Viele gehen wie wir zu Tal. Fast jeder hat einen Rucksack dabei mit den empfohlenen zwei Litern Wasser. Manche Wanderer kommen uns entgegen mit schwer bepackten Rucksäcken. Sie haben die Nacht unten in der Phantomranch verbracht und sind auf dem Rückweg. Schweißüberströmte Gesichter, keuchender Atem, Anstrengungen des fünfzehn Kilometer langen Aufstiegs, den jeder unterschiedlich meistert. Ich ahne, was uns bevorsteht. Jeder, der uns begegnet, grüßt: „High", „Hello", „Good morning". Julia stellt am Abend fest, dass man sofort merken konnte, wer nicht Amerikaner war: Die, die nicht grüßten. Sie ist begeistert von Amerika und den Amerikanern: alles sei hier viel unkomplizierter und freundlicher.

Auf zwei Drittel des Weges liegen die Indian Gardens, eine grüne Oase in der wüstenhaften Landschaft des Canyons. Im Sommer muss es hier höllisch sein. Die Temperaturen erreichen fünfzig Grad und mehr. Auch jetzt ist es warm, verglichen mit der Kühle oben auf 2200 Meter. Wir legen eine kurze Rast ein. Nach etwas mehr als zwei Kilometer Wanderung sind wir am Viewpoint und sehen endlich tief unter uns den Colorado. Ein trotz aller Staustufen immer noch reißender, tiefblauer, schmaler Fluss. Zu beiden Seiten der Ufer rötlich braune Steilwände. Ein unglaublicher Rundumblick. Kein Foto, kein Film kann diesen Eindruck vermitteln. Es ist ein Erlebnis, hier zu sein, Rast zu machen, die Gewaltigkeit und die Stimmung dieser Naturkulisse in sich aufzunehmen.

Etwa drei Stunden haben wir für den Abstieg, die Strecke von zehn Kilometern gebraucht. Meine Wadenmuskeln sind vom ständigen Abbremsen angespannt. Nach der Ruhepause machen wir uns auf den

Rückweg. Die ersten zwei Kilometer bereiten noch keine Schwierig-keiten. Es geht nur mäßig bergan. Trotzdem ist mein T-Shirt schon bald schweißnass. Dann aber geht es steiler aufwärts. Der Blick nach oben deprimiert. Aber sehr oft gucke ich nicht in die Höhe, denn die Augen müssen bei jedem Schritt den Füßen den Weg über den holprigen Pfad bahnen helfen. Die Strecke, die vor uns liegt, scheint endlos. Diesmal sind wir es, die schnaufen und den Entgegenkommenden ein japsendes „High" entgegen hauchen. Auch sie haben die Quälerei noch vor sich. Eine Serpentine nach der anderen. Hundert Meter sind mehr als zwei-hundert Schritte und jeder Schritt wird, je länger wir gehen, beschwer-licher. Und hundert Meter Strecke überwinden nicht einmal zwanzig Meter Höhenunterschied. Für die Landschaft haben wir nun weniger Blicke. Es geht allein ums Weitergehen. Ab und zu eine kurze Rast zum Atemholen und Verschnaufen. Aber nicht zu lange, damit die geplagten Muskeln nicht einrosten. Ein wenig regeneriert sich die Muskulatur. Unsere Kinder legen ein enormes Tempo vor. Sie sind uns immer mindestens 200 Meter voraus. Nach gut zwei Stunden haben wir etwas mehr als die Hälfte des Weges geschafft. Ich spüre, dass sich im rechten Oberschenkel ein Krampf entwickelt. Jetzt nicht schlappmachen. Ich ruhe ein wenig aus und massiere die Muskeln. Zum Glück löst sich der Krampf. Ildikos Schritte sind ebenfalls schwerer geworden. Sie kämpft genauso. Eine Amerikanerin mit sichtlich besserer Kondition schenkt uns beiden je eine Handvoll Smarties. Dieser Zuckerstoß macht sofort merklich kräftiger. Es scheint, als ob der gesamte Organismus sich strafft. Wir kommen durch einen kurzen, in die Wand gehauenen Tunnel. Ich meine mich vom Abstieg zu erinnern, dass kurz danach der Rand erreicht ist und bin maßlos enttäuscht, als sich der Weg danach immer noch in endlosen Serpentinen weiter schlängelt. Und dieses Stück zwischen zwei Tunneln ist das steilste. Jeder Schritt bereitet Mühe. Die Kinder sind längst vorausgegangen, haben uns eine halb volle Flasche Wasser zurückgelassen. Ich hatte eine bessere Meinung von meiner Kondition.

Endlich sind wir oben. Wir uns einen kleinen Teil des Grand Canyon mühsam erkämpft. Viele Touristen ziehen den Flug mit dem Hubschrauber oder den Film im Rundkino vor. Ich bin stolz auf uns und habe das Gefühl, dass wir ein kleines Stückchen des Canyon mit uns nehmen und in uns aufbewahren werden.

Die schmerzenden Füße von den Schuhen befreien, eine Kaffeepause im Wagen, ein letzter Blick von einem Aussichtspunkt in die Schlucht, die jetzt in der Abendsonne wieder ein anderes Aussehen hat, dann fahren wir die fünfzig Meilen nach Williams hinunter und freuen uns auf die Wärme des Whirlpools auf dem KOA-Campingplatz, auf dem wir schon zwei Nächte zuvor übernachtet haben.

Das warme Wasser besänftigt die angespannten Muskeln. Dann lassen wir uns das Essen schmecken und fallen müde in die Betten.

Auf dem Weg nach Vegas

Nach der gestrigen Tour schmerzen die Knie und die Muskeln spannen. In der Nacht war es sehr kalt und nun bedeckt Raureif den Boden. Aber der Himmel ist strahlend blau. Wir frühstücken und reinigen unser Zuhause. Die Hälfte unserer Reise haben wir nun schon hinter uns.

Die Fahrt geht wieder zurück nach Westen. Wir fahren vom Interstate 40 ab und nehmen eine Nebenstraße, die an den Grand Canyon Caverns vorbei durch Indianerland nach Kingman führt. In einem Ort mit dem schönen Namen Seligman machen wir einen Fotostopp. Eine Wildweststadt wie aus alten Indianerfilmen: Einige barackenähnliche Häuser, ein Saloon, um diese Zeit noch geschlossen, ein Motel, Car Services. Wenige Menschen zu sehen. Fast hat man die Erwartung, dass gleich ein paar hartgesottene Cowboys ihre schweißnassen Pferde an einem Pflock anbinden und mit schaukelndem Gang im Saloon verschwinden. Stattdessen braust ab und zu ein schwerer Truck vorbei und ein unmäßig dicker Mann setzt sich in seinen klapprigen Buick. Apropos dick: Selten habe ich so viele unförmige, aufgeschwemmte Menschen gesehen wie in diesen drei Wochen. Liegt das an dem ballaststoffarmen Brot, an der ungesunden Ernährung oder an der wenigen Bewegung dieser Autofahrernation?

Ich filme eine Wildweststadtattrappe. In einem Gatter steht ein Büffel. Während ich ihn filme, setzt er sich plötzlich in Bewegung und stampft auf mich los. Ich bekomme einen Mordsschreck.

Weiter geht es durch öde, langweilige Landschaft. Magere Rinder auf den Weiden, manchmal erblickt man ein Murmeltier, das aufgereckt in die Ferne späht. Dort ist aber nichts zu sehen, als immer wieder die nackten Berge und die Weite der strauch- und kakteenbedeckten Prärie. Man fährt hundert Kilometer, ohne ein Haus zu sehen.

Kingman haben wir auf der Hinfahrt schon berührt. Weiter Richtung Las Vegas. Am Hoover-Damm ist viel Betrieb. Es ist der einzige Stau, den wir auf der Reise erlebten, doch das technische Wunderwerk ist weniger wunderbar, als wir dachten. Vielleicht sind wir auch nur wenig technologiebegeistert.

Nach einem kurzen Einkauf in Bouldercity kommen wir in Las Vegas an. Die Thermometer zeigen 27 Grad Celsius um 17.00 Uhr. Patrick sitzt auf dem Beifahrersitz und versucht mich anhand eines Werbeprospekts des Spaßbades ‚Wet'n Wild' auf dem auch eine grobe Karte der Stadt abgedruckt ist, durch die Straßen zum Strip, dem Las-Vegas-Boulevard, zu leiten. Natürlich verfahren wir uns, kommen dabei aber an pittoresken Hotelbauten vorbei. Excalibur ist ein neues Casinohotel im Bau, ein Gebilde aus Tausendundeinernacht und Mittelalter mit sehr viel Rosa, Grün, Pink und Türmen und Zinnen. Auf dem Campingplatz in Coronado hat man mir Circus Circus empfohlen. Unverkennbar erstreckt sich dieser rosa-weiße Komplex mit der Zirkuskuppel am Strip. Rosa ist wohl überhaupt die amerikanische Lieblingsfarbe. Ich weiß nicht, wie viele rosafarbene Häuser wir sahen.

Zunächst heißt es, der RV-Park von Circus Circus sei voll, beim zweiten Nachfragen bekommen wir aber einen Platz ohne Hook-ups zugewiesen. Hook-up lässt sich recht gut mit ‚Aufhänger' übersetzen. In der Nacht wechsle ich auf einen freigebliebenen Platz und hänge uns an das Strom- und Wassernetz.

Am Abend machen wir uns auf den Bummel, viel zu fein und warm angezogen. Es ist ein sommerlicher Aprilabend und alle Leute laufen entsprechend herum. Fünf Minuten vom Camp entfernt sind wir im ersten Casino. Slot-machines, einarmige Banditen überall, Klappern von rasselnden Münzen, Stimmengewirr, Musikfetzen. Ich wechsle bescheiden drei Dollar. Und dieses ‚Spielgeld' bleibt in Fünf-Cent-Münzen der Einsatz für den ganzen Abend. Zwischendurch sind es mal fünf, mal sogar zehn Dollar, nachdem Patrick eine Maschine zum Höchstgewinn, dem zweihundertfachen Einsatz, gebracht hat. Am Ende verspielen wir alles bis auf den letzten Cent. Das System ‚Las Vegas' hat auch bei uns funktioniert.

In gewisser Hinsicht ist diese Stadt ‚sozial'. Da das große Geld nur in den Casinos verdient wird, ist alles andere billig. Der Campingplatz kostet nur zehn Dollar, alle Hotels und Casinos bieten spottbillige Übernachtungen und Mahlzeiten an, Getränke und Fast Food kosten weniger als im übrigen Amerika, Parking ist frei. Jedes noch so prächtige Hotel ist zur Besichtigung offen und so strömen die Menschenmassen zwischen den aufflackernden Lichtkaskaden und bunt schillernden riesigen Leuchtreklamen an Palmen vorbei von Casino zu Casino, von Hotel zu Hotel. Eine Stadt, die nur das Vergnügen, in einem seiner absurdesten Ausprägungen, dem Glücksspiel, im Sinn hat. Einzig zu dem Zweck, den Millionen von Besuchern ihre Dollars und Cents aus der Tasche zu locken, ist dieser gigantische Apparat aus Prachtentfaltung, Farbe, Licht und Wasserspielen erbaut worden. Autos, von denen man nur zu träumen wagt, fahren an den Hoteleinfahrten vor: Rolls Royces, Cadillacs, Ferraris. Wie kann man so viel Geld besitzen? Drogen, Öl? Mein Gott, sind wir arm und dabei geht es uns doch verdammt gut. Aber wir können und wollen nicht einmal die achtzig Dollar für die Zauberschau von Siegfried und Roy im Hotel Mirage ausgeben. Das Mirage ist das neueste Hotel am Strip. Von außen eher unscheinbar weiße, rechtwinklig versetzte Hochhäuser. Verglichen mit dem Flitter der umgebenden Gebäude mutet es fast spartanisch an. Die Außenanlagen vor dem Komplex strafen jedoch diesen ersten Eindruck Lügen: Wasserfontänen, die farbig aufschießen und über Felsformationen herabsprudeln, steinerne Delfine und Flamingos und eine unbeschreibliche Blüten- und Farbenpracht. Geht man weiter, gelangt man in einen tropischen Urwald. In der Eingangshalle unter einer hohen Glaskuppel setzt sich dieses Gewirr von Lianen, Palmen, Blüten und Wasserfällen fort. Erst bei mehrmaligem Hingucken und Anfassen entpuppt sich die Pracht zum Teil als künstlich.

Im Sog der Menschen passieren wir die Halle mit unzähligen Slotmachines, auf der Suche nach dem weißen Tiger der beiden Zauberkünstler Siegfried und Roy, die hier seit Jahren allabendlich ihre Show haben. Hinter Glas, in einer künstlichen Landschaft von weißen Felsen, über einem lindgrünen Wasserbecken vor einer mosaikbesetzten Muschel liegt seine Majestät, der weiße Tiger. Eigentlich mehr graugestreift als weiß, sieht er sehr gelangweilt und wie ausgestopft aus.

Zurück zu Circus Circus. Von 11.00 Uhr morgens bis Mitternacht gibt es im Circus ein kostenloses Varietéprogramm. Rund um die Bühne liegen Jahrmarktsbuden, an denen man mit etwas Geschick scheußliche Stofftiere gewinnen kann. Unsere Laune ist mies: Müdigkeit oder das schale Gefühl, das der Flitter dieser Talmistadt hinterlässt?

Las Vegas

Schon 9 Uhr ist es hochsommerlich heiß. Wir entschließen uns, nicht nur diesen Tag, sondern auch noch morgen in Las Vegas zu bleiben und erst am Donnerstag ins Death Valley weiterzufahren. Wir waren vierzehn Tage so viel unterwegs, dass der Wunsch auszuspannen, nichts zu tun, als am Pool in der Sonne zu liegen, unwiderstehlich ist. Das Wasser ist angenehm kühl, das Becken groß genug, um richtig darin zu schwimmen, und die Liegen, die man frei benutzen kann, sind bequem. Nur wenige halten es so lange am Wasser aus wie wir. Gegen Mittag zeigen sich die ersten Hautrötungen. Das Winterweiß färbt sich und wir fühlen uns an griechische Sommertage erinnert. Im Hintergrund strecken Hilton und Sahara ihre Embleme gegen den Himmel. Das letztere Casinohotel macht bewusst, dass wir uns in einer Wüstenoase befinden, obwohl hier nichts daran erinnert. Rundherum Grün. Nur die Öffnungen der künstlichen Bewässerung lassen erkennen, dass es fast nie regnet. Am späten Nachmittag machen wir uns dann zum zweiten Vegasbummel auf. Die Kinder gehen bald zurück, Ildiko und ich schlendern den noch hellen Strip entlang. Die Massen kommen erst nach Sonnenuntergang.

Wir stehen wieder vor dem Mirage, erleben noch einmal das Schauspiel der Feuer-Wasser-Spiele. Nach dem Einbruch der Dunkelheit findet es alle fünfzehn Minuten statt. Phosphoreszierende Feuerfontänen schießen aus dem Wasser und dem palmenbewachsenen Felsen, färben die Wasserfälle pink und rosa. Das Wasser brennt in lodernden Flammen und das Hotel erstrahlt golden im Nachschein der untergehenden Sonne. Gestern sind wir hier umgekehrt und haben das Caesars Palace kaum richtig gesehen. Von einem Miniaturpantheon, vor dem ein gedrungener, weißer Caesar auf einem Sockel steht, gleitet man über ein mehrere Hundert Meter langes Fließband über das Capitol. Vorher hat ein hünenhafter Prätorianer uns eingeladen, einzutreten. Bombastische Musik erschallt aus den Lautsprechern. Dumpfe Trommelwirbel, und eine tiefe Stimme entschuldigt sich für den Staub der an der rechten Seite gelegenen Baustelle: Auch Rom sei nicht an einem Tag gebaut worden und hier entstünden neue Restaurants und Geschäfte. An Statuen mit brennenden Fackeln in den Händen vorbei gleiten wir in den Palast, begrüßt von einer hübschen, tunikaumhüllten Römerin. Auf einem Podest dreht sich lächelnd eine zweite Schöne als lebende Statue. Im Palast selbst ist es prosaisch wie in allen Casinos. Slot-machines, Spieltische, Bingohallen, bewaffnete Aufpasser, leicht geschürzte Mädchen, die Getränke reichen, uniformierte Damen mit Wechselkassen, Surren der Automaten, blechernes Geklapper fallender Münzen. Der Dollar ist im Umlauf und die Automaten machen ihr Spiel.

Die Lichterflut draußen in der Dunkelheit dieses warmen Abends ist atemberaubend. In allen Farben zucken die Lichter auf, verlöschen wieder und verkünden ihre banalen Botschaften.

Der Strip ist recht lang und es ist ein weiter Weg zurück zu unserem Mobil. Wir sind hungrig und dinnern ausgiebig. Beim anschließenden Nachtbummel kommen wir nicht wesentlich über Circus Circus hinaus. Ich wechsle fünf Dollar als Spielgeld, und als wir später zurückwechseln, besitzen wir acht Dollar und 35 Cents.

Vegas zum Dritten!

Noch ein ganzer Tag in Las Vegas. Bei der Planung der Reise hatte Ildiko sich fast geweigert, nach Las Vegas zu fahren, und nun ist sie es, die nicht weiter will. Wie langweilig, wenn der Himmel jeden Tag im Jahr gleich blau ist und die Sonne scheint. Jedenfalls genießen wir diesen Sommer. In einer Zeitung lese ich, dass die Temperaturen in Frankfurt zwischen 7 und 12 Grad liegen.

In der Nähe von Circus Circus gibt es einen großen Wasservergnügungspark mit Rutschen, Gegenstromanlagen usw. Patrick möchte gerne, also gehen wir hin. Die Schlangen vor den Kassen, aber auch die Preise, dreizehn Dollar pro Person, schrecken uns so ab, dass wir umkehren. Ein wenig ist es wohl auch der Disneylandcharakter dieser Anlage. Patrick ist muffig und die Stimmung ist zunächst mal im Eimer. Im Laufe des heißen Tages ändert sich das aber bald wieder. Baden, Lesen, Schreiben, Dösen. Ab und zu ein erfrischender Sprung in den Pool.

Las Vegas ist ein eigenartiges System von Geben und Nehmen. Wenn man aufpasst, kann man fast umsonst leben. Gutscheine an jeder Ecke: für zwei freie Züge an der Slot-machine, für free drinks, Popcorn, Breakfast für 99 Cents, kostenlose Mützen, Geschenke im Giftshop, freie Eintritte und so weiter. Am frühen Abend nutzen wir das Angebot des Dinners für 3,89 Dollar pro Person: Iss, soviel du kannst. Wir reihen uns in die Schlange ein und sind erschlagen von der Auswahl der Salate, Vorspeisen, Fleischgerichte, Nachtische. Natürlich passiert das Unvermeidliche. Wir wollen alles probieren, häufen die großen Teller bis zum letzten Rand und sind erschreckt, als wir am Tisch sitzen und sehen, was die hungrigen Augen angerichtet haben. Patrick hat es am schlimmsten erwischt. Manches schmeckt ihm nicht und er wirft schon bald die Gabel. Wir anderen arbeiten uns brav durch das Schlaraffenland hindurch und bemitleiden die armen Menschen, die jeden Tag so viel essen müssen. Eine freundliche Bedienung hat uns in roten Plastikbechern Softdrinks gebracht: Sprite mit vielen Eiswürfeln, wie üblich in Amerika. Man kann wirklich essen und trinken soviel man will, wenn man kann. Am Schluss bleibt das Gefühl, noch nie so viel gegessen zu haben und wie bei jedem Allzuviel ein schaler Nachgeschmack. Erst die Bewegung, das Spazierengehen löst den Kloß.

Julia und Ildiko machen Shopping in einem feudalen Einkaufszentrum. Tolle Sachen, aber wir haben unsere Tochter zur Sparsamkeit erzogen. Der Strip geht in die Beine und man bekommt heiße Füße vom Pflastertreten. In Caesars Palace finden wir in der Nähe einer Toilette eine bequeme Sofaecke und möchten am liebsten gar nicht mehr aufstehen.

Auf dem Rückweg kommen wir am Imperial Palace vorbei und Patricks Blick fällt auf das Plakat einer Autoausstellung. Nach einigem Herumirren in riesigen Hallen zwischen dem Gewirr der Spielautomaten finden wir die Ausstellung im fünften Stock. Julia fördert plötzlich einen Gutschein zum freien Eintritt zutage. Für uns drei anderen soll es 3,75 Dollar pro Person kosten. Die Kassiererin hat ein Einsehen und findet noch drei weitere free admissions. Die Ausstellung ist riesig. Als Vergleich habe ich nur das Deutsche Museum in München und das ist eine Gartenlaube im Vergleich zu diesem Wolkenkratzer.. Unglaubliche Karossen: Cadillacs, Ford T's, Pontiacs aller Größen und Preisklassen. Generationen amerikanischer Auto-Manie. Hitlers gepanzerte Staatslimousine, das niedliche Auto, das Mussolini seiner Geliebten schenkte, Eisenhowers und Eleanor Roosevelts Chaisen, die Prunkkarosse eines thailändischen Monarchen, ein ganz in Leder eingekleidetes Safarifahrzeug von etwa zehn Metern Länge und und und. Um 23.30 Uhr sind wir müde und erschöpft. Aber Julia und Patrick müssen noch die kostenlosen Mützen im Slots a' fun abholen und ich möchte noch ein paar Dollar verspielen. Beides schaffen wir noch. Bei mir geht an den Automaten nichts, Ildiko, aber hat Glück. Schon beim dritten Nickel fängt die Maschine an zu klappern, keiner weiß warum, und sie scheint nicht mehr aufzuhören. Als sie alles ausgespuckt hat, gibt sie den Geist auf. Ich wechsle die Münzen in zwölf Dollar um und der Rest des vorher eingewechselten Geldes versickert in den Slots. Am Schluss bleiben drei Dollar übrig und somit werden wir uns morgen von Las Vegas, den ‚Wiesen‘, mit einem Reingewinn von elf Dollar verabschieden.

Death Valley - Tal des Todes

Das letzte Drittel der drei Wochen in den USA ist angebrochen. Ein bisschen müde vom Rummel in Las Vegas sind wir mit einem kleinen Gedanken auch schon zu Hause, aber doch auch noch gespannt auf die letzte Woche.

Vor der Abfahrt noch einmal in den Pool. Dann füllen wir den Tank und fahren ein letztes Mal durch Downtown. Die Reise geht weiter nach Westen und nach einer Weile vom Highway ab zu einem Ort mit dem Namen Bahrump. Am Anfang und am Ende weist ein großes Schild darauf hin, dass Jesus der Herr dieser Stadt ist: „Jesus is Lord over Bahrump." Daneben ein anderes Plakat: „Elect Barker for Sheriff." Wer ist denn nun der Herr?

Die Landschaft wird wüstenhafter. Es geht bergauf, bergab. Fast ständig fahren wir auf 1000 bis 1200 Meter Höhe. Hinter jeder Bergkuppe wieder baum- und strauchlose Trockenheit. Shoshone liegt am Eingang zum Death Valley. Ein Marktflecken mit einem General Store, einer Post Office und einem kleinen Heimatmuseum. So lebten die Menschen hier gegen Anfang dieses Jahrhunderts: einige verblichene Fotos, einfache Geräte und Maschinen, Handarbeiten. Es muss eine Knochenarbeit gewesen sein, sich in dieser gottverlassenen, unwirtlichen Gegend eine Heimat zu schaffen und zu überleben. Es ist brütend heiß in Shoshone. In der Post frage ich die Angestellte, ob sie an die Hitze gewöhnt sei. Man gewöhne sich nie richtig daran, ist ihre Antwort.

Die Kinder dösen im Auto.

Nach zwanzig Meilen haben wir dann das Death Valley erreicht, erkennbar daran, dass die Nationalstraße hier endet und eine schmalere, unnummerierte Straße beginnt. Ein unbemanntes Häuschen mit dem Schild „You are entering Death Valley National Monument" gibt letzte Sicherheit. Ich habe mir das Tal eher klein vorgestellt, heiß und von gelbem Wüstensand bedeckt. In Wirklichkeit ist alles weit, ungeheuer wild, abstoßend, feindselig. Zunächst geht es über einen Pass, fast 2000 Meter hoch und dann lange zu Tal. Die Berghänge sind schroff, nackt, von schwarz bis grau, von violett bis ocker. Ich habe plötzlich Angst, dass irgendetwas mit dem Wagen passiert, Überhitzung, Öldruckabfall,

Reifenpanne. Achtundsiebzig Meilen ist die nächste Tankstelle entfernt und weit und breit kein Haus, keine Menschenseele. Brütende, fast schmerzhafte Hitze. Durch die offenen Fenster weht ein heißer Föhnwind. Die Sonne prallt auf meine Oberarme, die zu brennen beginnen.

Nach einer Stunde sind wir in Badwater: Mit fünfundachtzig Metern unter dem Meeresspiegel ist es der tiefste Punkt der westlichen Hemisphäre. In einer Senke zu Füßen einer steilen Felswand erstreckt sich ein von Salzkrusten umrandeter Tümpel. Das flache Wasser riecht wirklich nicht gut. Schal, abgestanden, brackig. Kleine Insekten schwimmen darin herum. Die Sonne steht jetzt um drei Uhr sehr hoch und in dem Wasser spiegeln sich malerisch die Bergwand und die Autos auf dem Parkplatz. Wir bleiben nicht lange. Im Auto lindert wenigstens der Fahrtwind ein wenig die Hitze. Schwarzgraue, weite Täler, dunkle Felsen, Haufen gezackter Steinbrocken, Geröllhalden, Schuttberge. Erde im Urzustand. Ab und zu gelbe Sandfelder oder schmutzig-weiße Salzflächen im Grau. Trotz des azurblauen Himmels ist die Landschaft trist und zugleich, unauflösbarer Widerspruch, atemberaubend faszinierend. Sie ist anders als jede andere Landschaft, die ich bisher gesehen habe. Sie ist einmalig, abstoßend, schön und macht Beklemmungen. Ab und zu gibt es Hinweise auf Sehenswürdigkeiten: Höllenblick, Teufels Golfplatz, des Teufels Kornfeld, aber auch Malerblick und farbiges Tal. Die Menschen, die in dieses, von Zweitausendern umgebene Tal eindrangen und sich durchgekämpft haben, müssen Besessene gewesen sein. Was wollten sie hier? Was erwarteten sie von diesem unwirtlichen Stück Erde? Bei Furnace Creek baute man Stollen und holte Salpeter aus der Erde. Und in Furnace Creek erleben wir auch so etwas wie ein Wunder: Plötzlich ist da viel Grün, sind da Büsche, Palmen, Schatten, Häuser, Wasser. Furnace Creek, ‚Glutofen Bach‘ ist eine große Oase inmitten der Hölle. Es gibt zwei Restaurants, Motels, ein Schwimmbad, das aus einer warmen Quelle in den Bergen gespeist wird, und das Borax-Museum. Wasser im Überfluss, Palmen, Vogelgezwitscher. Wir wollen hier übernachten.

Der Campingplatz allerdings ist ohne jeden Schatten. Ich stelle den Wagen ab und wir gehen zunächst einmal baden. Das Becken gleicht einer sehr großen Badewanne: sauberes, klares Wasser, nicht sehr erfrischend, aber angenehm. Ildiko kommt mit zwei aus Ungarn gebürtigen Amerikanern ins Gespräch. Ein Ehepaar, das hier ein paar Tage Osterurlaub verbringt. Das Gespräch, ungarisch und englisch, ist interessant und informativ. Die beiden sind Amerikaner mit Leib und Seele.

Zurück zum Auto gegen 20.00 Uhr. Es ist schon fast dunkel. Wir sind hungrig. Und nun zeigt uns das Death Valley doch noch seine Krallen. Der Wagen ist höllisch aufgeheizt. Ildiko hat Atembeschwerden und Beklemmungen bei diesen Temperaturen. Auch draußen ist es nicht kühler. Ich denke, dass auch noch eine Stunde später die Temperatur mehr als dreißig 30 Grad beträgt. In vier Tagen, am 16. April schließen die Campingplätze hier. Dann wird es still, die Sommersaison beginnt, denn wer im Sommer ins Tal des Todes fährt, muss verrückt sein. Die Hölle kann nicht viel heißer sein. Noch nach Stunden habe ich das Gefühl, ausgetrocknet zu sein und Ildikos Kreislauf rebelliert immer noch.

Nach dem heißen Abendessen im Auto machen wir doch noch einen Bummel über die Ranch. Julia sagt zutreffend, dass hier der Hund begraben sei. Wie sollte es auch anders sein. Wer erwartet bei der Hitze schon Nachtleben in der Wüste. Dafür ist aber der Himmel unglaublich klar und schön. Es ist Vollmond und die Zahl der hellen Stern scheint unendlich.

Zurück im Bus ist es immer noch unangenehm heiß. Obwohl wir ziemlich müde sind, werden wir wahrscheinlich schlecht einschlafen.

Über die Berge

Der Himmel ist noch blassblau. Im Osten hinter den kahlen Bergen strahlt schon die Sonne. Der Mond steht wie ein fahler Ball am Himmel. Alle Konturen sind noch weich und verschwommen. Ich nehme die Kamera mit und mache einen frühmorgendlichen Spaziergang. Allmählich beginnen sich die Berge violett zu färben. Im Westen haben die Zacken schon scharfe Ränder. Das kahle Land dazwischen atmet in der frühen Kühle noch einmal durch und bereitet sich vor auf den heißen Tag. Wenige Minuten nur dauert das Rot der Berge an, dann steigt die

Sonne und die Berge zeigen sich in ihrem Grau-Braun-Ocker. Die Temperatur ist noch auszuhalten. Der Rest der Familie ist inzwischen auch wach.

Nach dem Frühstück geht es weiter. Wüstenfahrt. Die Landschaft verändert sich nur unmerklich. Immer wieder weite, graue Täler, schwarzglänzende Berge, Geröll, vereinzelte ausgetrocknete Büsche. Wir kommen an den alten Borax (Salpeter)-Stollen vorbei. Was waren das für Menschen, die sich hier in dieser Trostlosigkeit an die Arbeit machten? Urbar war das Land nicht zu machen, aber man konnte etwas aus ihm herausholen. Es muss ein hartes, entbehrungsreiches Leben gewesen sein Viel von dem Pioniergeist Amerikas muss in diesen Menschen gesteckt haben: hart, zu Entbehrungen fähig, und willens, nicht aufzugeben. Kalifornien hat es seinen Siedlern, die von Osten über die großen Prärien kamen, wo das Land schon verteilt war, nicht leicht gemacht. Doch jenseits der weiten Wüsten und der hohen Berge fanden sie dann das Paradies der grünen, fruchtbaren, von einem zauberhaften Klima verwöhnten Küstenebenen. Heute platzt dieser Küstenstreifen aus allen Nähten. Städte wie Los Angeles greifen polypenartig ins Land, Ortschaften breiten sich wie Krebsgeschwüre über die Hügel aus und der Verkehr überschwemmt die Landschaft. Das Innere Kaliforniens aber ist weit, leer und wild wie einst. Ich frage mich, was aus dem alten Pioniergeist geworden ist. Vielleicht ist das Umherziehen, die Camping- und Wohnmobilkultur ein Überbleibsel davon: Neues kennenlernen, im Freien leben, ohne auf den gewohnten Komfort zu verzichten, das weite Land erleben, ohne dabei ein Risiko einzugehen.

Am Schild ‚Sanddunes‘ fahren wir ein Stück über Schotterstraße ab von der geteerten Fahrbahn in die Wüste. Herrliche, feinsandige Dünen, aufgehäufte Sandberge mit Riesenbüschen darauf. Und Tiere, die ihre Spuren im Sand zurückgelassen haben: Käfer, Echsen, Skorpione, Sidewinder, hochgiftige Schlangen. Ein Deutscher hat gerade solch ein Reptil gefilmt. Im Sand sieht man die Abdrücke des Schlangenkörpers. Ein Käfer krabbelt eine Düne hinauf und seine Füßchen hinterlassen deutliche Abdrücke.

Wir laufen barfuß durch den warmen, samtweichen Sand. Barfuß durch die Wüste! So verrückt können nur Touristen sein, die die Wüste für einen großen Sandkasten halten. Inzwischen wissen wir es besser und werden uns beim nächsten Mal feste Schuhe anziehen. Überall in jedem Sandloch kann Gefahr lauern. Viele der auch noch so kleinen Wüstenbewohner sind giftig. Die in vielen Spuren bezeugte Anwesenheit allerlei Getiers gebietet Vorsicht.

In Stovewells Pipe machen wir kurz Rast, füllen unsere Getränkevorräte im General Store auf. Obwohl es Karfreitag ist, sind die Geschäfte geöffnet. Das Fehlen von Ladenschlusszeiten ist für Reisende angenehm. Fast zu jeder Tages- und Nachtzeit kann man einkaufen.

Langsam aber stetig geht es bergauf, bis fast auf 2500 Meter Höhe. In der Ferne glänzen die schneebedeckten Viertausender der Sierra Nevada. Immer noch Wüste. Wieder tief ins Tal über weite Sandzungen und erneut ein Pass. Ab und zu eine Wasserstelle zum Auffüllen des Kühlerwassers. Auch als wir das Tal verlassen, bleibt die Landschaft grau und staubig. Wir sind wieder in der Mojavewüste. Vereinzelte Häuschen in der drückenden Hitze. Richtung Süden und dann biegen wir ab zum Lake Isabella. Über die Sierra führt keine Straße, also müssen wir sie in einem großen Umweg umfahren. Zwei Pässe, von denen der zweite sich als höllisch erweist. Auf zehn Kilometer geht es von 800 Meter auf 2500 Meter hinauf und ebenso steil über viele Kurven wieder hinunter. Ich habe Angst um die Bremsen. In einer Kurve geht plötzlich unser Kühlschrank auf und zwei Liter Milch ergießen sich im ganzen Wagen über den Boden. Schöne Schweinerei.

In Lake Isabella, einem malerischen Örtchen an einem Stausee, machen wir Rast, kaufen ein und vertilgen jeder einen leckeren Hamburger.

Nachdem wir einen zweiten Pass überquert haben, verändert sich die Landschaft. Wir hatten allmählich auch genug von Wüste und dem trockenen, grauen Einerlei. Hier ist nun alles grün und saftig. Eine andere Welt. Fruchtbares Land, hohe Bäume, Rinder- und Pferdeherden. Die Weiden sind weitläufig und das Vieh ist gut im Futter. Erdhörnchen huschen über die Straße. Wir kommen am späten Nachmittag von der

Nebenstraße wieder auf den Highway. Längs der Straße reifen Orangen. Plötzlich sehen wir mitten in einem Feld einen Wolf, der unbeweglich in die Gegend lugt.

In Porterville finden wir einen KOA-Campingplatz. Natürlich mit Pool. Das Wasser ist kalt, aber belebend nach dem Tag im Auto. Trotzdem können wir vor Müdigkeit die Augen kaum aufhalten. Um zehn Uhr legt sich Ildiko als Erste ins Bett. Ich schreibe noch etwas, aber bald siegt die Schläfrigkeit.

Sequoia

Unsere armen Kinder! An jedem Tag dieser Osterferien müssen sie spätestens um 8.00 Uhr aufstehen. Patrick hält es noch am längsten im Bett aus. Julia hat einen leichteren Schlaf, wacht auf, wenn ich vom Etagenbett über dem Fahrerhaus herunterklettere. Ildiko treibt das Pflichtgefühl aus den Federn.

Wir frühstücken ausgiebig, denn das Mittagessen fällt fast immer aus. Wir wollen heute zum Sequoia-Nationalpark. Den Yosemitepark werden wir auslassen, denn am Abend möchte ich gerne am Pazifik übernachten.

Die Fahrt geht zwischen Orangenplantagen hindurch. An einem der Verkaufsstände kaufe ich für einen Dollar zwanzig der süßen Früchte. Es ist warm und wir fahren durch eine bezaubernde Landschaft mit üppiger Vegetation. Allmählich steigt die Straße an, es wird enger und kurviger. Zu beiden Seiten puppenstubenhafte kleine Häuser, Gartenrestaurants,

Dann sind wir am Eingang des Sequoia. Fünf Dollar Eintritt wie bei allen Nationalparks. Es ist Ostersamstag und sicher mehr Betrieb als üblich. Die Straße windet sich nun steiler bergauf. Auf 500 Meter über dem Meeresspiegel begann der Park. Als wir nach einer Stunde über viele Serpentinen am höchsten Punkt angekommen sind, befinden wir uns auf 2500 Meter. Dazwischen liegen eine Menge Stopps. Von den vielen Ausweichstellen hat man herrliche Rundblicke auf reißende Bergbäche, schneebedeckte Gipfel und dichte Wälder. Aber wo bleiben die Mammutbäume, die Sequoias, die dem Park den Namen gaben und die es nur hier in Kalifornien und dann noch in Australien gibt. Als wir den ersten erblicken, inmitten hoher Fichten, sind wir doch überwältigt von der imposanten Dicke des Stammes und der stolzen Höhe. Mehr als achtzig Meter erreichen diese Riesen und der älteste, der ‚General Sherman' ist 2500 Jahre alt. Vom Parkplatz im ‚Giant Forest' aus machen wir einen Spaziergang. Diese riesigen Sequoias sind eigenartige Bäume: Sie haben eine steroporartige Rinde, die sich mit dem Finger eindrücken lässt, flache Nadeln und runde, grüne Kappen. Fast jeder Baum zeigt Brandstellen. Das Feuer gehört zu ihrem Leben. Der Schneereichtum des Winters und die trockene Hitze des Sommers verursachen Schwelbrände. Könnte man in einen Sequoia hineinsehen, sähe man viele Brandwunden. Durch Selbstzündung schmoren sie und verbreiten ihre Samen. Ihr Holz ist wie Watte und zu nichts zu gebrauchen. Irgendwie sind sie zeitlose Urlebewesen in einer Welt, die nicht mehr die ihre zu sein scheint. Auf dem Naturlehrpfad entspinnt sich ein kurzer Dialog zwischen mir und Ildiko einerseits und unserer umweltpessimistischen Tochter andererseits. Auf einer der Schrifttafeln war zu lesen, dass der Besucher nach einem Spaziergang durch dieses Ökosystem von Wiese und Wald selbst ein Stück der Naturharmonie geworden sei. Julia widerspricht heftig. Der Mensch sei nicht mehr Natur und könne auch nicht mehr ein Teil davon werden. Er habe sich außerhalb der Natur gestellt, sei ihr Feind geworden. Die Natur brauche ihn nicht, im Gegenteil, sein Fehlen würde sie retten. Irgendwie hat Julia recht und trotzdem widerspreche ich. Auch der Mensch ist doch ein Stück Natur und vielleicht kann er, wenn er sich intensiver mit ihr arrangiert, wieder das Gleichgewicht herstellen.

Die Talfahrt ist zum Glück nicht mehr so steil. Ich fahre schneller, möchte jetzt ans Meer. Über Fresno geht es bei wenig Verkehr zügig nach Westen. Ich habe die Automatik auf 55 Meilen eingestellt, sitze bequem und nehme intensiv die Landschaft wahr. Weiden mit Rinderherden und Pferden, vereinzelte Gehöfte und dann ein riesiger Stausee, umgeben von moosgrünen, ineinanderfließenden Hügeln. Ein starker Wind bläst. Surfer fetzen über das Wasserreservoir. Im Westen ballen sich Wolkenbänke. Wir fahren geradewegs auf die untergehende Sonne zu. Und welch eine Gemeinheit: Hinter der letzten Bergkette, einem mickrigen 800-Meter-Pass, ist der Himmel schwarz und es ist nach der Hitze der vergangenen Tage fast kalt. Die Wolken schaffen nicht den Sprung über die Berge.

Erst am Abend in der Dunkelheit finden wir einen RV-Park. Zum Baden und Aufwärmen im Pool ist es zu spät.

Wieder am Pazifik

Das Bad im Pool holen wir am nächsten Morgen nach. Dann weiter. Gegen Mittag erreichen wir Santa Cruz. Ich erinnere mich an einen Western mit dem gleichen Namen, in dem John Wayne die Hauptrolle spielte. Die Stadt pulsiert an diesem Ostersamstag und man sieht viele Typen, die wie der Westernheld aussehen. Der Himmel ist aufgerissen und die Sonne scheint durch die Wolkenlöcher. Doch der Wind ist noch kühl. Am Strand spricht uns ein Ehepaar an, „Where are you folks from?" Der Mann klärt uns auf, was es in Santa Cruz an Sehenswertem gibt: Surfmuseum, die längste Pier der Westküste, Strand. Natürlich Strand. Gleich daneben lädt ein Vergnügungspark ein. Ich kaufe ein Ticketpaket für elf Dollar und fahre mit den Kindern Achterbahn und Pirat.

Dann geht es weiter über den Freeway 1 in Richtung San Francisco nahe am Meer an langen Stränden vorbei. Die schönsten sind State Beaches, gepflegt, übersichtlich und mit Toiletten versehen. Zweimal machen wir einen Anlauf zu halten, zweimal fahren wir weiter: Der Wind ist stark, kalt und peitscht die Wellen.

In Halfmoon Bay finden wir den empfohlenen Campingplatz, ein State Camp und dort gibt es kein Halten mehr. Das Meer ruft. Ildiko zieht die wärmende Sonne in einer geschützten Mulde vor, aber wir drei wagen uns ins Wasser. Es ist saukalt und erfordert eine gewaltige Überwindung. Eine große Welle erwischt mich und nimmt mir die Entscheidung ab. Ich springe hinein und bekomme einen Schock. Das Wasser ist bestimmt nicht wärmer als 12 Grad. Aber es macht einen ungeheuren Spaß, von den Wellen über den Sand geschleudert zu werden. Patrick hält es am längsten aus. Krebsrot am ganzen Körper kommt er nach einer halben Stunde an Land, die Badehose voller Sand. Nach dem eiskalten Ozean fühlt sich die Luft lauwarm an. Die Duschen am Campingplatz sind noch abgestellt, da die Saison noch nicht begonnen hat, also muss kaltes Wasser aus dem Hahn genügen. Kurz vor Halfmoon Bay haben wir für einen Dollar zehn Artischocken gekauft. Die gibt es zum Abendessen. Die Kinder rümpfen die Nase, probieren eine aus Höflichkeit und so müssen Ildiko und ich je vier davon essen.

Ein Spaziergang am Strand entlang. Etwa zehn Meter von der Küste entfernt streckt ein Seehund seinen Kopf aus dem Wasser. Ein ulkiges Völkchen von Strandläufern pickt hinter den zurückflutenden Wellen den Sand ab. Wieselschnell weichen sie vor dem Wasser zurück und spurten wieder los, wenn die Welle zurückweicht. Wellenreiter probieren ihr Können in der Abenddämmerung. Schon seit Stunden sind sie unermüdlich im Wasser. Allerdings in Neoprenanzügen.

Wir haben eine Flasche kalifornischen Sekt gekauft, sitzen gemütlich im warmen Wohnmobil und erzählen unseren Kindern Storys aus ihrer Kindheit. Es ist eigentlich ein kleines Wunder, wie gut wir vier in diesen drei Wochen miteinander ausgekommen sind. Jetzt haben wir nur noch drei Tage, aber das Gefühl, schon mindestens sechs Wochen unterwegs zu sein. Wir freuen uns noch auf San Francisco, aber auch schon ein wenig auf das Heimkommen.

Nach San Francisco

Der starke Wind hat zwar am Abend aufgehört, aber am Morgen ist es wieder kühl. Es ist nicht das Wetter, das wir uns für die Küste erhofft hatten. Patrick ist schon früh als Erster aufgestanden und hat am Strand eine riesige Qualle gefunden. Das Frühstücken und Aufräumen dauert immer fast zwei Stunden und so brechen wir erst gegen zehn Uhr nach San Francisco auf. Es sind nur etwa 25 Meilen. Die Küste wird immer dichter besiedelt und die Zahl der farbigen kleinen Holzhäuser mit Giebeln und Erkern entlang der Straße nimmt zu.

Ildiko hatte vor der Reise von einer Bekannten die Adresse von deren Bruder bekommen. Wir sollen ihm eine in Deutschland reparierte Minox überbringen. Er empfängt uns freundlich, aber ein bisschen reserviert. Er ist Künstler und engagierter Naturschützer. Mein in drei Wochen entstandenes Amerikabild bringt er ganz schön ins Wanken. Er berichtet von kaum vorhandener Infrastruktur in den Städten, unzureichenden Verkehrsmitteln, fehlendem Geld, weil die Rüstung sechzig Prozent des Staatsetats verschlinge, einem kaum vorhandenen Umweltbewusstsein, was sich auch im fortschreitenden Zubetonieren der Landschaft dokumentiere. Am nächsten Sonntag wird in ganz Amerika der ‚Earth Day' gefeiert, ein gewaltiges Spektakel, das letztlich wenig bringen wird, ebenso wenig wie der Tag des Baumes, des Kindes oder andere solcher zweifelhaften Good-Will-Tage. Eine Kampagne läuft zurzeit in Kalifornien: Unterschriften werden gesammelt für ein Plebiszit zum Stopp des Abholzens der Redwood-Wälder. Man hofft, die nötige Anzahl von Unterschriften zusammenzubekommen, doch die Holzindustrie wird eine Riesenaktion dagegen starten und wie stets bei solchen Aktionen mit dem drohenden Verlust von Arbeitsplätzen argumentieren. Deprimierende Aussichten.

Ganz einfach ist das Autofahren in dieser großen Stadt mit ihren vierzig Hügeln nicht. Das System von Einbahnstraßen und Linksabfahrverboten hat zur Folge, dass ich mich schnell verfahre. Und dann geht die Sucherei nach einem Parkplatz los. Überall gibt es Sonderbestimmungen. Schließlich ist es mir egal und wir stellen den Wagen irgendwo in Zentrumsnähe ab. Aber die Drohung, dass widerrechtlich geparkte Fahrzeuge gebührenpflichtig abgeschleppt werden, verursacht schon etwas Magengrimmen. Und wir genießen keinen Touristenbonus, denn das normale kalifornische Nummernschild an unserem Fahrzeug lässt nicht erkennen, dass darin Deutsche hausen, die der Landessitten nicht kundig sind.

Wir spazieren an den Piers vorbei zu Fisherman's Wharf. Das ganze Viertel, das ehemals aus Werften, Schuppen, Piers und Hallen entlang des Wassers bestand, wurde umgewandelt in ein ausgedehntes Einkaufsviertel voller Boutiquen, Andenkenläden und kleinen Restaurants. Eine Mischung aus Shoppingmeile und Rummelplatz. Toll finden wir das nicht. Immerhin entdecken wir an Pier 39 eine Anzahl von Seehunden. Faul und behäbig, eng aneinander gekuschelt, grau-ölig liegen sie zu

Klumpen geballt auf- und nebeneinander. Ab und zu gibt es mit heiserem Gebell und gereckten Körpern eine kurze Rauferei um den besseren Platz. Nicht sehr ernst gemeinte Drohgebärden. Dann ruht die ganze Bande wieder auf den Holzplanken und lässt sich nicht im Geringsten durch die Touristen stören.

Julia sucht die Einkaufsstadt. Sie möchte Geschenke für ihre Freundinnen kaufen. Also latschen wir kreuz und quer durch die Stadt, steile Hügel hinauf, ebenso steile wieder hinunter. Die Autos parken mit den Vorderreifen zum Bürgersteig gedreht. Das ist hier Pflicht, damit beim Erdbeben oder wenn die Bremsen versagen ....! Steigungen von fünfzehn und mehr Prozent sind keine Seltenheit.

Eigentlich ohne es beabsichtigt zu haben, sind wir auf einmal in Chinatown. Eine ganze Stadt für sich mit Tempeln und pagodenhaften Häusern, fremdartigen Schriftzeichen und einem Gewimmel schlitzäugiger Menschen. Tiefe Ladenschluchten, randvoll mit allerlei Kram aus Ost und West.

Es hat zu regnen begonnen und wir beeilen uns, zum Auto zurückzukommen. Es steht wohlbehalten an der gleichen Stelle. Wir sind erschöpft von der Pflastertreterei, fahren über die Golden Gate Bridge zu einem RV-Park, der sich als der mieseste und teuerste der drei Wochen erweist. Das System des Toilettenöffnens mit einem Code ist hier so kompliziert, dass man kaum in das Örtchen hineinkommt und befürchtet, nicht wieder herauszukommen.

Stadtbummel

Wir haben noch einen ganzen Tag San Francisco vor uns. Wolkenfetzen am Himmel, ähnlich wie gestern. Der Reiseführer hat leider recht: Höchsttemperaturen in Frisco im April 17 Grad. Selbst im August ist es hier nicht heißer als 25 Grad. Darüber hinaus ist es auch noch nebelig. Das Wissen, dass kaum 100 Kilometer östlich die Sonne scheint, macht traurig. Natürlich, wenn wir gewusst hätten, wären wir in der Wüste geblieben.

Über die Golden Gate Bridge zu fahren, kostet stadteinwärts zwei Dollar. Eine idiotische Einrichtung. In Porterville fanden wir auf einer

Einkaufstüte einen recht langen Aufruf zu einer Bürgerinitiative, diesen Unsinn zu beenden. Verglichen wurde der altmodische Brückenzoll mit dem Eisernen Vorhang in Osteuropa, der ja nun doch endlich gefallen sei.

Von einem Parkplatz vor der Brücke hat man einen eindrucksvollen Blick auf die weitgespannte, rostrote Brücke, die Cityline und die Küste.

Wir fahren direkt zum San Francisco RV-Park. Von dort machen wir uns auf den Stadtbummel. Nach einem kurzen Fußweg sind wir in der Market Street und damit im Zentrum. Es ist anstrengend, mit zwei Damen zu flanieren. Vor jeder Boutique fragt Julia, ob sie mal kurz hineinschauen dürfe. Kurz, das bedeutet eine Zeitspanne zwischen zehn Minuten und einer halben Stunde und unentschlossenes Suchen und Anprobieren verschiedener Kleidungsstücke. Leider ist Tochter knauserig wie ihr Vater, sodass sie selten etwas findet, was zu ihren finanziellen Vorstellungen passt. Ich übe mich in Geduld.

Ein Museumsbesuch fehlt noch. Hinter der City-Hall liegt das Museum of Modern Arts. Vor der Halle sind die Grünflächen von Obdachlosen besetzt. Man sieht Einkaufswagen voller Kleidungsstücke, Decken, Matratzen, Zeitungen, Lebensmittel. Haufen von ärmlichster persönlicher Habe, zusammengeknüllt unter Decken. Und überall zwielichtige Gestalten, viele Farbige, aber auch Weiße jeden Alters. Eine gebrauchte Spritze liegt am Gehsteigrand. Polizisten auf Motorrädern beobachten gelangweilt vom Fahrbahnrand aus diese zweifelhafte Idylle. Es ist offensichtlich das alltägliche amerikanische Großstadtbild. Es ist das erste Mal, dass wir diese hässliche Seite Amerikas so nah erleben. Ich überlege, ob ich die Szene filmen soll, wage es aber dann doch nicht, tue es vielleicht auch nicht, weil ich dieses andere Amerika nach so vielem Schönen und Interessanten nicht mit nach Deutschland nehmen möchte.

Auf dem Rückweg durch dieses innerstädtisch-zentrale Viertel, im Grunde beste Geschäftsgegend, es ist inzwischen etwa 17.00 Uhr, hat man das Gefühl, als seien zu dieser Stunde bereits ‚alle Ratten aus ihren Löchern hervorgekrochen‘. Das Straßenbild ist auf einmal geprägt durch alkoholisierte, heruntergekommene, aggressiv aussehende Gestalten und

Gruppen schwarzer und weißer Jugendlicher. Mehrmals sehe ich, wie junge Männer, die Arme meist tätowiert und in Rockerkluft, Passanten anbetteln. Diese greifen sofort in die Tasche und legen eine Münze in die fordernde Hand. Selbstschutz? Wegezoll? Ich beginne auch, ein paar Münzen parat zu halten und verstaue mein Portemonnaie in einer anderen, sichereren Tasche. Ein paar Straßenzüge weiter hört dann dieser Spuk auf.

Um sieben Uhr sind wir wieder ‚zu Hause‘, müde und mit heißen Füßen. Eigentlich wollten wir essen gehen, aber das chinesische Restaurant gegenüber schließt schon um 8.00 Uhr. Also speisen wir mit den Kindern im Wohnmobil. Der Kühlschrank ist bis auf ein paar Reste für den letzten Tag fast leer.

Zum Abschluss ein Museum

Ich habe Schwierigkeiten mit Großstädten. Das Pflastertreten, die Menschenmassen, das Überangebot in den Warenhäusern und Geschäften, die Straßenschluchten, der Lärm, all das macht mich schlecht gelaunt. Die Skyline von San Francisco ist beeindruckend, erzeugt in mir aber auch Ängste, sich nicht darin zurechtzufinden. Im Auto steigert sich dieses Gefühl noch: Furcht, die richtige Spur nicht zu erwischen, die exakte Ausfahrt zu verpassen, keinen Parkplatz zu finden. Alterssymptome? Großstadt-Phobie? Vielleicht ist es das Gefühl von Enge. Auch in Wäldern fühle ich mich weniger wohl als in weiten Landschaften. Weite Landschaften faszinieren mich. Die schönsten Augenblicke hatte ich im Joshua Tree und in der grauen Endlosigkeit des Death Valley. Die tiefe und unverwechselbare Einmaligkeit dieser Landschaften gibt mir ein sehr intensives Gefühl, da zu sein. Selbst die Hitze stört dabei wenig. Nachträglich bedaure ich, nicht noch einen Tag in Furnace Creek geblieben zu sein und eine Wüstenwanderung gemacht zu haben.

Wir fahren ein letztes Mal an den Piers vorbei zum Golden Gate Park. Die Kinder möchten das Science-Museum besuchen und sie haben recht damit. Ildiko sagte gestern auf meine Vorbehalte bezüglich Großstadt, dass man dort die kulturellen Angebote nützen müsse, und damit hat sie recht.

Das Museum ist weitläufig und interessant. Besonders das Aquarium hat einen unglaublichen Fischbestand. Eine Wunderwelt des Meeres in vielen kleinen Bassins. Besonders faszinierend, aber auch traurig ist das Delfinpaar in einem viel zu kleinen Becken. Unglaublich die Geschicklichkeit dieser Tiere und die liebevolle Anschmiegsamkeit, mit der sie sich die Streicheleinheiten von ihrer Wärterin holen. Wir erleben die Fütterung und danach das Spiel des Mädchens mit den beiden Tieren. Sie hält sie an den Schwanzflossen fest, streichelt die Körper und fährt sanft mit der Hand über die Köpfe. Riesensprünge aus dem Becken heraus sind das Dankeschön. Ich tröste mich damit, dass diese beiden herrlichen Lebewesen hier vielleicht geboren wurden und die Weite des Meeres nie kennengelernt haben. Der Mensch ist ein Scheusal: Wer gibt ihm das Recht, solche Geschöpfe einzusperren? Natürlich ist das eine rhetorische Frage. Wir nehmen uns einfach das Recht, die Natur und, was in ihr lebt, zu beherrschen. Wir feiern einen ‚Tag der Umwelt‘ und haben ein gutes Gewissen dabei. Wir glauben, umweltbewusst zu leben, doch die Natur verreckt dabei.

Das Museum ist voll mit Dioramen, künstlichen vierdimensionalen Miniaturlandschaften und Scheinwelten. Offensichtlich eine amerikanische Spezialität à la Disneyland, die Welt zu schrumpfen auf kleine, begreifbare Ausschnitte. Das Detail steht für das Ganze und so gibt es hier das ‚wilde Kalifornien der Klippen, der Bergregionen, der Wüste‘. Ein Elch, ein Kojote, eine Schlange, bestens präpariert und ausgestopft in ihrer naturgetreuen Umwelt aus Kunststoff, Wachs und Styropor. Viel echter als die so schwer erlebbare Natur. Das Ganze ist lehrreich, pädagogisch wertvoll und leicht verdaulich. Die Atmosphäre und die Geräusche an einem afrikanischen Wasserloch sind naturgetreu per Lautsprecher erfahrbar. Wollte man das in Wirklichkeit erleben, müsste man wochenlang für diesen Augenblick auf der Lauer liegen und dann sähe man beileibe nicht eine solche Vielzahl von Tieren wie hier. Für vier Dollar gibt es die ganze Wunderwelt der Natur.

Julia möchte nach dem Museumsbesuch noch einmal zurück in die Stadt. Wir waren noch nicht im Embarcardero Center. Dort gibt es einen Nature-Company-Shop. In San Diego hatten wir eines der vielen

Geschäfte dieser Kette entdeckt und es gab wirklich tolle Sachen zu kaufen. Dummerweise hatte ich den Kindern geraten, mit dem Kaufen noch zu warten, wir hätten schließlich noch drei Wochen vor uns. Die drei Wochen sind vorbei und nirgends gab es mehr einen Nature-Company-Shop.

Vor zwei Tagen hatten wir uns vorgenommen, die letzte Nacht auf dem State Camp von Halfmoon Bay zu verbringen, doch nun, angesichts des kühlen Wetters fassen wir doch den Entschluss, auf einem luxuriöseren RV-Park zu nächtigen. In Pacifica, fünfzehn Meilen südlich von San Francisco gibt es laut Verzeichnis einen mit Pool und Spa und allen Annehmlichkeiten. Wir machen kurz davor noch einmal Halt an einem von außen unscheinbaren Shoppingcenter, das sich in seinem Inneren aber als unglaublich groß und vielfältig im Warenangebot erweist. Patrick ist im Auto zurückgeblieben. Er hat seit gestern eine scheußliche Phase, hadert mit sich und der Welt und schafft es nicht, aus dieser abgrundtiefen Stimmung herauszukommen. In einer solchen Phase lässt er auch niemand an sich heran. Man kann nur Geduld haben und hoffen, dass er einen Ausweg findet. Die Ursachen solcher Stimmungstiefs sind meist nichtige Kleinigkeiten, aber er ist dann zu keinem Gespräch bereit und zieht sich in sein Schneckenhaus zurück, verschließt die Ohren mit seinem Walkman und spielt Vogel Strauß. Nach fast zwei Stunden sind Ildiko, Julia und ich wieder vom Kaufhausbummel zurück.

Bis zum Campingplatz sind es nur wenige Meilen. Zum Abendessen gibt es Pizza. Zum fünften oder sechsten Male in den drei Wochen. Pizza schmeckt aber immer wieder gut! Zum letzten Mal in diesem Urlaub genießen wir das warme Wasser eines Jacuzzi.

Abschied

Der letzte Tag in den USA, und eigentlich schon kein Urlaubstag mehr. Aufräumen, Reinigen, grobes Säubern des Motorhomes. Ich habe unser Zuhause in den zwanzig Tagen lieb gewonnen. Wirklich eng war es eigentlich nie und nach jedem Ausflug waren wir froh, wieder ‚daheim‘ zu sein, am Tisch zu sitzen, den Kühlschrank zu öffnen, die

Toilette zu benutzen. Die wenigen Handgriffe waren schnell vertraut geworden: „Stell den Kühlschrank auf Gas um", „Macht bitte die Luken zu". Warmwasserbereitung abends und morgens die Schmutzwasserentsorgung und das Auffüllen von Frischwasser. Alles war schon nach kurzer Zeit Routine. Allerdings habe ich nach drei Wochen aber auch das Gefühl, dass uns die Enge zwar nicht bedrückt, dass aber doch jeder wieder einmal seinen Freiraum braucht, die Möglichkeit, etwas allein zu tun, Freunde zu treffen, sich zurückzuziehen, ungestört zu sein.

Julia und Patrick, Ildiko und ich: die Familie als Ganzes hat sich als stabil erwiesen, ohne Konflikte und Reibereien, aber ich denke, die Kinder haben nun Urlaub voneinander und von uns verdient, und wir, die liebenden Eltern von den braven Kindern. Denn immerhin, das sei am Rande erwähnt, Sex im Familien-Wohnmobil ist schlechterdings nicht möglich, ohne dass man ein Erdbeben erlebt. Der Wagen wackelt schon, wenn sich einer etwas heftiger im Schlaf umdreht. Ach ja, apropos Erdbeben, es gab wirklich eines am 18. April in Watsonville, 40 Meilen südlich von San Francisco. Als ich das am Morgen in der Dusche jemanden sagen hörte, hielt ich es für einen Witz. Aber heute sind alle Zeitungen voll davon. 5.4 auf der Richterskala, vier Häuser zerstört, ansonsten Schreck und Warnungen, dass eventuell mehr zu erwarten sei. Seit dem letzten Beben längs der St. Andreas-Spalte sind sechs Monate vergangen. Vierundsechzig Menschen sind damals ums Leben gekommen.

Zwischen neun und elf Uhr müssen wir den Wagen in San Carlos abgeben, nicht weit vom International Airport entfernt. Gegen zehn Uhr kommen wir nach hektischer Säuberung und Einpacken vom Campingplatz weg.

Die Übergabe ist schnell vorüber. Nicht einmal das kleine Loch, das ein Stein während der Fahrt in die Verkleidung des Aufbaus gerissen hat, bemerkt unser Inspekteur. 2400 Meilen sind wir in den zwanzig Tagen gefahren, ungefähr 4300 Kilometer. Beim nächsten Mal, mit den jetzigen Erfahrungen, werden wir manches anders machen. Insgesamt aber, denke ich, war die Route o.k.. 314 Dollar habe ich noch nachzuzahlen für Extrameilen. Das nächste Mal sollte man gleich mehr Freimeilen einkalkulieren. Sechzig Meilen, wie wir sie im Vertrag hatten, sind ein Witz. Dazu ist Amerika viel zu groß.

Um zwölf Uhr bringt uns der Go-Vacations-Shuttle-Bus zum Flughafen. Um 18.20 Uhr fliegt die Maschine. Zum Glück ist wenigstens der Schalter von British Airways schon offen, sodass wir unsere fünf schweren Gepäckstücke loswerden.

Wir wollen im Nichtraucherabteil sitzen, je zwei nebeneinander, nicht über den Tragflächen. Das bereitet Schwierigkeiten, alles zusammen scheint nicht möglich. Oder vielleicht doch! Ob wir ‚upstairs' sitzen wollen?, fragt uns die Dame am Schalter. Upstairs im Flugzeug! Mir klingt es verlockend. Was die anderen meinen, erkundige ich mich. „Na, naja, hmmm". Aber dagegen sind weder Patrick noch Ildiko. Ob es upstairs Fernsehen gäbe? „Sure!", und damit ists entschieden, wir versuchen es.

Als wir dann nach 18.00 Uhr, nach fünf Stunden Langeweile die Maschine betreten, stellt sich unser erster Stock als enger Raum heraus und noch dazu haben die Kinder in der ersten Reihe die schlechtesten Plätze und müssen sich, wollen sie fernsehen, die Hälse verrenken. Nach dem Dinner tauschen Ildiko und ich mit ihnen. Nie mehr ein Flug ‚upstairs'.

Ein letzter Blick auf San Francisco, dann sind wir schon über den Wolken. Es wird bald Nacht. Eintönig brummt die Maschine. Die zehn Stunden, die wir beim Hinflug geschenkt bekamen, müssen wir im Laufe der Nacht wieder zurückgeben und bei der Ankunft in London wird es schon 12.30 Uhr sein. Sechs Stunden Zeit bleiben uns dann noch bis zur letzten Etappe, dem Sprung über den Kanal nach Frankfurt.

Die Nacht ist anstrengend. Wir sitzen beengt in der ersten Reihe und haben zu wenig Platz für die Füße.

Nach der Ankunft in London fahren wir mit der U-Bahn bis zur Hydepark-Corner, bummeln dann im kalten London über die Oxford Street bis zum Piccadilly Circus.

Dann sitzen wir in der Lounge und warten. So ein Flugtag hat es doch in sich. Patrick kann die Augen kaum noch aufhalten. Er hat sich allerdings während des langen Nachtfluges zwei Filme angesehen und gar nicht geschlafen. Wir fühlen uns alle schmutzig und übernächtigt. Aber das muss wohl so sein am Ende einer solchen Reise. Wir freuen uns auf zu Hause.

4. Oktober in Campanien (1991)

Ich sitze frühmorgens im süditalienischen Paestum, ein paar hundert Meter entfernt von den antiken Tempeln des griechischen Poseidonion und beginne diesen Reisebericht. Der Himmel über dem Patio ist unglaublich blau, Zikaden sägen den Tag an und die Sonne wärmt wie zu den besten Augusttagen.

Wir hatten wieder sechs Wochen in Griechenland verbracht. Patrick hatte uns noch einmal begleitet. Die kleine Hündin Lena, unser letztjähriges Fundstück, schlief tagsüber und war abends vor Lebensüberschwang nicht zu halten. Einzig Jugoslawien, das seinen Zerfall mit Feuer und Blut als eine gewalttätige Orgie zelebrierte, störte diesen Sommer. Slowenien stoppte den alljährlichen Treck der Touristen und Türken nach Süden. Im neuen, grenzenlosen Europa war auf einmal eine klaffende Wunde entstanden und wie bösartige Geschwulste eiterten die neuen alten Nationalismen.

Eine Woche lang saßen wir in Budapest fest, lauschten stündlich den Nachrichten und fürchteten uns vor der Passage durch den zerbrechenden Vielvölkerstaat. Der letzte der vielen, häufig wieder gebrochenen Waffenstillstände ließ uns aufatmen. Wir hofften auf den Bestand der trügerischen Ruhe und brausten hindurch ins gelobte Land der Griechen, wo der Oleander die Straßen teilt und die Menschen laut und freundlich sind. Wir trafen die alten Freunde wieder und erlebten das Meer und den Himmel und alles, was uns Griechenland seit Jahren bedeutete.

Zurück in Deutschland war dann der Sommer heiß und trocken wie nie zuvor. Der Rasen war braun und die Erde zeigte rissige Furchen. Die Herbstferien nahten.

Die Zeit des Sterbens begann. Ildikos Vater machte sich davon. Seine Seele verließ den kranken Körper und wir mussten in aller Eile nach

Budapest reisen, ihm das letzte Lebewohl sagen. Drei Tage hin und wieder zurück. Einen Tag später machten wir uns erneut ans Kofferpacken. Ohne Julia, sie wollte nicht mit nach Süden.

Am 3. Oktober, dem Tag der Deutschen Einheit waren die Zeitungen voll von Kommentaren über die misslungene Vereinigung der Ossis mit den Wessis. Der ewigböse Deutsche war aus seinem Loch gekrochen und hatte in den Asylanten seinen neuen Juden gefunden. Pogrome und Brandbomben, weinende dunkelhäutige Menschen, die Angst hatten vor den hellen Gesichtern, die grinsend und ihren Sonntagsrednern zujubelnd, sich anschickten, ihr Land zu verteidigen gegen die Flut der Fremden und Andersartigen. Die Skinheads hatten die Lunten gelegt, viele zündelten allerorten und die Braven, die Satten feierten mit Leichenbittermienen fröhliche Urstände.

Der Tag der Deutschen Einheit war sonnig und warm und wir, Ildiko, Patrick und ich packten die Koffer, um nach Bella Italia, ins Mezzogiorno, zu den antiken Stätten von Paestum, Pompeji und Herculaneum zu reisen. Ein ganzer Bus voller Lehrer auf Bildungsreise. Das konnte ja heiter werden. Man kennt ja diese alles besser wissenden, knauserigen, sportlich-agilen, bildungshungrigen, redseligen, sich selbst bestätigenden Pädagogen. Ich rede aus Erfahrung, gehöre ich doch selbst zu dieser Brut. Unser Freund Gerhard Kaspar hatte Teile seines Wolfhagener Kollegiums zusammengetrommelt und Kasseler Freunde und Bekannte hinzugebeten. Ein gemischter Haufen und ein gemischtes Unternehmen: halb Bildungsreise, halb Badeurlaub. Wir packten Badeklamotten, Kleidung für warme und für kalte Tage, Bücher und Reiseführer in die Koffer, waren voller Erwartung und freuten uns.

Paestum

Reiseberichte, die während einer Reise entstehen, leiden häufig unter den Unterbrechungen der zum Schreiben nötigen Mußestunden, die durch die Ausflüge und Erlebnisse entstehen. Vielleicht gleicht sich das unchronologische Durcheinander solcher Berichte aber aus durch ein Mehr an Spontaneität und Direktheit. Schreibt man im Nachhinein, aus der Distanz einiger Wochen, so ist alles gefiltert durch eine Brille des

Nacherlebens. Ich will versuchen, den Urlaubstagen möglichst eng auf den Fersen zu bleiben. Eigentlich sollten hier der geplante Ablauf und die Organisation der Reise beschrieben werden. Doch nun kommen die Sonne, der Strand und das Meer dazwischen. Siegfried Kunstmann, sportbegeisterter Mitreisender und Kollege, hat mit anderen zusammen aus allerlei Strandgut ein Volleyball-Spielfeld zustandegebracht und nun peitscht, prellt und baggert man den weißen Ball über das mittels einer Wäscheleine angedeutete Netz. „Hab ihn" und „Super" gellt es über die Sandfläche. Im nahen Meer kräuseln sich die Wellen und ein sanfter Wind streichelt die Haut. Das Wasser ist sauber und erfrischend. Man kann weit hineinlaufen, durch eine kleine Senke, über eine Sandbank. Der Meeresboden ist wie ein fester, hartgeknüpfter Teppich. In der Ferne verschwimmen die Berge. Die Hügelketten verneigen sich voreinander. Einige Wölkchen liegen wie Rasierschaum im Blau herum.

Kurz nach den Sommerferien, im August, hatten wir von der Reise gehört. Gerd Kaspar, Altphilologe und Antikenkenner hatte eingeladen zur Besprechung der Reise nach Paestum, in der Landschaft Campanien.

Die Reisegruppe der Kasseler und Wolfshagener mit Ehefrauen und Nachwuchs saß auf der Fahrt getrennt, die einen rechts, die anderen links. Wolfhagen glänzt durch Bildungsbeflissenheit, Alter und ordentliche Gesetztheit. Aus Kassel kommt die sportliche, sonnenhungrige, badefreudige, körpernahe Komponente. Kassel ist dem Griechentum näher. Was ist all der antike Krempel schon gegen die Schönheit eines sonnenglänzenden, körperbräunenden, wellengleißenden Tages. Doch der inneren Widerstände zum Trotz setzt sich dann doch das kulturbeflissene Ethos durch: Gerd Kaspar sorgt dafür, dass wir uns mit den Tempeln des Altertums auseinandersetzen und uns erst danach wieder zum Bade begeben.

Gleich ist es zwei Uhr und Ildiko studiert eines jener in Hochglanz gedruckten Bilderbücher, die in klugen Worten die Säulenmaße und Trampelpfade der Alten beschreiben. Kein Zweifel, wir werden uns einfangen lassen vom Überlebenshauch jener großen Zeiten, als die Götter in Menschengestalt wandelten, Hera die Opfergaben mit geduldiger Miene entgegennahm und Poseidon den Dreizack schwang.

Bildung, denke ich mir, bedeutet ,sich ein Bild machen' und wenn dem so ist, bin ich nun ein wenig mehr im Bilde darüber, wie man in dieser Kolonie Griechenlands in Magna Graecia vor zweitausend Jahren lebte. Im Museum waren viele jener bezaubernden, Alltagsleben darstellenden Vasen zu sehen, die so ausdrucksvoll Eindrücke vermitteln. Gerd Kaspar, der strenge Reiseleiter erklärte kenntnisreich und ausführlich. Nur, das Zuhören wurde bald anstrengend, denn, ist es wirklich so wichtig, ob die Farben der Tempel und Friese erdfarben waren oder von greller Farbigkeit? Bunt war das Leben und Treiben im alten Poseidonion, diesseitig und jenseits aller Ehrfurcht und Feierlichkeit. Erst die Geschichtsbuchschreiber haben die Antike auf einen erhabenen Sockel gestellt. Und da steht sie nun mit all den großen Namen, den Perikles, Alexanders und Cäsars. Generationen von Schülern übten und üben sich im ehrfurchtsvollen Aufblick, bekommen steife Hälse und gelangweilte Mienen. Nach der Schulzeit bringt sie so schnell keiner mehr in ein Museum. Dabei kann Geschichte, richtig vermittelt, so interessant sein. Gerhard Kaspar macht das nicht schlecht.

Das Gelände der ausgegrabenen Stadt Paestum ist riesig, umgeben von einer ehemals bis zu fünfzehn Meter hohen Stadtmauer. Vielfältig sind die Grundrisse und Restgemäuer all der Häuser, in denen Kaufleute verkauften, levantinisch betrogen und mit den Käufern feilschten, Frauen am Herd Speisen in Olivenöl zubereiteten, Männer sich beim Brettspiel die Zeit vertrieben, weintrinkend politische Schachzüge planten, philosophierten und intrigierten. Die Hauptstraße, die via sacra, war sicherlich auch der Ort der spielenden Kinder, der streunenden Hunde und der umtriebigen Katzen. War damals das Leben so anders als in einer heutigen Stadt am Mittelmeer?

Die Tempel überragen alles, sie geben dem Ambiente Glanz, Hoheit und Einmaligkeit. Sie machen in ihrer Würde und schlichten Größe den Ort zum Heiligtum. In ihnen ragen antiker Formadel und architektonisches Ebenmaß in die Neuzeit. Es sind Eindrücke und Stimmungen, die ich angesichts dieser schwebenden Schwere mitnehme. Der blaue

Himmel, die Pinien, die über Grundmauern huschenden Eidechsen, die Düfte, die von den Eukalyptusbäumen heranwehen und die Wolkenhäufchen, die einen Moment lang über dem Amphitheater verharren.

Aus dem Baden nach der Bildung wird nichts mehr. Es wird früh dunkel im Oktober und wir sind erst gegen 18.00 Uhr wieder zu Hause. Unser Haus ist viel zu groß für uns drei Personen: drei Zimmer, eine Küche, ein Bad. Außen ein großer Innenhof um einen offenen Kamin. Marmorbänke davor. Ein Teil der Terrasse ist überdacht. Falls es mal regnet.

Es ist jetzt fast 7.00 Uhr und immer noch sehr mild. Unüberhörbar sirren die Zikaden. Irgendwann hören sie auf, oder man hört sie einfach nicht mehr. Ab und zu fliegt mich eine Mücke an.

Am Freitagmorgen waren wir von Kassel gestartet. So eine Busreise ist anstrengend. Nach jeder Pause werden die Glieder etwas steifer und vor Müdigkeit fällt man in einen Halbschlaf. Gegen 8.00 Uhr abends, nach zwölf Stunden, waren wir in Verona. Die bizarre Vielfalt der Straßen und Plätze, die Stilfülle mit all den Türmchen und Erkern, den Treppen und Balkons, übersteht gleichgültig unseren Ansturm. Ich muss an die klatschsüchtige, dummschlaue Amme der Julia denken, in der sich für mich diese Stadt zu verkörpern scheint: schmuddlig, putzsüchtig, ehrlich, herzerfrischend eitel, gewitzt und durchtrieben, mit allen Wassern gewaschen. Enge Gassen, durch die Romeo und Mercutio mit ihrer Gang tobten wie die Halbstarken der wilden Fünfziger. Julias Balkon: Der Zugang ist verschlossen durch ein Gittertor um diese Tageszeit. Selbst für den Geliebten gäbe es keinen Zutritt. An den Wänden hinter dem Gitter unzählige Graffitis von Liebenden aus aller Welt. Die Liebe ist eine Himmelsmacht und die unglückliche Liebe, die zu Tränen rührt, ist allemal das schönste aller Gefühle. Romeo und Julia, die Inkarnation aller unglücklich Liebenden.

Am nächsten Tag, am Samstagvormittag, also heute, erreichten wir Paestum, unser Ziel und den Ausgangspunkt aller Exkursionen für die nächsten elf Tage.

Morgen werden wir den Vesuv besteigen.

Herculaneum

Der Tag ist ins Wasser gefallen. Einzig auf dem überdachten Teil der Terrasse ist noch eine trockene Insel.

Es regnet Bindfäden. Pessimisten und Optimisten stehen sich meinungsmachend gegenüber. Frank gegen Ildiko: „Es wird die ganze Woche lang regnen", und meine Frau setzt dem unnachgiebig Schönwetter entgegen. Man muss nur dran glauben. Ildiko vermag Schlechtwetterwolken zu verschieben und ausgedehnte Hochdruckgebiete herbeizuzaubern.

Gestern Abend saßen wir noch bis Mitternacht zusammen auf der Terrasse: die Kasseler Gruppe, ein hetero-homogener Verein. Rotweintrinker und auch ansonsten den Genüssen eher zugänglich als der trockenen Bildung. Christine Paul, so ein elfenhaft schillerndes Wesen, schießt den Vogel ab. Am liebsten möchte sie nur noch den Nachsommer genießen und sich einen sattbraunen Teint einfangen. Ohne Bildungsbeflissenheiten lässt sichs leben, ohne Sonne nicht. Ich fühle mich ihrer Sommergenusssucht näher als der Antike und der entscheidenden Frage, wann denn das Matriarchat ins Patriarchat überging.

Gerd Kaspar kommt vorbei, nachdem er bei dem Wolfhagerer Teil der Gruppe nach dem Rechten gesehen hat. Er doziert eifrig und hörenswert, weiß ungeheuer viel und ich finde es schon interessant, ihm zuzuhören. Uwe kann seinem Hang zum Witzchen Reißen nicht widerstehen. Er ist quirlig wie ein Showmaster in einer Samstagabend-Familiensendung, schlägt verbale Purzelbäume und sattelt auf Gerds beredte Ernsthaftigkeit seine clownsnasigen Scherze. So stehen sich zwei Opponenten gegenüber: der sportliche Witzbold und der altphilologische Ernsthaftling. Drumherum gruppiert sichs zuhörerhaft. Gegen Mitternacht beschließen wir den Tag.

Ich bin nicht besonders gut gelaunt, ohne mir klar zu werden, welche Laus mir über die Leber gelaufen ist. Den Wecker habe ich auf halb sieben gestellt, nur aus irgendeinem Grund weckt er mich nicht. Um sieben Uhr schrecke ich auf, blicke auf die Uhr. Muffig quäle ich mich unter der Bettdecke hervor. Der Himmel ist voller grauer Wolken. Immerhin ist es mild und zwischen all der Trübnis schimmern silbrig hell Hoffnungsstreifen am Horizont. Die frischen Brötchen werden frei Haus geliefert. Welch ein Service und was für Brötchen! Dick, rund, mit prallen Luftbacken, in die sich die Butter gut stauchen lässt. Eine hauchdünne, tellergroße Scheibe Mortadella deckt das Brötchen zu. Ein gutes Frühstück ist der halbe Tag. Nur dass es für meinen Geschmack zu hektisch zugeht. Ich brauche Zeit am frühen Morgen: Eine Scheibe Brot, ein halbes Brötchen, viel Kaffee, eine Zigarette zum Verdauen und eine Zeitung mit den neuesten Katastrophenmeldungen. Eine Zeitung gibt es hier nicht und der Kurzwellenempfänger schwindet just auf dem Höhepunkt der Meldung. Und dann noch diese Hektik. Wir sind die Letzten am Bus. Das liegt aber auch an den vier Schlüsseln, mit denen ich die vier Schlösser unseres Domizils verriegeln muss. Wir sind im Lande der Camorra und Vorsicht tut not. Man hört ja soviel Schlimmes über Italiens Süden und Neapel, nun ja, Neapel sehen und bestohlen werden. Neapel lassen wir aber links liegen. Der Verkehr staut sich und schrittweise geht es an der Stadt vorbei.

Gerd Kaspar hat angesichts des Wetters umdisponiert: der Vesuv muss warten. Stattdessen besuchen wir Herculaneum und anschließend soll eine Villa, ein Landgut oder das, was aus der Antike davon übrig geblieben ist, dran glauben. Beleidigt umhüllt sich der einst Feuer speiend verderbenbringende Berg mit Wolken, die Küste von Amalfi grüßt uns grau von unten und Salerno hat auch nichts Einladendes.

In Ercolano scheint jedes Fahrzeug zum Stehzeug zu werden. Ich bewundere unseren Busfahrer ob seiner Fahrkünste. Er steuert den Fünfzigsitzer wie einen Fiat 500 und findet sogar, nachdem er uns am Portal des antiken Herculaneum losgeworden ist, einen Parkplatz.

Von oben sieht die römische Stadt, oder das, was nach dem Ausbruch des Vesuv 79 n. Chr. und dem 2000-jährigen Schlummer unter zwanzig Metern Schlamm von ihr geblieben ist, wie eine riesige, abbruchreife Ziegelei aus. Wir stehen am Rande dessen, was einst Herculaneum hieß. Über eine Rampe begeben wir uns in die Tiefe. Hier unten wird das Ruinendurcheinander zu einem Gewirr von Straßen und Gässchen, von Grundrissen und Gemäuern, dunklen Häuserhöhlen und mosaikbedeckten Innenhöfen, Lichtschächten und Brunnenruinen. Der Himmel hat sich inzwischen zu einem tiefen Anthrazitgrau entschlossen und die ersten Tröpfchen nieseln auf uns herab. Wir suchen Schutz in den überdachten Häusern, in den ehemaligen Prunkräumen der Patrizier. Glitzernde Mosaikfußböden, Wandbemalungen mit Pfauen und Blumenornamenten, Wasserspiele und Lichteinfälle durch Dachöffnungen. Männer in Togas lagern auf Liegen, Sklaven fächeln ihnen Kühlung über die erhitzten Gesichter und von draußen klingt das Stimmengewirr des herculanischen Alltags in die Kühle des Raumes.

Nichts von alledem. Stattdessen traurige Reste von Wandmalereien, eindrucksvoll zwar immer noch und Fantasien freisetzend, doch überwiegend graue Tristesse, Schmutz und wildwuchernder Pflanzenwuchs. Das Leben ist hier vor zwei Jahrtausenden erstarrt und wie in einer Momentaufnahme stehen geblieben. Was übrig geblieben ist von Herculaneum, ausgebuddelt aus Dreck und Asche, reicht gerade aus, sich ein blasses Bild zu machen von damals. Dennoch fühlt man Ehrfurcht vor dem, was Menschen vor so vielen Jahrhunderten konnten und wussten. Und wir .....? Wie herrlich weit haben wir es gebracht in unserem 20. Jahrhundert und haben doch so wenig hinzugelernt. Kaum etwas gibt es, das es damals nicht schon gab, außer dem Auto natürlich, dem Fernsehen, den Industrieschloten, dem Smog und dem Ozonloch und der weltweiten Kommunikation und den ebenso weltweiten Kriegen und, na ja, und noch dies und noch das. Da kommt mit Recht Kulturpessimismus auf. Ein einziger kurzer Vulkanausbruch hatte Dornröschen in den Schlaf für eine kleine Ewigkeit versetzt, bis die Archäologenprinzen es wach küssten, damit die Nachwelt darüber zum Nachdenken kommen konnte.

Aus dem Nieseln wird ein Plätschern und daraus ein Wolkenbruch. Plötzlich haben Ildiko und ich die Gruppe verloren. Wir irren durch die nassen Ruinen, springen über Pfützen und stoßen Suchrufe aus. Wir sind allein, nass und verloren in einer Welt und einer Zeit, in der wir uns nicht auskennen. Wo ist unser deutscher Kaspar, der uns an die Hand nimmt und uns aus dem Labyrinth herausführt. Wir stehen im Regen mit nassen Füßen und feuchten Augen. Er schüttet. Das Gewitter rollt über uns hinweg. Endlich, in einer Regenpause finden wir unsere Leute wieder. Außer Patrick hat uns nicht einmal jemand vermisst.

Der Rückzug zum Bus ist eine ungeordnete Flucht. Zeus oder Jupiter oder wer auch immer begießt uns eimerweise. Die Klamotten werden zu Bleigewichten, die Füße baden in den Schuhen und wer noch nicht Freischwimmer ist, kann es jetzt werden. Schließlich sind alle wieder im Bus, nass bis auf die Haut. Die Rückfahrt liegt feucht und klamm auf den Schenkeln.

In Paestum hat es nicht einmal geregnet. Wir sind einfach in die falsche Richtung gefahren. Nach Süden, das wär's gewesen. Aber später regnet es auch hier und Paestum wird gehörig nass.

Was morgen geschieht, das weiß der Wettergott und der ist als echter Römer ein Abkömmling der Griechen und ein Filou.

Velia ... und mehr!

Am Morgen überfällt mich der Wecker mitten im Traum.

Wie ist das Wetter? Im Zimmer ist es stockdunkel. Ich taste mich aus dem Bett und suche noch schlaftrunken nach den Schlüsseln. Wir sperren uns nachts gut ein. Auf dem Kaminsims finde ich endlich den Schlüsselbund. Das Türschloss ist noch an derselben Stelle wie gestern. Nur finde ich unter den fünf Schlüsseln wieder mal nicht den richtigen. Zum Glück kommt mir Ildiko, aufgeweckt durch mein aufgeregtes Klappern, zur Hilfe. Mit ruhiger Hand öffnet sie die Pforten in den vom Frühlicht beglänzten Garten.

Um sieben Uhr bringt der Bäcker die Brötchen. Bald duftet überall der Kaffee. Ich steige auf die Dachterrasse, um den Zustand des Himmels zu überprüfen. Wolkenbänke schieben sich nordwärts, doch im Süden ist es tiefblau. Vom nahen Meer her hört man die Brandung. Um acht Uhr soll es losgehen zur nächsten Exkursion. Die Jugendlichen sind fest entschlossen, zu Hause zu bleiben. Sie ziehen den Strand der Antike vor. Wir, die Alten, sitzen dann pünktlich im Bus auf der Fahrt nach Velia. Immerhin ist es nur eine Halbtagestour. Gegen Mittag werden wir wieder zurück sein und dann erwarten uns Strand, warmer Sand und Volleyballspiel.

Inzwischen ist es schon Abend. Die Sonne ist untergegangen, der leichte Wind hat sich zur Ruhe begeben und die Zeit der Mücken hat begonnen. Zwischen Dämmerung und frühem Abend ziehen sie auf Beute aus. Paestum starb an den Sümpfen der Umgebung und der Malaria, die aus ihnen kroch.

Diesen Tagesbericht habe ich am späten Nachmittag am Strand begonnen. Vorher haben wir im Wasser herumgetobt. Die Wellen brandeten hoch an den flachen Strand. Bis zur Brust im Wasser stehend, den Blick meerwärts der nächsten Welle entgegen blickend und dann den Körper flach auf den Wellenkamm geworfen, zehn Meter lang gleiten. Welch ein herrliches Vergnügen ist das! Patrick und Florian waren erfinderisch: In einem Müllhaufen haben sie geeignete Bretter gefunden und reiten damit auf den Wellen.

Tagebuchaufzeichnungen wie diese haben das Angenehme und Verführerische, dass der Schreiber in ihnen nach Belieben mit der Zeit umspringen kann. Den Tag vor dem Abend zu loben, hat seinen Reiz und die schwarze Katze, die von links nach rechts die Straße überquerte, hat rückblickend nichts Böses im Schilde geführt. Man schreibt ein wenig um den heißen Brei herum, um das, was schwerfällt. Das ist an diesem Tage Velia, der Ausflug ins alte Griechenland. Die klugen, reich bebilderten Führer beschreiben ihre Orte so gut und ausführlich, dass der Betrachter an Ort und Stelle, müden Fußes, verschwitzt und voll der Eindrücke, vor Neid erblasst. Erst beim Nachlesen fällt es ihm wie Schuppen von den Augen: Mein Gott, was hat er alles nicht gesehen! Das und jenes, an dem strapazierte Tourist achtlos vorüberging, ist ein Kunstschatz par excellence. Nein, mit Kunstführern zu konkurrieren, ist unmöglich. Ich will's auch gar nicht. Ich lass es bei den Impressionen.

Aber nun will ich endlich den Vormittag nachholen.

Paestum mit seinen drei Tempeln lassen wir hinter uns und fahren über die Berge, vorbei an Agropoli und anderen Städtchen. Ich blättere ein bisschen in dem Buch, das Ildiko über Paestum und Velia, das griechische Elea, gekauft hat. Da ragt auf einem nachempfundenen Bild über einer Mauer vor sanft ansteigenden Hügeln ein Leuchtturm himmelwärts. Boote gleiten an der Hafenmauer entlang. Ein großes

Krummschnabelschiff gleitet ins Bild. Zwei Griechen, einer von ihnen hat locker die Faust mit einem Dolch in die Hüfte gestemmt, männlich und edel, wachen über den gleichmäßigen Schlagrhythmus der Rudersklaven. Ein zweites Bild, doppelseitig auch dieses, zeigt die hoch auf dem Felsen über dem Meer aufragende Akropolis Eleas. Zu den Füßen des Säulenheiligtums kauern sich die Häuser der Sterblichen. Und wieder mündet das Bild im Hafen. Das Schiff hat die Anker gehisst und fährt westwärts, nach Paestum vielleicht oder Ostia.

Die Wirklichkeit Eleas ist kärglicher, aber gerade deshalb ein reichliches Futter für die Fantasie. Grundmauern sind erhalten, behauene Steine zu beiden Seiten der grob gepflasterten Straßen. Um die Polis herum zog sich einst eine fünfzehn Kilometer lange Stadtmauer. Nur wenig ist davon noch zu sehen. Das Meer brandete früher an Stellen, wo heute Feigenbäume wachsen und trockenes Gebüsch aus dem Boden schießt. Von der Weststadt ist ein kleiner Teil ausgegraben und damit dem Verfall preisgegeben.

Ich mag solche Ruinenstädte. Ihre einstige Größe und Lebendigkeit deutet sich nur noch in sparsamen Resten an. Ihr Reiz liegt im Fragmentarischen: Die Mauerreste, Grundrisse, abgebrochenen Säulenstümpfe, von Aufmärschen gezeichneten Straßenpflaster rufen, lässt man sich auf ihre Andeutungen ein, eine Unzahl von Bildern hervor. So oder auch anders könnte sich das Leben abgespielt haben in den engen Gassen, vor den Tempeln, auf der Agora. Der Fantasie sind keine Grenzen gesetzt. Rekonstruktionen stören nur den Film, der vor dem inneren Auge abläuft.

In einer tiefen Baugrube sind vier Archäologen am Werk, spachteln an den Mauerresten herum, messen, katalogisieren und freuen sich über jede Scherbe. Man vermutet hier ein Gebäude aus der Zeit vor der Blüte Velias, aus dem 6. Jahrhundert. Wenn alle Fundstücke registriert und die Grundrisse auf dem Papier festgehalten sind, wird man die Baugrube wieder zuschütten. Unter der Erde bleiben die Schätze am besten verwahrt, geschützt vor Witterung, Smog und neugierigen Touristen.

Eine leichte Steigung geht es hinan, über die Reste einer prächtigen Straße. Auf den Mauerumfriedungen huschen Eidechsen und Salamander. Ein riesiges Tor mit einem Rundbogen, einem der wenigen aus griechischer Zeit, öffnet sich dem Blick in eine weite, helle Landschaft. Die Berge in der Ferne grüßen wie milchiggraue Schatten. An der Küste im Tal leckt schaumigweiß die aufgeregte Brandung. Kaum noch ein Wölkchen bedeckt den Himmel.

Von der Akropolis, der Burg der Stadt, ist nichts mehr geblieben. Das Mittelalter hat einen unansehnlichen Turm an ihre Stelle gesetzt. Zu seinen Füßen steht ein Johannisbrotbaum. Noch nie habe ich seine Früchte probiert: dunkelbraune Schoten, doppelt so lang wie Bohnen, mit ledriger Schale. Pellt man sie auf, stößt man darunter auf einen festen Brei, der süßlich schmeckt und ein wenig wie Banane mit Honig. Wir halten im Schatten Siesta und dann wollen wir nach Hause, an den Strand.

Wir fahren die schmale Küstenstraße entlang, über Serpentinen und durch malerische Dörfer. An den Hängen quellen die Opuntien über von stacheligen Früchten, deren Farbskala von Grün bis Orange reicht. Über uns das makellose Blau des Himmels und neben uns, mal ganz nahe, dann wieder fern, das Meer.

Pompeji

Vor zwei Jahren haben wir schon einmal eine Busreise nach Italien gemacht. Die Reise war damals sehr schön und kurzweilig, weil wir in sechs Tagen viel Italien gesehen haben: Genua, Florenz, Pisa, Siena, Neapel, Pompeji, Berge und Meer, Häfen, Städte und Dörfer und viel vorbeihuschende Landschaft. Goethe hat seinerzeit zwei Jahre für nicht einmal die Hälfte gebraucht. Solche preiswerten Busreisen haben etwas Traumhaftes. Wie hinter milchigem Glas saust Gegend im Halbschlaf an der Netzhaut vorüber. In den Wachzuständen registriert das Auge die Sehenswürdigkeiten und der Verstand vergleicht kühl die kulturellen Realitätsbestände mit den Beschreibungen der bebilderten Reiseführer. Für Siena hatten wir damals eine Stunde Zeit. Ich erinnere mich an einen herrlichen, hellbesonnten Platz wie eine Arena, umstanden von gewaltigen Häuserkulissen. Dann mussten wir weiter. Die Zeit hatte gerade für einen Cappuccini gereicht. Florenz, Rom, Pisa, auch das waren helle Blitzlichter. Und Pompeji war ungeheuer beeindruckend im nachmittäglichen Gegenlicht. Wolken häuften sich zu bizarren Formen über dem antiken Trümmerfeld.

Heute fahren wir wieder nach Pompeji, diesmal aber ausgiebiger. In der Nacht hatte ich einen Traum. Ich stand auf einer Anhöhe und tief unter mir breitete sich eine von Inselchen und Schlinggewächsen bedeckte Flusslandschaft. Das Wasser floss träge und war übersät mit schwarzen Flecken, die in dem grünlichen Schleimsud wie riesenhafte Frösche und bedrohliche Quallen aussahen. Obwohl ich mich fürchtete, konnte ich mich von diesem Anblick in der Tiefe nicht losreißen. Plötzlich fühlte ich etwas Lebendiges hinter mir, etwas, wie eine kalte Hand auf der Schulter, die sich anschickte, mich in die Tiefe, in die Hölle jener dunklen Wesen zu stoßen. Ich konnte weder vor noch zurück, wollte schreien und wachte auf. Die Angst des Traumes hielt sich noch für kurze Zeit, dann glitt ich in einen tiefen Schlaf. Normalerweise erinnere ich mich nicht an meine Träume, doch dieser war auch am nächsten Morgen noch so gegenwärtig, dass ich ihn festhalten wollte. Ich finde keine Deutung für diesen Traum, glaube auch nicht an Visionäres oder gar Schicksalsträchtiges solcher Nachtgespinste. Doch die Bilder ließen mich eine ganze Weile nicht los.

Wir fahren um acht Uhr los. Gerd Kaspar nennt das „The same procedure as every day." Überhaupt Gerdi: Anfang 50, leichtes Bäuchlein, runde Schultern, aber eine Haltung, die sich als durchaus noch sportlich agil beschreiben lässt. Unter den kurz geschnittenen Haaren schimmert die sonnengebräunte Kopfhaut des umtriebigen Studienrates. Die schüttere Haartracht korrespondiert mit kurz gehaltenen Koteletten und diese wiederum gehen über in einen Vollbart, der Ähnlichkeiten mit einem gepflegten englischen Rasen hat. Gerd hat diese Tour schon des Öfteren mit mäßig bildungs- aber übermäßig sonnenhungrigen, nordhessisch blassen Schulklassen gemacht! Er unterrichtet Latein als Leistungsfach und Altgriechisch als Dreingabe. Gerd ist gut als Tour-Guide. Bei seinem leicht näselnden Redefluss wird die Antike lebendig. Die Läden entlang der via dell'abundantia, der Straße des Überflusses in Pompeji, quellen über von Sklavinnen, die unter der Last der Einkaufskörbe voll frischen Obstes und Gemüses schier zusammenbrechen, von schreienden und gestikulierenden Fischhändlern und behäbig in die Thermen schreitenden Patriziern in wallenden Gewändern. Ab und zu gibt Gerd auch einen Kalauer zum Besten. Dann weiß man nicht, ob man lachen oder weinen soll, doch verzeihen tut man ihm allemal bei so viel anregendem Wissen und solch einer unprätentiösen Belesenheit. Manchmal dringt aber während der Busfahrten der dozierende Studienrat allzu sehr durch und die Besiedlung Unteritaliens oder die tektonischen Gegebenheiten des Vesuv gehen zum einen Ohr rein, zum anderen raus.

Abfahrt um acht, das bedeutet Aufstehen um halb sieben. Die Brötchen werden an unserer Haustür angeliefert, also muss ich um sieben Uhr bereit sein, sie entgegenzunehmen. Nach und nach tröpfeln dann die Sendboten der einzelnen Häuser ein und zum Schluss sind nur noch unsere sechs Brötchen übrig.

Stunden später sehen wir Neapel unter einer schwefliggelben Smogwolke. Der Verkehr quält sich durch die engen Straßen der umliegenden Kleinstädte, die sich mit der Großstadt zu einem riesigen, von Menschenmassen überquellenden Ungeheuer verbunden haben. Wie eine Krake breitet sich Neapel über die Landschaft. Am Ende eines seiner Fangarme lauert schmutzig das moderne Pompeji. Die Touristen fallen ihm zu Abertausenden in die Saugnäpfe. Die Eintrittspreise zu den Scarvi, den Ausgrabungen sind um 100 Prozent höher als im letzten Jahr.

Im Amphitheater fangen wir, eingeschüchtert durch die Todesschreie der Gladiatoren und das Brüllen der Bestien, unsere Besichtigung an und hier hören wir nach sechs Stunden auch auf. Dazwischen liegen von Vegetation überwucherte Häuserruinen, Straßen mit quadrigen Trittsteinen, Andeutungen von Tempeln, dorische, ionische und sonstige Säulen und viele Gruppen, die sich offenen Ohres von vielsprachigen Führern mit neapolitanischem Akzent die Wunder der Antike unterjubeln lassen. Japaner huschen leichtfüßig von Stein zu Stein, blonde Schweden trampeln, gutturale Laute ausstoßend, über glitzernde Mosaike, ältere deutsche Beamtenwitwen erschrecken mit einem piepsigen „Huch" vor den vielen Eidechsen und ziehen, an jeder Ecke pausierend, den Reiseführer zurate, Engländer in Bermudas lassen trotz aller Ergriffenheit die Pfeifen nicht ausgehen und von Amerikanern, vernimmt man das übliche „Oh, how wonderful!". Einzig die Franzosen sind von den Italienern schwer zu unterscheiden. Sie gestikulieren und sind genauso laut. Und dann sind da noch die Schulklassen, die kurz vor dem Abitur die Trümmer kaugummikauend einfach auf sich wirken lassen. Einfach da sein und die Stimmung genießen.

Wir sind fleißig: Pompeji bedeutet Arbeit. Gerd treibt uns mit seiner Fliegenklatsche von Mosaik zu Mosaik. Ich weiß jetzt sogar, wo der Isistempel zu finden ist und die ‚villa di misteri' fand ich wahrhaftig beeindruckend. Meine Videokamera habe ich fleißig arbeiten lassen. Man lernt mit dem Ding gut sehen und zu Hause im Fernseher kann ich mir dann genau anschauen, wo wir waren.

In dieser ‚Villa der Geheimnisse' lässt sich ein Brautpaar nach der Trauung filmen. Das ist hier so üblich. Große Ereignisse verlangen ein entsprechendes Ambiente. Ein Moment für die Ewigkeit. Die Braut trägt ein Kleid, dessen Schleppe so lang ist wie ein Eidechsenschwanz. Ob sie, wenn man drauftritt, auch abreißt? Der Bräutigam hat schon eine Unmenge von Erfahrungen hinter sich. Er blickt faltig und sehr ernsthaft, und wenn ich nicht irre, nennt er einen Jaguar sein eigen. Reich und ausgereift. Recht so, alt gefreit hat nie gereut. Die übrigen Hochzeitsgäste in dunkler Kleidung sehen angestrengt aus. Es ist eigentlich zu heiß für solche Zeremonien. Am Straßenrand liegt der Reis, mit dem das Brautpaar beworfen wurde.

Nach fünf Stunden macht sich Erschöpfung in unseren Knochen breit und dabei haben wir immer noch mindestens drei sehenswerte Häuser vor uns. Bei solch einer Schlaffheit reißt einen weder das Haus des lachenden Fauns noch das Lupanar, das unbequeme Bordell mit seinen Steinbetten, von den Socken. Goethe hat hier in Pompeji auch seinen Spaß gehabt, doch der alte Faun war damals jünger als ich heute und weitaus göttlicher und man gab ihm auch noch einen Spaten zum Buddeln. Wir dürfen nicht einmal etwas berühren, geschweige denn über die vielen Absperrungen steigen. Außerdem war Johann Wolfgang nicht mit einer Reisegruppe hier und verheiratet war er auch nicht, sondern er

schöpfte des Abends neue Kraft aus den Lenden draller Neapolita-
nerinnen. Schöne Zeiten waren das.

Die Wallfahrtskirche zu Pompeji will keiner mehr sehen. Dabei soll
sie so schön überladen sein mit Devotionalienkitsch. Das neue Italien
hat keine Chance. Nur heim, die Beine ausstrecken und bei Speis und
Trank Erholung suchen.

Stop! Wir müssen ja noch Wein einkaufen. Also führt ein Umweg
über den Supermarkt. Die Sonderangebote sind noch die gleichen wie
vor zwei Tagen. Es gibt einen billigguten Rotwein, drei Flaschen, viereinhalb Liter für 8000 Lire. Wir decken uns gut ein. Am Abend gibt es
überbackenen Fenchel bei Kunstmanns. Schon wieder eine Premiere
und eine gelungene noch dazu.

Campanische Kleinstadt

Nach dem Stress von Pompeji folgt ein Schontag. Einkäufe auf dem
Markt von Agropoli und ein Bummel durch die Altstadt zur Akropolis.
Auch diese Kleinstadt war einst eine griechische Siedlung, aber man
sieht es ihr nicht mehr an. Von unserem Strand aus kann man die Häuser
von Agropoli sehen. Ein Haufen von Gebäuden um einen Burgberg
herum, verschwommen im Spätsommerdunst in der Krümmung einer
weiten Bucht am Golf von Salerno. Zwei ausladende Hügelketten
neigen sich zur Stadt hin und treffen im Hafen aufeinander. Agropoli ist
keine schöne Stadt. Darum hinterließen die Touristenstiefel auch keine
Spuren. Die Straßenpflaster sind echt italienisch, die Wäsche bleicht
nicht nur als Fotomotiv auf den Balkons, die Knoblauchknollen hinter
dem zerborstenen Fensterkreuz und die Schafwollstränge am Balkon-
gitter hängen wirklich zum Trocknen in der Sonne. Unverdorbenes
Lokalkolorit.

Die Schwierigkeiten, die die Gruppe mit sich hat, werden unüberseh-
und unüberhörbar. Wolfhagen sitzt im Bus links, Kassel rechts. Kassel
liebt das Strandleben, Wolfhagen das deutsche Mittagessen und Kaffee
und Kuchen. Aus dem Blickwinkel der Kasseler gesehen ist Wolfhagen
klein, eng, sauertöpfisch und vertrocknet. Deutsches Sauerkraut im
italienischen Frühherbst. Ich bin Kasseler mit ungarischer Frau und

Erfahrungen in südlichem Lebensstil. Siesta, wenn es an der Zeit ist, Sonne, wenn sie scheint und Trümmer, wenn es unbedingt sein muss. Gerd Kaspar ist das Weltkind in der Mitten. Er hat keine leichte Rolle, spielt sie aber blendend. Zwischen den Stühlen fühlt er sich gar nicht so unwohl. Ein echter Ironiker mokiert sich unmerklich. Und Gerds Ironie hat häufig jenen Schwebezustand zwischen Ernsthaftigkeit und sanfter Veräppelung.

Hinter einem Torbogen treppauf öffnet sich die malerische Altstadt Agropolis. So, wie man sich eine italienische Hafenstadt vorstellt. Selbst die neapolitanische Canzone fehlt nicht. Aus einem Haus tritt gebückt ein verwelktes Mütterchen. Es geht schwerfällig unter der Last der Jahre. Ein kleines Hündchen an einer dünnen Leine wedelt um die Beine der Alten. Und auf einmal fängt sie an zu singen. Nichts Verbrauchtes, Überlebtes ist in ihrer Stimme. Fast bin ich versucht, das Adjektiv ‚glockenrein‘ zu verwenden. Eine leicht dahingeträllerte Canzone, aber mit einem Schmelz vorgetragen, der den seelenbetonten Germanen in mir fast zu Tränen rührt. Das ist Italien pur und Mamma mia, Spaghetti und Mozzarella die Buffalo in einem. Belcanto aus dem Hinterhof. Die Alte merkt nicht, dass ich sie filme. Vielleicht ist sie blind oder taub. Sie singt für die Ewigkeit.

Auch sonst gibt es in dieser Altstadt Momente und Blicke, die einfach schön sind. Ildiko und ich schlendern fast allein durch die Gässchen, treppauf, treppab. Jeder Schritt zeigt ein neues Motiv. Wenn ich einen der wenigen Einwohner sehe, schleudere ich ihm ein „que bello!" entgegen. Ich halte das für einen italienischen Ausdruck von Begeisterung. Die Einheimischen scheinen mich zu verstehen: sie nicken.

Schließlich sind wir wieder da, wo das 20. Jahrhundert verkehrt: Autos, Kreuzungen, Geschäfte. Es ist Markttag in Agropoli. Zunächst begeben wir uns zum Krimskramsmarkt: Kleidung, Schuhe, Töpfe, Anglergerät, Werkzeuge, Plastikschund. Wir haben eine jahrelange Erfahrung auf Floh- und Krempelmärkten. Ildikos und meine Nase saugen förmlich den Geruch der Schnäppchen ein, der Billigstwaren mit dem besonderen Touch, der Souvenirs, die zum Geschichtenerzählen taugen. In der hintersten Ecke breiten sich drei lange Wühltische voller

Textilien aus. Ein kleines Männchen, bewaffnet mit Plastiktüten und einem überquellenden Geldbeutel verkündet in einfachster und auch dem Dümmsten verständlicher Manier „Mille, mille, mille!" Mehr nicht. Immer nur „Mille, mille, mille!" Das kann doch nicht wahr sein: eine und eine halbe Mark für die Schätze in dieser Truhe, für den Ramsch auf diesem Wühltisch. Wir stürzen uns in das Gerangel um die wertvollen Fetzen. Ich erstehe einen Trenchcoat, obwohl ich schon drei zu Hause habe, Ildiko einen Sommerpullover, obwohl in Kassel der Sommer längst zu Ende ist, und ein Pantalon und noch ein undefinierbares Kleidungsstück. Mille, mille, mille! Wir sind richtig glücklich. Und einen Satz Kasserollen finden wir auch noch. Fast geschenkt. In Deutschland, Mann, in Deutschland, da kosten die viel mehr. Natürlich schlendern wir auch über den Gemüsemarkt. Äpfel, Auberginen, Trauben, Tomaten, Bohnen und vieles mehr. Alle Touristen kaufen in Italien viel mehr Obst und Gemüse, als sie essen können. Es sieht einfach zu schön aus und so frisch und knackig kriegt man's daheime doch nie. Am Ende sind wir bepackt und tragen schwer an all den Tüten. Wir fahren nach Hause und freuen uns auf den Strandnachmittag. Es ist heiß wie im Hochsommer.

Ein paar Worte zum Strandleben. Im Sommer ists eine Selbstverständlichkeit. Aber jetzt im Oktober ist ein Bad in 22 Grad warmem Wasser unter azurblauem Himmel ein Erlebnis für uns Nordeuropäer und wenn man dann noch aus dem regenverwöhnten Kassel kommt, ist es ein echtes Wunder. Zu Hause laufen sich die Heizungen warm, in den Ladenketten bereiten sich die Schokoladenweihnachtsmänner auf das bedrohlich nahe Fest vor und wir lassen uns das Fell mit einem bronzenen Braunton verschönern.

Ich habe mir's auf einem Stein bequem gemacht, schreibe und bräune dabei so vor mich hin. Walther von der Vogelweide fällt mir dabei ein: Ich saß auf einem Steine und deckte Bein mit Beine.

Wir haben die größte und schönste Terrasse mit einer Marmorbank einem offenen Kamin gegenüber. Holz dafür findet sich haufenweise am Strand. Heute Abend nach dem Abendessen sitzt wieder alles zusammen am prasselnden Kaminfeuer. Pfadfinderwitze und Sprüche knistern mit den Flammen um die Wette. Fehlt nur noch die Klampfe. Es geht uns verdammt gut. Manchmal versuche ich, Radio zu hören, bin dann aber richtig froh, dass die Deutsche Welle im Rauschen und Krächzen versiegt. Es könnte ja sein, dass die Realität in die Idylle einbricht. Nur das Wetter in Deutschland würde mich interessieren. Plätschert in der Heimat Regen, ist dreifach schön besonnter Urlaubssegen!

Vesuv

Gestern Abend knisterte das Feuer und die Pinienzapfen wehrten sich mit ohrenbetäubendem Knall gegen die gierigen Flammenzungen. Gutes Essen, leckerer Wein, Kartenspiel und lange Gespräche über Gott, die Welt und Deutschland. Wenn dort nur die Skinheads nicht so eklig wären und der deutsche Michel nicht so stinkig aus allen Löchern und Ritzen seine Fürze von sich gäbe. Deutschland ist ein schönes Land, mit seinen Wäldern, seinen Tälern, doch seit Monaten klingt es fast unisono „Türken raus!" Da haben wir Tradition: Ein echter Deutscher mag den Franzen nicht, und der Franz ist austauschbar in den jeweiligen Zeitläuften. Heine hat ein Lied davon gesungen und Erich Fried und wie sie sonst alle heißen, die vaterlandslosen Gesellen und Nestbeschmutzer. Mit ihrer Feder sind sie zu Felde gezogen gegen den dumpfen Mief. Aber die Literatur war schon immer machtlos oder verzog sich ins Schöngeistige in deutschen Landen. In Frankreich, Ungarn, oder sonst noch wo, da zetteln die Dichter Revolutionen an.

Aber ich wollte ja von unserem Ausflug zum Vesuv berichten: Paestum, Carpaggio, Salerno, Erculano: Klingende Namen entlang der Autostrada.

Gerd Kaspar erteilt uns, wie stets zu Beginn der Exkursionen, seine Lektionen. Von der tektonischen Platte, auf der Campanien herumliegt und sein unsicheres Dasein fristet, von den Ausbrüchen des Vesuvius, der eigentlich Monte Soma heißt, von den Ascheregen und giftigen Schwefelwolken, von den Lavaströmen und der Historie überhaupt.

Ich lese gerade den historischen Schinken, den neuerdings alle Pompejibesucher neben dem offiziellen Reiseführer mit sich schleppen: ‚Der Pompejaner'. Die Geschichte des freigelassenen Sklaven Aphrodisius,

100

der im Rom des feisten und poesiewütigen Nero die Karriere eines Geldmagnaten machte, der Poppäa einmal recht nahetrat und im Ascheregen des Vulkanausbruches sein Leben ließ. In der Therme in Pompeji kann man den Gipsabdruck seines verkrümmten Körpers besichtigen. Sein Gesicht lächelt.

Hinter Erculano wird die Straße eng. Es geht bergauf. Müllberge zu beiden Seiten der Straße. Plastik, Coladosen, leere Flaschen, Papierreste, Blechabfälle verteilen sich malerisch in die Landschaft. In manchen Scherben spiegelt sich das Blau des Himmels.

Zuerst durchqueren wir den Piniengürtel, durchzogen von einem Strom grobporiger Lava, dann folgt aufwärts der Ginster. Im Frühling blüht er gelb. Doc jetzt überwiegen die Grüntöne. Schließlich sind wir in der Region der Moose und Flechten, die die Lavabrocken wie mattgraue Zierdeckchen überziehen. Danach kommen nur noch Asche, Staub, Gesteinsfelder, spitzzackige Felsformationen.

Fünf Busse stehen am Parkplatz. Der unsrige spuckt als sechster einen neuen Schub Vulkanwanderer aus. Wie eine Prozession zieht sich die Schar der Touristen an der Halskrause des Berges hinan. Zweihundertfünfzig Höhenmeter über die stetige Steigung des Serpentinenpfades fordern ihren Tribut: der Atem geht schneller. Über dem unübersehbaren Häusermeer Neapels liegt gelbblasser Smog. Wie hinter einem Schleier durchziehen die Bugwellen einiger Schiffe den Golf. Capri ist schwach zu erkennen in der Ferne und Iskia lässt sich im Uferlosen erahnen.

Auch der Vesuv kostet Eintritt. Nicht einmal der Blick in den Orkus, in den verschlossenen Schlund des Erdinneren, ist umsonst. Aber dafür ist die Caldera auch ein wunderschönes Loch. Eine riesige, vom häufigen Gebrauch an den Rändern angerissene, gelblich-graue Schüssel. Wie viele Suppen haben hierin schon gebrodelt, sind über den Rand geschwappt und haben ihre hässlichen Flecken hinterlassen! Die schlampige Mamma Natur, die Milch und Brei und Sud im selben Topf zubereitet, sie sei verflucht! Eine wahre Hexenküche. Zaubersprüche der kochenden, siedenden, glühenden Feuerwesen unter der dünnen Herdplatte brachten den Napf zum Überlaufen. Der zähe Brei schwappte über, waberte talwärts und die Menschen erstickten, verreckten, verröchelten mitten in ihrem Alltag. Fluchtversuche erstarrten zu tausend-jährigem Schlaf. Bis die Archäologen kamen und sich vor Begeisterung kaum halten konnten über das, was sie da unter den Aschebergen ent-deckten. Und nach ihnen kamen die Touristenbusse, die Souvenirhänd-ler und die geschäftstüchtigen Kaufleute, um die Geschenke aus der Hexenküche zu verhökern. Dank sei ihm, dem Vesuvius. Der Berg steht in seinen scharfen Konturen im Gegenlicht und grinst sich eins. Aus seinem zahnlosen Maul pafft er hin und wieder ein Wölkchen Rauch. Nur die Postkarten zeigen, wie schön er einst Feuer spie. Wir schlendern am Kraterrand entlang. Nicht einmal fotogen ist das Ungeheuer: seine Ausmaße passen nicht ins Bild.

Was man hier aus all dem Plunder machen könnte! Lautsprecher-türme rund um den Krater, die sich das Donnern und Grollen gegen-seitig zuwerfen. Son et lumière. Schwefeldämpfe und Feuerkaskaden in der Abenddämmerung, ein riesiges Rundkino mit bebendem Boden und Hitzewellen aus überdimensionalen Föhns. Und in Pompeji und Hercu-laneum Sklaven, Sänftenträger, Marktgeschrei in bestem Latein, Ther-men, in denen das lauwarme Wasser über den Boden quillt und Dampf-bäder Schweiß treiben, jedem Besucher die passende Toga, Gladiatoren-kämpfe zu jeder vollen Stunde mit perfekten Stuntmen und ein Lupanar, in dem sich thrakische, griechische, elfenbeinweiße und ebenholz-schwarze Schönheiten feilbieten. All das für einen deftigen Ticketpreis. Toll wäre das und Campanien wäre mehr als eine Reise wert.

Wir stapfen den gleichen Trampelpfad wieder bergab. Die Asche gibt unter den Sohlen nach. Ildiko hat einen halben Lavaberg eingesammelt. Wir werden die Brocken dekorativ im Garten verteilen. Auf dem größ-ten platzieren wir einen als Jupiter verkleideten Gartenzwerg mit einem Blitz in der erhobenen Rechten. Und den Lavastein wollen wir ordent-lich aushöhlen und von innen rötlich beleuchten.

Nun steht noch die Villa Oplontis auf dem Programm und dann ist es genug mit der Bildung. Ich fühle mich ziemlich satt. Aber als Nachtisch gibt es noch das prachtvolle Landhaus der Poppäa. Poppäa, die römische Machtfrau, gesegnet mit den Rundungen, die in der Männerwelt Wege zu Einfluss und Stellung eröffnen. Sie erschlich sich den Priapus des schwammigen Nero, gebar ihm trotz eifriger Bemühungen keinen Nachfolger und verreckte durch einen Tritt des Cäsarengemahls in den hochschwangeren Leib. Was für ein trauriges Ende. Toll trieben es die alten Römer. In ihrer Menschenverachtung geschah es ihnen recht, dass sie untergingen. Auf der Strecke zwischen Padua und Rom stand alle hundert Meter ein Kreuz, an dem ein Sklave sein Leben verröchelte. Spartakus irgendwo zwischen der Unzahl der Leiber. Die Ideologie Rom forderte ihren Tribut und wer wider den Stachel lökte, musste dran glauben. Sklaven waren Hausrat und einen zerbeulten Topf wirft man schließlich auch auf den Müll.

Um Poppäa war es schade. Sie hätte noch so viel Böses anrichten können, denn sie war schön und fantasievoll.

Die Villa war leer, als man sie ausgrub. Offensichtlich stand sie vor dem Verkauf 79 nach Christus, als der Schlamm, die Asche und der saure Regen kam. Sie ist groß und vielräumig und die Fresken an den Wänden zeugen von Pracht, Reichtum und Opulenz: Villa Opulentia.

Danach bleibt noch ein halber Nachmittag für den Strand. Der Schweiß verflüchtigt sich im Meerwasser und die Mattigkeit weicht kühler Frische. Am Horizont ziehen schlierenhaft Zirruswolken auf. Das Wetter wird umschlagen. Morgen ist Strandtag und Sonntag geht es nach Neapel ins Museum.

Am Abend knistert wieder das Feuer bis nach Mitternacht. Die Geisterstunde ist gekommen. Das Gespräch dreht sich ums Gläserrücken. Sind die Seelen der Verstorbenen unter uns oder ist alles Unerklärliche erklärbar? Frank hält mit seinen zweiundzwanzig Jahren der Wissenschaft die Stange, die alle Phänomene auf Naturgesetze reduziert. Uwe berichtet von den bösen Blicken, den unheilschwangeren Dolchen und den folgenlosen Gängen der Gurus über glühende Kokosschalen. Ich bin müde und suche den Schlaf.

Weltuntergang

Tiefschwarz hängt der Himmel über dem leeren Strand. Herbst hält Einkehr am Mare Internum des römischen Imperiums. Vor der Silhouette des Pinienwaldes stehen die türlosen Umkleidekabinen für die

Sommergäste. Wir spazieren am Meer entlang. Es dröhnt und röhrt wie aus leeren U-Bahnschächten. Die Wellen fallen haufenweise übereinander her.

Heute Morgen haben wir uns von ihnen auspeitschen lassen, Siggi, Florian, Patrick und ich. Fast eine Stunde lang. Ein wildes Spiel mit den Elementen. Du untertauchst eine Welle, die nächste, und der dritten wendest du halb den Rücken zu und kurz, bevor sie bricht, wirfst du dich ihr auf den Kamm und sie trägt dich ein Stück weit an Land. Jetzt am Nachmittag wollen wir das Spiel wiederholen. Doch plötzlich zucken Blitze durch die nachtgraue Schwärze und Donner grollen unheilschwanger. Die Welt geht unter. Unter den Wolkenbänken fetzen graue Schleier dahin, dunkle Berge tummeln sich übereinander und der Regen fällt in der Ferne wie ein milchkaffeefarbener Vorhang zu Boden. Wir sind inmitten des Unwetters. Jeder von uns vieren hat sich in eine der trostlosen Kabinen geflüchtet. Einsam und allein starren wir in das Inferno. Ich sauge das faszinierende Schauspiel der Naturgewalten in mich ein.

Die Welt ging nicht unter. Wir kamen alle vier mit dem Leben davon und halbwegs trockenen Fußes nach Hause.

Trotz des ganztägig nachtschwarzen Himmels ist es am Abend frühlingshaft mild. Wir feuern dennoch den Innenkamin an. Entweder ist aber das Holz zu feucht, oder der Schlot hat keinen rechten Zug. Ildiko klagt vor dem Einschlafen über Rauchvergiftung.

Neapel

Am heutigen Sonntag müssen wir auf die Brötchen verzichten. Das kurze, trockene Plopp eines Vogelschützen hatte mich aus dem Schlaf befördert. Diese Süditaliener bombardieren wohl alles, was größer als eine Mücke ist, mit ihren Schrotladungen. Für die Vögel muss der Tag des Herrn ein Albtraum sein. Mamma bereitet die Polenta vor, knetet den Pizzateig und würzt die Antipasti, während der Don die Flinte schultert und auf Vogeljagd geht.

Wir frühstücken in aller Eile. Neapel mit Museum steht uns bevor. Über Paestum ist der Himmel wieder mittelmeerisch blau. Das ändert sich, je näher wir Neapel kommen. Gerd Kaspar nennt dieses Monstrum von Stadt „die Pestbeule des Mittelmeers". Vor zwei Jahren hatten wir wenigstens eine Stadtrundfahrt gemacht. Diesmal streifen wir einen sonntäglichen Markt, den Hafen, die Piazza Garibaldi, steigen aus dem Bus, eilen unserem Führer nach über eine der Hauptstraßen, vorbei an den heruntergelassenen Jalousien der Geschäfte, zum Museum und fallen in die Antikensammlung ein wie ein Schwarm Heuschrecken. Das Museum in dem heruntergekommenen Palazzo ist eine Rumpelkammer. Nur in einem Saal sind die prachtvollsten Exponate würdig präsentiert. Der farnesische Stier, Herakles, Pallas Athene und die anderen Riesenstatuen eifern im Marmorglanz miteinander und kommen im hellen Licht angemessen zur Geltung.

In einem Saal im ersten Stock sind die Mosaiken untergebracht. Einzigartige Prachtstücke und Wunderwerke geduldiger Handwerkerkunst. Wie brachte man es nur fertig, diese Mosaiksteinchen zu einem Gemälde zusammenzufügen? Der berühmte Hund, vor dem die Aufschrift ‚cave canem' auf der Stufe eines pompejischen Hauses warnt, schwimmende Enten, das kindliche Skelett, Totenschädel, Motive, die der Comedia dell'Arte zum Vorbild dienten, Pfauen und Meeresgetier, alles in Millionen kleinster, farbiger Steinchen zu Gemälden gefügt.

Dann stehen wir vor der Alexanderschlacht: 333, bei Issus Keilerei! Im Hause des Fauns in Pompeji, in dem Goethe mit seinem Spaten archäologisch tätig war, hat man dieses Mosaik von gewaltigen Ausmaßen gefunden. Darius und Alexander treffen aufeinander. Der Perser im Streitwagen, den Kopf von einem helmartigen Turban bedeckt, der Grieche hoch zu Ross, barhäuptig mit wehenden Haaren. Beider Augen sind groß und geweitet, starren den Gegner an, der Alte gegen den Jungen, der Unterliegende gegen den Siegreichen. Die Augen sind wesentlicher Bestandteil des Bildes, nicht nur die der beiden Heerführer. Aber vor allem die des jungen Alexander geben dem Gemälde sein Gewicht. Ein idealisierter Held: hohe Stirn, scharf konturierte Nase, Backenknochen, kurze, wallende Haare, konzentrierter Blick. Das Bild des Siegers. Und die übrigen Details: fliehende Pferde, Speergewirr, ineinander verknäulte Zügel, Waffen, über welche Hufe trampeln. Das

Bild ist nicht unversehrt über die Jahrtausende gekommen. Die persische Seite ist fast vollständig, bei den Griechen klaffen gewaltige Lücken. Alexander scheint allein zu kämpfen gegen die Übermacht der morgenländischen Horden. Es ist ein Wunder, dass dieses Mosaik nach Erdbeben, Vulkanausbruch und schier endlosem Schlaf unter Asche und Schlamm überlebt und seine Ausdruckskraft bewahrt hat.

Der Rest ist eine unglaubliche Fülle von Malereien, Statuen und Büsten. Die Wände sind überladen mit den Funden aus Herculaneum und Pompeji, die Räume quellen über. Man ermüdet schnell. Was ist ein Museum wert, das seine Schätze so schlecht ins Licht rückt! Jedes der Bilder ist eine weiße Wand wert und jede Statue einen Sockel. Hier erschlägt ein Kunstwerk das andere. Nach eineinhalb Stunden ist es genug.

Ich bin kein guter Gruppenreisender. Wie gerne würde ich jetzt durch Neapel bummeln, meine Siebensachen gut verstaut, damit mir nichts abhandenkommt in dieser Stadt der Taschendiebe, der Arbeitslosigkeit, des Elends, der von Menschen überquellenden dunklen Gässchen, der Kinderbanden, Tagediebe und Ganoven. Neapel ist eine Stadt, in der man für Geld alles bekommt und alles tut, die der Camorra gehört und den vielen Armen, ohne die sie ein Nichts wäre. Armut und Verbrechen gehören hier zusammen wie Tag und Nacht. Doch es wird nichts aus dem Hineinriechen in die Sudelküche der Armut, nichts aus dem Sich-einfangen-Lassen von der Morbidität des Verfalls. An die kurze Leine unseres Reiseführers genommen, steigen wir in den Bus und der quält sich durch den Sonntagsstau ramponierter Autos aus der Stadt. Ich suche vergebens, ein Auto zu entdecken, das keine zerbeulte Stoßstange, keine eingedrückte Karosserie, keinen zersplitterten Scheinwerfer hat. Jugendliche fahren Slalom auf Mopeds zwischen den kriechenden Fahrzeugen. Verwahrloste Gruppen lungern in Torbögen. Vereinzelt bieten Straßenhändler ihre Ware feil. Fischgeschäfte stinken zum Himmel, der sich grau eingekleidet hat und seinen Unmut in feinen Nieselregenfäden zu erkennen gibt.

Dann sind wir auch vorbei an den trostlosen Ghettos der Vorstädte, wieder auf der Autostrada, auf dem Weg nach Baiä, wo die reichen

Römer in ihren Landhäusern und in den größten und schönsten Thermen an der Küste den Sommer verbrachten, um dem heißen, übervölkerten, stinkenden Rom zu entfliehen. Davon übrig geblieben sind einige Kuppelbauten, eine Häuserfront in matten Farben, ein Hafen voller Wracks und einige Fähren. Einst, in der Renaissance war die Stadt ansehnlich und imposant, jetzt ist sie von Narben, Schorf und eitrig verkrusteter Haut gezeichnet. Armut, Verfall, Schmutz. Die halbe Stunde Pause reicht für ein Eis und einen Cappuccino.

Unsere Reise hat ihren Tiefpunkt erreicht. Allen liegt der Tiefdruck bleischwer in den Gliedern, die Augen und Hirne sind müde von den vielen Eindrücken der vergangenen Woche. Die Ruinen öden uns an. Der Chef zieht sein Programm durch und die Herde folgt brav. Nur bei den Jugendlichen regen sich Spuren von Widerstand. Der Bus verirrt sich in einen Ort namens Pozzuoli. Hier ist, inmitten von Blech, Plastik, zerbeultem Stahl, herabgefallenem Häuserputz und Fischgestank ein römischer Marktplatz stehen geblieben. Die Gruppe nimmt ihn zur Kenntnis. Die Altstadt von Pozzuoli, einbruchgefährdet durch das letzte Erdbeben, ist menschenverlassen. Schnell weiter. Scheinbar ziellos brummt der Bus durch unansehnliche Dörfer, bis endlich zu erkennen ist, dass er auf ein Ziel zusteuert: den Solfatare-Krater. Wir sollen gefälligst aussteigen. Ildiko, sonst immer voller Besichtigungsdrang, streicht die Segel. Die Knaben wollen sowieso nicht. Ich schließe mich der Verweigerung an. Der Nieselregen hat fast aufgehört.

Am späten Nachmittag sind wir wieder zurück. Die Nacht bricht früh herein um diese Jahreszeit.

Geister

Eine Kerze flackert und taucht den Raum in ein geheimnisvolles Halbdunkel. Die Stunde der Geister ist gekommen. Doch die Skeptiker sind in der Überzahl: Es gibt keine Geister!

Die vierundzwanzig Buchstaben, die Ziffern 0 bis 9, ein Zettel mit ‚Ja' und einer mit ‚Nein' liegen im Kreis auf dem glatten Tisch. In der Mitte steht umgedreht ein Glas. Sechs Finger legen sich federleicht auf den Glasboden, berühren einander und Patrick murmelt: „Geist, Geist, hörst du mich? Wenn du mich hörst, geh zu ‚Ja'. Gehe schneller, gehe schneller!" Doch das Glas bewegt sich keinen Zentimeter. Noch einmal die gleiche Beschwörungsformel. Zunächst ohne sichtbaren Erfolg, doch endlich tut sich etwas. Einer der vielen anwesenden Geister lässt sich herab, ein Zeichen zu geben. Das Glas bewegt sich langsam auf den 'Ja'-Zettel zu. Patrick stellt Fragen, doch der Geist ist wortkarg. Dass er Apollon heißt, in Herculaneum lebte und Sklave war. Das erfahren wir, und dass er 79 nach Christus umkam. Nicht gerade umwerfend. Dass es Geister gibt, davon überzeugen kann mich das schon gar nicht. Dann verabschiedet sich dieser Bursche auch noch unvermittelt, lässt uns voll unbefriedigter Neugier einfach sitzen. Uwe hat die Nase voll und geht. Immerhin bringen wir auch ohne ihn einen anderen Geist dazu, sich mit uns einzulassen. Aber der ist entweder des Lesens und Schreibens unkundig oder ein Tölpel. Was er, das Glas auf dem Tisch herumschiebend, von sich gibt, sind unaussprechliche Konsonantenfolgen. Er hat aber von uns genauso schnell genug wie wir von ihm und verduftet.

Ein dritter und letzter Versuch und diesmal gelingt uns tatsächlich ein Volltreffer. Doch das ist ein falscher Begriff für solch ein Luftwesen, das sich herablässt, mit uns Lebenden zu sprechen. Volltreffer landet man an der Schießbude oder im Lotto. Hier jedoch stockt mir bald der Atem und ich beginne zu glauben, dass es in der Tat Dinge zwischen Himmel und Erde gibt, die sich einer rationalen Erklärung entziehen. Doch der Reihe nach.

Nach der inzwischen schon vertrauten, etwas albern klingenden Einleitungsformel wandert das Glas wieder quer über den Tisch zum ‚Ja'. Ich bin mir sicher, dass keiner geschoben oder gedrückt hat. Dann stellt einer von uns die erste Frage, ob er, Geist, einen der Anwesenden kenne und wenn ja, welchen. Und nun saust das Glas kreuz und quer über den Tisch und hält bei den Buchstaben R-U-D-I-G-E-R. Ich stocke und ein unangenehmes Kribbeln läuft mir über den Rücken. Warum gerade ich? Die Antwort lässt nicht lange auf sich warten: K-R-I-T-I-K-E-R. An wem? U-N-S. Wer ist ‚uns'? R-O-M-A-N-S! Dann wechselt jemand das Thema. Wie der Geist heiße? C-L-A-V-I-U-S. Wo er gelebt habe? P-O-M-P-E-I-I. Was er gewesen sei? G-L-A-D-I-A-T-O-R. Römer und

Gladiator, war das nicht ein Widerspruch? Warum war er Gladiator geworden? A-R-M-U-T. Wann ist er gestorben? 5-2. Wodurch? L-O-W. Wir vermuten, dass er keine Umlaute kennt und identifizieren das LOW schnell als Löwe. Herr Geist hat auch seine kleinen Eigenheiten: den ‚Ja'-Zettel verschmäht er, stattdessen sucht er sich ein S und ein I. Er hat ja genug Zeit gehabt, italienisch zu lernen. Ob er ein guter Geist sei, will jemand wissen. N-O-N. Wieso nicht? M-O-R-D. Aha, Menschen umgebracht im Amphitheater, in Ausübung des Berufes gewissermaßen. Ob er einmal vor einem berühmten Römer gekämpft habe? V-E-C-I-U-S. Wer die Macht in Rom hatte zu seiner Zeit? S-E-N-A-T. Dann stelle ich eine saublöde Frage: wie meine Großmutter mütterlicherseits mit Vornamen geheißen habe. Ob er das wisse? Das Glas saust auf ‚Nein' und setzt dann die Buchstaben C-I-A-O zusammen. Wir verstehen erst nach einem Moment und eigentlich muss ich ihm Recht geben: Die Fragerei ist zu einfältig. Patrick schafft es aber, ihn noch bei der Stange zu halten. Was seine Eltern waren? T-U-C-H-M-A-C-H-E-R. Wo er gewohnt hat? S-C-H-U-L-E. Klar, dumme Frage. Wir haben doch in Pompejis Gladiatorenschule gestanden. Wie alt er gewesen sei bei seinem Tod? 1-8. Er hatte eine Schwester, haben wir erfahren. Was sie gewesen sei? T-A-N-Z-E-R-I-N. Dann irgendwann wieder C-I-A-O und das Glas bewegt sich nicht mehr.

Gibt es nun Geister oder nicht? Wir rätseln noch eine Weile an dieser bewegenden Biografie herum. Armer Römer macht das Beste aus seinem hoffnungslosen Leben, verdingt sich als Gladiator und haucht sein Leben als Achtzehnjähriger im Rachen einer Raubkatze aus. Hinterlässt bettelarme, tuchtretende Eltern, tingelnde Schwester und eine ruhelose arme Seele. Besagter Clavius war aber trotzdem stolz darauf, Römer zu sein. Meine Kritik an Rom hatte ihn geärgert und als Grund dafür nannte er E-H-R-E.

Frank, der Rationalist, war schweigsam geworden bei der Vorstellung, Ildiko stieß Überraschungsrufe aus, alle hielten den Atem an und jeder war sich völlig sicher, dass er und auch keiner der anderen einen Finger gerührt hatte. Was blieb also übrig, als das Mysterium als unerklärbar im Raum stehenzulassen.

Statt Amalfi

Das Programm kann uns gestohlen bleiben. Gestern Abend haben wir beschlossen, genug gesehen zu haben.

Die Reisegruppe teilt sich nun endgültig in die strandsüchtigen, besichtigungssatten Banausen und die bildungshungrigen Sehleute. Die Wolfhager Gruppe nimmt heute die Amalfitanische Küste aufs Korn und die blaue Grotte ‚Smeralda'. Die von Capri kann man sich als zu teuer dann schenken. Wir Daheimgebliebenen müssen ohne Grotte weiterleben. Wolfhagen, denke ich mir, ist eben Provinz. Man lebt dort das ganze Jahr über ohne Kultur. Wir hingegen in Kassel, wir haben einen eigenen Herkules, eine Antikensammlung, die Kaskaden und sogar Thermen. Also verzichten wir auf Amalfi und nehmen den Makel, ignorant zu sein, klaglos hin. Dafür entschädigt uns ein traumhafter Sonnentag.

Ein bisschen verwünsche ich, dass unser Haus ausgewählt wurde, die Brötchen in Empfang zu nehmen. So muss ich schon wieder vor sieben Uhr aufstehen, die Türen entriegeln und die Bäckersfrau mit einem freundlichen „bon giorno" begrüßen. Danach lohnt es sich nicht mehr, ins Bett zu gehen.

Am Himmel zeigen sich einige dünne Wolkenschwaden, aber die werden sich davonmachen im Laufe des Vormittags. Um 8.00 Uhr winke ich von der Dachterrasse fröhlich den Busreisenden nach. Zwei Stunden später begeben sich dann auch Ildiko und Patrick an den Frühstückstisch. Ich habe inzwischen schon einen kurzen Spaziergang zu Taddeus gemacht, dem einzigen Laden in der Nähe. Der Weg dorthin ist beschaulich. Mückenschwärme tanzen über dem Bewässerungskanal, Blüten grüßen in satten Farben, hin und wieder erschreckt mich eine Eidechse. Kein Mensch begegnet mir.

Am späten Vormittag gehen wir an den Strand. Den feinen Sand, die Sonne, die Wellen haben wir ganz für uns alleine. Ildiko hat ihre Malutensilien mitgenommen und ist erst am Nachmittag wieder ansprechbar. Zwei Aquarelle entstehen: Seestücke mit Bergen im Hintergrund und Grünzeug am Zaun. Unsere Landschaft. Auf einem Bild ragen sogar die Netzstangen des Volleyballfeldes über den Wellenberg. Trennscharf hebt sich darüber der Himmel ab. Darüber hinaus entstehen noch drei Porträts: ‚Nach Christian, nach Frauke, nach Inge'. Das ‚nach' steht bei Ildiko für ‚Nachempfinden'. Was sie als das Wesentliche ansieht, setzt sie ins Bild. Der Kohlestift hält nicht nur das Sichtbare fest.

Patrick, Florian und Alexandra sind stundenlang im Wasser. Sie bringen es im Wellenreiten auf ihren Strandgutbrettern zu beachtlicher Perfektion. Die anderen lesen, gehen wechselweise am Strand entlang oder ins Wasser. Der Tag vergeht viel zu schnell. Und der Abend tröpfelt so in die Nacht: Gespräche, Wein, die Müdigkeit eines Sommertages.

Wenn bei Capri ...

Um das gleich vorwegzunehmen, mit roter, im Meer versinkender Sonne, mit Fischern und Netzen war nix. Die Romantik ersoff in Regen, Kitsch und Kommerz.

Capri reckt wie eh und je seine beiden Felsen wie um Hilfe rufend aus dem Graublau des Meeres und hat es längst aufgegeben, sich gegen die täglich einfallenden Horden zu wehren. Fähren, Dampfer, Boote und Luftkissenschiffe schippern ununterbrochen Ladungen Neugieriger auf das Eiland. Wie eine Hure bietet es sich, mit billigem Flitter überladen, den gierigen Kameraaugen feil. Die Funicula, die Zahnradbahn, bringt unaufhörlich Menschen, die sich durch die engen Gässchen von Anacapri schieben, in jeden Winkel schnuppern und das Unterste nach oben kehren. Außer dem klingenden Namen ist nicht viel geblieben: Rummel, Postkartenmotive, unverschämte Preise, schnöde Extravaganz.

Wir mussten früh aufstehen an diesem Tag. Eine Stunde später setzte sich der Bus in Bewegung. Gerd Kaspar las eine Unzahl großer Namen vor, die auf Capri ihre Werke für die Ewigkeit schufen. Kaum zu glauben, wer dort alles seine Eingebung hatte. Wahrscheinlich saßen sie alle auf einem der Felsen, die Dantes, Coopers, Stendhals, blickten versonnen in die Tiefe, harrten der göttlichen Intuition und schrieben ihre Bücher von San Michele. Und die Maler konnten gar nicht genug Leinwände herbeischaffen, so sehr wurden sie von den Musen geküsst.

Gerd skizziert das Anstrengungen verheißende Tagesprogramm. Aber erstens kommt es anders und zweitens, als man denkt. Bis Sorrent geht alles noch leidlich. Die Wolken lassen noch Sonne durch, der Verkehrsstau hält sich in Grenzen. Doch dann begibt sich der Bus in die Falle. Keiner konnte ahnen, dass auf dem eigentlichen Busparkplatz des schönen Sorrent Markt stattfindet. Und so steht der lange Bus auf einmal in einem Gewirr von Gässchen, die links und rechts mit wild parkenden Autos vollgestellt sind, und kann weder vor noch zurück. Unser Fahrer versucht Ruhe zu bewahren, die fünfunddreißig Fahrgäste geben mindestens dreißig gute Ratschläge und nach einigem Hin und Her geht nichts mehr. Der Bus ist hoffnungslos eingekeilt. Aber wir wären nicht in Italien, wenn nicht doch noch Rettung aus unheiterem Himmel käme. Ein flinker Polizist auf Motoguzzi erfasst das Chaos als Chance seines langweilig werdenden Arbeitstages und übernimmt das Regiment. Er scheucht Autos davon, schafft Lücken und manövriert unseren Bus durch das Tohuwabohu Tüten tragender Marktgänger. Als der Bus endlich auf einem Parkplatz hält, hat sich der Himmel vollends verdunkelt. Die ersten Tropfen fallen.

Als wir uns dann auf der altersschwachen Fähre Capri nähern, lassen sich die Himmelsergüsse nur noch als Wolkenbruch beschreiben. Fantastische Blitze zacken durch die Dunkelheit. Wir fahren in ein schwarzes Loch, ohne entsprechend gewappnet zu sein. Zum Glück ist Capri vorbereitet: Regenschirme und durchsichtige Nylon-Regencapes liegen zum Verkauf bereit. Dreitausend Lire kostet solch ein hauchdünnes Überzieherchen. Doch dann hört es auf zu regnen. Die Händler haben ihr Geschäft gemacht und wir tragen Regenschirme und Capes mit uns herum für den Fall der Fälle. Doch nach dem Regen kommt die Schwüle. Der Augustusgarten blüht in vielfarbiger Prachtentfaltung, Blicke in die Tiefe bestätigen die sagenhafte Schönheit Capris. Auf dem steilen Pfad zur Villa Jovis, in die Kaiser Tiberius der Welt entfloh, nässt der Schweiß die Stirn und rinnt den Rücken hinab.

Dann gehen wir Pizza essen. Aber der total verhunzte Tag setzt noch eins drauf. Die Bedienung in hautengen Jeans ist so unglaublich doof, dass sie keine richtige Bestellung zustande bringt und der Pizzabäcker hat im wahrsten Sinne des Wortes seinen schwärzesten Tag. Die Ränder der Pizzas geben exakt unsere Stimmung wieder. Patrick und die beiden Kunstmänner warten sogar vergeblich auf ihre Prosciutto und Quattro Stagione, sollen sie aber bezahlen. Die Rechnung am Schluss stimmt hinten und vorne nicht.

Capri muss man wirklich nicht gesehen haben. Früher vielleicht, als es noch keine Reisebusse, Fährschiffe und Amerikaner gab, aber am Abend dieses Tages sind wir froh, als die Fähre den ungastlichen Hafen verlässt und wieder auf Sorrent zusteuert. Der Bus ist zum Glück noch vorhanden und unbeschädigt. Die Heimfahrt verbringe ich schlafend. Es habe, sagt man mir, schöne Staus gegeben.

Abschied vom Sommer.

Ein letztes Mal sitze ich auf der Terrasse und schreibe. Hinter mir summt eine Biene, die Blumen blühen, die Sonne scheint, die Uhr schlägt zehn. Der letzte Tag in Paestum zeigt noch einmal, was ein mediterraner Oktober vermag.

Ein Teil der Gruppe ist zur abschließenden Einkaufsfahrt aufgebrochen. Es gilt, Reiseproviant für die Heimfahrt zu besorgen, oder für die letzten Lire Souvenirs zu erstehen. Sechs Sonnenstunden bleiben uns noch. Am Abend gibts das Abschiedsessen und morgen in aller Herrgottsfrühe gehts los. Ich möchte noch einmal an den Strand, der Bräune wegen. Die ist mir im Sommer egal, aber jetzt, im Oktober, liegt sie mir am Herzen.

Die Koffer sind gepackt und im Bus verstaut, das Feriendomizil gesäubert und die Wehmutsgedanken ausgetauscht. Noch einmal hatte uns die Sonne verwöhnt und die Wellen hatten uns ins Wasser gelockt. Noch einmal war das Volleyballnetz gespannt und noch einmal hatte Ildiko die Stimmung im Bild festgehalten. Pünktlich gegen vier Uhr hatte sich der Himmel bedeckt und wir konnten uns leichten Herzens vom Strand losreißen.

Zum Abschiedsessen gibt es Pizza oder Neapolitanische Fischsuppe oder Schwertfisch. Anschließend muss noch das restliche Holz im Kamin auf der Terrasse verfeuert werden.

Um sieben Uhr dreißig soll es morgen früh losgehen. Tausend Kilometer Autobahn bis Sterzing-Vipiteno und am Freitag folgt dann der Sprung über den Alpenkamm und die Rückkehr in den kalten Norden. Ich freue mich auf zu Hause, auf Julia, die Hunde, unser Haus und zugleich bin ich traurig.

Alles in allem war es ein schöner Herbst in Campanien.

5. Paris im Frühling (1991)

Aus welchen Gründen auch immer habe ich es damals nicht geschafft, diesen Bericht zu Ende zu bringen. So ist es bei „Drei Tagen Paris" geblieben.

Es ist Jahre her, seit ich zum ersten Mal in Paris war. Wir, drei Freunde, wohnten in einem billigen Hotel in der Nähe des Boulevard St. Michel, flanierten an der Seine entlang, schlängelten uns durch den Louvre an der Mona Lisa vorbei und entdeckten den Place du tertre. Nach der einen Woche Paris war ich zum Bohemien gereift und beschloss, sobald wie möglich aus der spießbürgerlichen Enge meiner Heimatstadt Mainz zu fliehen. Schnell noch das Abitur und dann ab in die weite Welt.

Seitdem ist viel Zeit vergangen. Ich habe geheiratet, Kinder gezeugt und sogar einen Baum gepflanzt. Der Bohème und dem lockeren Lebenswandel sehe ich mit schmunzelnder Sympathie von ferne zu. Ich liebe mein Bett und wenn ich reise, sorge ich dafür, genügend Reiseschecks dabei zu haben. Ich bin schließlich keine achtzehn Jahre mehr jung: Billiger Rotwein und Baguettes allein befriedigen nicht mehr und die schütter werdenden Haare wollen ein angemessenes Dach über sich wissen.

Ildiko, meine Frau, wünschte sich seit Jahren eine Parisreise. Paris, das sind für sie die Museen, Kirchen, die Architektur vergangener Zeiten. Sie sieht alles rational, erklärt, wo ich empfinde, vergleicht und entdeckt wieder, was sie schon kennt. Wir ergänzen uns recht gut. Ich greife ins Nebulöse, finde manchmal eine Nadel im Heuhaufen und sie erklärt mir, wie selbige in denselben gelangt ist. Ich habe lange ihrem Wunsch nach musealer Weltstadtkultur widerstanden, mit Argumenten, die nüchterner Betrachtung nicht standhielten: großstädtisches Verkehrschaos, unangemessene Kosten, Bilder könne man auch in Büchern beschauen, Großstadtphobie. Ich habe im Laufe der Jahre einfach Angst bekommen vor dem Ungewohnten. Die Bodenhaftung ist stärker geworden.

Wir haben uns ein neues Wohnmobil gekauft, mit Nasszelle, Heizung und Warmwasser. Die Kinder wollten auch mit, Patrick mit seinen siebzehn Jahren sowieso und Julia, die vor einem Jahr schon mal in Paris war, konnte der Verlockung des Wiedersehens nicht widerstehen.

Gegen zehn Uhr am Sonntag, den 6. April fuhren wir los. Der Tag war grau und regnerisch. Bei Köln klarte es auf und in Aachen schien die Sonne. Belgien war flach und langweilig, die Kinder lasen oder schliefen, Ildiko studierte Kunstbücher und der Diesel röhrte gleichmäßig gen Frankreich. Jenseits der Grenze war alles genauso, nur Paris waren wir ein gutes Stück näher gekommen. Und plötzlich waren wir in der Peripherie, inmitten der Blechkarawanen heimkehrender Sonntagsausflügler. Wir kamen gut auf die Stadtautobahn und fanden sogar ohne große Schwierigkeiten die Ausfahrt zum Bois de Boulogne und den dort gelegenen Campingplatz. Die Sonne beschien frühlingshaft den Spätnachmittag, Spaziergänger und Radfahrer bevölkerten die Wege im Bois, junge Mütter schoben Kinderwagen vor sich her, Enten gründelten in Teichen, Narzissen und Tulpen blühten auf Ostern zu.

Mein Schulfranzösisch war brauchbar geblieben und verhalf uns zu einem schönen Platz. Der Campingplatz war halb leer und wir fühlten uns wie Gott in Frankreich. Der Abendspaziergang über die Pont de Suresnes war kurz, weil kein Bus mehr in die Stadt fuhr. Der abendliche Bettenbau und die Nachtruhe zeigten, dass unser Wohnmobil Grenzen hatte und bei vierköpfiger Belegung gewisse Engpässe aufwies. Aber die Heizung funktionierte und der Boiler erzeugte warmes Wasser.

Verglichen mit dem Rest der Familie bin ich Frühaufsteher. Meist wecke ich die Längerschläfer mehr oder weniger liebevoll auf, indem ich gegen irgendwelche Ecken und Kanten stoße, mit Geschirr klappere oder mir lauthals die Nase putze. Hier in der Enge des Wohnmobils kann ich unmöglich die vertrauten Rituale aufrechterhalten. Es ist zu eng und ohne mahnenden Weckruf komme ich weder an meine Klamotten, noch kann ich Kaffee machen. Bis nach der Morgentoilette gebe ich meinen Lieben noch eine Schonfrist. Ich begebe mich indessen auf die Suche nach frischen Baguettes. Der Himmel ist blau, doch es ist aprilhaft kühl. Schon bald habe ich eine Bäckerei gefunden, aus der der Duft warmen Weißbrots dringt. Als ich zurück bin, freue ich mich auf warmen Kaffee und knuspriges Brot. Ildiko, Patrick und Julia haben inzwischen den Sprung aus dem Bett geschafft.

Gegen 11.00 Uhr lassen wir unser Zuhause in der Sicherheit des Campingareals zurück und machen uns auf den kurzen Weg zur Bushaltestelle. Die Busse verkehren in zwanzigminütigen Abständen. Wir stellen jedoch im Laufe der nächsten Tage fest, dass diese Zeiten pure Schreibtischzeiten sind, ohne jegliche Berücksichtigung der Realität. Die Busse kommen, wann sie wollen und wann der Verkehr es zulässt. Wir warten an diesem Morgen fast eine halbe Stunde. Es sind nur wenige Minuten bis zur Porte Maillot, aber zu Fuß wäre es doch ein ordentlicher Marsch. In jedem Führer ist zu lesen, dass man in Paris vom Autofahren weitestgehend Abstand nehmen sollte. Die Metro ist das schnellste Verkehrsmittel und Busse und Schnellbahnen bringen den Touristen an jeden erwünschten Ort. Wir kaufen uns ein Drei-Tage-Besucherticket für alle Verkehrsmittel, das sich wirklich bewährt. Noch nie bin ich so viel und häufig Bus und Bahn gefahren. Unser Ticket öffnet bereitwillig alle Schranken und Sperren. Überall tun sich Schächte und Tunnel auf, Türen öffnen sich automatisch und schließen sich wieder. Doch es ist ein fragwürdiges Vergnügen. Die Luft in den Schächten ist abgestanden, die Menschen hetzten durch die Gänge, der Alltag verbreitet seinen Schweiß und hektischen Atem. Alles fließt wie ein nicht endenwollender Strom, wie Blut, das von einem kräftigen Herzen durch die Adern getrieben, pulsierend einem Organismus Leben gibt. Generationen, Nationalitäten, Rassen reihen sich ein in die Schlangen der Metrofahrer. Die Menschen eilen aneinander vorbei, streifen sich mit Blicken, verfangen sich an den Versprechungen der großformatigen Werbeplakate, steigen ein oder aus. Selten habe ich so viele lesende Menschen gesehen. Nicht nur Zeitungen und Magazine, nein, fast jeder dritte fährt ein Buch durch die Metro spazieren. Man liest im Stehen, im Sitzen, beim Warten auf den nächsten Zug, beim Umsteigen, überall und zu jeder Zeit. Man liest dicke und dünne Romane, technische Sachbücher und Gedichtbände. Kein Wunder, dass Frankreich über eine glänzende Literaturszene verfügt. Ich studiere die Plakate, die auf jeder der Stationen und auch entlang der U-Bahnschächte das Blaue vom Himmel versprechen, neueste Filme ankündigen und Sehnsüchte jeglicher Art wecken. Ich frische mein Französisch während dieser Fahrten auf und lerne dabei neue Wörter und Wendungen kennen.

Julia hat sich gut in den Guide der Pariser Verkehrsmittel eingelesen. Sie unterscheidet schnell Bus-, Metro- und RER-Linien. Sie war erst vor einem Jahr in Paris und kennt sich noch gut aus. Also macht sie die Pläne und wir folgen ihr. Für diesen ersten Tag hat sie den Flohmarkt bei der Porte de Clignancourt vorgesehen. Wir fahren ohne Schwierigkeiten von der Porte Maillot zum Chatelet, steigen dort in die Linie zur Porte de Clignancourt um und finden dort den Bus, der uns zum Marché aux pusses bringt.

Wir sind eine Familie, die schlichtweg alles sammelt, nichts wegwerfen kann und jedem Plunder noch einen gewissen Gebrauchswert abzugewinnen vermag. Genau das Publikum also, von dem Flohmarkthändler träumen. Wir sind im Paradies angelangt. Mobiliar aus den Gründerjahren, Prachtstücke französischen Jugendstils, Schränke und Vitrinen voller wertvoller Vasen, Figuren und Figurinen, Bilder mit den vielfältigsten Motiven in schmuckvollen, ausladenden Rahmen. Ganze Straßen in schäbigen Hallen, vollgestopft mit Exotika, Krimskrams, Büchern, Utensilien aus allen Jahrzehnten dieses Jahrhunderts. Nichts, was man nicht kaufen kann und vieles, das man nicht kannte, beim genaueren Hinsehen aber haben möchte. Nur der Geldbeutel bremst die geballte Kauflust. Wir streifen kreuz und quer und auch die Wünsche unserer beiden Kinder ufern ungebändigt nach allen Seiten hin aus. Sie möchten vieles haben und begutachten allerlei Kram, doch letzten Endes konkretisieren sich ihre Kaufgelüste in Hemden, Hosen, Westen und

Shirts. Secondhand ist in. Tochter und Sohn kleiden sich ein in abgelegten Klamotten. Neues kann schließlich jeder kaufen. Aber für abgetragene Sachen muss man einen Blick haben und den haben unsere Kinder. Eine schön zerrissene Jeans, ein T-Shirt mit ausgewaschenen Flecken und mit Löchern, eine Lederweste, die schon Großvater trug oder die giftgrüne Jacke einer Modemarke, stark verschmutzt, aber gut erhalten mit ein wenig zu kurzen Ärmeln. All das verursacht Entzückensschreie und lässt den knauserigen Vater immer häufiger das Portemonnaie zücken. Endlich, nach drei Stunden, sind unsere Kinder neu eingekleidet und sehen, als sie am Abend die Neuerwerbungen anprobieren, aus wie vom Leben gebeutelte jugendliche Clochards. Doch ich halte mich für tolerant und an den Spruch „Chacun à son gout", was soviel heißt wie jeder möge auf seine Art auf den Hund kommen. Ildiko allerdings hätte gerne eine erwachsene Tochter, die auch so aussieht: elegant, flott, gut anzusehen. Stattdessen ist ihr Kind ein Gammelbrocken, von Kopf bis Fuß cool und angetan mit den geilsten Fummeln von gestern und vorgestern. Aber nett ist sie, unsere Tochter, lieb und einfühlsam und besorgt und dankbar für jedes der herrlichen Stücke. Patrick ist auf eine andere Art nett. Er ist verspielter, kreativer, vielleicht verrückter.

Auch der beste und größte Flohmarkt macht auf die Dauer müde und so schaffen wir im Laufe des Nachmittags doch endlich einen würdigen Abgang. Die Metro wartet und nach dem Konsum folgt die Kultur. Schon fünf Stunden Paris und weder ein Museum noch eine der vielen Ausstellungen.

Im Grande Palais gibt es eine Toulouse-Lautrec-Ausstellung. Montags und donnerstags darf man auch ohne Vorbestellung. Und heute gibt es sogar verbilligte Eintrittspreise: 35 Francs statt 50. In einer Literaturzeitung habe ich gelesen, dass soeben die vervollständigte Korrespondenz Toulouse-Lautrecs erschienen ist. Viele der Briefe sind an die Mutter gerichtet, aber auch Briefe Berthe Sarrazins und des Vaters finden sich in der Sammlung. Viel ist darin die Rede vom immer wieder verlorenen Kampf mit dem Alkohol, der Lautrec schließlich umbringt und der vielleicht dennoch eine Hilfe war im Leben dieses kleinen, verkrüppelten Künstlers. 1901, wenige Tage vor dem Tod Henri Toulouse-

Lautrecs schreibt der Vater an einen Freund: „Seine Beine tragen ihn seit Monaten nicht mehr, aber die Arme erlauben ihm noch, mit Kühnheit zu malen. Gestern verlangte er noch Staffelei und Pinsel, aber die Hände versagten ihm den Dienst, er ist fast vollständig gelähmt." Nach dem Gang durch die Ausstellung finde ich im Buchshop einen Band mit Fotografien aus Toulouse-Lautrecs Lebenszeit. Die meisten zeigen ihn eher fröhlich, wohlgelaunt, im Kreise von Freunden und häufig vor einer Flasche Wein. Über den unendlich kurzen Beinen der schmächtige Oberkörper in Frack oder Paletot: ein gut gekleideter Mann von Welt und doch zugleich erbarmenswürdige Witzfigur. Das spitze, vorspringende Kinn verbirgt sich unter einem ausladenden Vollbart, der über schmale Koteletten in einen kurz geschnittenen Haarwuchs übergeht. Meist ist der Kopf bedeckt von einem Hut, einer Melone oder einer Art Borsalino. Eine viel zu lange Zigarre im Mund verstärkt den Eindruck zwergenhafter Winzigkeit. Ein Foto zeigt ihn beim Malen im Atelier. Auf einem Hocker kauert er vor dem Gemälde einer seiner typischen Ballszenen. Die Füße berühren nicht einmal den Boden, der Oberkörper ist angespannt nach vorne gerichtet, der Pinsel in der Rechten gleitet über das Bild, die linke Hand hält die Farbentafel. Auf dem Kopf wieder der obligatorische Hut. Darunter ist die randlose Brille zu ahnen. Das ganze Atelier ist Bohème: Durcheinander von Bildern, unordentlich über Stühle geworfenen Klamotten, unverkleidete oder mit Sackleinen verhängte Wände. Der Künstler in seiner Welt, wie ihn die Nachwelt kennt: Meister der Bohème, versoffener Zwerg, der den Huren, dem Zirkus und dem losen Leben des verrufenen Paris huldigte. Nichts von dem Leiden, dem Alleinsein, der Verzweiflung und dem Sich-Hineinstürzen in den Trubel des Vergessens. Ein Künstler zwischen Tragik und Lächerlichkeit. Kein Wunder, dass Romane über ihn geschrieben wurden und Filme sein Dasein nachstellten. Ich zitiere noch einmal aus der Rezension in der Literaturzeitschrift: „Denken die Kunstjünger, die jetzt täglich vor dem Grand Palais in Paris Schlange stehen, an Toulouse-Lautrecs Martyrium und das seiner Eltern? Sicher nicht. Ihnen werden vor dem Eingang unter einem extra aufgebauten Zelt Anstecknadeln, Affichen, Schallplatten usw. angeboten. Der ‚Bordell'-Maler (der die Natur über alles liebte) eignet sich für den Kommerz noch besser als van Gogh damals in Amsterdam. Der Künstler pflegte den Alkohol, den man ihm vorenthalten wollte, im abschraubbaren Griff seines Spazierstocks mit sich zu tragen. So ein Objekt kann, wer bereit ist, 1200 Franc zu blechen, sein eigen nennen." Es ist wahr, der Rummel um diese Ausstellung ist deprimierend und die Eintrittspreise verscheuchen manch einen wirklich kunstinteressierten Jugendlichen, der mit wenig Geld in der Tasche Paris erkunden möchte. Ildiko spricht mit zwei solchen jungen Leuten: sie sind traurig und üben Verzicht. 100 Franc für beide, 30 Mark, nein, das ist zu viel. In der Ausstellung selbst vergisst man das Medienspektakel, das unser größenwahnsinniges und publicity-gieriges Jahrhundert aus allem macht. Die Bilder in den abgedunkelten Räumen sprechen für sich, faszinieren in ihrer zeichnerischen Leichtigkeit und Ironie und lassen die Welt und Halbwelt des Fin de Siècle wieder erstehen.

Nach mehr als einer Stunde sind wir durch. In einem Bistro bei einem Kaffee überlegen wir, was nun zu tun sei. Julia möchte uns Les Halles zeigen und das Centre Pompidou. Also tauchen wir wieder in die Metroschächte ein und befinden uns bald in der unterirdischen Stadt unter dem Platz, der einst den Bauch von Paris bedeutete. Boutiquen, Rolltreppen, die in Einkaufsparadiese führen, in Konsumsuperlative. Vierzig Läden bieten eine weite Warenwelt. Nur ist diese Warenwelt europäisch steril geworden. Überall, wo man sich in die Konsumwelten stürzt, erwarten einen die gleichen Überraschungen, die keine mehr sind, die Bennetons und Sasch, die Nafnafs und wie sie alle sonst noch heißen, all die Marken, die Käuferherzen höher schlagen lassen und Geldbörsen das Zittern beibringen. Ob Paris oder London, ob Athen, Oberammergau, ob im Alpenvorland oder in der Lüneburger Heide, la meme chose autour du monde. Wir rollen treppauf ans Tageslicht. Schön, dass die Sommerzeit schon begonnen hat. Der Tag endet erst um 21.00 Uhr. Da, wo die Hallen von Paris sich erhoben, die schmutzigen, unhygienischen, unordentlichen, verwirrend lebendigen Hallen, greifen heute begrünte Steinquader aus dem Boden, eine Parklandschaft mit Steinhügeln, Wegen, modernen Plastiken, Kiosken, Kinderspielgeräten, windgeschützten Senken, in denen Jugendliche zusammencliquen, Mütter ihre Kinder in der Sonne schaukeln, Zeitungsleser den neuesten Ereignissen auf der Spur sind. Eine Stadtlandschaft ist hier entstanden, die beeindruckt, ohne echte Begeisterung hervorzurufen. Wie viele solche neu entstandenen Plätze in Großstädten ist auch dieser Domizil von Herumstreunern und betrunkenen Nichtstuern geworden. Ildiko möchte ein Foto machen von einem Gebäude, das in bester postmoderner Architektur ins Bild ragt. In der Zielrichtung des Objektivs befindet sich aber auch eine Gruppe mehr oder weniger alkoholisierter Streuner. Einer von ihnen meint das Motiv meiner fotografierenden Frau zu sein. Wenn er wüsste, wie wenig sie von Pennern hält, hätte er wahrlich Grund zu toben. So aber ist er eher ein Störenfried vor der Postmoderne. Und als solcher nähert er sich drohend der Fotografin und schickt sich fast an, ihr die Kamera zu entreißen. Wir können Ildiko nur mit Mühe an einer sinnlosen Diskussion hindern. Die Aggressivität, die der Mensch ausstrahlt, ist zu bedrohlich.

Das Centre Pompidou wird heute die letzte Station sein. Es sieht aus wie in blaugraues stählernes Schiff bei Wellengang in einem steinernen Meer. Kein Schiff Esperanza, eher eines der Tristesse. Ein abgetakelter Seelenverkäufer, stahlfingrig, skelettig abgemagert, durchsichtig und angefressen von sich avantgardistisch gerierender Architektur. Ameisengleich kriechen Menschen durch Röhren an gläsernen Wänden vorbei, hängen wie Trauben über die Reling, hilfeschreienden Boatpeople gleich. Ein Flüchtlingsdampfer, ein abgenagtes Wrack im Sturm. Im Inneren öffnen sich schmutziggrau Säle, bedeckt mit abgetrampelten Teppichböden, über die Tausende von Fußsohlen schlurfen. Wartesaalatmosphäre. Ausstellungen machen sich breit, Gänge über Stahlgerüste, kahle blaue Nüchternheit. Man fühlt sich nicht wohl, fühlt sich verloren, klein, ausgeliefert. Der Wind pfeift durch die Ritzen. Einzig die Aussicht ist atemberaubend. Paris zu Füßen des untergehenden Dampfers. Die Ausstellung der modernen Kunst ist reduziert auf ein knappes Drittel. In den übrigen Räumen finden Renovierungsarbeiten statt. Also schenken wir uns diese verbliebenen Drittel.

Auf dem Campingplatz erwartet uns unser Flamingo, unberührt, wo wir ihn am Morgen verließen. Und es funktioniert wieder alles in der engen Behausung: Heizung, Warmwasser, Küche. Nur wenn man sich zur Nachtruhe begeben will, wird es eng. Umbauen und akrobatisches Heraufkrabbeln in die zweite Schlafebene.

Dienstags sind alle Museen in Paris geschlossen. Also bleiben uns nur die Baudenkmäler und davon gibts ja genug. Ildiko und Julia haben geplant und um 11.00 Uhr sind wir wieder unter der Erde und rollen mit der Metro zur Cité. Menschen in der Metro: multinationales Tohuwabohu. Schwarz, weiß, gelb, Arm und Reich, verkommen und elegant. Viel Musik auf den Fahrten unter der Erde. Hier ein Musikant, dessen Geige Klassik zersägt, dort ein bärtiger Barde. In einem Waggon hämmert ein pickeliger Mittvierziger auf einen Plastikbongo, singt dazu lustlos und sammelt anschließend in einem Hut ein paar Centimestücke ein. Einmal steigt eine Vierzehnjährige ein, dunkelhäutig, mit einem Kleinkind im Arm. Sie greift Halt suchend nach der Lederschlaufe und beginnt, Töne von sich zu geben. Gesang? Die Töne beleidigen das Ohr, man blickt verlegen zu Boden, bemüht, dieses Bild einer Selbstdemütigung nicht zur Kenntnis zu nehmen. Wie viel Elend und Abgestumpftheit muss sich in diesem jungen Leben schon angesammelt haben! Selten kam mir die Fahrt von einer Station zur nächsten so lang vor. Das Mädchen steigt aus und nimmt keinen einzigen Centime mit. Die Bänke auf den Stationen sind Schlafplätze. Tagsüber sind sie wenig belegt, gegen Abend aber füllen sie sich. Hier unter der Erde ist es warm, schummrig und stickig. Die Obdachlosen brauchen nicht einmal eine Zeitung, um sich zuzudecken. Für die Pariser sind diese Abfallprodukte der Großstadt das gewohnte Bild.

Vor dem Palace de Justice stehen Schulklassen und Touristengruppen Schlange. Ildiko besteht auf La Grande Chapelle, dem Prachtstück gotischer Architektur. Vor dem Betreten des Innenhofes werden wir einer Leibesvisitation unterzogen, penibel wie beim Antritt zu einem Transatlantikflug. Jeder muss durch die Schleuse, die nach Metallteilen sucht und die Inhalte der Taschen und Rucksäcke transparent auf dem Monitor erscheinen lässt. Überall stehen Polizisten. An der Kasse schreckt uns der Eintrittspreis zur Grande Chapelle: 31 Francs, ein Preis, an den wir uns im Laufe der nächsten Tage gewöhnen. Alles kostet 31 Francs. Patrick allerdings ist als noch Jugendlicher unter 18 frei, Julia zahlt den reduzierten Preis: sie ist étudiant. Ildiko überzeugt uns davon, dass wir uns die Kapelle leisten können. Wenn man in Paris sei, müsse man diese Kapelle gesehen haben. Und tatsächlich ist sie ein Wunderwerk menschlicher Schaffenskraft und menschlichen Erfindergeistes. Die himmelhohen Glasfenster strahlen in allen Farben des Spektrums und werfen Regenbögen auf den steinernen Boden. Säulen und Säulchen, Figuren und Figurinchen, Zacken und Kronen, in Stein gemeißeltes und geformtes Ebenmaß. Trotz der unglaublichen Höhe des Innenraumes wirkt alles leicht und wie getragen von dem luftigen Geist eines Glaubens, der zu Ehren Gottes dieses architektonische Wunderwerk schuf.

Die Sonne scheint und der Wind, der vorher noch kühl war, ist zu einem frühlingshaften Lüftchen geworden. Wir begutachten Notre Dame von vorne, von der Seite, von innen und schließlich von hinten. Dann überqueren wir die Seine über die Pont neuf, die die älteste Brücke von Paris ist und sind im Quartier latin. Viele der Bouquinisten haben ihre Stände noch nicht geöffnet. Doch dafür entdecken wir ein wahres Schlemmerparadies. Dutzende kleiner Restaurants mit Auslagen, die das Wasser im Munde zusammenlaufen lassen, locken mit preisgünstigen Menüs. Wir landen schließlich dann in einem der Restaurants. Gyros, Salat, Moussaka und Wein. Nach dem Essen überkommt uns noch einmal der Konsumrausch. NafNaf, lasse ich mir von meinen Kindern erklären, ist eine der Marken, die absolut in sind. NafNaf trennt sich von seiner Winterkollektion und wirft seine Ware mit fünfzig Prozent Nachlass unters Volk. Wir sind in unserem Element. Für Julia eine Hose, für Patrick ein Pullover. Wir haben glückliche Kinder und sind ach so liebe Eltern. Weiter mit dem Bus zum Chatellet und Umsteigen Richtung Sacre coeur. Dort, treppauf immer den Touristenströmen nach zum Place du tertre. Der sieht noch genauso aus wie vor Jahren und wird hoffentlich auch noch in ferner Zukunft seinen Charme behalten. Zwei Straßenmusikanten sorgen mit Akkordeon und Gitarre für Stimmung. Wir schlendern Richtung Pigalle und finden Montmartre langweilig. Am Frühabend ist es hier noch leer. Das sündige Paris wartet auf die Nacht. Moulin Rouge ist eine Baustelle. Die Champs-élysées nehmen wir an diesem Abend auch noch mit, obwohl Ildiko kaum noch laufen kann, weil ihr Knöchel schmerzt. Die Auslagen der Prachtboutiquen sind eine teure Welt für sich. Es reicht.

An der Porte Maillot fährt uns der letzte Bus in den Bois de Boulogne vor der Nase weg. Also steigen wir wieder in die Metro und fahren zur Porte Neuilly. Dort soll es eine andere Buslinie geben, die sich gewissermaßen von hinten herum nach Suresnes heranschleicht. Nach einigem Suchen finden wir die Haltestelle. Der Busfahrer nickt auf meine Fragen hin und wir fahren an der Seine entlang. Alles sieht so bekannt aus und an irgendeiner Brücke, die ich für die Pont de Suresnes halte, gebe ich das Signal zum Ausstieg. Brav folgt die Familie dem väterlichen Wink und auf einmal stehen wir mitten in einer unbekannten Stadtlandschaft. Nach einigem Suchen und einem halbstündigen Hindernislauf entlang einer verkehrsreichen Autobahn haben wir endlich unser Wohnmobil gefunden. Wir sind glücklich, wieder ein Dach über dem Kopf zu haben. Die Duschen der Campingplatztoilette sind warm und lassen uns die Müdigkeit vergessen.

Am nächsten Morgen stelle ich fest, dass die Tauben über Nacht unser schönes Auto vollgeschissen haben. Das makellose Weiß ist von schmutziggrünen Fladen verunziert. Nach dem Frühstück wechseln wir zu einem weniger beschatteten Platz. Danach beginnt die Mühsal des dritten Tages.

Schon zweimal sind wir abends zur Porte Maillot zurückgefahren, Richtung La Défense und Grande Arche. Plakate in den Metrostationen informieren: „Maintenant la metro pousse jusqu'a La Défense". Die Metro stößt vor bis zu La Défense. Was verbirgt sich dahinter und was ist der ‚Grande Arche'? Der Ticketverkäufer am Schalter erklärt uns, dass La Grande Arche sehr interessant sei und dass unsere Tickets dafür Gültigkeit besäßen. Wofür? Ich will es genau wissen. Es sind ja nur drei Stationen, und wenn's nichts ist, hat es eine halbe Stunde Zeit gekostet und an Zeit fehlt es uns ja eigentlich nicht. Der Bahnhof in La Défense ist riesig. Eine Stadt unter der Erde, Einkaufsstraßen, Durchgänge zu anderen Bahnhöfen, Rolltreppen nach unten und oben. Wir verlaufen uns in diesem Durcheinander von Zeichen und Wegweisern, finden aber schließlich den Ausgang. Bei Tageslicht überrascht uns ein atemberaubender Anblick. Der Grand Arche ist ein Bauwerk von kyklopenhaften Ausmaßen, ein Riesentor mit spiegelnden, lichtreflektierenden Wänden, zwei Wolkenkratzer, mit einem dritten obenauf, quergesetzt. Abertausende Fenster, versetzte Diagonalen, Lichtbrechungen. In dem gewaltigen Durchblick, wie freischwebend gläserne Aufzüge, die in luftige Höhen entschwinden. Eine Pyramide des 20. Jahrhunderts. Vor dem Bauwerk glänzt eine marmorne Freitreppe von ebenso riesigen Ausmaßen im Sonnenschein. Wir schreiten hinauf und haben vom Plateau aus einen Ausblick auf das modernste Paris. Eine Stadt mit ihren Hochhäusern, Türmen, Glasfassaden liegt unter uns. Ein Paris des zwanzigsten Jahrhunderts weit vor den Toren der Stadt. Der Grande Arche liegt genau in der Achse der Champs-élysées und des Arc de Triomphe und so zieht sich eine gerade Linie vom Alten zum Neuen. Ein Stück Gigantomanie ist das alles schon und ungeheure Materialverschwendung und auch Selbstbeweihräucherung der ‚Grande Nation'. Doch solch eine Überheblichkeit hat auch immer etwas Faszinierendes, so wie der Eiffelturm, die Pyramiden, der Turmbau zu Babel. Erfindergeist, Schaffenskraft, Hybris, Wunsch, dem Jahrhundert einen Stempel von Einmaligkeit aufzudrücken, dem Überzeitlichen, Gottgleichen näherzukommen, all das drückt sich in solchen Bauwerken aus. Das 20. Jahrhundert hat sich dem Glas und Beton verschrieben und schreibt unter dem Signet einer Postmoderne seine skurril-verspielten oder strenggequaderten Formen in den Himmel. Die Menschen waren schon immer winzig ob solcher Größe und ihnen blieben immer schon die Münder vor Staunen offen. Ameisengleich starrten sie nach oben und hatten die Wahl zwischen Angstzuständen und herzklopfender Begeisterung.

Wir sausen mit dem Fahrstuhl in die Höhe. Weite Säle öffnen sich, windgeschützte Innenhöfe und wieder Treppen und Balustraden und Ausblicke auf Paris, die das verschachtelte Mosaik der Häuser, Straßen, Türme, Kirchen klein und zugleich großartig erscheinen lassen. Was für

Ausmaße hat diese Stadt und wie einmalig verbinden sich in ihr Historie und Gegenwart. Die Seine mit ihren Brücken scheint beides zu vereinen. Es ist windig in dieser Höhe, doch wir genießen die Aussicht.

Zwischen die altehrwürdigen Flügel des Louvre hat die Moderne eine Pyramide aus Glas gesetzt. Auch hier findet sich der Zusammenklang von Tradition und Moderne wieder, das neue Paris. Rolltreppen gleiten herab ins Innere. Wie in einem großen Verteilerbahnhof geht es zu den Bahnsteigen der einzelnen Kunstepochen, zum linken, rechten, mittleren Flügel des Kunsttempels. Und wie auf einem Bahnhof fühlt man sich auch. Als Kulturtourist, auf der Durchreise. Man kauft sich ein Ticket, reiht sich ein in die Schlangen und besichtigt die Mona Lisa oder Tizian, Rubens oder die ägyptische Kultur. Jeder Parisreisende hat den Louvre-besuch im Terminkalender. Julia weigert sich und ich bin ihr dankbar dafür. Patrick übt auch Verzicht mit der Begründung, er komme in jedem Falle in seinem Leben noch einmal wieder und man müsse sich ja für später noch etwas aufbewahren. Ildiko bleibt nichts übrig als nach-zugeben. Aber dafür müssen wir zum Quai d'Orsay, zur Moderne des 19. Jahrhunderts und vor allem zu den Impressionisten.

...und leider enden hier meine Tagebucherinnerungen ...

6. Griechisches Tagebuch (1992)

20. Juni

Wieder einmal Griechenland, trotz des restjugoslawischen Vandalis-mus und Barbarentums. Die Durchfahrt durch Serbien und Mazedonien ist versperrt. Ich fürchte die Gesetzlosigkeit links und rechts des Puts, der großen Autoroute. Das Risiko, Kriegsland zu durchqueren, ist mir zu groß. Wir nehmen die Fähre von Ancona nach Patras.

Julia fährt dieses Jahr nicht mit. Sie muss Geld verdienen nach bestandenem Abitur.

Wir - Patrick bleibt uns noch treu - starten am Freitag, den 19. Juni. Obwohl wir das Wohnmobil schon am Vortag vollgepackt haben, kommen wir erst gegen Mittag weg. 1300 Kilometer sind es bis Ancona. In Sterzing, auf der Brenner-Südseite wollte ich eigentlich übernachten, aber etwas mehr als die Hälfte der Anreise scheint mir doch zu wenig. Also weiter. Irgendwo auf der Strecke in Richtung Modena, an einer Raststätte übernachten wir. Der Regen trommelt auf das Dach unseres neuen Peugeot-Flamingo.

Am Morgen ist der Himmel heller und je weiter wir nach Süden kommen, desto sommerlicher wird es. Staus bei Bologna. Alles fährt Richtung Adria. Wenn wir nicht rechtzeitig am Hafen sind, fährt das Schiff ohne uns. Zum Glück rollt der Verkehr wieder und hinter Rimini wird es leerer. Um 13.00 Uhr kommen wir in Ancona an und haben noch Zeit, in einem Supermarkt unsere Vorräte aufzufüllen. Dann geht es in das Durcheinander von Lkws, Wohnmobilen und Pkws am Hafen. Beim zweiten Anlauf finden wir die Verladestelle der Erotokritos. Das Schiff verkauft sich als Campingfähre: Camping on Bord. Um 15.00 Uhr soll das Einschiffen beginnen. Doch erst ab 16.00 Uhr geht es schrittweise voran. Ich schwitze und bin nervös. Ohne Grund natürlich: Wir haben ja unser Ticket. Eine halbe Stunde später stehen wir vor dem geöffneten Schlund der Fähre und werden von einem Einweiser darauf hingewiesen, dass wir das Check-in versäumt haben. Uns fehlt das offizielle Placet, griechischen Schiffsboden zu betreten. Keiner hat uns etwas davon gesagt. Woher soll man das denn wissen? Dumm ist nur, dass alle anderen offensichtlich solch eine Erlaubnis besitzen und nur ein mitleidiges Lächeln für uns haben. Also aus der Reihe und mit dem Wagen durch den halben Hafen zum Schalter der Minoan Lines und zur Hafenpolizei. Nach dreißig Minuten ist es geschafft. Ich habe den Stempel auf dem Ticket. In aller Eile rattere ich den Peugeot die Auffahrt zum Zwischendeck hinauf, lasse mir einen Platz anweisen und atme tief durch: geschafft! Ich bin schweißgebadet, aber als das Schiff pünktlich ablegt, gehts mir entschieden besser. Der Urlaub kann beginnen.

In der Nacht ist es heiß und stickig unter Deck im Wohnmobil. Trotzdem schlafen wir gut. Das Wetter ist kein Thema mehr: Wir sind ja auf einer griechischen Fähre. Um 18.00 Uhr werden wir in Patras ankommen. Ildiko zeichnet, ich schreibe, Patrick liest. Die Wellen klatschen gegen den Schiffsrumpf und der stumpfe Bug des Fährschiffs schiebt sich unaufhaltsam gen Hellas.

Noch unentschieden, wie es von Patras aus weitergehen soll. Auf den Peloponnes oder gleich zu Camping Hellas auf den Pilion?

Es ist schön, wieder auf griechischem Boden zu sein. Das Stimmengewirr, der Lärm und das hektische Durcheinander sind uns vertraut. Die Menschen flanieren nach der Siesta über die Straßen.

Ich fahre einfach drauflos. Nach Süden. Irgendwo wird sich eine Übernachtungsmöglichkeit finden. Wir sind neugierig auf ein neues Stück Griechenland. Am Ortsende von Patras halten wir an einem Markt. Von Waren überquellende Stände und lauthalse Marktschreier. Wir schieben uns durch die überfüllten Zeltstraßen und finden tausenderlei Dinge. Wir fühlen uns wieder angekommen. Gyros mit Pitta schmeckt hier herrlich.

Am Hafen hatte uns jemand die Visitenkarte eines Campingplatzes zugesteckt. Es dämmert, als wir den Platz, zwanzig Kilometer südlich von Patras erreichen. Es gibt kaum Gäste. Wir haben die freie Wahl des Stellplatzes. Irgendwo vor uns ist das Meer. Die Besichtigung verschieben wir auf morgen. Jetzt haben wir vor allem Durst. Unter dem unendlichen Sternenhimmel bei einem Glas Wein stören nicht einmal die Mücken unser Glück.

Dienstag, 22. Juni

Vor dem Frühstück war ich schon schwimmen. Als ich zurückkomme, ist Ildiko wach. Patrick lassen wir noch eine Weile schlafen. Wir gewöhnen uns an die griechische Lebensweise: Alles geht langsamer, die Bewegungen, die Kauvorgänge. Ziga, ziga, langsam, langsam. Ein Zitronenfalter besucht uns, Grillen zirpen, ein leichter Wind säuselt. Gegen Mittag finden wir einen traumhaften Strand. Dünen jenseits eines brückenüberspannten Baches, sanft heranrollende Wellen, weißer, heißer Sand. Ein Ferienklub hat sich hier eingenistet, doch noch ist es fast leer. Die vielen Surfbretter versprechen ein Wind-Eldorado. Ich überlege einen Moment, aufzuriggen, doch es ist zu heiß und der

Wind reicht nicht aus. Das Baden im Meer ist schön. Das Wasser ist weich und klar.

Die Landschaft, die wir anschließend durchfahren, ist bezaubernd: Bäume mit weit ausladenden Kronen, weite Aussichten und in der Ferne eine schilfumrandete Seefläche. Aale gebe es hier in Mengen, sagt uns ein Grieche, den wir nach dem Weg fragen. So wie hier stelle ich mir die afrikanische Savanne vor.

Gestern waren wir in Olympia. Begeisterung über die Steinquader, Säulenreste, Tempelfragmente? Ich weiß nicht. Sicher, die Fantasie kann sich vieles zusammenreimen und die Reste der humanistischen Bildung malen schon ein brauchbares Gemälde, aber das ist auch alles. Auch im Museum viel Fragmentarisches. Die gewaltigen Friese weisen Lücken auf. Der Zahn der Zeit hat seine Spuren hinterlassen. Man kann sich die Kämpfe der Götter mit den Giganten und die Arbeiten des Herkules dazu denken.

Wir finden einen kleinen, gepflegten Campingplatz in der Küstenebene. Am Abend spielt Holland gegen Deutschland um die Europameisterschaft: Ein spannendes Spiel mit Elfmeterschießen am Schluss.

Eigentlich wollten wir heute nach Vassä. Vor etwa zwanzig Jahren haben Ildiko und ich uns zu diesem Tempel in 1200 Meter Höhe hochgequält und erinnern uns noch an die wolkenverhangene Einsamkeit und Größe der Anlage. Ich möchte die Erinnerung bewahren, Ildiko möchte noch einmal hin. Mir kommt der Zufall zu Hilfe: Ein Franzose berichtet, dass die Straße sehr schlecht sei. Für vierzig Kilometer habe er vier Stunden gebraucht. Wir streichen Vassä und fahren Richtung Pilos. Immerhin werden wir für Vassä entschädigt: Der Palast Nestors liegt an unserem Weg. Auch dort sind nur die Grundmauern geblieben, doch die sind, nicht zuletzt dank eines deutschsprachigen Führers, der sich mangels anderer Besucher unserer annimmt, beeindruckend. Die Anlage, Zentrum einer noch nicht ausgegrabenen Stadt aus dem 12. Jahrhundert, liegt unter einem Wellblechdach. Viel ist auch hier nicht zu sehen, aber, die Fantasie ergänzt, und der Deutschgrieche erzählt so mancherlei. Nestor, der König und Philosoph, Lehrer des Achilles, war Kapitalist, ließ alle um sich herum arbeiten und die Speicher waren voll von Öl und Wein.

Außerhalb des Geländes, hügelan, erhebt sich ein völlig erhaltenes Kuppelgrab, durchaus ebenbürtig dem in Mykene. Kühl ist es darin. Schwalbenpaare haben ihre Lehmnester an die Wölbung geklebt, fliegen aus und ein.

Weiter nach Süden. Bei Kalamata habe ich kaum noch Lust zum Weiterfahren, möchte irgendwo ankommen. Doch dann führt der Weg in die Mani durch eine wilde Gebirgslandschaft: kurvig, eng, steil, mit Ausblicken weit aufs Meer und über die Inseln im Blau. In Stoupa, den Ort hat uns jemand empfohlen, seien ein Campingplatz und ein schöner Strand. Die Fahrt durch Kurven und Kehren zieht sich. Am späten Nachmittag erreichen wir endlich das Ziel. Der Campingplatz ist eher enttäuschend. Aber für heute reicht es.

Freitag, 26. Juni

Stoupa ist ein schönes, kleines Dorf, im Halbrund um eine Badebucht gelegen, in der einige Felsen emporragen. Das Wasser ist klar und der Sand silbrigweiß. Am frühen Morgen bin ich noch allein am Strand, die Kafenions sind leer und das geschäftige Leben eines griechischen Dorfes fehlt noch.

Wir wollen weiter und machen uns schon bald auf den Weg Richtung Areopolis. Wir absolvieren eine Art Pflichtprogramm: Die Höhlen von Firgos Dirou, Jerolimin, die Mani. Richtige Freude kommt nicht auf. Patrick und Ildiko lesen und ich sitze am Steuer. Herrgott oder Zeus straft uns mit griechischem Straßenbau. Zunächst wird die Straße nur schlecht, die Asphaltdecke hört auf und Wackersteine säumen den Weg. Dann tauchen Baumaschinen auf, Planierraupen und hin und wieder ein Bauarbeiter mit einer Schaufel in der Hand. Für zwei Kilometer wieder bessere Straße, eine Dorfdurchfahrt, Männer im Kafenion, die uns interessiert nachblicken und plötzlich stehen wir in einem Stau. Was soll das? Ein Stau in griechischer Abgeschiedenheit, wo täglich nicht einmal fünfzig Autos vorbeifahren! Wir stehen als letzte in einer Reihe von etwa zehn Autos. Vorwärts geht nichts mehr, zurück bei der engen

Straße nur schwer. Ich steige aus und mache mich kundig: Man hat ein Stück Berg weggesprengt und wird nun bald anfangen aufzuräumen. Wie lange das dauern wird? Unterschiedliche Gerüchte: Eine Stunde, drei, fünf Stunden. In jedem Fall wirds länger dauern, bis die Straße wieder passierbar ist. Schattenlose Hitze. Die ersten Griechen drehen um. Wir tun es auch. Der Umweg über Kalamata und Sparta ist lang und gebirgig. Nach Monemvassia? Jemand hatte mir am Morgen diesen Tipp gegeben: Monemvassia sei sehenswert, einmalig. Die Straße dorthin ist aber auf der Landkarte gelb, was selten Gutes verheißt. Wir müssten auch die gleichen hundert Kilometer wieder zurück über die Berge und durch die vielen Kurven.

Die Fahrt über den Taigetos ist anstrengend. Der Peugeot arbeitet schwer. Es ist heiß, mein Hemd klebt am Rücken. Eine lange Talfahrt nach Sparta von der Passhöhe herab durch wilde Landschaft. Kaum ein Mensch ist zu sehen. Nur wenige Fahrzeuge.

Wanderer, kommst du nach Sparta ....! Ildiko und ich waren hier schon vor vielen Jahren. Eine langweilige, flache Stadt, von der nur der Name viel verspricht. Doch auch der bezeugt nur eine Stadt voller kampfwütiger Männer. Nur fünf Kilometer von Sparta entfernt liegt Mistra, die Stadt der Klöster. Wir haben es schon gesehen, und ob Mistra Patricks schlechte Laune vertreibt, bezweifeln wir. Also weiter über Tripolis Richtung Korinth. An einer Kreuzung überlegen wir, ob wir über Nauplion am Meer entlangfahren? Nein, Autobahn bis Korinth. Eine Stunde später sind wir kurz vor Athen und entdecken den Hinweis auf den Campingplatz von Daphni. Alles klar, wir bleiben die Nacht über in Daphni.

Am Abend machen wir einen Stadtbummel durch Athen. Das Transportproblem löst sich erfreulich einfach: Mindestens sechs Buslinien fahren vom Campingplatz ins Zentrum. Wir schlendern durch die Plaka zur Akropolis empor. Gleißendhell steht der Marmor gegen den Abendhimmel. Nur wenige Touristen trampeln über die Pflasterwege des Lykabettos. Zierlich erhebt sich der Niketempel am Eingang zur Burg. Natürlich ist die Akropolis um acht Uhr abends verschlossen. Zu unseren Füßen dämmert verloren und menschenleer das Trümmerfeld der alten Agora. Die meisten Geschäfte sind am Mittwochabend geschlossen. Wir finden ein nettes Lokal, essen gemütlich und gut. Nach der Hitze des Tages fließt ein Bier wie Öl durch die Kehle. Die Gassen der Plaka haben sich inzwischen gefüllt. Fast in jedem zweiten Haus bieten Kellner auf gefüllten Tabletts die leckersten Speisen an.

Gegen zehn Uhr sind wir vom Schauen und Bummeln müde. Irgendwie finden wir den Weg durch dunkle, schmutzige Gassen zur Busstation. Griechenland weckt wohl in uns eine Art Gottvertrauen. Allein die Vorstellung, in Marseille, Paris oder Rom nächtens allein durch derlei finstere Gassen zu irren, macht mir Angst. Hier in Athen jedoch kann ich mir kaum vorstellen, dass uns ein Bösewicht auflauern könnte. Ein liebenswürdiger alter Grieche weist uns den Weg aus dem Gewirr.

Neben dem Campingplatz gibt es ein Restaurant und da wir noch durstig sind, setzen wir uns und werden Zeugen einer Vorführung von Schülern einer Tanzschule: Tango, Paso doble, Rumba, die Rhythmen wechseln, die Tänzer und auch die Garderoben. Es ist schön zuzusehen.

Am nächsten Morgen weckt Ildiko recht früh. Sie möchte, dass wir jetzt ohne weitere Pause nach Volos durchfahren. Die dreihundert Kilometer schaffen wir in knapp vier Stunden.

Camping Hellas ist wie immer und doch anders in diesem Jahr: Der Platz ist fast leer, Stelios und Familie sind freundlich und ausgeruht. Aber das Wasser in der Bucht ist schmutzig mit vielen kleinen Quallen, die harmlos, aber unangenehm sind. Sonst nichts an diesem Tag außer Schweiß, Zeltaufbau, die Strapazen des Urlaubsbeginns.

Und heute? Schwimmen vor dem Frühstück, das erste Mal Surfen in diesem Sommer, Mittagsschlaf, Wiedersehen mit dem lauthals lachenden Api, Sturm von den Bergen am Abend. Letzteres ist unangenehm und weckt schlimme Erinnerungen an Stürme Jahre zuvor, als die Kinder noch klein waren und sich vor Furcht im Auto verkrochen. Wir befestigen das Zelt so gut, es geht, schleppen Steine herbei und harren der Dinge.

Wir haben den ganzen Tag über kaum etwas gegessen. Urlaubsstress. Am Abend findet das Endspiel der Europameisterschaft statt: Deutschland gegen Dänemark. Deutschland wir sicherlich gewinnen. Deutschland gewinnt ja immer! Wir schauen das Spiel an der Bar an. Wenn nur der Wind aufhören würde, an unserem Küchenzelt zu rütteln!

Mittwoch, 1. Juli

Deutschland hat verloren, Dänemark ist Europameister und nach dem Wind kam der Regen.

Der Samstag war heiß und leicht windig, gegen Nachmittag frischte der Wind auf und Patrick macht mit dem neuen, kurzen Surfbrett bei starkem Wind irre Fahrt. Am frühen Abend dreht der Wind und über den Bergen ziehen schwarze Wolken auf. Ein sanfter Regen geht allmählich in strömende Nässe über. Es ist saukalt geworden. Pfützen breiten sich aus. Wir sitzen eng beieinander unter dem Vordach und frösteln.

Der Grieche von nebenan ruft mich: Mister ...! Wir sind eingeladen zu Ouzo und Fisch und Kuchen. Er und sie sind beide sehr dick, lieben das Essen und Trinken. Unser Griechisch ist spärlich, aber für den Small Talk reicht es. Die Griechin hat ein herzliches, ansteckendes Lachen. Trotz des scheußlichen Regenwetters ist die Stimmung ausgelassen.

Der Sonntag beginnt regnerisch und bleibt es auch. Immer wieder mal ein Schauer. Ich spiele mit Patrick Beachball, bis ich so ins Schwitzen komme, dass ich mich trotz der kühlen Temperaturen ins Wasser wage.

Der nächste Tag ist ein bisschen freundlicher. Wir warten auf die Sonne. Ich fühle mich wie an der Ostsee. Dort wär's ein schöner Sommertag. Aber hier! Selbst auf das griechische Wetter kann man sich nicht mehr verlassen.

Patrick hatte im letzten Jahr Evelina kennengelernt. Als wir gestern an dem ausgedienten Bus vorbeikamen, der ausgebaut, ihrer Familie als Sommerwohnsitz dient, und nach Evelina fragten, erfuhren wir, dass sie zur Zeit in Deutschland sei. Evelinas Mama lud uns zum Kaffee ein. Pünktlich sind wir heute zur Stelle und müssen zuerst den umgebauten Bus besichtigen. Hübsch und geschmackvoll ist das Gefährt eingerichtet: Eine kleine Küche, ein Schlaf- und ein Wohnzimmer. Alles ein wenig puppenstubenhaft. Evelinas Mutter tischt auf: Kaffee und Kuchen, Pizza und Saft. Gegenüber auf der anderen Straßenseite haben sie sich ein neues Haus im Pilionstil gebaut. Das winzige Grundstück steckte dem Architekten enge Grenzen und so entstand ein Haus, das einem kleinen Schiff ähnelt: Zwei Decks hoch, spitz zulaufender Bug und das Heck ist eine rechteckige Veranda.

Am Dienstagmorgen ist es etwas wärmer. Wir fahren nach Volos: Geldwechsel, Besuch bei Apostolos und ein Stopp auf dem Laiki. Der Markt quillt wie immer über von Früchten und Gemüse. Die Kirschen sind süß, schwarz und wohlfeil. Wie immer kaufen wir mehr Grünzeug und Obst, als wir eigentlich essen können. Dann noch Wein, Spirituosen, Käse und mein Rucksack ist voll und schwer. Eine leckere Pizza am Stehimbiss, dann fahren wir nach Alli Meria, um Apostolos zu besuchen. Alle Apostoli haben heute Namenstag und wir kennen drei. Apostolos, Sulla, die Kinder und die Großeltern nehmen uns in die Arme. Die Freude über das Wiedersehen nach einem Jahr ist spontan und herzlich. Apostolos ist sehr schlank geworden. Große Probleme habe er im vergangenen Jahr gehabt, sagt er. Ein Jahr lang arbeitslos, das zehrt an Nerven und Psyche. Übermorgen, berichtet er, wird er endlich eine neue Arbeitsstelle antreten. Ich wünsche ihm alles Gute und viel Erfolg. Zu seinem Namenstag müssen wir natürlich bei ihm zu Mittag essen: eingelegte Kürbisse, Cheftedes, Kartoffeln, Feta.

Auf dem Weg zurück nach Gatsea finden wir auf der Straße einen großen Strauß herrlicher Rosen. Ein gutes Omen: das Wetter wird bestimmt besser. Und wir haben ein kleines Geschenk für unseren zweiten Apostolos, den Gitarre spielenden Lebenskünstler vom Campingplatz.

Um halb zehn steigt Apis Namenstagsfeier. Dieser Apostolos Nummer drei, Api, der kleine Api ist ein Kobold, ein Schwindler und Sprüchemacher, Grieche mit Leib und Seele und ein Macho, der Frauen für die Wurzel allen Übels hält, ständig aber auf der Suche nach ihnen ist und nie die Richtige findet. Api sieht schwächlich aus, zartgliedrig, hat aber das Selbstbewusstsein vieler kleiner Männer, er könnte Bäume ausreißen. Api liebt die Insignien der Männlichkeit: Stärke, Rechthaberei. Er treibt Karate und sucht die Herausforderungen. Achtzehn Kilometer weit ins Meer hinausschwimmen, bis nach Trikkeri, das ist sein Traum. Api nennt sich Kaufmann, doch sein Obsthandel geht mehr schlecht als recht. Vielleicht ist er auch gar nicht Chef, sondern nur Hilfsarbeiter. Wer weiß? Aber er lebt aus dem Vollen und von der Hand in den Mund. Api braucht die Selbstbestätigung und lacht deshalb über jedes fünfte seiner Worte lauthals und ziegenmeckernd. Da er viel redet, lacht er sehr oft und niemand weiß so recht warum. Api hat also heute Namenstag. Seine Eltern haben ein Häuschen im Dorf, eher eine größere Hütte. In den Bergen, in Agios Georgios besitzen sie ein kleineres Anwesen und in Volos eine Behausung. Die Feier heute Abend ist in Kato Gatsea, und als wir ankommen, sind schon einige Freunde und Verwandte da. Ein erster Zipporo mit Meses zum Willkommen. Die Zeit verstreicht im Small Talk. Api lacht wie immer viel und laut. Seine Mama und die Frauen aus der Nachbarschaft machen sich im Haus zu schaffen. Ein Fernseher röhrt vor sich hin. Einmal werden ein paar Cheftedes aufgetischt, ein andermal ein Teller mit Tomaten und Gurken. Neue Gäste kommen. Gegen elf Uhr scheint die Runde komplett zu sein. Und plötzlich wird aufgetischt. Aus der Küche strömen die Köstlichkeiten: Schüsseln mit griechischem Salat, Hackfleischklößchen, Kartoffelscheiben, Oliven, gebratene Auberginen und Paprika. Die Tische quellen über. Die Schnapsgläser müssen schnell geleert werden, denn jetzt ist es Zeit für den Wein, Krasi, aus Colaflaschen, abgefüllt vom Fass, trüb und harzig. Für die Griechen ist diese Schlemmerei ein normales Essen. Doch nicht genug damit! Nun folgen die Teller: Für jeden ein großes Stück Hammelfleisch mit Reis. All die Köstlichkeiten auf dem Tisch sind für den Hunger danach, sofern es einen solchen noch geben sollte. Und was dann noch übrig bleibt, wandert in den Müll. Jede gute deutsche Hausfrau würde sich mit Entsetzen von dieser Völlerei und Verschwendung abwenden. Wir essen und trinken bis um ein Uhr. Dann ist es Zeit aufzubrechen.

Api und Patrick lassen die Nacht im Sail-in ausklingen, der kleinen Bar im Dorf, die erst schließt, wenn der letzte Gast gegangen ist. Vor vier Uhr ist das selten der Fall. Patrick hat sich schnell an griechische Lebensverhältnisse gewöhnt. Er kann ja am nächsten Morgen ausschlafen. Für Api allerdings beginnt der Tag spätestens um sieben. Die Griechen sind Frühaufsteher. Ich habe Schwierigkeiten mit diesem Lebensrhythmus: Früh auf, Mittagsschlaf, spät zu Bett. Mir ist das zu wenig Schlaf. Doch schlafen kann man, sagt Api, im Winter oder den ganzen Tod lang. Das Leben ist zu schade zum Schlafen.

Es ist immer noch zu kühl für einen griechischen Sommertag, aber das richtige Wetter für eine Wanderung. Ildiko und ich machen uns an diesem Mittwoch auf nach Aghia Triada, dem Kloster oberhalb von Kato Gatsea. Dort haben wir im letzten Jahr Mengen von Oregano gefunden. Auf dem Weg aufwärts verfehlen wir den richtigen Kalderimi und verlaufen uns im Gestrüpp. Kalderimi sind die alten steinigen Wanderwege, die kreuz und quer durch den Pilion führen. Bevor es Straßen gab, waren sie die einzigen Verkehrswege. Heute sind sie zum Teil vergessen und manchmal gar nicht mehr erkennbar. Wir steigen mühsam bergan, immerhin in die richtige Richtung. Mein T-Shirt ist schweißnass, als wir am Ziel sind. Es gibt genug Riggani. Schnell sind zwei große Plastiktüten voll. Vom Kloster aus hat man einen herrlichen Blick über den Golf. Die Strömungen zeichnen Muster in die stille See, in der Ferne sieht man schattengleich die Berge Euböas, zwei Schiffe durchstreifen das Blau und unterhalb der olivgrünen Weite liegt der gezackte Saum des Ufers. Häuser mit roten Ziegeldächern, zwischen die Bäume gekuschelt, quadratische Hafenmolen, die Landstraße, die sich durch die Küstenebene schlängelt. Hin und wieder ist der Schrei eines Esels zu hören.

In einem Kafenion unterhalb Aghia Triada gönnen wir uns einen Ouzo ke Mezes. Die Mezes sind zwei Oliven, zwei Tomaten und zwei halbe Scheiben in Olivenöl geröstetes Brot. Nach drei Stunden sind wir wieder zurück am Campingplatz. Die Nacht ist kühl und sternenklar. Das Wetter wird besser werden.

Dienstag, 7. Juli

Eine Woche ist seit den letzten Eintragungen vergangen. Endlich ist wieder griechischer Sommer: Sonne von Morgen bis Abend und die Nächte sind lau und sternenklar. Musik an der Bar, Gespräche bis spät in die Nacht. Mittagsschlaf, wenn es am heißesten ist. Der Tag verstreicht wie im Fluge.

Ich habe die trüben Tage der letzten Woche schon fast vergessen. Es war am Donnerstag, als der Himmel sich verdunkelte. Bald begann es zu tropfen. Api prophezeite schlechtes Wetter. Kalt am Abend, kalt die Nacht. Der nächste Morgen brachte für ein paar Stunden Sonnenschein, doch dann wurde es wieder grau. Wir fuhren hinauf nach Visitsa. Vor drei Jahren haben wir dort Kirschen gegessen, von der Hand in den Mund. Serpentinen ziehen sich die acht Kilometer hinauf nach Milies, dem Museumsdorf. Von dort sind es noch drei Kilometer bis Visitsa, wo die schönsten Pilionhäuser stehen. Blicke herab auf die Postkartenküste des Golfs. Schwer ist der Himmel über einem dunklen Meer in dieser Herbststimmung. Die Schluchten glänzten düster, das gleichmäßige Muster der Olivenbaumreihen hüllte sich in eine mattgraue Decke.

Wir stiegen zwischen den Häusern hindurch den steinigen Trampelpfad empor. Hinter den letzten Häusern des weitverstreuten Dorfes beginnt der Urwald mit Platanenriesen, Eßkastanien, Lianen und Kirschbäumen knapp an Abgründen. Die Kirschbäume waren noch voll mit gelbroten Früchten, doch die sind im Geäst kaum erreichbar. Ildiko fand einen Baum, von dem man, reckt man sich ordentlich und zieht die vollen Äste zu sich herab, noch reichlich ernten konnte. Mit zwei Kilo Kirschen waren wir zufrieden. Doch da sie überreif waren, hielten sie kaum einen Tag.

Beim Bäcker in Milies, an der Straße, machten wir Halt, kauften Pitta, Blätterteig mit einer deftigen Kräuterfüllung, noch ofenwarm und Tiropsomo, Brot mit eingebackenem Schafskäse. Zurück am Platz speisten wir lange und ausgiebig. Der Regen strömte wieder gleichmäßig. Auch der Sonntag war trüb und verhangen. Erst gegen Nachmittag klarte es auf.

Als wir am nächsten Tag aufwachten, war es warm und wolkenlos. Das Zelt dampfte noch vor Feuchtigkeit. Nun kamen auch die griechischen Badegäste wieder und der Strand füllte sich schon am frühen Vormittag. Manfred aus Hannover lud Ildiko und mich zu einem Bootsausflug in sein Schlauchboot ein. Begleitet vom Geräusch des gleichmäßig tuckernden 5-PS-Motors schipperten wir gemächlich die Küste entlang, an Kala Nera, Koropi, Afissos, Leptokastron vorbei. Eine Stunde hin, eine zurück. Die Sonne brannte und es war windstill.

Apostolos, seine Frau Sulla und die beiden Mädchen besuchten uns. Doch während sie am Strand saßen, waren wir bei Nachbarn zum Essen eingeladen. Als wir, gesättigt von Koteletts und Hühnerschenkeln, das Mahl beendet hatten, war Apostolos schon gegangen. Hoffentlich ist er nicht sauer.

Montag und Dienstag: Zwei Tage, an denen sich kein Lüftchen regte und das Meer spiegelglatt war. Ildiko hat gemalt, ich habe geschrieben.

Samstag, 11. Juli

Auch der Mittwoch blieb windlos und sehr heiß. Ildiko malte ‚Afissos im Sonnenuntergang'. Aquarellfarben fließen über das Papier. Das Ergebnis gefällt mir. Die Tage vergehen unheimlich schnell. Nach dem Aufstehen und dem Frühstück um 10.00 Uhr ist es schon bald Nachmittag und gleich wieder Abend. Der Ausschnitt Meer, den wir vom Zelt aus sehen, ist immer derselbe. Nichts ist anders als gestern oder vor zwei Jahren. Seit dreizehn Jahren fahren wir nun schon auf diesen Campingplatz und in jedem Sommer vergeht die Zeit zu schnell. Noch zwanzig Tage, noch fünfzehn, noch zehn. Vom fünften Tag an beginnt der Abschiedsschmerz und ich frage mich, ob wir nächstes Jahr wiederkommen werden. Ob Patrick wieder dabei sein wird, vielleicht auch Julia? Hier hatten wir als Familie so viel Zeit füreinander wie selten zu Hause. Jeder konnte tun, was er wollte, durfte zufrieden sein, traurig oder glücklich. Dreizehn Mal Camping Hellas, das bedeutet, dass unsere Kinder mehr als ein Jahr ihres Lebens auf diesem Campingplatz verbracht haben.

Am Donnerstagmorgen weht schon um neun Uhr ein starker, unberechenbarer Wind. Soll man da surfen? Draußen vor der Bucht gibt es Schaumkronen. Ich wecke Patrick und wir riggen auf. Es wird ein harter Kampf: Draußen weht es in Böen bis Windstärke acht. Ich liege mehr im Wasser als ich auf dem Brett stehe. Aber ab und zu mache ich wahnsinnige Fahrt. Patrick auf seinem kurzen Brett mit dem großen 5,5-Meter-Segel geht es nicht viel besser. Aber wenn er auf dem Brett

Halt findet und richtig in den Wind geht, macht er ein Höllentempo. Sich ins Trapez zu hängen, geht bei diesem Windwüten nur manchmal. Nach zwei Stunden habe ich den Klammeraffengriff und quäle mich ans Ufer zurück, was nicht leicht ist, weil der Wind in der Bucht dreht. Als ich es am Nachmittag noch einmal versuche, ist der Wind so stark geworden, dass ich nicht den Hauch einer Chance habe.

Am Abend kommt der dicke Hamburger-Klaus am Zelt vorbei, der seit 31 Jahren mit seiner Erika nach Gatsea kommt. Klaus setzt sich zu einem Schwätzchen. Vor zwei Jahren habe ich in den ‚Camping-Skizzen' versucht, auch Klaus festzuhalten, und ich habe ihm, das erkenne ich nun, unrecht getan. Damals war er für mich der Urtyp eines Proleten. Mit dem Dünkel des Intellektuellen, der glaubt, mit zwei, drei taxierenden Blicken die Menschen in die richtige Schublade einzuordnen, erschien mir Klaus fett, dumm und versoffen. Basta. Und nun sitzt dieser Klaus bei uns am Wohnmobil, zwei Zentner schwer, gewölbter Bauch, blond wallende Haare über dem zerfurchten Gesicht mit der unglaublichen Knollennase. Man muss Klaus nur die Stichwörter geben, dann erzählt er aus seinem Leben: Anekdoten, traurige, lustige, lange Geschichten. Klaus ist Lkw-Fahrer zwischen Hamburg und Frankfurt. Jemand, der die Autobahnen, den Hamburger Hafen und die Markthallen kennt wie seine Westentasche. Drei Frachter, sagt er, sind in seinem Leben schon durch seine Hände gegangen. Wortwörtlich. Stück für Stück und Kiste für Kiste. Nun sind seine Knie kaputt und er läuft auf den Felgen, vom vielen Tragen, Schleppen, Lasten wuchten. So eine Kacke! Ich möchte schreiben können, wie Klaus spricht: blumig, ordinär, direkt zupackend, nie um den Brei herum. So saftig und kraftvoll ist seine Sprache, dass man sie aufnehmen, ein Tonbandprotokoll machen könnte: Klaus und sein Arbeiterleben. Doch die Gesten würden fehlen und der verschmitzte Gesichtsausdruck, die grinsende Freude an der Unter- oder Übertreibung. Klaus hat dieses Jahr seinen vierjährigen Enkel dabei, ein süßes Kerlchen, der ihm nicht von der Pelle weicht. „Wenn ich kacken gehe, steht er vor der Tür. Vielleicht gibt's einen zweiten Ausgang." Klaus ist ein liebevoller Opa, weist den Lütten ein in die Künste des Segelns. Erika, die ‚Ziege', sein kleines rotes Segelbötchen, mit dem gleichen Namen wie die Ehefrau, liegt draußen vor Anker und Christopherchen guckt, ob alles in Ordnung ist am Ufer.

Ildiko stellt, nachdem Klaus gegangen ist, fest, dass man hier Arbeiterschicksale kennenlerne: Klaus, Inas Mutter und der schuftende Vater, der Frührentner aus Gladbach. Wir sind doch sonst zu Hause nur unter uns, wir Lehrer und neunmalklugen Intellektuellen, die wir uns so klug dünken und so genau zu wissen glauben, wie es so in einem Arbeiterleben zugeht. Davon weiß ich zwar auch jetzt nicht mehr, aber Klaus hat mir einen Haufen Respekt beigebracht. Ich wünsche ihm, wenn er in zwei Jahren in Rente geht, dass er viel Zeit haben wird, mit seiner Erika zwischen Gatsea und Milina herumzuschippern. Und dass seine Knie das auch noch lange mitmachen.

Ich sitze auf der wackeligen Bank am Strand der kleinen Bucht. Es ist neun Uhr am Abend. Kinder spielen Ball, bis zu den Knien im Wasser, vom Campingplatz her ziehen Grilldüfte, sanft rollen Wellen ans Ufer. Fünf Fischerboote liegen wie Perlen auf eine Kette gereiht, Pickel auf der samtigen Haut des Meeres. Zwei Boote tuckern aufeinander zu, berühren sich, werden eins, entfernen sich wieder. Ein rotes Lämpchen blinkt auf dem kleinen Küstenkreuzer, einziger Farbtupfer in der anthrazitenen Abendstimmung. Wie Schichten einer Zwiebel liegen die fernen Berge hinter- und übereinander. Vorn sattes Blaugrau und dahinter, immer mehr ins Milchige verschwimmend, blassgraue, schemenhafte Konturen. Gipfel zacken in den Himmel. Wie ein Stern durchzieht ihn eine ferne Positionslampe. Der Mond, die gefühlsduselige Lampe lauer Sommerabende leuchtet viertelvoll über dem begrünten Steilufer von Sikia. Malen müsste man können.

Sonntag, 12. Juli

Gewitter am frühen Morgen, dann Sonne und Wärme. Wir schwimmen zum Felsen. Am Nachmittag besuchen uns Apostolos und seine beiden Töchter. Wir planen die nächste Woche: Mittwoch werden wir die Familie in Gatsea zum Essen einladen. Am Freitag werden wir dann bei ihnen in Alli Meria speisen und am Sonntag fahren wir gemeinsam nach Platania. Sulla hat dort zwei Onkel, einen Bäcker und einen Restaurantbesitzer.

Am Abend gibt es ein kleines Volksfest am Hafen von Gatsea. Von einem Restaurantbesitzer organisiert, viele Griechen sind da und Ildiko und ich mischen uns unter die Leute. Lautsprechertürme wie bei einem Popkonzert, leere Bierflaschen zu Füßen der Tische, tanzende Männer. Um vier Uhr hört die Musik auf und um halb fünf liegen wir endlich auf der Luftmatratze.

Donnerstag, 16. Juli
Notizen der vergangenen vier Tage.

Regen am Sonntagabend, verhangener Himmel wie an der Nordsee und am Montagabend das gleiche, nur dass es nicht mehr aufhellt wie am Vortag. Bleischwarzer Himmel und es regnet. Unter dem Zelt fließen Bäche durch, die Dellen im Dach füllen sich schwer mit Wasser. Gespräche erschöpfen sich im Warten auf das Aufhören des Regens. In der Nacht werden die Klamotten feucht. Wir schlafen lange.

Der Markt in Volos ist ein Ziel. Die Stände quellen über von Tomaten, Paprika, Wasser - und Honigmelonen, Gurken, Bohnen. Eine Orgie von Farben und duftender Frische. Die Griechen schleppen schwer unter der Last der Vitamine. Das gefällt mir immer wieder: Speisen in Griechenland bedeutet, sich vollschlemmen mit öltriefenden gebratenen Paprika, Auberginen, Zucchini. Dazu ein Bauernsalat mit Zwiebeln, Gurken und Feta.

Wir fahren hinauf nach Makrinitsa, dem Balkon von Volos. Wie die Straße sich zwischen den Häusern von Ano Volos hinaufschlängelt, immer wieder Blicke freigibt auf das weiße Häusergewirr der Hafenstadt am tiefblauen Golf, die fernen Berge Euböas und die hellen Buchten, das ist atemberaubend. Von den Berghängen herab plätschert das Wasser, mehr denn je nach der regenreichen Nacht. Aber Wasser gibt es auf dem Pilion immer genug. Aus Tausenden Quellen schießt es aus den Karsthöhlen der Berge zu Tal und schenkt der Landschaft das saftige Grün unzähliger Olivenbäume, Obstplantagen, Kastanienwälder, Rebenhänge. Der Pilion ist Obstgarten Griechenlands und sonnengesegnetes

Fleckchen Erde. Die 36 Dörfer der Halbinsel genießen einen gewissen Wohlstand. Schwarzwald am Mittelmeer nennt eine Reportage im Geo-Sonderheft diese Landschaft.

Makrinitsa liegt etwa 800 Meter hoch im Gebirge und ist geprägt von steilen Schluchten und karstigen Felsen. Wir stellen unseren Wagen vor dem Ort, auf dem von Platanen beschatteten Parkplatz ab. Makrinitsa ist für Autos unbefahrbar. Zu steil und eng sind die Gassen, zu holprig das Pflaster. Wie ein Schwalbennest klebt das Dorf an den Abhängen. Die hohen Pilionhäuser, die schrägen, mit grauem Schiefer gedeckten Dächer, die im Schatten lässig ausgesteckten Katzen, die Platia, die eine der schönsten in Griechenland sein soll, alles das ist bezaubernd. Drei Kafenions, um den hufeisenförmigen und von gewaltigen Platanen überdachten Platz gelegen, bewirten mit dem schwarz-süßen Kaffee, mit Cola, Sprite und Süßigkeiten. Am Rande sprudelt ein Brunnen mit ständig fließendem, wohlschmeckendem Quellwasser. Drei Messingnäpfe hängen an Kettchen für Durstige bereit. In der Platzmitte steht eine kleine Kapelle. Die dazugehörige Glocke hängt an einem Ast der Platane. Ildiko hat diese Idylle gemalt mit Stühlen drumherum, aufeinandergestapelt am Morgen nach einem Fest.

Makrinitsa ist ein Touristenort, aber es ist echt griechisch. Die Fremden verlieren sich in seinen Gassen und keiner im Dorf macht einen Fußfall vor ihnen. Man verkauft ihnen gerne den Pilionhonig, die gelierten Früchte, Keramik und Kräuter, aber sich selbst verkauft man nicht. Die Saison in Makrinitsa ist kurz, von Juli bis Mitte August, wenn die Griechen aus Athen, Lamia oder Larissa Urlaub machen oder die Fremden, die ein paar Wochen an den Stränden verbringen und auch mal einen Ausflug vom Golf herauf in die Berge machen. Ab September ist es wieder still im Dorf. Vielleicht mal ein Familienfest der Leute aus Volos oder ein Bus voll griechischer Touristen auf Tagesfahrt. Eine Münchnerin, die seit sieben Jahren hier lebt, erzählt uns, dass die Winter hier hart und zwei Meter Schnee keine Seltenheit seien. Aber es lebe sich gut hier und die Griechen müsse man eben nehmen, wie sie sind. Nur dass die Tiere, die Hunde vor allem, so schlecht behandelt werden, das stört sie als Tierfreundin.

Hunde in Griechenland, das ist ein Kapitel für sich. Überall streunen sie herum, zottelig, mit verfilztem Fell. Hungrig sind sie kaum, jedenfalls nicht zur Urlaubssaison. Sie leben von den Resten der reich gedeckten Tische. Fisch- und Fleischreste fallen überall ab und den Fußtritt oder Steinwurf nehmen sie in Kauf. Solchen unberechenbaren Tätlichkeiten auszuweichen, haben sie ihre Technik. Ihr Fell glänzt und die Augen sind wachsam. Sieht man von den kleinen Unannehmlichkeiten des Hundelebens ab, den Flöhen und Zecken, geht es ihnen gut. Sie haben sich angepasst: vorsichtige Überlebenskünstler. Der Fremde wird mit distanzierter Aufmerksamkeit taxiert und erkennt ein geübter Hundeblick so etwas wie Zuneigung in den Augen des Zweibeiners, kuschelt Hund zutraulich die Schnauze aufs Knie, legt sich auf den Rücken, um sich kraulen zu lassen un begleitet den Fremden ein Stück des Weges. Nur das Jungvolk unter diesen Hunden hat es schwer. Von den Eltern früh ins gefahrvolle Leben geschickt und ohne Erfahrungen in der Kunst des Überlebens, holt sich solch ein Hündchen manch einen Fußtritt, eine schmerzende Wunde oder den Tod. Nur die Klügsten und Stärksten überleben diese Lehrzeit. Unsere Lena, das griechische ‚Fundstück‘, hätte ohne Patricks Zutun nicht zu den Überlebenden gehört.

Nach einem Regendienstag ist der Mittwoch wieder griechisch mit blauem Himmel. Für den Abend haben wir Apostolos und seine Familie zum Essen eingeladen. Nach fast zehnmonatiger Arbeitslosigkeit hat Apostolos endlich wieder einen Job. Ohne regelmäßige Arbeit und in dem Bewusstsein, dass die Ersparnisse ihm durch die Finger rinnen, ging es ihm schlecht. Selbst die Hilfe der Familie, des ganzen Coutsoumpes-Clans, hat Grenzen und die Arbeitslosigkeit klebte wie ein Makel an ihm. Er ist reifer geworden als im letzten Jahr, in mancher Hinsicht ungriechisch. Die beiden Mädchen, Natascha und Arietta, sind ganz lieb. Als ich Arietta auf die Schultern nehme und sie vor Freude quietscht, habe ich fast das Gefühl, noch einmal die kleine Julia zu tragen.

Spät am Abend kommt dann noch Api ans Zelt, der mit dem ungebrochenen Selbstbewusstsein, der sich für den Spieler hält, der die Puppen tanzen lässt und das Leben fest in den Händen hält. Dabei merkt er gar nicht, wie ihm alles entgleitet: die Freundschaften, die Jugend, der Beruf. Er kaschiert seine Selbstgerechtigkeit mit einem Ziegenmeckerlachen und dünkt sich die Inkarnation des Griechen. Was immer er tut oder redet, dieses Grieche-Sein erklärt und entschuldigt alles. Das ist bequem. So braucht man keine Verantwortung für sich zu übernehmen. An diesem Abend kotzt mich Api an, der meint, keine Frau könne seinem Charme widerstehen. Zum Glück sind nicht alle Griechen so und ich glaube, die griechischen Frauen sind klüger und emanzipierter, als ihre Männer glauben. Wie könnten sie sonst mit solchen Gockeln leben!

Freitag, 17. Juli

Nach der Windstille der ersten Morgenstunden kommt ein richtig guter Surfwind auf. Patrick und Michael sind frühmorgens nach Volos gefahren und jetzt, gegen vier Uhr noch immer nicht zurück. Ildiko malt Sonnenblumen vor blauem Meer. Mir tut das Kreuz weh nach zweistündigem Surfen. Eine Woche Urlaub haben wir noch vor uns. Ich befinde mich schon in diesem Schwebezustand zwischen Freude auf zu Hause und Trauer des Abschiednehmens. Am Abend sind wir bei Apostolos zum Essen eingeladen.

Montag, 20. Juli

Es war ein herrliches, familiäres Abendessen. Apostolos hatte sich entschlossen, zu Hause kochen zu lassen und so hatte Sulla und die Jaja, die Oma, Calamares, Pitta, Salate, Zaziki und gebratenes Gemüse vorbereitet. Bis Mitternacht zog sich das Speisen hin.

Am Sonntag nahm uns Apostolos mit auf Verwandtenbesuch nach Platania. Sechzig Kilometer enge und kurvenreiche Straße im Vierzig-Kilometer-Tempo. Da wir früh aufgestanden waren und nicht gefrühstückt hatten, holten wir das am Ziel nach. Dann zwei Stunden Abkühlung im klaren Wasser der Ägäis. Es war heiß, sicherlich vierzig Grad im Schatten. Die Sonne stand senkrecht. Im Schatten vor dem Restaurant, das, wie die Bäckerei daneben, Onkels von Sulla gehört, ließ es sich einigermaßen aushalten: Fisch, allerlei Gemüse, Salate, die übliche griechische Schlemmerei. Die Stunden dröselten vorüber. Am späten

Nachmittag gelang uns der Absprung. Wir waren froh, wieder auf dem Campingplatz zu sein.

Die ganze Nacht über rüttelt ein heftiger Sturm an den Zelten. Orkanartige Böen fegen über den Campingplatz und jagen uns immer wieder aus dem dünnen Schlaf. Erst gegen Morgen hört der Spuk auf. Alles ist überzogen mit feinem Staub. Noch ist es trübe, aber schon zwei Stunden später nagt die Hitze wieder an uns. Die Versuche, zu surfen, schlagen fehl. Der Wind ist müde und ohne Ausdauer.

Nur wenige Tage bleiben uns noch in Gatsea, dann ist auch der dreizehnte Pilionurlaub zu Ende und eigentlich freuen wir uns alle drei auch wieder auf zu Hause.

7. An der türkischen Riviera (1993)

Samstag, 10. April

Wir liegen am Pool des Hotels Sevim, 15 Kilometer östlich von Alanya, in dem kleinen Örtchen Mahmutlar an der türkischen Riviera.

Ende Februar, als die ersten naseweisen Schneeglöckchen und Krokusse aus der Erde lugten, hatte ich begonnen, den Osterurlaub zu planen. Griechenland, Südfrankreich, Südafrika, die Seychellen standen zur Wahl und wurden verworfen, als zu nah, zu fern oder zu exotisch. Wir überlegten und suchten, bis mir ein Türkeiprospekt der Firma MP Travel Line in die Hände fiel. Wir brauchten noch ein paar Tage, bis wir uns entschlossen, es mit der Türkei zu versuchen, mit der Südküste zwischen Antalya und Alanya.

Am letzten Tag vor der Abreise beschlich mich wieder einmal dieses mulmige Gefühl: „Ach, eigentlich will ich gar nicht verreisen". Ich stellte mir vor, wie dem Flugzeug ein Motor ausfallen würde oder wie ich Zahnschmerzen auf dem Basar in Alanya bekäme. Ich brachte es auf eine hübsche Anzahl solcher Horrorvorstellungen. Ich stellte mir vor, wie schön es zu Hause sein könnte und darüber schlief ich ein und dem Abflug entgegen.

Der Wecker weckte mich um halb fünf und eine knappe Stunde später verabschiedeten wir uns von Patrick, der elternloses Alleinsein türkischem Honig vorgezogen hatte.

Die Reise ging los.

Um kurz vor acht sind wir am Düsseldorfer Flughafen. Ich mache mich auf Parkplatzsuche und stehe wenig später vor verschlossenen Schranken und Besetztschildern. Meine Nervosität steigt. Wo nehme ich einen Parkplatz her? Die Zeit vergeht. Endlich verlässt ein Auto den Parkplatz und ich übernehme erleichtert für 14 Tage und 140 Mark seinen Platz. Auf dem Rückweg verlaufe ich mich, und als ich endlich meine Frau wiederfinde, liest sie Zeitung. Ich erwarte Freudentränen und sie liest Zeitung! Ildiko ist klug, mütterlich, beredt, sorgsam, nur vorausdenkend ist sie nicht. Längst hätte sie unsere Platzreservierung vornehmen können. Ein Blick auf die Anzeigetafel hätte ihr den Weg zum richtigen Schalter gewiesen. Doch sie las und wartete geduldig auf den Ehemann. Was soll bei solcherlei Ergebenheit alle Emanzipation! Andererseits genieße ich auch das Gefühl, dass es ohne mich eben nicht geht. So ein echter Ausgleich gewissermaßen fürs Herzklopfen bei der Parkplatzsuche und fürs Verlaufen. Nur, dank Ildikos Schusseligkeit sitzen wir im Flugzeug nicht nebeneinander, sondern zwei Reihen voneinander getrennt.

Wir fliegen mit einer Boing 737 der Saarland-Airlines. Dass es eine solche Fluggesellschaft gibt, wusste ich bis vor Kurzem noch nicht. Stewardessen habe ich mir schöner vorgestellt, mit längeren Beinen und blonderen Haaren. Die Saarland-Girls sind eher bieder und hausbacken. Aber sie tun, was sie können und servieren fleißig den Zeitverkürzungssnack.

Je weiter wir fliegen, desto mehr häufen sich die Wolken und schließlich ist von der Erde nichts mehr zu sehen. Die Türkei liegt unter einer dicken Wolkendecke. Wir müssen uns anschnallen, die Boing durchfliegt ein Schlechtwettergebiet. Ab und zu plumpst sie in Luftlöcher oder stößt an Wolken. Dann rumpelt es und ich bekomme einen Schreck. Der kleine, sechsjährige Drecksack neben mir geht seinem Vater und mir auf die Nerven. Entweder er klappert mit dem Gurt oder muss Pipi machen gehen. Das geht aber jetzt nicht, wegen der Schlecht-wetterfront. Also nölt er.

Die Maschine setzt zum Landeanflug an, schüttert und schiebt sich allmählich erdwärts. Ein richtiger Blindflug. Endlich setzt sie auf und Antalyas Flughafen erweist sich als trübes, kühles, windiges Fleckchen Erde voller Schmutz und Staub.

Hurra, wir haben unsere Koffer wieder, sitzen in einem klapprigen Bus. Unser Hotel heißt Sevim, liegt hinter Alanya und hat vier Sterne. Der Himmel ist grau, die Landschaft lässt zu wünschen übrig und meine gute Laune sackt immer tiefer in den Keller. Irgendetwas in dem Bus pfeift ständig bei einer bestimmten Drehzahl. Ich blicke frustriert aus dem Fenster: Das soll die schöne Türkei sein, die Riviera? Hütten sind das und Schmutz und langweilige Ebenen und Hotelkolosse und Bau-ruinen und Appartementsiedlungen wie Pickel auf einer Jungmädchen-haut. Zum Heulen. Es fängt an zu regnen. Was jetzt noch fehlt, ist ein Hotelzimmer mit Eisenbetten und einer Dusche, die tropft und nur kaltes Wasser von sich gibt. Ich schwitze in dem muffigen Bus und bin mir fast sicher, dass alles richtig heiter werden wird.

Nach fast drei Stunden sind wir da. Es regnet geduldig vor sich hin, das nahe Meer röhrt sich eins und am Empfang freut sich ein Kümmel-türke über uns Neuankömmlinge. Wenigstens stehen wir auf der Liste und der Name ist sogar richtig geschrieben.

Wir bekommen Zimmer 307. Der Lift funktioniert. Es geht wieder aufwärts. In dem Zimmer kann man es aushalten, 14 Tage. Zwar sind an einer Ecke die Wände feucht und der Schimmel rieselt sacht herab, aber sonst ist es ok, im Großen und Ganzen. Die Betten sind hart genug, die Dusche tut, was man von ihr erwartet und die Schränke sind geräumig. Der große Balkon zum Meer hinaus ist jetzt nicht begehbar, es schüttet wie aus Eimern. Der Himmel entleert sich über der südlichen Türkei. Trotzdem pegelt sich die Stimmung auf ein neutrales Level ein.

Beim Anblick des kalten Buffets eine halbe Stunde später steigt das Stimmungsbarometer gewaltig: Tische voller bunter Salate und anderer Köstlichkeiten. Zuerst isst das Auge und schon seelisch halb besänftigt, füllen wir die Teller mit Tomaten, Gurken, Oliven, Eier-, Nudel-, Auberginen- und anderen Salaten. Eine wahre Farbpalette mediterraner Genüsse. Und es sieht nicht nur gut aus, es schmeckt auch gut. Herzhaft gewürzt und knackig, atemberaubende Gaumenfreuden. Verhungern wenigstens werden wir nicht. Ja, ich gebe es zu, ich bin verfressen und die Vorstellung, noch dreizehnmal dieses Buffet zu plündern, lässt mir den Mund wässrig werden. Mag es draußen regnen! Wärme und Lebensgefühl gehen schließlich auch durch den Magen.

Man bezahlt im Hotel mit ‚Perlen'. Was für ein Ausdruck für diese Plastikklunkern. Eine rote Perle steht für fünf Mark, eine blaue für zwei, eine gelbe für eine und eine weiße für fünfzig Pfennige. Man kann die Perlen ineinander verhaken und wer will, kann sich den Regenbogen als Zeichen von Potenz um den Hals hängen. Jede Perle ist harte DM. Mir sind die türkischen Lira mit den vielen Nullen lieber als derlei Plastikkram. 6000 Lira sind eine Mark. Eine Flasche Wein kostet 90.000 Lira. Mein Gott, bei Allah, das ist viel Geld.

MP Travel Line hält auf Ordnung und Abwechslung: das Hotel ist sauber und Animation, so ein Zauberwort des Massentourismus, steht täglich auf dem Programm. Heute Abend türkische Folklore.

Ich habe Schwierigkeiten, das Schauspiel zu beschreiben. Es gefällt mir durchaus, wie die fünf jungen Leute in wechselnden Konstellationen sich zu den schrillen Rhythmen bewegen. Die beiden Mädchen sind hübsch und ihre Körper drehen, biegen sich und kreisen nach den fremdländisch grellen Klängen. Eine Schwarzhaarige mit einem Halbschleier vor dem Gesicht stellt den gewölbten Bauch in den Mittelpunkt ihres Tanzes. Die Schultern zucken im Rhythmus und die Arme werden zu Schlangen. Sie ist sich ihrer erotischen Ausstrahlung bewusst. Als sie den Schleier vom Gesicht nimmt, verliert sie ein kleines Stück ihres Geheimnisses. Die Männer halten es mit der derben Komik türkischer Paschas. Die Schreie sind aufgesetzt und sie verzieren ihre Gestik und Mimik mit deftiger Selbstironie. Das ist durchaus lustig und sympathisch. Schließlich geht die Vorführung in eine Aufforderung des Publikums zum Mitmachen über. Wer kann sich schon dieser Animation entziehen? Sicher sieht es albern aus, wenn gestandene Männer und mehr oder weniger füllige Ehefrauen sich in Bauchtanz und rhythmischen

Verrenkungen üben. Aber Spaß macht es doch, vor allem, wenn man im Seitenblick sieht, dass die anderen es auch nicht viel besser können. So ein Viertelstündchen Gymnastik am späten Abend kann ja nicht schaden. Sicher ist echte türkische Folklore anders, aber als Einstimmung in die Türkei am ersten Abend ist dies gar nicht schlecht. Und den Anspruch, die wahre Türkei zu erleben, will ich gar nicht erheben. Ich bin Pauschalreisender wie all die anderen Deutschen hier im Hotel, mit dem Wunsch nach Sonne, Meer und angepasster Folklore. Wenn mir das geboten wird, will ich zufrieden sein.

Als ich am nächsten Morgen um halb acht aufwache und aus dem Fenster das nahe Meer begutachte, stelle ich fest, dass es immer noch regnet. Der Himmel hat sich eine anthrazitgraue Decke übergeworfen. Der Boden glänzt mit Wasserpfützen. Es kann nur besser werden. Es muss einfach! Also freue ich mich aufs Frühstück. Mit zunehmendem Alter wird man bescheidener und das Leben reduziert sich auf die kleinen Freuden: Essen, Trinken, Schlafen. Der Frühstückstisch ist reichlich gedeckt: Tomaten, Oliven, Gurken, Schafskäse, Wurst, Honig, Butter, Kaffee oder Tee und knuspriges Weißbrot. Als Alternative Joghurt, Kompott, Cornflakes. Die Tomaten versetzen mich in Begeisterung. Wenn man immer nur jene roten, einheitsgroßen Treibhausfrüchte isst, vergisst man, wie Paradiesfrüchte, Paradeiser, wie die Österreicher Tomaten nennen, schmecken: voll herber Süße und saftig erfrischend. Sonnenfrüchte.

Der Regen hört auf und ein paar vorwitzige Sonnenstrahlen kitzeln sich durch den schweren Wolkenvorhang. Kurz entschlossen fahren wir nach Alanya.

Es dauert nur ein paar Minuten, bis ein Dolmus hält. Dolmus heißt so viel wie ‚überfüllt‘. Minibusse für 16 Personen, in denen auch 30 Platz finden. Ihre Fahrer halten überall auf Handzeichen und der Dolmus wird allmählich voll wie eine Sardinenbüchse. Hin und wieder steigt einer aus, ein anderer steigt ein. So ein Dolmus macht Umwege. Man macht schon mal eine kleine Dorf- oder Stadtrundfahrt, denn jeder Passagier nennt sein Ziel und möchte schließlich auch bis vor die Haustür gebracht werden. Bei solchen Dolmusfahrten lernt man eine Menge von

Land und Leuten kennen. Besonders mit den Gerüchen wird man vertraut: harter, schwerer Männerschweiß.

Die 15 Kilometer bis Alanya kosten 3000 Lira, 50 Pfennige. Solch ein Dolmussystem wünschte ich mir durchaus für deutsche Großstädte. Man könnte viel leichter das Auto zu Hause lassen.

Einmal fährt unser Fahrer bei Rot über eine Kreuzung. Einen kurzen Moment lang hatte er gezögert, ob er nicht das Stopp beachten sollte, doch da das Auto rechts neben ihm weiterfuhr, wollte er nicht nachstehen. „Was der kann, kann ich auch". Es war sicher eine unwichtige Ampel.

Im Zentrum Alanyas lädt der Fahrer uns aus. Wir haben nur bis zwei Uhr Zeit, denn uns erwartet der ‚Begrüßungscocktail' im Hotel mit Informationen der Reisebetreuung. Doch drei Stunden reichen für eine erste Erkundung der Stadt.

Hoch über Alanya, das sich um eine steil aus dem Meer aufragende Halbinsel lagert, liegt eine gewaltige, halbverfallene byzantinische Burganlage. Wie Halskrausen ziehen sich ihre zinnenbewehrten Mauern um den Felsen. Jetzt, als der Himmel aufreißt, liegt ein traumhaftes Licht über Berg, Stadt und Meer. Türkisfarben leuchten Tiefen, in sattem Blau strahlen Boote im Hafen und die nahen Ausläufer der Taurusberge schmücken sich mit einem Schimmer von Orange und Rot.

Wir schieben uns an den Geschäften der Teppich-, Leder-, und Schmuckhändler vorüber, weichen den Kaufaufforderungen mehr oder weniger geschickt aus und sind auf einmal auf dem steil ansteigenden Weg zur Burg. Der Himmel hat sich weiter aufgelockert und zeigt inzwischen ein blau-grau kariertes Sommerkleid. Nur an den Flanken der Berge stauen sich noch die Wolken. Es ist Zeit, die Regenbekleidung abzulegen. Und schon bald kommen wir ins Schwitzen.

Kleine Lokale locken mit Tee, Imbissen und kalten Getränken. An einer Ecke versprechen wir der Wirtin, auf dem Rückweg bei ihr Rast zu machen. Vor einem Haus, unter schattigen Bäumen sitzt eine junge Türkin an einem Webstuhl und fertigt Seidenschals. Wir sehen ihr zu und sie zeigt uns die Kokons der Seidenraupe und die feinen Seidenfäden. Dass Alanya ein Zentrum der Seidenraupenzucht war, wusste ich auch nicht. Zwei Tage Arbeit braucht es, bis das Mädchen einen bunten Schal fertig hat. 40.000 Lira kostet das schöne Stück, acht Deutsche Mark.

Viel gibt es in der Burganlage nicht zu sehen. Das Interessanteste ist eine kleine Plattform hoch über dem Meer, von der aus man in vergangenen dunklen Zeiten Bösewichte ins Meer stürzte und sich ihrer entledigte. Eine kleine Überlebenschance bekamen sie noch: Wenn sie es schafften, einen Stein von dieser Stelle aus bis ins Meer zu werfen, war ihnen ihr Leben geschenkt. Die wenigsten schafften es. Was so leicht aussah, war fast unmöglich. Ein ständiger Wind trieb die Steine gegen den Fels.

Aber ansonsten, habe ich das Gefühl, tun wir mit unserer Eintrittsgebühr lediglich etwas für den türkischen Tourismus. Die Außenwirkung der Burg ist weitaus imposanter als ihr Inneres. Aber schön ist es schon hier oben mit den weiten Blicken über die Küste. Auf dem Rückweg finden wir einen abkürzenden Trampelpfad zwischen Steinen, Mauerresten und Mohnblumen. Wir nehmen den versprochenen Imbiss in dem kleinen Lokal an der Ecke zu uns. Apfeltee und selbst gemachte Biskuits.

Pünktlich auf die Minute sind wir zum Begrüßungscocktail wieder im Hotel. Eine Pflichtübung, um über die angebotenen Programme Bescheid zu wissen. Montag und Dienstag findet die im Reisepreis enthaltene Fahrt nach Pamuccale statt.

Den Nachmittag verbringen wir am Pool und am Meer. Der Sommer ist da, zwar noch mit kühlem Wind, aber dennoch unverkennbar. Wir spazieren ein Stück landeinwärts, hindurch zwischen Bananenplantagen und Frühbeettunneln voller Tomaten, Zucchini und Auberginen. Die Bananenstauden sehen furchtbar traurig aus in ihrer abgestorbenen Erfrorenheit. Der letzte Winter war ungewöhnlich kalt und hat vielen Bananen den Garaus gemacht. Doch aus den Stümpfen sprießen schon wie spitze Lanzen die neuen Sprosse. Hier, hinter den Hotelblöcken gibt es tatsächlich türkisches Leben: Feldarbeiten, eine Möbeltischlerei, die Schränke aus Echtholz fertigt, kleine Läden mit dürftigem Warenangebot, spielende Kinder, blökende Esel und Kühe am Pflock. Wir finden sogar überwachsene Ruinen einer alten Stadt. Rinder und Schafe weiden zwischen den Resten einer Basilika.

Das Buffet am Abend ist in seiner Fülle und Präsentation ein wahres Kunstwerk und viel zu schade, es zu zerstören. Aber die Fresslust macht vor nichts halt und siegt über die Ästhetik. Der anschließenden Bauchtanzvorführung und einer Ledermodenschau können wir nichts abgewinnen. Morgen ist ein neuer Tag.

Sonntag, 11. April

An der Rezeption werde ich Zeuge eines Telefongesprächs. Eine füllige Matrone mit Dauerwellen gibt der Verwandtschaft in der Heimat Lebenszeichen: „Wir sind gut angekommen. Nein, schwimmen kann man nicht. Das Wasser ist eiskalt. Gestern hat es den ganzen Tag geregnet." Wie unterschiedlich doch die Wahrnehmungen sind!

Heute Morgen ist es wolkenlos und noch kühl, aber es wird ein schöner Frühlingstag werden. Wir sind um 8.00 Uhr aufgestanden und freuen uns auf das Frühstück. Danach packen wir die Badesachen und gehen die paar Meter über die Straße zum dunkelkieseligen Strand. Das Wasser ist türkisfarben und die Wellen rollen sanft ans Ufer. Bis zum Nachmittag haben wir es zu einem mittleren Sonnenbrand gebracht. Ich denke an das Ozonloch, aber die Eitelkeit siegt: Man möchte schließlich etwas Vorzeigbares mit nach Hause bringen. Nach vier Stunden am Strand reicht es.

Wir steigen in einen Dolmus nach Alanya und bummeln durch die Stadt. Überall Deutsche. Demzufolge sprechen auch fast alle Bewohner dieser Küste, die etwas mit dem Tourismus zu tun haben und das haben die meisten, gut deutsch oder im schlechtesten Falle wenigstens so ein ähnlich klingendes Kauderwelsch.

Auf der Post schicken wir telefonische Ostergrüße in die Heimat.

Ildiko wünscht sich eine Mohairjacke. Wir entdecken einen Laden, in dem solche Jacken zwanzig Mark billiger sind als in den Übrigen. Vielleicht hätte man noch handeln können, ich schaffe es aber nicht, der junge Mann, der uns in gutem Deutsch bedient, ist zu nett. Hier seien diese Jacken sowieso schon so billig wie sonst nirgends.

152

Zum Abendessen sind wir rechtzeitig ‚zu Hause'. Es ist kühl geworden und ich fröstele in meinem T-Shirt. Es ist eben doch erst Anfang April.

Dienstag, 13. /14. April: Pamuccale und viel Türkei

Die Stationen des zweitägigen Ausflugs nach Pamuccale sind schnell aufgezählt: Antalya, Karawanserei, Pamuccale, Hierapolis, Übernachtung in Denisli, Teppichknüpferei. Aber die Eindrücke zu beschreiben, da wird es schwieriger.

Die Landschaften

Von den 150 Kilometern zwischen Alanya und Antalya führen etwa 50 Kilometer der Asphaltpiste an der Küste entlang. Lange, meist dunkle Sandstrände an der einen Seite und eine weite fruchtbare Küstenebene, die sich bis zu den Ausläufern des Taurusgebirges erstreckt, an der anderen. Zu beiden Seiten der Straße blecken wie Zähne in einem verwitterten Gebiss die Betonklötze der Hotels in Weiß und Grau gegen den blauen Himmel. Manche sind halb fertig, andere verlassene Bauruinen. Bungalowsiedlungen verlieren sich pickelartig in der Weite der Landschaft. Jeder dieser Baukomplexe mag für sich architektonisch interessant sein, in ihrer Häufung aber sind sie monströse Fremdkörper in diesem kargen, farblosen Landstrich. Außer dem Blau des Himmels und des Meeres und dem vereinzelten Grün frischer Wiesen gibt es kaum Farben und das Auge vermisst sie schmerzlich. Es fehlen das Grün der Bäume, Blumen, bunte Häuser. Es gibt nur Grau, Braun und hin und wieder das matte Rot von Dachziegeln.

Bei Manavgat zweigt die Straße nach Side ab, dem Touristenzentrum Pamphyliens. So hieß dieser Landstrich zwischen Kemer im Westen, Alanya im Osten und dem Taurus im Norden in der Antike.

Wir bleiben auf der Hauptstraße, die nun die Küste verlässt, und geradewegs nach Antalya, der Provinzhauptstadt führt. Von dort aus geht es landeinwärts in die Berge. Bald hören die Bäume und die spärlichen Andeutungen von Wald auf. Die Berge erstrecken sich in ihrer nackten Ödnis. Nicht einmal Macchia deckt ihre grauweißen, windzerfurchten Flanken. Ziegen, von Nomaden durchs Land getrieben, reißen die letzten Reste von Vegetation aus dem Boden. Es ist eine Fahrt durch eine stumpfe, schattenlose Landschaft. Wenn im Sommer hier die Sonne senkrecht steht, muss es fürchterlich sein. Das Auge bricht sich an schroffen Klippen, ermüdet in solcher Eintönigkeit. Ich beginne einzudösen. Es ist warm im Bus. Wenn ich mal aufschrecke, zeigt sich, leicht variiert immer das gleiche Bild: Berge, Ziegen, weite Ödnisse, Hütten wie Schuppen, Bretterverschläge im Grau.

Wir durchqueren eine mittlere Großstadt: Erosions- und Erdbebengebiet. Erstere hat schlimme Spuren hinterlassen. Die Vorstellung, dass dieses Land einst waldbedeckt war, macht die Realität noch furchtbarer. Die Berghänge sind staubgrau, nackt, von der Hässlichkeit gerupfter Hühner oder geschorener Pudel. Bei jedem Regen wälzen sich die verbliebenen Erdreste schlammartig zu Tal. Die Folgen von Erdbeben lassen sich beseitigen, der Kampf gegen die fortschreitende Erosion geschändeter Bergrücken aber ist schier aussichtslos. Lächerlich nehmen sich da die zaghaften Anpflanzungen von Pappelreihen aus. Sie haben ja doch keine Chance gegen Hitze und die Gefräßigkeit der Ziegen. Und gegen die Menschen: Man heizt hauptsächlich mit Holz in den Dörfern der winterkalten Hochebenen, und man benötigt auch sonst viel Holz. Doch da es rar ist, holt man es sich, wo man es findet. Ohne Rücksicht, ohne viel Nachdenken. Ein schlimmer Kreislauf.

Dorf mit Karawanserei

Ein kurzer Abstecher und eine knappe Stunde Halt. Karawansereien waren Halte- und Übernachtungsstationen für die Karawanen auf den großen Handelsstraßen des Seldschukenreiches, jeweils vierzig Kilometer, eine Tagesetappe, voneinander entfernt. Kathedralen eines ansonsten kulturlosen Volkes. Die Ruine erinnert entfernt an einen Dom, ist aber schmucklos bis auf einige verblichene Ornamente im Portal, schmutzstarrend, verwahrlost.

Das Dorf im Halbkreis um die Karawanserei ist eine Ansammlung von Schuppen und Unrat. Zivilisationsmüll, Autoreifen, Blechkanister, vereinigt sich mit Bretterverschlägen, waghalsigen Holzbalkonen und halbverfallenen Steinhäusern zu einer Einheit von Chaos und Farblosigkeit. Eine Welt in Grau, Weiß und einigen Zwischentönen. Sieht man das Ganze mit freundlich verklärenden Augen an, lässt sich vielleicht eine dörfliche Idylle darin sehen. Sieht man es realistisch, bleiben Schmutz, Verwahrlosung, Fehlen jeglicher Schönheit und Harmonie. Wenig Bäume, keine Sträucher und Blumen, nicht einmal farbige Türen oder Fensterläden. Eine mit Wellblech überdachte Bushaltestelle in Weiß mit roten Rahmen ist der einzige Farbtupfer. Menschen in Schwarz und Weiß. Die Männer, dunkel gekleidet, lungern vor den Häusern und auf der Straße, die Frauen mit dem weißen Lichtblick des Kopftuches lugen neugierig aus den Fensterhöhlen, verstecken sich hinter Zäunen, blicken verstohlen durch halbgeöffnete Tore, Kinder und Hunde wuseln um uns herum. Ein Hahn mit vor Stolz geschwollenem Kamm stolziert zwischen seinem Harem pickender Hennen umher. Natürlich gibt es auch hier einen Türken, der etwas Deutsch spricht. Sechs Jahre hat er in Köln malocht, Kassel kennt er auch und nun ist er so etwas wie der Boss im Dorf, weltgewandt und sprachgewaltig. Ob wir einen Tee trinken wollen? Wir wollen, doch dann vergisst er uns, muss an den Spieltisch, vor dem, was sich euphemistisch als Café bezeichnen ließe. Lautstark spielen die Männer eine Art Rommé mit Holzplättchen, die sie vor sich auf Gestelle aufreihen. Und der ,Kölner' guckt mich stolz an: „Ich hier Meister Schüler!" Was er damit wohl meint? Wir verzichten auf den Tee, suchen Fotomotive. In einem Hof unter einer Treppe sitzen zwei Mädchen am Webrahmen und knüpfen einen Teppich. Verschämt gibt die eine, die jüngere, Ildiko ein Zeichen: „Foto"! Die andere möchte nicht abgelichtet werden. Bevor Ildiko fotografiert, blicken sich beide um. Ist auch kein Mann, keine Mutter, Tante, Großmutter in der Nähe, die Zeuge dieses Frevels werden könnten? Der gute Ruf! Das Klicken des Apparats schafft Erleichterung. Auf einem Zettel bekommt Ildiko die Adresse gereicht. Wir werde ihr das Foto schicken, der unbekannten, unverschleierten Schönen im fernen Orient, in ihr namenloses, weltvergessenes Dorf mit der halbverfallenen Karawanserei.

Die beiden Kühe im Hintergrund dieser Idylle grinsen, als hätten sie Verständnis für die profanen Wünsche der jungen Mädchen.

155

Pamuccale

Mineral- und kalkhaltiges Wasser strömt 35 Grad warm aus einer Quelle, fließt den Berg hinab. In der Luft verfliegt die Kohlensäure und der verbleibende Kalk bedeckt alles, womit er in Berührung kommt. In 40.000 Jahren entstand so dieses Naturwunder. Terrassenförmige, im Sonnenlicht gleißende Kalkablagerungen von unglaublicher Schönheit und Harmonie. Jahrtausende hat es gedauert, dieses Schauspiel der Natur entstehen zu lassen, ein Jahrzehnt nur, ihm den drohenden Garaus zu bereiten. Die drei Hotels zu Füßen der Quelle zapfen das Wasser ab, geben es fetthaltig weiter und nehmen ihm damit seine weiße Schönheiten bauende Wirkung. Pamuccale vertrocknet und verliert allmählich seinen zauberhaften Charme. Das ‚Baumwollschloss' erstickt unter den Fußtritten Tausender von Touristen. Es beginnt, sich allmählich grau zu färben, fügt sich, an den Rändern matt und unansehnlich werdend, in die graue, unansehnliche Landschaft.

Gleich nach der Ankunft gehen wir baden. Es sind eher Felsnischen als Becken, in deren Wärme sich die Körper aalen. Säulen und Kapitelle zeugen von der zweitausendjährigen Geschichte dieses Ortes, glänzen weiß in der durchsichtigen Klarheit des Wassers. Schon die Griechen und Römer wussten um seine Wirkung. Es gilt als Heilwasser für Nieren- und Magenerkrankungen, für die Augen und allerlei andere Gebrechen.

Es ist mühsam, über die Stufen und Säulenreste hineinzugelangen. Ich öffne die Augen unter Wasser und fühle stechenden Schmerz. Erst nach einiger Gewöhnung schaffe ich es, die Augen etwa dreißig Sekunden lang unter Wasser geöffnet zu halten. Ich glaube an die Heilwirkung und werde wohl von nun an noch klarer sehen. Wir halten uns am Rande fest, ganz still, sehen leichenblass unsere Körper unter der Oberfläche und beobachten, wie sich Arme und Beine mit einem Film kleiner Bläschen überziehen. Wie eine pickelige Hautkrankheit. Fährt man darüber, fühlt es sich weich an. Die Bläschen steigen zur Oberfläche und springen sprudelnd in die Luft. Es ist, als bade man in Mineralwasser, nur eben wärmer. Eine gute Stunde lang genießen wir dieses Körpergefühl.

Wir spazieren barfuß über die weißen Terrassen Pamuccales, fotografieren, staunen ob solcher Eskapaden der Natur. Lauwarm fließen die Rinnsale, die der Wassermeister den Hotels abgerungen hat und hinterlassen eine Schicht brüchigen, zunächst grauen Kalks. Da, wo er schon getrocknet ist, leuchtet er strahlend weiß. Blickt man von untern herauf in die frühabendliche Helligkeit des Himmels, erschließt sich ganz die strahlende Schönheit. Weiß und Blau sind die dominierenden Farben und sie bilden eine traumhafte Einheit mit dem Spiel der Formen. Halbrund auf Halbrund gleitet den Berg hinab. Erbarmungslos deckt der Kalk Grasbüschel, Zweige und Felsvorsprünge und friert sie für die Ewigkeit ein. Pamuccale wächst und blüht und strahlt selbst jetzt, unter den Füßen so vieler Touristen. Seine Schönheit wird, so hoffe ich, noch ein paar Generationen überdauern.

Hierapolis

Was wäre die türkische Urlaubslandschaft ohne die griechische Kultur? Sonnenbrand, Raki und Bauchtanz. So aber haben die alten Hellenen den bildungsbeflissenen Europäern etwas für die Seele hinterlassen: ihre Tempel, Säulen und Theater. Einige der schönsten griechischen Ruinen gibt es in der Türkei. An unzähligen Punkten der Landkarte, an der gesamten Küste Kleinasiens und bis weit hinein ins Landesinnere haben die Griechen sich verewigt: „Hier lebten wir, die Kinder der Sonne, des Zeus und der Hera, hier beteten wir zu Apollon, Artemis und Aphrodite. Schaut nur, ihr Neugierigen, Nimmersatten, wie weit wir es gebracht haben an der Wiege des Abendlandes." Die Römer folgten den Griechen nach. Sie, die großen Plagiatoren, fügten ihre Rundbögen und Arenen dem Vorhandenen hinzu, benannten Zeus in Jupiter um und Hera in Juno. Ihnen folgten die Venezianer und die Byzantiner und die bauten Forts und Burganlagen an der Küste. Gewaltige Zwingburgen. Die heutigen Türken übernahmen einfach das geschichtsträchtige Gut, öffneten es dem Tourismus oder machten Basare daraus und treiben Schindluder mit den antiken Steinen.

Hierapolis, heilige Stadt oder Stadt der Hera, darüber streiten sich die Gelehrten, liegt an einen Berghang geschmiegt und war in der Antike das, was wir Heutigen einen mondänen Kurort nennen würden. Die

Stadt, von gewaltigen Ausmaßen, 10.000 Menschen lebten einst in ihren Mauern, ist nur noch als Skelett erkennbar: Fundamente, Mauerreste, umgelegte Säulen, Kapitelle, ein Wirrwarr steinerner Zeitzeugen ist geblieben. Nur das Theater wirkt mit seinen vierzig Sitzreihen im Halbrund mächtig und beeindruckend. Da, wo bei den Griechen die Skene war, haben die Römer eine Vertiefung oder Arena hinzugebaut, die Manege für die Gladiatorenkämpfe. Panem et Circenses. Die Zuschauer auf den Rängen haben gebangt, gejubelt und geklatscht.

Wir sitzen links von der Königsloge auf einer der marmornen Sitzreihen und hören unserem Reiseleiter aufmerksam zu. Der milde Abend verbreitet eine beschauliche Stimmung. Rötlich erstrahlt das Gemäuer im sanften Abendlicht. Eine Türkin in buntem Rock und weißem Kopftuch kauert wie eine Erinnye im Eingang zum Theater. Den ganzen Tag über hat sie gestickte Decken zu verkaufen versucht und nun ist sie des Feilschens müde. Was interessiert sie der Statuenkram und die Aura dieses Ortes! Allah möge sie segnen und ihren Geschäften wohlgefällig sein.

Kein Wärter bewacht diese Kunstwerke. Beine trampeln über Rundbögen und umgestürzte Säulen, Friese verwittern in Wind und Regen und Statuen sind ungeschützt den Unbilden des Wetters ausgesetzt. Wie lange werden sie der Zeit noch trotzen? Wird es in hundert Jahren auch noch dieses Hierapolis geben, so ungeschützt, kaum bewacht und der aufdringlichen Neugier kamerabewehrter Touristenhorden ausgesetzt?

Denisli

Den Namen dieser Stadt habe ich noch nie gehört und dabei beherbergt sie 200.000 Einwohner. So groß wie Kassel also.

Wahrscheinlich gibt es in jeder größeren Stadt der Welt ein Parkhotel. So auch hier. Obwohl weit und breit kein Park zu sehen ist. Die Betten in unserer Unterkunft sind zu weich und es gibt auch nur eine Decke für uns zwei. In der Nacht raufen wir uns darum. Aber sonst ist das Parkhotel gut genug für eine Nacht. Unsere Ansprüche sind nicht sehr hoch.

Nach dem Abendessen, der Ober kündigte es an wie ein Zeremonienmeister und danach kam es recht dürftig auf den Tisch, bummeln wir einmal rauf und einmal runter über die Hauptstraße. Die Geschäfte sind westeuropäisch, auf modern zurechtgemacht, sonst aber obsiegt die karge Strenge des Islam. Minarette fingern himmelwärts und Männer, Männer, immer nur Männer flanieren im Halbdunkel der Straßenlaternen. Einige wenige Frauen, modern in Jeans gekleidet und ohne Kopftuch, wirken wie verloren in dieser Männerwelt. Rotkäppchen in einem dunklen Wald voller Wölfe. Man stelle sich eine südliche Stadt vor, an einem milden Frühlingsabend, der zum Spazieren einlädt, voller Menschen, unter denen sich kaum eine Frau befindet, dann ist man in Denisli oder Bursa oder Izmir. Ein Garten ohne Blumen.

Viel gibt es nicht zu sehen: Friseursalons, in denen kurz vor Mitternacht Männer Männer frisieren, Cafés voller Männer, vorbeihuschende Autos, von Männern besetzt, ein Minarett, eine Moschee für Männer, ein Platz mit zwei hässlichen Betonstelen und einer Statue, einer männlichen natürlich. Sag mir, wo die Frauen sind, wo sind sie geblieben? Wie herrlich, hier Mann zu sein und wie elend, armselig und trist zugleich.

Nach dem Abendessen stellte eine Tänzerin ihren Bauch und Busen zur Schau. Sie wand und schlängelte sich vor den Blicken gieriger Männeraugen. Hände fingerten ihr Geldscheine in den Ausschnitt. Das Mädchen war zufrieden und lächelte, denn mehr als ihre Haut brauchte sie nicht zu Markte zu tragen. Und die Männer, nach einer solchen Vorführung, allabendlich an Abertausend Plätzen in der Türkei, was tun sie? Gehen nach Hause, fallen im Dunkel über ihre verschlafenen Frauen her, machen ihnen Kinder im Namen Allahs oder onanieren in stiller Verzweiflung. Allah ist mächtig und Mohammed ist sein Prophet. Die Versuchung, das Böse, das Übel ist allüberall. Allah gebe den Männern die Stärke, den Versuchungen des Fleisches zu widerstehen.

Am Morgen um acht Uhr verlassen wir Denisli. Über der Stadt hängt eine bläulich schimmernde Abgaswolke. Die Gebetsrufe der Muezzins verhallen in der Ferne.

Teppichknüpferei

Nach zwei Stunden Fahrt halten wir an einer Teppichknüpferei, einer staatlichen Kooperative. Nein, zum Kauf sei man nicht verpflichtet, aber, wenn man wolle, natürlich, und es sei geprüfte, beste Qualität. Der

Experte, hochgewachsen, schwarzhaarig, elegant gekleidet, erklärt uns weltmännisch in bestem Deutsch, wie die Wolle zu Fäden verarbeitet und mit Naturfarben gefärbt wird. Einige Mädchen und auch Kinder sitzen über Webstühle gebeugt und führen die Knüpferei vor. Dann lädt man uns zu Kaffee, Cay oder auch Bier ein und lässt dann die Teppiche rollen. Prachtexemplare mit klangvollen Namen und bis zu einer Millionen Knoten pro Quadratmeter. Die Faszination der Zahlen. Über die Bedeutung und Symbolik der Muster erfahren wir nichts. Die Griechen bauten Tempel und schufen Statuen, die Deutschen haben ihre Dichter, die Italiener die Musik, die Franzosen die Politiker, die Spanier die Maler und Toreros. Und die Türken? Die haben Teppiche. Namenlose Künstlerinnen knüpfen tagtäglich Faden auf Faden. Millionenfach. Und ihre ebenso namenlosen Männer verkaufen diese Volkskunstwerke an scheckbewaffnete Touristen. Der Quadratmeter zu 1000 Mark. Der Experte nennt seine Objekte zeitlose Wertanlagen. Er mag recht haben. Und so trampeln denn Generationen über die Kunstwerke namenloser Künstlerinnen, die in namenlosen Dörfern über Webrahmen, in täglicher Plackerei, sich Augen und Rückgrat zerstörend, die immer gleichen Ornamente Faden für Faden zu zeitüberdauernden Schaustücken wirken. 13-jährige Mädchen hocken auf niedrigen Bänken und die Finger fliegen von Knoten zu Knoten. Kinderarbeit? Nein, sie haben ja ihre fünfjährige Schulpflicht hinter sich und mit sechszehn wird in der Türkei immer noch geheiratet. Früher versprachen die Väter die unmündigen Söhne und Töchter: Mein Sohn und deine Tochter passen zusammen - und lass uns Freunde sein fürs Leben. Heute verspricht man die Kinder, wenn sie 15 oder 16 Jahre alt sind. Die Zeiten haben sich geändert, die Türkei ist ein moderner Staat geworden.

Nein, wir kaufen keinen Teppich. Wir ziehen die Industrieware für 495 Mark vor. Ich mag nicht auf 5000 Deutschmark und dem Fleiß namenloser Künstlerinnen herumtrampeln. Ein paar Tage später klärt man uns in Alanya auf, dass diese sogenannten staatlichen Vorführknüpffreien sowieso ein Schwindel seien, mit weit überhöhten Preisen. Kommt ein Bus, gehts an die Arbeit, fährt er ab, beginnt die Teepause. Kaffeefahrten mit Folkloretouch.

In der Moschee liegen viele Teppiche. Sonst ist es kahl und öde darin. Und das Dorf um die Knüpferei herum? Ein paar blaugestrichene Fensterrahmen, kahle Bäume, farblose Armseligkeit, blaugekleidete Schulkinder auf einem staubigen Schulhof, ein ausgetrockneter Bachlauf voller Müll und weite Felder, die sich bis zu den nahen Bergen erstrecken.

In einem zeltähnlichen Gebäude nehmen wir auf Sitzkissen an niedrigen Tischen unser Mittagsmahl zu uns: Salat, Pitta und eine Art Gulasch. Es schmeckt mir, aber wann schmeckt es mir nicht?

Hussein

Wie soll ich unseren staatlich geprüften Reiseleiter beschreiben? Als Hussein stellt er sich vor, wie Saddam, der Allbekannt-Berüchtigte aus dem Irak, nur weniger grausam sei er. Hussein ist klein, leicht gedrungen, kurz, fast stoppelhaarig, etwa 30 Jahre alt. An den beiden Tagen ist er schlecht rasiert. Seine Kleidung wirkt altväterlich, obwohl nichts daran altmodisch ist. Vielleicht zu dunkel und traurig für dieses Wetter. Die Sachen sitzen einfach nicht an ihm, oder er passt nicht hinein. Die Hose ist eine Idee zu kurz, die Schuhe zu schwarz. Seinen Job versteht er. Wenn er referiert, über Land und Leute, Wirtschaft und Schulsystem, Nomadentum und Landschaften, dann hört man ihm zu, denn er vermag durchaus zu faszinieren. Er weiß viel und vermittelt sein Wissen auf eine schulmeisterliche, Widerspruch nur ungern duldende Art. Ein strenger Lehrer, der das, was er die einfältigen Schüler lehrt, auch abfragt und dann Noten verteilt. Das sagt er uns gleich zu Beginn: Morgen gibt es ein Wissensquiz und wer etwas weiß, bekommt eine Flasche Bier zur Belohnung. Das Frage-Antwort-Spiel auf der Rückreise wird ein Fiasko. Nur unaufmerksame Schüler sitzen im Bus. Die fünf größten Städte der Türkei? Bis vier kommen fast alle. Aber die fünfte? Ich habe den Namen schon wieder vergessen. Die Grenzen Pamphyliens? Das Taurusgebirge, Alanya und Kemer natürlich! Ich ergattere mir ein Bier. Wenigstens wusste ich noch, dass Hierapolis in Phrygien liegt. Spätestens in der antiken Stadt hat Hussein herausgefunden, dass er in Ildiko einen Widerpart gefunden hat, einen harten Brocken, an dem er sich die Zähne ausbeißen könnte. Das reizt ihn. „Meine Dame", spricht er sie nun öfter an und blickt bei Erklärungen in ihre Richtung. Und Ildiko fordert seine selbstbewusste, häufig selbstgerechte Männlichkeit heraus, dieses mit der Pose des guten, vielwissenden Menschen hingefloskelte „Liebe Gäste." Als er schließlich, als letztes und ihm offensichtlich wichtigstes Thema, über den Islam referiert, knallen zwei Welten aufeinander: der gläubige, fast fundamentalistisch eingestellte Muslim und Ildiko, die Islamverächterin. Die Stellung der Frau natürlich, da sieht er schlecht aus. Und auf die Frage, wie es denn mit dem heiligen Krieg gegen die Ungläubigen sei, windet er sich und redet sich heraus: so stehe das nicht im Koran, das sei anders gemeint. Für die Verurteilung Salman Rushdies durch die iranischen Mullahs zeigt er Verständnis. Ich kann ihm meine Achtung nicht absprechen, dass er sich in einem Bus voller Christen, darunter vieler Frauen, auf solch gefährlichen und rutschigen Boden wagt. Er bekommt bei der Diskussion immer mehr etwas Fanatisches, Bekehrerhaftes. Vielleicht sieht er es gar als seine Aufgabe als Reiseleiter an, Ungläubige zum rechten Glauben zu bekehren. Viel Erfolg ist ihm dabei nicht beschieden.

Donnerstag, 15. April

Am Dienstagabend habe ich mit einem Dolmusfahrer ausgemacht, dass er uns am Donnerstag um 10.00 Uhr vor dem Hotel zu einer ‚Land und Leute-Tour' abholt. Er ist ein junger Türke, ist in Nürnberg zu Schule gegangen und hat dort einen großen Teil seiner Jugend verbracht. Die Familie lebt noch in Deutschland, der Vater ist inzwischen Rentner. Cefki ist allein zurückgekehrt. Das Leben hier sei menschlicher, sagt er. Ich vergesse, zu fragen, was er damit meint. Mir erscheinen die Armut, die Unterdrückung der Frauen, das Betteln der Kinder, die Verbauung der Landschaft, der Schmutz und die Unordnung durchaus nicht menschlicher. Vielleicht sind die Menschen hier freundlicher, anspruchsloser, weniger hektisch, aber wiegt das schon all das Negative auf?

Wir sind zu neunt im Bus, drei Kinder und sechs Erwachsene. Eine kleine Gruppe. Pro Person soll die Tagestour zwanzig Mark kosten. Alle Welt rechnet hier an der Küste in DM. Natürlich kann man auch in Lira bezahlen, doch Deutschmark ist die beliebtere, fast gängigere Währung. Die Inflation beträgt 70 Prozent in der Türkei. Die Mark hat auch weniger Nullen, rechnet sich einfacher. 6000 türkische Lira sind eine Mark. Im Nu ist man Millionär und schnell wieder bettelarm.

Von Alanya aus fahren wir in die Berge. Schon beim ersten Dorf, nach fünf Kilometern, hört die Asphaltstraße auf. Staub und Schlaglöcher setzen ein. Die enge Piste windet sich bergan, vorbei an Orangenplantagen. Hier gibt es auch endlich einmal Vegetation, Bäume, Blüten, saftiges Grün. Es geht stetig bergauf. Die Berge fallen steil in Schluchten herab, Schründe tun sich auf, Zacken blecken himmelwärts. Nach einer knappen Stunde erreichen wir unser Ziel, das anatolische Dorf. Vor einer wackeligen Holzveranda, an einen Häuserverschlag geheftet, hält der Dolmus. Zwei Dutzend Männer in dunklen Anzügen, teils bärtig und einige mit Fez, schauen uns neugierig entgegen. Von allen Seiten strömen Kinder herbei, sechs bis acht Jahre alte Knirpse mit kurzen Haaren und großen Augen. Die Ankunft der Deutschen hat sich schnell herumgesprochen. Die offenen Hände erwarten Bonbons. Vor Antritt der Fahrt haben wir uns damit eingedeckt. Die Kinder sind nicht aufdringlich, fordern aber ihren Tribut, die Eintrittsgebühr ins Dorf. Fotos dürfen wir machen, keiner hat Einwände.

Die Dorfmoschee ist schmucklos und kahl, wenn man von den schäbigen Teppichen am Boden absieht. Es ist ein armes Dorf mit einer armseligen Moschee. Nicht einmal ein Minarett hat sie. Schmucklose Wände ohne ein Bild, ohne Schrift. Eine Nische mit grünen Ornamenten legt die Gebetsrichtung nach Mekka fest. Natürlich mussten die Frauen ein Kopftuch aufsetzen und alle dürfen nur barfuß die Gebetsstätte betreten. Unser Nürnberger Türke zeigt uns den Koran, den Gebetsmantel, den Fez des Imam. Cefki ist nicht gläubig, sagt, dass er nur das glaube, was er sehe. Er stellt sich für ein Gruppenfoto in Pose.

Die paar hundert Meter über einen ansteigenden Trampelpfad zu dem Haus, in dem man uns schon erwartet, sind schnell zurückgelegt. Wie die meisten Häuser im Dorf ist auch dieses versteckt hinter Bäumen und Felsen. Die Tochter des Hausbesitzers sitzt auf dem Boden neben der offenen Feuerstelle, knetet Brotteig, lässt ihn geschickt über den Handrücken rollen und wirft die pfannkuchenförmigen Brotfladen auf ein Rundblech über dem Feuer. Nach wenigen Minuten sind sie knusprig und landen noch kurz in der Glut. Sie blähen sich auf und sind dann fertig.

Inzwischen hat uns das Familienoberhaupt Tee gereicht, Apfel-, Blüten- oder schwarzen Tee. Wir verzehren das Gastmahl: Fladenbrot, mit Butter bestrichen und bestreut mit Ziegenkäsekrümeln.. Die Hausfrau zeigt uns noch einige Handarbeiten und legt den Frauen Kopftücher an. Danach beginnt die Hausbesichtigung. Mein Gott, wie ärmlich und bedürfnislos Menschen leben können! Das ‚Wohnzimmer' ist ein leerer Raum mit Kleidungsstücken an der lehmfarbenen Wand, überdeckt mit einem hellen Leintuch gegen den Staub. Im ‚Schlafzimmer' thront der Fernsehapparat gegenüber einem Bettgestell. Das wird aber kaum benutzt, die Familie schläft auf dem Boden und die Bettwäsche liegt im Schrankverschlag in der ‚Küche', wird allabendlich hinüberbefördert. Die ‚Küche': eine offene Feuerstelle, ein tropfender Wasserhahn in Fußhöhe, ein Abfluss. Feuchter Lehmboden. Dennoch ist in all dieser Ärmlichkeit vieles da, was an Zivilisation erinnert: Kühlschrank, Fernseher, Radio, elektrisches Licht. Die Toilette ist ein Loch im Boden in einem geräumigen Stall. Ich frage mich, warum wir die Schuhe ausziehen mussten, um diese Behausung zu betreten. Und ich frage mich, wie sich die Menschen hier waschen. Nicht mal eine Schüssel habe ich irgendwo gesehen.

Die Leute sind arm, aber glücklich, sagt unser Chauffeur. Aber er könne so nicht leben. Wahrscheinlich hat Cefki recht, wenn man Glück mit Bedürfnislosigkeit, Lethargie und erwartungsloser Gottergebenheit gleichsetzt. So sind nun einmal die Dinge. Allah hat es so gefügt. Und im Vergleich zu den Slums in Ankara oder Istanbul findet hier möglicherweise tatsächlich glückliches Leben statt.

Man verabschiedet sich freundlich und jeder von uns entrichtet seinen Obolus. Die Familie ist ein bisschen reicher geworden. Vielleicht ist sie die einzige im Dorf, die am Tourismus dieser Küste partizipiert. Immerhin ist das Herzeigen häuslicher Armut schon ein Hauch von Initiative.

Folklore für wohlhabende Fremde, die das Aroma türkisch ländlicher Armut schmecken wollen.

Von den Dorfkindern verabschieden wir uns mit den verbliebenen Bonbons. Wenn das so weitergeht, werden die Kleinen bald einen Zahnarzt brauchen.

Die zweite Station der Tour ist ein Picknickrestaurant inmitten eines vom Scheeschmelzwasser des Taurusgebirges geschwollenen reißenden Flusses. Wir balancieren über eine abenteuerliche Hängebrücke. Mit beiden Händen halte ich mich an den rostigen Stahltrossen fest, taste mich über die dünnen Bretter und bin froh, heil am anderen Ende angekommen zu sein.

Dann sitzen wir mitten im Fluss auf einer Plattform, von Rauschen der herabschießenden Wasser umgeben und speisen. Es ist kühl. Wir haben vergessen, dass es erst Mitte April ist, und hier in den Bergen, im Schatten, über dem Wasser, frösteln wir. Ein Ehepaar aus Thüringen sitzt mit uns am Tisch. Unser Reisechef spendiert uns zwei Raki und die rumoren bald in mir. Es ist ein gemütlicher, fröhlicher Nachmittag.

Gegen vier Uhr sind wir wieder zurück im Hotel.

Freitag, 16. April

Freitags ist in Alanya Markttag. Straßengewirr und übervolle Stände mit Levis, Benetton, Nike und allen namhaften Modemarken. Das häufigste Wort, das ich höre, ist „billiger". Die Preise purzeln beim Handeln um mehr als die Hälfte. Solche Märkte kennen wir aus Griechenland, aber dort ist es echter und freundlicher. Hier gibt es nur zwei Sorten Menschen: Türken, die in gebrochenem Deutsch verkaufen und Deutsche, die kaufen. Jeder will Deutschmark haben, doch die geizigen Deutschen trennen sich so ungern von ihr und haben dabei doch reichlich davon.

Es ist ein eigenartiges, nachdenklich machendes Land, das alle Bequemlichkeiten fast ausschließlich für die Urlaubsgäste zur Verfügung stellt. Hinter den beiden Reihen der wie Fremdkörper aus den flachen Küstenstreifen in unglaublicher Anzahl hochschießenden Hotels ist tiefste Türkei, voller Armut, Schmutz, körperfeindlicher Vermummung. Die Einheimischen haben keinen Anteil an dem Luxus in den Bettenburgen. Sie sind wie Fremde im eigenen Land. Ob sie wohl selbst einmal baden gehen in ihrem Meer? Ein paar dürftige Lädchen versorgen die Einheimischen, deren Behausungen sich zwischen Bananen und Orangenplantagen verstecken, mit dem Notwendigsten. Fünfmal am Tag ruft der Muezzin zum Gebet. Der eintönige Singsang, verzerrt von klirrenden Lautsprechern mischt sich mit der Litanei eines zweiten Vorbeters und beide zusammen wetteifern darin, die Gläubigen zur gläubigen Pflicht zu rufen. Die Menschen, die uns begegnen, sind freundlich, grüßen, lächeln. Aber wie lange kann man so leben ohne Aggressionen und Wut auf die, die in den weißen Ghettos ihre Haut bräunen, sich bedienen lassen, die Sitten verwildern und mit ihren indiskreten Fotoapparaten herumfuchteln, als sei noch der hinterste Winkel eines Männercafés Motiv fürs heimische Fotoalbum. Kulturaustausch? Nein, der findet nicht statt. Die Kulturen berühren einander kaum. Eine Begegnung findet bestenfalls statt in einem Café mit einem Kellner oder in einem Laden mit einem geschäftstüchtigen Verkäufer. Auch die Ausflüge ins Inland sind nur wie Besichtigungen in einem Zoo. Sie bestätigen Vorurteile.

Montag, 19. April

In der Nacht hat es geregnet und am Morgen weht ein kühler Wind. Der Himmel sieht um halb zehn noch unentschlossen aus. Blaue Löcher in der Wolkendecke über dem Meer und Schwärze landeinwärts. Wir machen uns zu einem Spaziergang auf. Erst am Ufer wird uns bewusst, welch ein Schauspiel das Meer heute bietet. Wellen, bis zu zwei Meter hoch, prallen an den Strand. Weiße Gischt deckt den Sand und die Zungen lecken bis an die Steinwälle. „Komm und spiel mit mir mein gefährliches Spiel!", ruft das Meer. Solch einer Aufforderung konnte ich noch nie widerstehen. Ich habe meine Techniken, die Wucht der Wellen zu überlisten. Im richtigen Augenblick kopfüber hineinspringend untertauche ich die Kämme und finde mich in einem Wellental wieder. Hier, weg vom flachen, aber durch vereinzelte Steinplatten riskanten Strand ist es wie auf einer Kinderschaukel: auf und ab, rauf und runter, ein sanftes Wiegen. Das Zurück ans Ufer ist wieder gefährlich, aber was im Leben ist schon ohne Risiko? Eine mächtige Welle erfasst mich mit all ihrer Kraft, beutelt mich auf den Sand, ich kugele und rolle, komme aber mit einer kleinen Schürfwunde und einer Badehose voll von Kieseln davon. Eine Weile kann man lustvoll dieses Spiel spielen. Die Sonne wärmt inzwischen und der Wind hat viel von seiner beißenden Kühle verloren.

Zuerst, um 1100 v. Chr. kamen von Westen über das Meer die Minoer und bauten aus klobigen Steinquadern ihre Burgen. Die Griechen übernahmen später das Land, schufen Theater und Tempel und über die Agora lief der Handel mit dem Mutterland. Blühende Städte an der Küste Kleinasiens. Phrygien und Pamphylien. Wenn nicht die allzeit drohende Gefahr durch die Perser gewesen wäre. Der attische Seebund band die Städte ans Mutterland und gab ihnen Stärke gegen den Feind aus dem Osten. Doch das griechische Reich verging in den Kämpfen miteinander, zerbröckelte an der Uneinigkeit und Alexander der Große zählte nun dieses Land zu seinem Reich, prägte ihm den Stempel des Hellenismus auf. Issos, 333, große Keilerei, auch das ist nicht weit von hier, knappe 300 Kilometer. Nach Alexander kamen die Römer, bauten die Theater um zu Amphitheatern, schufen Thermen und Brücken und fügten ihre Rundbögen in die vorhandenen Bausubstanzen. Rom zeigte seine ungeheure Machtfülle. Doch auch dieses Reich verging. Gras und Macchia wuchsen über die Städte, Generationen von Eidechsen und grünschimmernden Geckos sonnten sich auf den Mauern. Die Venezianer hinterließen ein paar Kastelle, und die Seldschuken und Osmanen überzogen das Land mit ihren kriegerischen Heerscharen. Und lange war nichts, was den Frieden an den Gestaden dieser sonnenverwöhnten Mittelmeerküsten störte. Kamelkarawanen zogen von landeinwärts zu den kleinen Hafenstädten, von Karawanserei zu Karawanserei. Die einzigen Stätten, die die neuen Bewohner der Kulturvielfalt dieser Region hinzufügten. Und Jahrhunderte später, sechzig Jahre nach der Entstehung des türkischen Staates kamen die letzten Eroberer. Aus dem Westen fielen sie mit Flugzeugen wie Heuschrecken über das Land und man empfing sie mit offenen Armen, wie der Arme den Reichen empfängt und bewirtet, auf Almosen hoffend. Die Hirten, Nomaden, die Fischer, Bauern und Händler bauten den Fremden Betonburgen an die sandigen Strände, deckten ihnen die Tische reich, lernten ihre Sprache und verhökerten dieses Land, seine Geschichte und seine Naturschönheiten. Eine Kultur der Zerstörung setzte ein, des Nehmens und Sich-Hinwegsetzens über all das, was in mehr als zwei Jahrtausenden gewachsen war: Ausverkauf eines Landstrichs zu Schleuderpreisen. Die neuen Eindringlinge nahmen zwei Wochen Sonnenbräune, Urlaubsfotos und vermeintliche Folklore mit und fuhren wieder heim, nachdem sie auch noch bildungsbeflissen über die Ruinen ehrwürdiger Antike getrampelt waren.

Wir haben Cefki, den Dolmusbesitzer, noch einmal angeheuert. Diesmal haben wir ein umfangreiches Programm: Perge, Antalya, Aspendos und Side. Cefki ist ein aufgeweckter Bursche mit schwarzengelockten Haaren und pfiffigen Augen, aber ohne Führerschein. Den hat man ihm wegen wiederholten zu schnellen Fahrens abgenommen. Also fährt jetzt jeweils einer seiner Freunde für ihn. Cefki ist ein gewiefter Geschäftsmann. Diskret, aber dennoch auffällig genug bietet er seine Dienste als ,Reiseleiter' vor den Hotels an. Sein Dolmus kostet 150 Mark pro Tag und fährt die Gäste dann dorthin, wohin sie wollen. Das ist viel billiger als die von den Reisebüros angebotenen Touren und macht vor allem mehr Spaß. Cefki weiß Bescheid über Land und Leute, kennt die richtigen Plätze und Restaurants und hat oft eine witzige Bemerkung in seinem bayrischen Deutsch auf Lager. Unsere Reisegruppe besteht aus fünfzehn Personen.

Nach knapp zweistündiger Fahrt steuern wir Perge an, vier Kilometer von der Nationalstraße entfernt. Der größte Osterrummel ist offensichtlich vorbei. Außer zwei Busladungen und ein paar Einzelreisenden sind wir die einzigen Touristen und diese kleine Anzahl verliert sich auf dem weitläufigen Gelände.

Vor dem großen Ruinenportal hat sich um Ildiko eine Gruppe Bildungsbeflissener geschart. Meine Frau ist in ihrem Element, fängt bei der Steinzeit an und endet beim Islam, der, Mohammed sei's geklagt, all diese Schätze verkommen lässt. Sie macht das gut: Die Begeisterung der

Kunsthistorikerin vereinigt sich mit dem Temperament der Ungarin. Ich kenne solche Vorträge und laufe lieber für mich allein zwischen den Säulenresten und Kapitellen umher. Rechts die Agora, links die Prachtstraße mit der noch erkennbaren Wasserleitung. Eidechsen huschen über die sommerwarmen Steinplatten und verschwinden eiligst in den Ritzen. Schöne Tiere, die sich in der Antike wohlfühlen. Der Himmel strahlt blau und die Sonne sticht mir aufs schüttere Haupthaar. Der Ort bezaubert. Die Ruinen erlauben der Fantasie Höhenflüge. Ich stelle mir vor, wie es hier einstmals aussah und wie Menschen in leichten, weißen Gewändern geschäftig durch die Gassen eilten. Hunde bellten ihnen hinterher und Eselskarren holperten voll beladen zur Agora. Perge lebt vor meinem inneren Auge.

Nach einer knappen Stunde haben wir einen kleinen Teil der Riesenstadt erkundet und machen uns auf die Weiterfahrt. Natürlich, fast hätte ich vergessen, was Perge heute noch so sehenswert macht, das Stadion, das besterhaltene in Kleinasien. Das nehmen wir auch noch schnell mit.

Antalya, die Provinzhauptstadt, hat 351.600 Einwohner. Woher ich das so genau weiß? Auf jedem Ortsschild ist die Einwohnerzahl zu lesen: Nüfus, Bevölkerung! Die Türken lieben augenscheinlich die Exaktheit der Zahlen. Dass die Zahlen schon kurze Zeit später nicht mehr stimmen, scheint sie nicht zu stören.

Antalya sei die Perle der türkischen Mittelmeerküste, heißt es im Reiseführer. Für den Jachthafen und die Altstadt scheint das zu stimmen. Gepflegt, malerisch, romantisch. Die Gässchen sind Basare: Teppiche, Leder, Gold. Und wie überall die gleiche Anmache. „Darf ich Ihnen eine höfliche Frage stellen? Sind Sie das erste Mal in der Türkei? Wo leben Sie in Deutschland? Ich möchte Sie zu einem Glas Tee einladen. Eine alte türkische Sitte. Das dürfen Sie nicht ausschlagen. Sie brauchen nicht zu kaufen. Nur gucken". Der gut Deutsch sprechende Verkäufer fasst einen sanft, aber bestimmt am Arm und schon ist man drin in der Schatzkammer. Teppiche stapelweise. Der Apfeltee wird gereicht: warm und aromatisch. Teppiche werden ausgerollt. Augenschmaus für jemanden, der etwas davon versteht. Wir verstehen nichts davon und unterbrechen das Spiel irgendwann, danken für den Tee und machen uns aus dem Staub.

Die Altstadt Antalyas ist nur ein kleines Halbrund jenseits der hohen Hafenmauer, aber das hat es in sich: Restaurants, kleine Läden, Straßenhändler, die Gewürze und Teesorten feilbieten, viele schön restaurierte Häuser. Die halbe Stunde, die wir zum Bummeln haben, reicht bestenfalls, ein paar besonders malerische Motive fürs Fotoalbum einzufangen. Ja, wenn man mehr Zeit hätte, aber der zeitgemäß Reisende hat's eben eilig. Pünktlich sind wir wieder am Dolmus.

Vor dem Altstadtbesuch haben wir uns auch noch den berühmten Wasserfall bei Antalya angeschaut. Zwischen dem Gedränge eines Marktes hindurch fahren wir an Hütten und schuppenartigen Behausungen voll Unrat und Schmutz vorbei zu dieser Sehenswürdigkeit. Ein echtes türkisches Ausflugsziel. Großfamilien beim sonntäglichen Picknick. Der Wasserfall stürzt zehn Meter hoch über einen Felsen herab. Überall üppige Vegetation. Ein System von Treppen und Tunneln führt von der oberen Ebene über eine Höhle, entweder direkt unter die Kaskade oder zur Ebene, in der die Wasser ihren Sturz beenden und sich in einem Fluss auf den Weg zum Meer machen. Es tropft von den Decken, der Boden ist glitschig und das Rauschen dringt von allen Seiten auf uns ein. Ich staune und bin fasziniert von diesem Schauspiel.

Das nächste Ziel nach Antalya ist Aspendos. Dort steht das am besten erhaltene antike Theater. Im Reiseführer stehen drei Seiten über Aspendos. Ich erspare mir Beschreibungen. Es ist ein beeindruckendes Bauwerk. In dem Halbrund fanden mehr als 15.000 Zuschauer Platz. Die Römer bauten es und die Menschen ergötzten sich darin bei den tödlichen Kämpfen der Gladiatoren, bestaunten die Grausamkeit wilder Bestien und die gigantischen nachgespielten Seeschlachten. Die Römer scheinen vieles mit den Amerikanern gemein zu haben: den Hang zum Gigantismus, die großen Shows, die Fähigkeit, das Vorgefundene sich anzuverwandeln und auszubauen, die technischen Innovationen. Mit einem unglaublichen Selbstbewusstsein, fast schon einer Selbstherrlichkeit, nahmen sie sich, was sie vorfanden und machten es sich zu eigen. Jupiters own nation! By Jove!

Es ist atemberaubend, die Zuschauerreihen in diesem Theater hinaufzusteigen und hoch oben, aus schwindelerregender Höhe herabzuschauen. Der berühmte Trick mit dem Reibegeräusch eines Streichholzes, das im griechischen Epidauros jeder Reiseleiter vorführt, funktioniert auch hier. Die Akustik ist so umwerfend, dass man das leise Zischen aus der Mitte der Arena bis zur obersten Reihe vernimmt.

Im Sommer halten die Türken hier Ölringkämpfe ab. Die Tatsache, dass die Türken für das Vorgefundene, die ihnen fremde Kultur, kassieren, ohne etwas Wesentliches für deren Erhaltung und Pflege zu tun, hinterlässt einen faden Nachgeschmack. Diese Küste lebt von der Sonne, dem Meer und den antiken Stätten. Was gäbe es sonst zu besichtigen? Es gibt weder Theater, noch Konzerte, auch in den Großstädten nur wenige Kinos und die kämpfen ums Überleben, seit es Videotheken gibt. Das Ausgehen und die Unterhaltung beschränkt sich auf Sportereignisse, Essengehen, Picknicks.

Nach Aspendos geht es nach Side, der letzten Station des Ausflugs. Die Prospekte bezeichnen Side als den schönsten Platz an der türkischen Riviera: feine Sandstrände, erstklassige Hotels, antike Gemäuer. Die Geschmäcker sind verschieden. Mir erscheint Side wie eine touristische Apokalypse. Mitten zwischen die Antike hat man Boutiquen, Kioske, Häuser gebaut unter rücksichtsloser Verwendung von Säulen, Stelen, historischen Steinquadern. Geschichte vermischt sich mit billigem Touristennepp. Die schmale Dorfstraße ist eine einzige Käuferfalle und die Methoden der zahllosen Verkäufer von Teppichen, Schmuck, Leder sind aggressiver und unangenehmer als sonst wo. Nur wer kauft, ist ein guter Tourist. Man fühlt sich reduziert auf eine einzige Eigenschaft: kaufen. Die großen Hotels liegen fünf bis zehn Kilometer entfernt von dieser Kaufmeile. Es sind sicherlich erstklassige touristische Hochburgen, aber Sand, Sonne, Meer wären mir doch etwas zu wenig für ‚die kostbarsten Wochen des Jahres'. Ein wenig Land und Leute kennenlernen, wie kann man das in Side? Ein Kamelritt, ein Mietjeep, die Jachtkreuzfahrt entlang der Küste, Sauna und Paragliding, Kanufahrten und Biking, alles ist möglich und sicherlich schön und gut, aber alles läuft über den Griff in die Geldbörse. Ich möchte wenigstens die Illusion haben, dass in diesem Landstrich auch noch Menschen leben, die nichts zu tun haben mit dem Touristenstrom, der sich tagtäglich aus den zur Hochsaison in vierminütigen Abständen landenden Flugzeugen in die Betonburgen der Hotels ergießt. Ich möchte mir wenigstens die Lüge gestatten, dass ich nicht nur zahlende Nummer bin. In Alanya, in unserem Hotel, kann ich mir das mit zugekniffenen Augen noch einbilden. Side, nein danke!

Um halb acht sind wir wieder zurück im Sevim.

Für den Abend verspricht das Animationsprogramm eine Travestie-show. Der Speisesaal ist rappelvoll und der Künstler, ein Österreicher, ist hervorragend. Ein sehr guter Tänzer, ein guter Sänger und Schauspieler. Männer sind doch immer noch die schönsten Frauen. Seine Madonna-Nummer kann sich sehen lassen, wäre überall eine gute Varieténummer. Was mag ihn an die südliche Küste der Türkei verschlagen haben? Vielleicht ist er hier, weil hier die Travestie im alltäglichen Leben verankert ist: in dieser frauenfeindlichen Gesellschaft tanzen Männer mit Männern, führen Bauchtänze auf und leben ihre Fantasien in Frauenkleidern aus. Die Frauen verbergen ihre Weiblichkeit hinter Schleiern, unter Kopftüchern und dunklen Garderoben. Sie sind eingeschlossen in die vier Wände der Behausungen und möglicherweise geht ihnen die Weiblichkeit verloren nach Jahren der Einkerkerung. Aber auch die Männer werden Opfer einer solchen körper- und lebensfeindlichen Ideologie, lugen durch die Schießscharten der eigenen Verklemmtheit, dünken sich besser und leiden an ihrer Überheblichkeit. Mann möchte ich in dieser Gesellschaft auch nicht sein.

Jetzt endlich bin ich wieder beim Montag angelangt.

Bis vier Uhr halten wir es am Strand aus. Der Wind bläst kühl, doch die Sonne gibt sich sommerlich. Am schönsten ist es, bäuchlings im warmen Sand zu liegen und den Wind die wintersteifen Gliedmaßen streicheln zu lassen.

Wir duschen und machen einen Spaziergang. Wenn nur das Hinterland nicht so öde wäre! Vorne an der Küste, entlang der Straße reihen sich Hotels und Appartementhäuser aneinander, doch dahinter beginnen Unaufgeräumtheit und traurige Farblosigkeit. Die Wäsche auf einem Balkon ist bereits ein auffälliger Farbtupfer, die Kuh an der Leine neben dem modernen Restaurant ist Folklore. Männer sitzen beim Tee vor den Cafés und die Frauen arbeiten gebückt auf den Feldern oder tragen ihre Kinder auf dem Rücken spazieren. Anachronismen, wohin man schaut. Der Reiseführer nennt das „ein Land im Aufbruch". Doch Aufbruch wohin? Werden sich die Gegensätze Armut - Reichtum, Tradition - Moderne, Verschlossenheit - Freizügigkeit miteinander versöhnen? Ich habe Zweifel. Zu krass stoßen die Welten aufeinander. Noch sind die meisten Menschen offen und freundlich. Doch wie wird es weitergehen, wenn durch den Tourismusboom die Gegensätze immer schmerzhafter in ihr Leben greifen?

Dienstag, 20. April

Am Nachmittag fahren wir wieder nach Alanya. Lebendige Kleinstadt, übersichtlich und verwirrend zugleich. Staub, verwinkelte Gassen, prächtige Alleen, Basarviertel, unzählige Boutiquen und Geschäfte. Ladenschlusszeiten gibt es nicht. Jeder öffnet und schließt sein Geschäft, wann er will. Seit vier Tagen bin ich nun schon auf der Suche nach einer Jeans. Spottbillig sind die hier. Levis. Ob es allerdings Originale sind? In einem kleinen Geschäft finde ich endlich eine Hose, die passt. Nur etwas zu lang ist sie. Doch das ist kein Problem: eine halbe Stunde und sie ist auf die richtige Länge gekürzt. Ohne Aufpreis. Und 10.000 Lira kann ich sogar noch herunterhandeln. Nicht wegen der knapp zwei Mark, nur so zum Spaß und aus Prinzip gewissermaßen.

Eigentlich wollten wir zum Hafen, bleiben jedoch wieder in den Geschäften hängen, obwohl wir gar nicht vorhatten, etwas zu kaufen. „Nicht kaufen, nur gucken!", beteuern die Verkäufer und schon befindet man sich zwischen den Warenbergen. Wunderschöne Sachen gibt es. Also gucken wir, trinken ein Glas Tee, erfahren, wo der oder jener in Deutschland gelebt hat.

Um halb acht sind wir reichlich beladen wieder zu Hause. Wie gesagt, wir wollten eigentlich nichts kaufen. Drei T-Shirts, ein Sweatshirt, zwei Ledermützen, eine Lederweste, eine Hose. Und dabei haben wir uns noch gewaltig gebremst. Das Einkaufen macht einfach Spaß in dieser Flohmarktatmosphäre und bei dem ausgefallenen Warenangebot.

Nach dem Essen gibt es die abendliche Vorführung. Diesmal ist es wirklich mal wieder sehenswert: weniger und besserer Bauchtanz als sonst, ein Zauberer, der seine Magie recht gut beherrscht, eine Folkloretanzgruppe und ein muskulöser, schwarzhaariger Hüne, der die Fähigkeiten eines Fakirs besitzt. Er wälzt sich in Glasscheiben, lässt zusätzlich vier Gäste auf seinem Brustkorb herumtoben und wälzt sich auf einem Nagelbrett.

Mittwoch, 21. April

Beim Frühstück werden wir gefragt, ob wir Lust haben, eine türkische Schule zu besichtigen. Jemand hat den Schulleiter kennengelernt, der nebenbei Besitzer zweier Lokale ist.

Der Geschäftsführer eines dieser beiden Restaurants begleitet uns zur Schule. Auf dem Weg zeigt er uns schnell sein Haus. Das Erdgeschoss ist fertig, der erste Stock im Rohbau. Unten leben seine Eltern, der Vater ist 92, die Mutter 45 Jahre alt!

Die Grundschule ist ein zweistöckiger Bau. Grobkörniger Kies bedeckt den staubigen, schattenlosen Schulhof. Der Schulleiter sitzt im Garten und empfängt uns mit offenen Armen. Der dunkelhaarige, elegante Mittvierziger im hellgrauen Anzug ist eine achtungsgebietende Erscheinung.

Die erste bis fünfte Klasse ist in diesem Gebäude untergebracht, die weiteren drei Jahrgänge gehen in die nahe gelegene weiterführende Schule. Nicht fünf, sondern acht Schuljahre seien in der Türkei Pflicht, doch in vielen Gemeinden fehlten die Gebäude und Räumlichkeiten, sodass es häufig bei fünf Schuljahren bleibe. Zu viele Kinder und die Verhältnisse, die sind nicht so!

In den Klassenräumen von sehr unterschiedlicher Größe sitzen bis zu 35 Kinder, mal eng, mal weniger eng auf antiquiertem Mobiliar, alle in blaue Schuluniformen gekleidet. Kahl geschorene Köpfe neben Lockenköpfen, viele hübsche Kinder mit strahlenden Augen. Die Atmosphäre scheint locker und entspannt, die Lehrer und Lehrerinnen sind so, wie man sie auch in einer deutschen Grundschule finden könnte. Eines der Klassenzimmer, das größte, ist voller Blumen.

Überall an den Wänden hängt das martialisch anmutende Porträt Kemal Atatürks, des Vaters der Türkei, des großen Erneuerers. Ich gehe durch die Reihen der Schüler, blättere ein Lehrbuch durch. Auffallend ist die westliche Orientierung darin: Alle Abbildungen zeigen modern gekleidete Menschen an modernen Geräten bei zeitgemäßen Tätigkeiten. Kein Bild, das der islamischen Lebensweise entspräche. Wir müssen im Gespräch mit dem Schulleiter einige Vorurteile revidieren: Kopftücher für Mädchen sind verboten, Unterricht findet in Koedukation statt und selbstverständlich gibt es Sport für beide Geschlechter. Der Laizismus ist, zumindest im touristischen Alanya, auf dem Vormarsch und hat, im Andenken Atatürks, dem Islam den Kampf angesagt. Türkei, Land im Aufbruch und Übergang. Doch die Glaubensgesetze und Traditionen sind beharrlich und widerstandsfähig. Die Brüche verlaufen mitten durch die Familien. Der Schulleiter zeigt als Beispiel einen jungen Kollegen, der modern und aufgeschlossen denkend in einer Familie lebt, in der man darauf besteht, dass die Tochter mit Kopftuch und Mantel selbst im heißesten Sommer die Feldarbeiten erledigt. Tradition gegen Fortschritt. Wer wird letztlich diesen Kampf gewinnen?

Nach dem obligatorischen Glas Tee verabschieden wir uns. Der Schulleiter erhebt sich aus seinem prunkvollen Thronsessel mit einem großen Loch, aus welchen der Schaumstoff quillt, tritt hinter seinem repräsentativen Schreibtisch hervor und reicht uns die Hand. Danke für dem Besuch und bis zum nächsten Mal, vielleicht.

Wir freuen uns, wieder im Hotel zu sein, machen uns aber gegen vier ein letztes Mal nach Alanya auf. Ich brauche noch eine Hose, Ildiko ebenfalls und eine Jeansweste dazu. Wir hätten gleich unseren ganzen Plunder zu Hause lassen und uns hier neu einkleiden sollen. Ein Teppichhändler, Mustafa, lädt uns zu einem Kaffee ein. Er ist in Göttingen aufgewachsen und seine Schwester lebt in Kassel, Agathof, in der Nordstadt. Mustafa hält uns einen Vortrag über Teppiche. Am Beispiel eines schönen Stückes aus Kappadokien wird mir erstmals die Symbolik der Muster deutlich. Und wie man die Echtheit und Qualität eines Teppichs prüfen kann, lernen wir so nebenbei. Mustafa macht das sehr gut. Wenn wir irgendwann Teppiche kaufen, werden wir das bei ihm tun. Beim Abschied gibt er uns seine Karte mit. Auf der Rückseite steht die Adresse der Schwester. Wir werden ihr schöne Grüße aus Alanya bestellen.

Donnerstag, 22. April

Der letzte Tag. In der Nacht zum Freitag um 3.25 Uhr werden wir, wenn alles planmäßig verläuft, in Antalya abheben. Um 23.00 Uhr holt uns der Bus am Hotel ab. Den letzten Tag wollen wir am Pool verbringen, noch ein wenig Sonne tanken, für die trüben Tage, die kommen werden, etwas vorschlafen für die Nachtreise und dann freuen wir uns auch wieder auf zu Hause, auf Patrick, die Hunde, die gewohnten vier Wände und auch ein bisschen auf die geregelten Arbeitstage.

Fazit? Wenn einer eine Reise tut, dann kann er was erzählen.

Und die Türkei? Ein Land im Aufbruch. Mit all den Schwierigkeiten, die ein Aufbruch mit sich bringt: Erdenschwere, Trägheit, Unordentlichkeit, die Suche nach einem Weg. Gelohnt hat sich die Reise allemal: Wir haben viel gesehen und allerlei dazugelernt. Manche Vorurteile sind bestätigt worden, andere mussten revidiert werden.

8. Herbst in Hurghada (1994)

Der dritte Tag in Hurghada am Roten Meer. Ich sitze auf der Terrasse des Grandhotels. Es ist halb sechs und noch angenehm warm. Wir sind zufrieden mit unserer Unterkunft, mit Essen, Trinken, Zimmer, Bett und Speiseplan, Kellner, Service, Luft und Sonnenschein. Dass das Hotel eine Baustelle ist, auf der Mauern eingerissen und neu gebaut, Fliesen gelegt und Gräben gezogen, Löcher gebuddelt und zugeschüttet werden, dass hundert malerische Gestalten mit Turbanen und in langen Gewändern herumwuseln, stört mich kaum. Ich nehme es als Folklore hin, denn sonst sähe man hier kaum Einheimische.

Ildiko hatte schon oft gewünscht, Ägypten und die Pyramiden zu sehen und mich reizte das auch. Vor zwei Jahren hatten wir das ‚Geschenk des Nil' schon einmal gebucht und schließlich doch storniert: Der Golfkrieg war uns dazwischen gekommen.

Im Spätsommer 1994 war der Gedanke an Ägypten wieder da. Ich besorgte Prospekte und zog Erkundigungen ein.

Der klassische ägypterreisende Studienrat beginnt in Kairo im Ägyptischen Museum, umrundet die Pyramiden, fliegt nach Assuan oder Abu Simbel, verbringt ein paar Tage und Nächte auf einem luxuriösen Nildampfer, sieht von weitem Lehmhütten, Fellachen und Folklore, lässt sich in Luxor von geldgierigen Touristenhaien ins Tal der Könige locken, sich dort nach Strich und Faden ausnehmen und erholt sich dann, müde und übervoll von Sphinxen und Sarkophagen, in Hurghada am Roten Meer. Dort in der trockenen Hitze auf dem goldgelben Sand sortiert besagter Studienrat nebst Gemahlin seine Eindrücke, schnorchelt den bunten Fischen hinterher und sehnt sich insgeheim nach den kühlen Gefilden des Nordens.

Eigentlich wollten wir genau so eine Reise auch tun, aber in Ägypten gab es diese bösen Fundamentalisten, diese kompromisslosen Anhänger des Propheten Mohammed, die meinen, allein die Scharia könne das Heil bringen. Wer will schon in ein Land, in dem man im Namen Allahs möglicherweise erschossen zu werden droht. Dennoch waren wir diesmal entschlossen, Ägypten zu wagen. In Hurghada sei noch niemals geschossen worden. Dort sei es sicher, anders als am Nil. Also buchen wir Hurghada. Wir werden zu fünft sein: Uwe, Christine, deren Tochter Alexandra, und wir beide. Wir werden mit der Egypt Air ab Frankfurt fliegen.

Zwei Wochen vor dem Abflugtag überfallen uns die Nachrichten mit der Meldung, in Hurghada seien bei einem Attentat islamischer Fundamentalisten fünf Menschen, zwei davon deutsche Touristen, zu Tode gekommen. Schöne Scheiße! Und da wollen wir hin! Einen Tag lang ignorieren wir das Problem, doch dann müssen wir eine Entscheidung treffen, denn in wenigen Tagen werden die Tickets eintreffen und dann wird der Reiserücktritt teuer. Die Deutsche Botschaft in Bonn meldet erhöhtes Sicherheitsrisiko bei Ägyptenreisen, rät aber nicht grundsätzlich davon ab. Wir werden reisen! Alle, denen wir das berichten, schauen uns mitleidig an. Fehlt nur noch, dass sie kondolieren. Feiglinge! Ein echter deutscher Pauschaltourist scheut weder Attentate, noch Sintfluten, Erdbeben, Schneestürme. Er beißt die Zähne zusammen und fährt einfach drauflos. Basta! Wir fliegen nach Hurghada! Dennoch kann Ildiko ihre Ängste nicht völlig loswerden. Vorsorglich zeigt sie unserem Sohn, wo die Lebensversicherungen liegen.

Am Sonntagmorgen fahren wir nach Frankfurt. Das Flugzeug soll um 14.40 Uhr starten. Dieser Sonntag ist Wahltag: Kohl oder Scharping? Duell der Strahlemänner und Vielversprecher. Natürlich wünsche ich Kohl in die Saumagenpfalz und Scharping an den Bonner Rheinhimmel und die ganze FDP zum Teufel. Ich ahne aber, dass ich mit meinen beiden Kreuzchen auf der Seite der Verlierer bin. Deutschland wird seinen Kohl behalten, weil es ihn verdient.

Mittags um 12.00 Uhr sind wir am Flughafen. Die Maschine der Egypt Air hat eine Stunde Verspätung. Als der Airbus dann endlich abhebt, sind zwei Stunden aus der einen geworden. Das Essen im Flieger ist sauschlecht. Im Anflug auf unser Ziel sehen die vielen Swimmingpools der Hotels wie blaue Fischaugen aus. Der Airbus dreht eine schräge Kurve, dann geht er sanft nieder. Die ersten Eindrücke durch das Bullauge sind: Flughafen, Straße, Hotels, Meer. Sonst nichts? Doch: eine Armada von Schiffen. Weiß, mit gelben Rostmalen warten sie auf Kundschaft. Sandbänke locken unter der glasklaren Oberfläche und die Andeutung eines Riffs in der Ferne.

Der Airport Hurghada liegt mitten in der Wüste. Kaum zwei Kilometer von der Küste entfernt flirrt in der sengenden Hitze der Teerstreifen der schwarz glänzenden Rollbahn im gelben Sand. Stündlich landen die Flugzeuge, quellen bleiche Menschen in das windzerzauste Lichtgeflimmer, verstecken ihre Augen hinter getönten Sonnengläsern und schwitzen sich kofferschwer ins Urlaubsquartier.

Der feine Wüstensand nistet sich in schweißnassen Poren ein, verklebt ganz schnell die Freude des Angekommenseins. Der kurze Transfer zum Quartier bietet den Augen trostloses Einerlei.

Um 22.00 Uhr Ortszeit landen wir in Hurghada. Der warme Wüstenwind bringt unter den Oktoberklamotten die Haut zum Kochen. Die Füße dampfen, Schweißperlen kräuseln sich im Nacken, das Hemd klebt. Zwei Flugzeuge sind fast zur gleichen Zeit gelandet und jetzt stauen sich ein paar hundert Menschen in der Empfangshalle. An drei Schaltern fertigen sehr bedächtig ägyptische Beamte einen Pass nach dem anderen ab: Das dauert jeweils mindestens dreißig Sekunden. Zwei Pässe in einer Minute, zwanzig in zehn Minuten. Man kann sich ausrechnen, wann wir endlich ägyptischen Boden betreten dürfen. Bei einigen Reisegesellschaften geht es mit Bakschisch schneller. Wir aber warten brav, bis wir dran sind. Ildiko gehts nicht so gut: die Hitze, die Menschenmenge, die Reisestrapazen.

Gegen Mitternacht sind wir endlich im Hotel. Ein Schwall klimatisierter Kaltluft empfängt uns und im Nu sind wir umringt von bunt livrierten Lakaien, die uns mit freundlichem Lächeln unsere Gepäckstücke entreißen. Wir bekommen sogar noch etwas zu essen. Das kühle ‚Local Beer' hilft gegen den Durst. Unser Zimmer ist wunderschön und überhaupt ist der erste Eindruck so, dass wir glauben, es zwei Wochen aushalten zu können. Der Blick auf das nahe Meer und den weiten Strand ist schön. Der Himmel ist sternenklar.

Der Urlaub beginnt.

Am nächsten Morgen werde ich um 8.00 Uhr wach. Die dicken Vorhänge lassen nur ein paar Zipfel Licht hinein. Es ist kühl. Ich erinnere mich, dass wir vor dem Einschlafen die Klimaanlage eingeschaltet haben. Ich quäle mich aus dem Bett, öffne die Vorhänge. Blau, hell, wolkenlos. Sommer. Ich bin kein Morgenmuffel und im Urlaub schon gar nicht. Die Zeit ist viel zu kostbar. Vom Zimmer aus kann ich direkt über die Veranda zum Pool. Da der aber gerade gereinigt wird, gehe ich weiter bis ans Meer. Lindgrün bis tiefblau liegt es vor mir, am Horizont begrenzt durch Streifen gelben Landes. Das sind die vorgelagerten Inseln. Und näher, ein abgewrackter Dampfer. Der wird in den nächsten Tagen Ziel unserer Surfpartien werden. Ein sanfter Wind weht. Noch bin ich fast allein am Strand. Nur die Liegen in der ersten Reihe sind schon belegt. Der Himmel ist postkartenblau. Zum ersten Mal tauche ich in das angenehm warme Wasser des Roten Meeres. Herrlich. Ich recke und strecke die Glieder und fühle mich viel jünger. Doch bald habe ich genug von diesem Verjüngungsbad. „Hallo, ich bin der junge Tag!", wecke ich Ildiko, die schlaftrunken aus den Laken lugt. „Was wollen wir heute machen? Frühstücken, und dann?"

Doch erst ist da ja noch der Termin mit dem örtlichen Reiseleiter. Der heißt Ali, lädt zu einem Begrüßungscocktail ein und informiert uns, was man hier alles unternehmen kann: Nach Luxor und Kairo fahren, eine Tauch- und Schnorchelfahrt machen, die Wüste bei Nacht und Wüste bei Tag erleben, Jeep-Safari oder Besuch bei den Beduinen.

Nach Luxor wollen wir auf jeden Fall. Nur der Preis von 100 Mark pro Person gefällt mir noch nicht. Vielleicht gibt es ja ein billigeres lokales Angebot. Ildiko möchte am liebsten sofort buchen, doch ich bremse: Dies ist ja erst der erste Tag.

Wir probieren es mir dem Surfen. Der Wind fetzt schon ganz schön. Dass Hurghada ein Surferparadies ist, hatte ich nicht ganz ernstgenommen. Jetzt hänge ich mich ins Trapez und das Fliegen übers Wasser macht wahnsinnig Spaß. Das 365er-Brett ist zwar ein bisschen lahm und das 5,7er-Segel ein bisschen klein, doch mit den Cracks kann ich sowieso nicht konkurrieren. Das Wasser ist unglaublich klar und weiter draußen im Meer gleitet man über flache Korallenriffe. Den ganzen Tag über brennt die Sonne und gegen Abend habe ich einen leichten Sonnenbrand.

Hurghada-Downtown

Nach dem Abendessen wollen wir nach Hurghada-Downtown. Das touristische Hurghada ist ein etwa 40 Kilometer langer Küstenstreifen. Zwischen Wüste und Meer sind hier in den letzten Jahren zahlreiche Hotelanlagen entstanden, meist flach gehaltene, mit pompösen Portalen versehene Bettenburgen. Aus Hurghada, einem ursprünglich öden Wüstennest und Fischerdorf wurde Downtown-Hurghada. Etwa acht Kilometer sind es vom Grand Hotel bis dorthin.

Man tritt aus dem Hotel und steht am Rande einer vierspurigen Asphaltpiste, sandverweht an den Rändern. Dahinter verliert sich der Blick in staubiger Weite. Die Wüste mag faszinierend sein, aber hier ist sie nichts als Staub, Dreck und Tristesse unter immerblauem Tag- und sternenklarem Nachthimmel.

Wir warten nicht lange, bis eines der Minitaxis stoppt. Laut hupend fahren sie ständig am Hotel vorbei, nach Hurghada und zurück, die Touristenmeile. Die einfache Fahrt, hat uns Ali gesagt, kostet ein Pfund, keinen Piaster mehr. Der jugendliche Fahrer hat sich drei halbwüchsige Freunde mitgenommen. Die vier sind ungeheuer lustig, singen, tanzen, klatschen rhythmisch. Einer berichtet uns etwas von einem englischen Mädchen, das er kennengelernt habe und dass er nun ganz happy sei. Dabei klatscht er in die Hände und strahlt, als habe Allah persönlich ihn beschenkt. Er ist Beduine und wünscht uns „welcome in Hurghada". Es ist eine fröhliche Taxifahrt, die aber Ildiko und Christine allmählich etwas unheimlich wird. Die lautstarke Ausgelassenheit hat etwas Bedrohliches. Ist es nicht schon passiert, dass Touristen, vornehmlich weibliche, von Beduinen entführt und dann gegen Kamele getauscht, in arabischen Harems landeten. Hurghada kann doch gar nicht so weit entfernt sein. Wir fahren jetzt schon fast eine halbe Stunde. Ab und zu ein paar Lichter, sonst nur Staub, Sandberge, Schutthalden und fröhliche Beduinen im Auto. Der Wagen hält und zwei weitere dunkle Gestalten steigen ein. Jetzt qualmen schon sechs dieser undurchsichtigen Entführer einen entsetzlich stinkenden Tabak. Und immer ist es noch kein Hurghada in

Sicht. Vielleicht existiert das überhaupt nicht. Ildiko sieht blass aus und Christine fließen die ersten Tränen über die Wangen..

Auf einmal Lichter, Menschen, Häuser: Hurghada Port. Das Taxi fährt weiter in die Dunkelheit. Endlich dann Downtown. Wir steigen erleichtert aus. Fünf ägyptische Pfund wechseln den Besitzer. Singend und johlend entschwindet die Minitaxibande.

Oh Allah! Was hast du dir bei Hurghada gedacht! Es gibt sicherlich noch hässlichere Nester in Gottes weiter Welt, aber Hurghada kann da sehr wohl mithalten. Staub und Hütten, Flitter und Leuchtreklamen, Kitsch und Krampf und überall laute Verkäufer, die „nur gucken, nicht kaufen" brüllen und Sonderangebote feilbieten: Schmuck, Muscheln, bunte Fische, Tücher, Alabasterschalen, Papyrus, Sphinxen und Skarabäen, Pharaonen und Obelisken, Gold und Silber, Kupfer, Messing, Blech, Tee und Düfte aus tausendundeiner Nacht. Der Basar nimmt kein Ende. Nicht, dass es etwas wirklich Lohnendes zu kaufen gäbe, aber gut feilschen lässt es sich hier allemal. Curry, Weihrauch, Zimt und Nelken. Roter Pfeffer, bunter Pfeffer. Safran macht den Kuchen gel! Hundert Gramm ins Tütchen. Granatäpfel gibt es, schön und rotbäckig, Limonen, klein und saftig. Datteln, Datteln und immer wieder Datteln. „Nicht kaufen, nur gucken!" Kleb deinen Geldbeutel zu, Tourist, der du nach Hurghada kommst, denn jeder hier will dir ans Eingemachte. Hüte deine Mäuse und nimm dich in Acht vor Ali Baba und den vierzig Räubern. Bei Allah, wie geschickt sie das machen: der treuherzige Augenaufschlag, die Hand auf deiner Schulter, das lustig schnodderige Deutsch. Jeder Ali und Mohammed weiß, was die Mark wert ist und dass sie den Deutschen locker sitzt. Was ist schon eine Deutsche Mark? Zweinviertel ägyptische Pfund. Hundert Mark etwa, habe ich gelesen, verdient in Ägypten ein Arbeiter im Monat. Wenn er Arbeit hat. Was ist schon eine Mark? In die dunklen Nebenstraßen sollen wir nicht gehen, hat uns der Reiseleiter geraten. Warum wohl nicht?

In einem Kramladen bleiben wir hängen. Mohammed hat es geschafft, uns hineinzulotsen. Ildiko kauft einen Skarabäus, einen echten, wohlgemerkt. Natürlich hat sie gehandelt. Von 50 Mark auf 20 Mark. Starke Leistung. „Man lasse den Händler ein Angebot machen, gehe dann unverschämt darunter und nehme sich viel Zeit für die weiteren Verhandlungen." Gut gesagt, aber am Ende wird der Fremde immer über den Tisch gezogen.

Wenn es Nacht wird in Hurghada und die Dunkelheit ganz plötzlich auf die Marktstände herabfällt, kauern sich die weißgewandeten Händler in die schmuddeligen Häuserecken und vertiefen sich in sich selbst. Allah ist mit ihnen. Die Ungläubigen aber, die über die Piaster verfügen, machen sich auf den Weg zurück in ihre Hotels. Zwei Stunden Hurghada genügen uns.

Der Minibus, mit dem wir nach Hause fahren, ist eine Katastrophe. Fast nichts ist mehr heil und es gleicht einem Wunder, dass das Ding noch fährt. Der Tacho und die anderen Instrumente haben längst den Geist aufgegeben, die Handbremse ist verrostet und unbrauchbar, die Scheibenwischer sind sowieso unnötig, denn Regen gibt es nicht, und Scheinwerfer hat das Fahrzeug auch nicht. Jedenfalls fahren wir ohne Licht. Die Seitenfenster sind, soweit überhaupt noch vorhanden, nicht mehr zu schließen und so weht uns der Staub um die Ohren. Die Kupplung schlackert und dass die Lenkung auch nicht mehr richtig funktioniert, merke ich erst während der Fahrt. Meist fährt das Wrack auf der linken Straßenseite, obwohl unser Mustafa heftig gegenlenkt. Kommt ein Fahrzeug entgegen, lenkt er noch heftiger und tatsächlich bewegt sich das Fahrzeug wenigstens so weit nach rechts, dass ein Zusammenstoß erspart bleibt. Ich bete leise und hoffe, dass Allah mich erhören möge. Überhören kann er uns eigentlich nicht, denn unser Fahrer hupt ununterbrochen, grinst breit übers ganze Gesicht aus Freude darüber, dass die Hupe funktioniert. Wir überstehen die Fahrt unbeschadet an Leib und Seele.

Holiday im Grand

Um acht Uhr am nächsten Morgen werde ich wach. In Deutschland ist es jetzt sieben Uhr und kalt. Ich mache mich in der Badehose auf den Weg. Das Meer ist noch an der gleichen Stelle wie gestern, der Sand genauso warm und der Himmel genauso blau. Baden, Morgentoilette und dann zum Frühstück. Die Auswahl ist üppig: Spiegelei mit Würstchen, Tomaten und Oliven, Brötchen mit Butter, Käse und Wurst, Crêpes, frisch aus der Pfanne mit Schokoladensoße, Rosinen und Kokosraspeln, Obst. Mit vier Gängen zum Buffet bescheide ich mich. Das muss bis zum Abendessen reichen. Und dann? Der Wind ist heute schwächer, aber zu einer Spazierfahrt auf dem Surfbrett bis zu den Korallenriffen reicht es. Auf einmal bietet uns Jassr an, ein zweites Board mitzubenutzen. Wahrscheinlich meinte er, für kurze Zeit, doch wir machen gleich ein Gewohnheitsrecht daraus. Zu zweit macht die Surferei doch viel mehr Spaß. Auf der Fahrt zu den Riffs haben wir die Taucherbrillen mitgenommen. Einer hält die Boards, damit sie in der Strömung nicht abdriften und der andere begutachtet die Unterwasserwelt.

Was war sonst noch an diesem Tag? Ab 22.00 Uhr gibt es Programm direkt vor unserer Veranda. Kann man als Belästigung empfinden oder als netten Service. Je nachdem. Da spielt eine Band und die Leute sitzen an runden Tischen mit Kerzen darauf, trinken Local Beer und klatschen nach jedem Stück. Die Band, drei gelangweilt aussehende Herren, spielt Evergreens, laut genug, damit auch die Ägypter jenseits der Hotelmauern etwas davon haben. Wenn dann ab 23.00 Uhr das Animationsprogramm beginnt, wird es noch lauter und internationaler. Das Programm ist vorwiegend für Italiener gemacht und die finden es wohl auch schön. Das Team spricht außer italienisch auch noch etwa fünf Sätze in fünf anderen Sprachen, benützt aber mit Vorliebe das Wörtchen okay. Wenn man dieses okay sieben Abende lang gehört hat, kennt man sich aus im Programm und hat für die zweite Hälfte des Urlaubs im Grand Hotel die Schnauze von der Animation voll. Man schließt sich, ist man nicht gerade Italiener, denen an, die die Abendunterhaltung als Ruhestörung und Ärgernis empfinden. Doch zum Glück scheint an jedem nächsten Morgen wieder die Sonne.

Am Dienstagabend gab es Barbecue mit ägyptischer Folklore. Das findet jeden Dienstag und Samstag statt. Wir zahlten zwanzig Pfund und stellten fest, dass wir das alles schon in der Türkei gesehen hatten: Bauchtanz, Stocktanz der Männer und die lustige Kamelnummer. Begeisterung kam da nicht auf, doch der Sternenhimmel, das glitzernde Meer und die laue Nacht waren doch schön.

Und morgen? Im Wesentlichen das gleiche. Ein Strandurlaub hat es in sich: Schon nach zwei Tagen weiß man nicht mehr genau, welcher Tag ist und fragst du Donnerstag jemanden, was er Montag oder Dienstag getan hat, dann zuckt er mit den Schultern. Vierzehn Tage Urlaub. Die ersten sieben vergehen sehr langsam, doch dann beginnt die Zeit zu rasen und schon bald sitzt man wieder auf den gepackten Koffern.

Je älter ich werde, desto mehr verdränge ich den Winter. Er macht mir Unlust mit seinem Frost und dem schaurigen Schmuddelwetter. Er macht mir kalte Füße und trübe Gedanken. Jeder Winter bringt mich dem Tod ein Stück näher: die Zähne fallen aus und der Rücken wird steif und der Kahlschlag auf dem Kopf wird größer. Nicht dran denken. Hier herrscht Sommer und so soll es auch bleiben bis Ende Oktober.

Ich weiß nicht mehr genau, worin sich der Mittwoch vom Dienstag unterschied. Weniger Wind, Sonnenbrand auf den Schultern, ein anderes Surfbrett. Wir gehen früh ins Bett, weil wir schon um 4.15 Uhr geweckt werden wollen. Wir werden nach Luxor fahren, 250 Kilometer von hier nach dort.

Nach Luxor

Das alte Theben. Wer baute das siebentorige Theben? Brechts fragend lesender Arbeiter fällt mir zuerst ein, dann beim Nachsinnen Ramses, Aton, Tutenchamun, Isis und Osiris. In Mozarts Zauberflöte, war da nicht auch von Isis und Osiris die Rede? Und Aida? Mein Gott, alles geht durcheinander. Dieser verflixte Kultursalat, dieses halbe Nichtwissen! Man vergisst so furchtbar schnell. Natürlich lese ich vorher einiges über Luxor, bereite mich vor, ein wenig, soweit es Wind, Sonne und Meer zulassen. Wir lassen Luxor auf uns zukommen.

Doch gemach: erst muss man einmal hinkommen. Das Wecktelefon klingelt um 4.15 Uhr. Um diese Zeit kräht in der Wüste kein Hahn. Das Lunchpaket steckt in einer Plastikdose: Birne, Croissant, Dose mit Saft. Eine Tasse Neskaffee gibt es auch noch schnell vor der Abfahrt. Um fünf Uhr geht es los. Eigentlich hätte uns ein Minibus holen sollen. Wir sind zu acht. Nun ist es aber doch ein großer 50-er-Bus, besetzt sind aber nur 35 Plätze, sodass man sich ausbreiten und gut dösen kann. Noch ist es Nacht und der Vollmond begießt eine gelblich-graue Wüste. An zwei Hotels halten wir noch, um Mitfahrer aufzunehmen. Außer dem Nest Hurghada und den Hotelkomplexen gibt es weit und breit nur Sand. Wir werden im Konvoi fahren, hat man uns gesagt. Um 5.30 Uhr treffen sich alle Fahrzeuge am Sammelplatz und werden registriert. Eine graue Morgendämmerung hängt über dem Wüstenposten. Ein Schlagbaum über die Straße, ein paar herumlungernde Soldaten in schäbigen Uniformen und von den Schultern herabbaumelnden MPs, unausgeschlafene Touristen. Nach Luxor ist es noch ein weiter Weg. Mit Polizeieskorte geht es zum nächsten Kontrollpunkt. Wer zum einen Kontrollpunkt in die Wüste hineinfährt, muss am anderen auch wieder herauskommen. Es gibt nur die eine Straße, links Wüste und Sand, rechts Sand und Wüste und die erstreckt sich über Hunderte von Kilometern, unwegsam, feindselig, nur für Wüstenbewohner durchquerbar. Nach etwa sechzig Kilometer Fahrt über die Asphaltpiste durch flache Sandlandschaft wird es gebirgig, felsig. Ich habe gedöst, bin nun wach und froh, dass das Auge etwas zu sehen bekommt. Die Straße schlängelt sich durch rötlich-braune, skurril geformte Felsformationen. Vorher haben wir noch die ‚Perle des Roten Meeres‘,

Safaga, berührt. Safaga ist ein Weizen-Import-Hafen, dreckig, unansehnlich, mit einigen Tauch- und Surfhotels. Bis hierhin gehen auch die Pipelines, die das Süßwasser vom Nil bringen. Von Safaga aus liefern Tankwagen das kostbare Nass in die Bettenburgen.

Nach gut zwei Stunden machen wir Rast in einer dieser schlimmen Durchgangsstationen, die nur zum Leben erwachen, wenn die Touristenbusse halten. Und sie halten alle hier und spucken ihre Ladungen aus. Kaffee, Bier, Cola, Tee. Man ist für den Ansturm gerüstet. Vor den Toiletten staut es sich. Nach der kurzen Rast schläft und döst fast alles wieder im Bus. Die Landschaft ist öde, flach und gelb. Zwei weitere Streckenposten haben wir inzwischen passiert, bis wir kurz vor Quena stoppen. Wir müssen auf Fahrzeuge warten, die sich mehr Zeit gelassen haben, denn ab hier fahren alle wieder im Konvoi.

Zwischen Quena und Assiut befinden sich die Hochburgen der Fundamentalisten. Hier ist das Leben gefährlich für Fremde, und Polizeischutz ist besonders nötig. Ein seltsames Gefühl, durch ein Land zu fahren, an Menschen vorbei, die feindselig sind und die, ließe man sie, mit Steinen die Eindringlinge vertreiben würden. Wie Fremdkörper werden die Fahrzeuge im Eiltempo durch die Ortschaften geschleust. Unter dem Schutz von Polizeiknüppeln und im Geheul der Sirenen und Hupen geht es an Menschenansammlungen vorbei. Nur schnell hier durch, und dabei ist alles, was wir da durchrasen, so interessant, malerisch, einmalig. Kurz vor Quena ist die Straße aus der Wüste ins Niltal gestochen und schlagartig ist die Landschaft verwandelt. Palmen, Zuckerrohr, Früchte, sattes Grün und Farben, Menschen, Tiere, Dörfer, einzelne Häuser, Hütten. Wo Wasser ist, ist Leben. Hier wird mir auf einmal erst so recht bewusst, was der Nil für das Land bedeutet. Dass Ägypten „ein Geschenk des Nil" ist, habe ich verstanden, aber begriffen, richtig bildhaft erfasst habe ich es erst jetzt. Erst wenn man selbst aus der Wüste kommt, aus dem gelb-trockenen Nichts, aus der Landschaft, die man vielleicht schön finden, jedoch niemals lieben kann, wenn man dann plötzlich all dieses strahlende, saftige Grün erblickt, die Kanäle, die das Land fruchtbar machen und dann den Fluss, der so träge und behäbig daher fließt und dem alles zu verdanken ist, dann empfindet man das wie ein Wunder. Dieser schmale Streifen fruchtbaren, grünen Landes, auf dem alles wächst und gedeiht, erstreckt sich, an keiner Stelle breiter als fünf Kilometer, 1000 Kilometer entlang des Flusses durch Ägypten, das abgesehen vom Nildelta und einem halben Dutzend Oasen nur Wüste ist. Die große Arabische Wüste rechts des Nils und die Libysche links des heiligen Flusses. Kein Wunder, dass dieser schmale Streifen Nutzland, von der Grenze zum Sudan bis zur Küste des Mittelmeeres überbevölkert ist, kaum noch Platz bietet für die immer schneller wachsende Zahl von Menschen und auch nicht verwunderlich, dass hier jeder Quadratmeter des kostbaren Bodens extensiv genutzt wird.

Bei Quena überqueren wir den Nil. Polizisten und Soldaten bewachen uns und die Brücke über den Fluss. Sie ist die einzige weit und breit und ein strategischer Punkt. Die Stadt Quena gehört zu dem Gebiet, das sich entlang des Nil bis Assiut erstreckt und in dem die islamischen Fundamentalisten starken Rückhalt in der Bevölkerung finden. Sei es, weil hier die Menschen besonders arm, oder besonders rückständig, oder weil hier die reichen Kopten leben und die Unterschiede zwischen Arm und Reich besonders krass sind. Wir rasen, von Polizei eskortiert mit Tempo 80 durch bewohntes Land. Vierzig Kilometer fahren wir nach Süden, stromaufwärts. Links und rechts der Straße gibt es eine solch unglaubliche Fülle von Fotomotiven, dass es mir wehtut, kaum etwas aufnehmen zu können. Der Bus fährt zu schnell und mir fehlt der Mut, einfach auf gut Glück den Auslöser zu drücken. Überall, an jeder Kreuzung und an jeder Ampel, sorgen die Polizisten für freie, ungehinderte Durchfahrt für die Touristenkarawane. Alles andere hat zu warten. Lehmbauten, Häuserburgen, Taubentürme, Fellachen am Straßenrand, Marktszenen, Hammel, frisch geschlachtet, die neben der Hauptstraße ausgeweidet werden, spielende halb nackte Kinder, Frauen in bunten

Gewändern, ein Tuch tief ins Gesicht gezogen, schwarzgewandete Alte wie Krähen, Schafe, Ziegen, Wasserbüffel, Männer in weißen Kaftanen und Turbanen auf dem Kopf, malerische und zugleich furchterregende Gestalten mit geschulterten Vorderladern. Eine fremde, faszinierende, abstoßende und zugleich anziehende Welt öffnet sich vor unseren Augen und verschließt sich gleich wieder. Es ist unwirklich wie in einem Film. Tausendundeine Nacht in Cinemascope, farbig, kitschig, grell und laut.

Kurz vor Luxor hält der Bus und unser Führer durch das alte Ägypten steigt zu. Er stellt sich vor und ab sofort hat unsere Reisegruppe einen Namen: Sie heißt Ramses. Der Oberramses bittet uns Businsassen, möglichst beieinanderzubleiben. Täglich besuchen etwa 6000 Fremde Luxor. Luxor ist eine reiche und florierende Kommune. Die vielen bunt bemalten Häuser und Hütten zeigen an, dass ihre Bewohner Geld genug hatten, die kostspielige Reise nach Mekka zu machen. Nur wer ein Hadsch ist, darf sich Bilder von der Pilgerreise auf seine Behausung malen.

Zuerst besuchen wir Deir Al Bahari, den Terrassentempel der Hatschepsut im Tal der Königinnen. Hatschepsut war die einzige Frau auf dem Pharaonenthron und Echnaton, der ihr nachfolgte, ließ nur wenig unversucht, ihre Erinnerung zu tilgen. Wir haben Glück an diesem Donnerstag, der Ansturm der Touristen hält sich in Grenzen. Eine breite Rampe führt hinauf zum Tempel, der sich wie eine Kulisse von der Felswand abhebt. Vor dieser Kulisse bauen Arbeiter die Tribünen auf für Verdis Aida, die hier im November aufgeführt werden wird. Wir sind am linken Ufer des Nils, da, wo zu Zeiten des alten Theben das Reich der Toten war. Unfruchtbar, trocken, ausgedörrt, sandige Wüste. Die Berge bilden goldgelb eine gigantische Grenze.

Die Sonne sticht. Mindestens vierzig Grad sind es hier. Für die zahlreichen anderen Gräber im Tal der Königinnen bleibt gar keine Zeit. Unsere nächste Station ist das Tal der Könige. Die Straße windet sich um ein kahles Felsmassiv und öffnet sich unvermittelt in ein halbrundes Tal. Die Pharaonen suchten sich dieses schwer zugängliche Wüstental als letzte Zuflucht und Ort des ewigen Lebens, weil sie sich hier noch am ehesten vor Grabräubern geschützt glaubten. Doch sie irrten. Einzig das Grab des Tut-ench-Amun, das letzte, das 68. der gefundenen Gräber war unversehrt und barg jenen berühmten Schatz, der seither von Ägypten aus durch die Museen der Welt wandert. Tutenchamuns Grab war winzig im Vergleich zu denen von Ramses III oder Ramses VI. Drei Gräber besichtigen wir und ich bin fasziniert von diesen tief in den Schoß der Felsen getriebenen Stollen, von den Reliefs an den Wänden, der Farbenpracht der Hieroglyphen und Bilder, die die Grabkammern schmücken. Im Innersten jedes Grabes steht der gewaltige Sarkophag aus Granit, der die Mumie des toten Gottkönigs barg. Unglaublich, welch künstlerische und technische Höchstleistungen Menschen hier vor fast 4000 Jahren vollbrachten.

Die Memnonkolosse schließen den ersten Teil unseres Luxorprogramms ab. Neben der Straße in einer Senke ragen die zwanzig Meter hohen Kolosse empor. Auf seinem Thron sitzt steinern unbeweglich Amenophis III, der Gottkönig, die Hände auf die Oberschenkel gelegt, in der typischen Pharaonensitzhaltung.

Uwe hat den weiteren Verlauf des Programms vorhergesagt: zwar tippte er auf eine Parfümfabrik, aber so ganz etwas anderes ist eine Alabasterfabrik ja auch nicht. Ein paar Worte zur Herstellung der Alabastergefäße und Figuren und schon stehen wir im Warenlager. Natürlich hatte keiner vor, etwas zu kaufen und natürlich kam keiner ungeschoren davon. Wir besitzen jetzt auch eine kleine Alabasterschale. Die Hausfassade des Alabasterhändlers zeugt von gediegenem Reichtum. Sie ist bemalt mit den Motiven seiner Pilgerfahrt nach Mekka.

Wenig später hält der Bus am Nilufer. Die große Fähre wird ihn auf die andere Seite tragen. Auf die Fahrgäste aber warten die Nilboote, kleine buntgeschmückte, überdachte Nachen für jeweils etwa zwanzig Passagiere. Es gibt viel mehr Boote als Fahrgäste, also entwickelt sich ein wilder Streit darum, welcher Bootsführer der Glückliche sein darf. Unser Reiseführer entscheidet, willkürlich, und das Gezeter ist groß. Der, dessen Boot wir besteigen, freut sich. Für ihn ist der Tag gerettet.

Langsam, gemächlich fließt der Strom. Die Ausblicke auf die beiden Ufer sind malerisch, atemberaubend schön. So viele Motive: das einsame Kamel unter der Dattelpalme, das Minarett auf den Ruinen des antiken Luxor, Feluken am Ufer.

Lunchtime im Novotel. Danach geht es mit vollem Magen zu den kulturellen Highlights: dem Luxor-Tempel und der Anlage von Karnak. Auf Fotos sieht das alles toll aus und beeindruckend. Wenn man jedoch davorsteht, ist die reale Wirklichkeit und Greifbarkeit dieser Riesenstatuen, Säulenwälder und Sphinxalleen noch überwältigender und atemberaubend. So gewaltig, so gigantisch, so unbeschreiblich habe ich mir das nicht vorgestellt. Man muss diese Riesenarchitektur, diese götterhaften Maßstäbe einfach gesehen, daneben gestanden und sich klein gefühlt haben, um ihre wahre Größe schätzen zu können. Karnak ist das Non-plus-ultra: größte Tempelanlage der Welt, bisher nur zum Teil ausgegraben und in das ganze Areal passt halb Manhattan hinein. Keine Ahnung, warum gerade Manhattan, aber so habe ich es irgendwo gelesen, und vielleicht wollte der Autor zwei Gigantomanien miteinander vergleichen.

Nach fünf Stunden Besichtigung ist man müde und hat das Gefühl, nichts mehr aufnehmen zu können. Zum Abschluss schlägt unser ‚Ramses'-Führer eine letzte Rast in einem Café im Tempelbezirk vor. Ein Hubschrauber nähert sich den Tempeln, irgendein Privilegierter oder Steinreicher filmt aus der geöffneten Helikoptertür. Die Hornisse wirbelt ungeheure Staubwolken auf. Papiertüten und Pappbecher fliegen durchs Gelände, Mützen machen sich selbstständig. Das Monstrum zwischen den Obelisken: welch ein Anachronismus! Aber sehr fotogen.

Um halb sechs, mit Anbruch der Dunkelheit trifft sich der Bus-Konvoi an einem Hotel an der Peripherie Luxors. Mit Polizeieskorte beginnt die langweilige Rückfahrt. Nach vier Stunden sind wir wieder ,daheim'.

Hurghada hat uns wieder.
Nach den kulturellen Anstrengungen freuen wir uns wieder auf Strand, Meer und Wind. Das Erlebte verdauen und Surfsport treiben. Dafür aber bedarf es wieder zäher Verhandlungen mit Mohammed, dem Herren über die Surfboards: Wir feilschen, er windet sich. Wir wollen zwei Bretter für die verbleibenden neun Tage, wollen aber nicht den Wochenpreis von umgerechnet 200 Mark bezahlen. Schließlich einigen wir uns: 180 Deutsche Mark pro Brett für neun Tage und wir können alle vier die Bretter sooft benutzen, wie wir wollen und die Segel tauschen, wann immer wir wollen. Beide Seiten haben das Gefühl, ein gutes Geschäft gemacht zu haben.

An diesem Freitag reicht der leichte Wind gerade aus, um weit hinaus ins Meer bis zu den Korallenbänken zu gleiten. Ildiko hat Angst, als sie mit bloßen Füßen auf dem Brett über die knapp unter der Oberfläche glänzenden Korallen dahindümpelt, vom Brett zu fallen und sich an der Unterwasserpracht zu verletzen. Doch es ist schön so weit draußen. Es fühlt sich an wie Abenteuer und Freiheit und endlose Weite.

Am nächsten Morgen entschließen wir uns, in zwei Tagen nach Kairo zu fahren. Der anstrengende Tagestrip bedeutet Ausstehen um halb drei, sechs Stunden Fahrt, Ägyptisches Museum, Pyramiden, vielleicht Basar und sechs Stunden retour. Wir fühlen uns erholt genug, solche Strapazen auf uns zu nehmen.

Fischfutter
Ein paar Tage vor Antritt der Reise habe ich Flossen, Taucherbrillen und Schnorchel gekauft. Nun lechze ich danach, meine Ausrüstung auszuprobieren.

Zunächst sehe ich nichts außer gelblichgrüner Tiefe. Ich schwimme weiter, freue mich, dass mich der Schnorchel mit Luft versorgt und starre nach unten. Und auf einmal bin ich in einem Aquarium. Es wimmelt buntscheckig, tausendfarbig, exotisch. Eine unglaubliche Vielfalt von Fischen! Neugierig linsen sie aus Felshöhlen, verstecken sich in Korallenöffnungen, huschen weg, sind wieder da, verfolgen einander, jagen sich. Hurra, ich bin Fisch unter Fischen.

Am Abend kaufe ich mir einen Unterwasserführer für das Rote Meer und kreuze alle die Fische an, die ich glaube, gesehen zu haben. Sie haben so lustige Namen: Der maskierte Einhornfisch, der schwarzgepunktete Grunzer, der halbgepunktete Zackenbarsch, der Picasso Drückerfisch, um nur einige zu nennen. Am besten hat mir der Imperator Kaiserfisch gefallen. Mit seinem gelben Rücken, den blauen Streifen und dem hellgelben Schnäuzchen hat er tapfer sein Revier verteidigt.

Am nächsten Morgen schnorcheln wir wieder. Diesmal kennen wir uns schon besser aus zwischen den Korallen. Wir haben uns Zeichen ausgemacht, mit denen wir uns unter Wasser verständigen wollen. Ich zeige Ildiko einen Kofferfisch und sie zeigt mir einen Vogelfisch mit einem Rüssel wie ein Elefant, dürr und tiefblau.

Natürlich sind wir nicht die einzigen Wassersportler. Da sind drei Schnorchler, um die herum Horden von Fischen schwärmen. Die drei haben Brot dabei, füttern die Fische und die bleiben ihnen auf den Flossen. Anscheinend spricht sich das herum, denn immer mehr Fischvolk eilt herbei und man sieht vor lauter Meeresgetier die Schwimmer nicht mehr. Obwohl ich weiß, dass man in freier Wildbahn lebende Tiere nicht füttern sollte, scheint mir das doch eine nachahmenswerte Idee. Morgen werde ich auch Brot mitnehmen.

Nach dem Frühstück verstaue ich zwei Brötchen in meiner Hosentasche, schleiche mich an den Kellnern vorbei und begebe mich wenig später mit ausgebeulter Badehose und Tauchausrüstung ins Wasser.

Kaum sind wir in der Nähe der Korallen, umzingeln uns schon Fischschwärme. Das Viehzeug riecht wohl die morgenfrischen Brötchen. Fürsorglich und gerecht verteile ich Brotkrumen und achte darauf, dass auch die kleinen Fische nicht zu kurz kommen. Doch offensichtlich gilt meine Autorität in der Unterwasserwelt nicht viel. Hier gilt das Gesetz des Stärkeren. Dennoch bemühe ich mich, nur denen Futter zu geben, die brav und zurückhaltend sind. Manchmal klappt das auch.

Am nächsten Morgen nehme ich wieder ein Brötchen mit. Die Fische haben wohl schon auf uns gewartet, denn kaum sind wir ein paar hundert Meter vom Ufer entfernt, sind wir auch schon umschwärmt von Soldatenfischen und Dreiflecktrittbarschen, von Gelbschwänzen und Oberfeldwebeln. Es hatte sich in Unterwasserkreisen herumgesprochen, dass Ildiko und ich zur Fütterung kommen. Es ist eine Wonne, zu sehen, wie sich die Tierchen freuen. Ein wenig ungestüm sind sie allerdings schon. Plötzlich stößt Ildiko einen schrillen Schrei aus und ich erschrecke. „Mich hat einer in den Finger gebissen!", gluckert sie durch den Schnorchel und hält schreckensbleich den Finger aus dem Wasser. Blut! Ich beruhige und tröste meine Frau. Dann tauchen wir gemeinsam wieder unter. Inzwischen scheint das halbe Rote Meer zur Fütterung herbei geschwommen zu sein. Ich halte mein Brötchen fest in der Hand und gebe keine Krume mehr preis. Dieser Fischauflauf ist mir des Guten zu viel. Doch während ich noch überlege, wie ich dem ein Ende machen kann, entreißt man mir das Brot. Einfach so, ohne Vorwarnung, ohne ein Bitte oder gar ein Dankeschön. Ich habe das Gefühl, in einen Dschungel geraten zu sein, in dem es nach Blut riecht und nur der Stärkste überlebt. Ich bin mir gar nicht sicher, ob ich und Ildiko die Stärksten sind und wünsche mich zurück an Land. Um uns zerrt, beißt, rauft, eifert und geifert es. Wir suchen das Weite, doch das gelingt nur mit Mühe, weil die raffgierigen Schwärme uns weiter verfolgen. Weiß Gott, wir waren verdammt froh, als wir unbeschadet an Land stiegen. Wenn ich gewusst hätte, dass das Rote Meer so gefährlich sein kann, dann .....! Wir haben noch häufig in den nächsten Tagen geschnorchelt, aber Brötchen habe ich keine mehr entwendet, denn das tut man ja schließlich nicht in Vier-Sterne-Hotels.

Surfen und mehr ...

Am Nachmittag kommt ein leichter Wind auf und bald darauf bläst es mit Windstärke fünf aus vollen Backen. Ich schnappe mir ein Board, kriege sogar einen Beachstart hin und bin im Nu weit draußen. Ich kämpfe mit Wind und Wellen und weiß schon bald nicht mehr so recht, ob das, was ich da veranstalte, noch Spaß macht oder nicht nur Schinderei ist. Wenn ich Strecke fahre und im Trapez hänge, geht das kurze Zeit gut, doch irgendwann muss ich ja zur Halse ansetzen und dabei gehe ich fast jedes Mal baden. Dann wieder zu starten ist eine üble Plackerei. Der Wind ist verdammt stark und die Wellen tun ein Übriges, mich zu beuteln. Endlich wieder oben, mache ich ganz schön Fahrt. Doch hin und wieder höre ich ein Geräusch, ein seltsames Pfeifen hinter mir, dann neben mir und dann ist es auch schon vorbei. Das war wieder so ein Crack auf einem Minibrett mit einem 6,5er-Segel. Wenn diese Supermänner baden gehen, machen sie ganz locker einen Wasserstart und sind schon wieder weg. Doch man muss ja nicht alles können und in meinem Alter habe ich auch den Ehrgeiz gar nicht mehr. Nach knapp zwei Stunden bin ich kaputt und gucke vom Strand aus zu, wie die da draußen vorbeiflitzen.

Am Abend haben wir immer einen Mordshunger. Kein Wunder, wenn man nach zwar reichhaltigem Frühstück den ganzen Tag weiter nichts isst und in der Vorfreude auf das Dinner lebt. Natürlich essen wir dann viel zu viel. Zu Hause werde ich fasten. Hier aber, an den vollen Fleischtöpfen Ägyptens, wird gefuttert. Und nach der Schlemmerei? Einen Verdauungsspaziergang machen? Ja, aber wohin, wenn unter dem sternenklaren Himmel nichts ist als nur staubige gelbe Wüste?

Vor unserer Terrasse beginnt ab 23.00 Uhr die Animation. Ab 22.00 Uhr sorgt die Band für lauten Evergreen-Brei. An jedem

Abend der gleiche Zirkus: Musikmüll und Animation. Unsere Beschwerde, es sei zu laut und ob man nicht früher ..., nützt nichts. Drei Viertel der Hotelgäste sind Italiener und die lieben solch Remmidemmi und so veranstaltet die italienische Animation-Crew ihr abendliches Heckmeck. Wir leidgeplagten, langweiligen Germanen müssen es wohl oder übel ertragen. Man bietet uns an, in ein ruhigeres Zimmer umzuziehen. Doch da wir das nicht wollen, müssen wir eben mit dem Lärm leben.

Kairo und die Pyramiden

Kairo, die Mutter aller Städte. Es ist Wahnsinn, was wir vorhaben: 2:30 Uhr dreißig Wecken, 3:00 Uhr Abfahrt, 500 Kilometer bis Kairo, 9.30 Uhr Ägyptisches Museum, 12.00 Uhr die Pyramiden von Giseh, 13.30 Uhr Mittagessen, 15.00 Uhr Basar, 16.30 Uhr Abfahrt, 22.30 Uhr dreißig Ankunft in Hurghada, 23.00 Uhr spätes Abendessen, 00.00 Uhr Schlaf. Fast vierundzwanzig Stunden. Wie gesagt, der nackte Wahnsinn.

Die Abfahrt ist hektisch. Zehn Minuten hat man uns zu spät geweckt. Die fehlen nun bei der Tasse Kaffee und Christine kommt vollends ins Schleudern. Noch im Halbschlaf stürzt sie und schlägt sich ihr Knie auf. Doch zum Glück nichts Ernstes. Unser Fahrer drängt, er hat den Guide für drei Uhr fünfzehn bestellt. Wir sind spät dran. Die Sitze im Toyota-Van sind ausgesessen, die Sitzhöhe stimmt nicht und es gibt kaum Kniefreiheit. Ein unangenehmes Herumrutschen von einer Pobacke zur anderen. Vierzehn Personen sollen Platz in dem Bus haben. Wir finden es zu acht schon zu eng.

Auf der Fahrt nach Norden entlang des Roten Meeres leuchten die Gasfackeln der Ölbohrinseln. Ich wusste nicht, dass Ägypten so viel Öl besitzt und sogar welches exportiert. Vierzig Kilometer nördlich von Hurghada hört der Tourismus auf und die Off-Shore-Öllager beginnen.

Am vergangenen Abend ist ein englischer Tourist in einem Taxi bei Quena erschossen worden. Islamische Fundamentalisten. Natürlich trifft uns diese Meldung. Weniger Angst, eigentlich mehr Wut und ein flaues Gefühl im Magen. Aber die Polizeistreifen, die Kontrollposten entlang der Wüstenstraßen beruhigen uns etwas. Auch im Hotel hat man nicht das Gefühl, in einem Touristenghetto eingesperrt zu sein. Man kann sich schon frei bewegen, in diesem Ägypten, einem freundlichen Land mit freundlichen Menschen. Wir sprechen mit einigen Ägyptern über das Fundamentalismus-Problem, dem Guide, unserem Surfbrett-Jassr. Sie sind sich einig: diese kleine Gruppe von Fanatikern wird es nicht schaffen, Ägypten vom Weg des Fortschritts abzubringen und es zurückzubomben ins Mittelalter. Ägypten werde seine Vorreiterrolle in der arabischen Welt behaupten und der Rückhalt in der Bevölkerung für diesen Radikalismus sei äußerst gering.

Ich bin der Meinung, dass man trotz allem und jetzt erst recht nach Ägypten reisen sollte. Erstens besteht kaum eine reale Gefahr - schlimmstenfalls gibt es das Sicherheitsrisiko, das es inzwischen fast bei allen Reisen in die weite Welt gibt -, zweitens braucht dieses Land Touristen, die Begegnung mit den anderen, die Öffnung zum Westen, und auch die Devisen. Und drittens ließe sich noch hinzufügen, braucht vielleicht auch der westeuropäische Mensch diese Begegnung mit Ägypten, denn das ist immer auch ein Zusammentreffen mit dem Zauber des Niltals, der unsterblichen Transzendenz der Pharaonen, der Herrlichkeit der Pyramiden und Tempel und der Magie der Grabstätten in den Wüstentälern. Egal, ob man sich mit der altägyptischen Kultur auseinandersetzt oder nicht, ein Atemzug dieser unglaublichen menschlichen Größe trifft jeden in diesem Land und hinterlässt eine Spur.

Man kann nur schätzen, wie viele Menschen in Kairo leben, zwischen zwölf und sechzehn Millionen, vielleicht auch mehr. Die Zahl wächst weiter. Eine Weltstadt so nahe an Europa mit den Problemen der dritten Welt: Überbevölkerung, Hunger, Elend, Platzmangel, wachsende Slums. Der Moloch Kairo frisst sich nach allen Seiten in die Wüste hinein. Man nähert sich der Stadt, aus der Wüste kommend und ist unvermittelt in ihr, fährt an Friedhöfen vorbei, links und rechts der Verkehrsader. Friedhöfe wie Städte, mit Kapellen, Häusern und Hütten, voller Menschen, Müll, Haustieren. Selbst diese letzten Ruhestätten sind heute von den Lebenden okkupiert, dicht besiedelt, ja sogar elektrifiziert und kanalisiert. Seltsame Siedlungen.

Wir fahren an Slums und Hüttendörfern vorüber über Hochstraßen, auf denen Autokolonnen im Stau stehen und unter denen sich ein Gewimmel von Autos und Eselskarren, Männern, Kindern, verschleierten und modisch-eleganten Frauen unseren Augen darbietet. Orient und Okzident, Ordnung und Chaos. Kairo ist ein Wahnsinn. Ich möchte nicht in dieser Stadt leben, sie macht mir Angst. So fremd, schmutzig, eigenartig, aber auch faszinierend wirkt sie. Die Gebäude, Hügel, Moscheen, die Menschentrauben und all das Stadtgewühl fliegt an uns vorbei wie ein Film, während unser Fahrer geschickt seinen Weg zum Museum findet. Mehr als vage Eindrücke erhaschen wir kaum. Minarette, Kirchen, Türme, Zitadellen. Und der Fluss.

Dann halten wir vor dem Ägyptischen Museum. Eine und eine halbe Stunde gibt uns unser Führer: ein Witz. Man bräuchte viel Zeit, um alles zu sehen und wenigstens halb zu erfassen, was in diesem Gebäude auf beengtem Raum, schlecht präsentiert, nicht einmal klimatisiert, ausgestellt ist. Ein großer Teil der unschätzbaren Kultur- und Kunstschätze, die im Laufe des letzten Jahrhunderts aus dem heiligen Boden dieses Landes ausgegraben wurde, ist hier präsentiert. Zehn Minuten müssen genügen für ein paar gute Erklärungen zur Statue des Chefren, einem der ersten Pharaonen des Alten Reiches. Gut 2000 Jahre vor Christus. Die knapp einen Meter hohe Statue ist von einer unglaublichen Ausdrucksstärke, gearbeitet aus einem der härtesten Steine, die es gibt und bis heute weiß man nicht, wie, mit welchem noch härteren Material dieser Stein behauen wurde, wie es möglich war, diese Feinheit der Formen, diese Ausdruckskraft und Genauigkeit der Anatomie entstehen zu lassen.

Natürlich laufen in diesem Museum alle Gänge auf Tutenchamun zu und natürlich streben alle Besucher unaufhaltsam diesem Magneten entgegen. Die Hinterlassenschaft, all das, was der kleine Gottkönig mit sich ins Jenseits zu nehmen gedachte, um dort seinen Vorstellungen gemäß weiterzuleben, ist hier dargeboten. Howard Carter, der englische Archäologe, holte vor einem Dreivierteljahrhundert den jungen König aus dem Schweigen der Ewigkeit ins Diesseits zurück und zeigte der Welt ein Wunder. Der französische Autor Christian Jacq hat einen faszinierenden Roman über die mehr als zwanzigjährige Ausgrabungsgeschichte geschrieben: ‚Im Banne des Pharao'. Fast ein ganzes Stockwerk im Museum ist gefüllt mit dem, was Carter im Grabgelege des jung gestorbenen Königs fand und was dieser mitgenommen hatte auf seine Reise ins ewige Leben: alles, was ihm in seinem diesseitigen Leben wert und lieb war und beinahe alles, was seine Hände zu Lebzeiten berührt hatten, vom Profansten bis zum Heiligsten. Der Höhepunkt der Ausstellung ist der ‚goldene Raum'. Die Pracht und Herrlichkeit, die hier in den Vitrinen ruht, ist kaum zu beschreiben. Wenn es etwas Göttliches gibt, dann hat es sich in einmaliger Schönheit in diesen Geschmeiden, Figuren und Masken verewigt. Was bleibt außer Staunen und Bewunderung. Ich weiß wenig über die altägyptische Kultur, die Mythologie und die Herrscherfolge und bin jetzt froh, durch diesen Urlaub die Tür wenigstens einen Spalt weit geöffnet zu haben.

Nur sieben Kilometer sind es bis Giseh, der Stadt, die mit Kairo zusammengewachsen ist. Am Rande von Giseh beginnt unvermittelt die Wüste mit Dünen und Hügeln. Und plötzlich, hinter einer Kurve, erblicke ich die Pyramiden in ihrer vollen Größe: die Grabbauten des Cheops, Chefren und Mykerinos. 129 Meter hoch ist die größte, die Cheopspyramide, Bauwerk der Ewigkeit, Schutz für die immerwährende Ruhe des Pharao. Welch eine Tragik, dass die Grabräuber schon so bald nach dem Dahinscheiden des Herrschers kamen und der Nachwelt die gewaltigen Grabmäler als leere, gigantische, steinerne Hüllen zurückließen. Das profane Alltagsleben der Kameltreiber, Andenkenverkäufer und Bettler spielt sich um die gewaltigen Spitzkegel herum ab. Der Rummel hält sich an diesem Tag in Grenzen, es sind nicht allzu viele Touristen da und Polizisten auf Kamelen sorgen für Ordnung, verjagen das allzu aufdringliche Bakschischvolk. Ein kleines verhutzeltes Turbanmännchen auf einem kleinen Esel von einem noch kleineren Eselchen begleitet, hoppelt für eine kleine milde Gabe herum und wird immer wieder von einem erbarmungslosen Ordnungshüter auf einem hohen Kamel verjagt. Ildiko folgt dem Gnom, fotografiert ihn und steckt ihm ein paar Pfundnoten zu.

Wir kriechen gebückt durch den schmalen, niedrigen Stollen in die Grabkammer der Chefrenpyramide. Fünfzig Meter bergab, ein Stück geradeaus und wieder fünfzig Meter bergan: Ein etwa sechs mal fünf Meter großer Raum gefüllt mit Leere und stickiger warmer Luft. Hier ruhte einstmals der Pharao in seinem Sarkophag, bis die Grabräuber kamen und ihm alles nahmen. Über uns lagern Tonnen von Steinen. Man kann sich dem Geheimnisvollen dieser Stätte nicht entziehen. Doch ich bin erleichtert, als ich wieder im gleißend hellen Tageslicht des ägyptischen Oktobertages stehe.

Die Sphinx von Giseh muss links liegen bleiben. Die Zeit reicht nur für wenige Erklärungen und ein paar Fotos. Ein Tag für Kairo, wie gesagt, ist Spinnerei. Mittagessen muss sein. Der Toyota bringt uns zu einem Touristen-Restaurant, das so typisch ägyptisch ist, dass wahrscheinlich jeder Ägypter einen Bogen drumherum macht. Typisch ägyptische Musikanten begrüßen uns, am Eingang backt eine typische Ägypterin typisch ägyptisches Fladenbrot in einem typisch ägyptischen Ofen und typisch ägyptische Kellner bedienen uns an typisch ägyptischen Tischen. Dennoch, trotz so viel vermeintlicher Folklore bleiben der Ärger und das Gefühl, geneppt zu werden, aus: das Essen ist fantastisch und wir wünschen uns, die Küche im Grand Hotel wäre etwas weniger international und so ähnlich wie diese hier. Der Chefkoch in dieser Touristenkantine versteht sich auf die Kunst des Würzens.

Mit gefülltem Magen und müder Sattheit bleibt uns nun nur noch der Basar für eine Stunde. Doch ich fühle mich zu schlaff und prall gefüllt von den Eindrücken des Tages, um das Gewusel von Händlern und Kunden, die Vielfalt der Waren, die Enge und den Charme der winzigen Gässchen noch aufnehmen zu können. Irgendwann kommen wir hoffentlich wieder und dann, mit viel mehr Zeit, werden wir Kairo erkunden und auch den Basar in aller Ruhe durchstöbern.

Die Heimfahrt nach Hurghada ist eine Quälerei. Pobacke rechts, Pobacke links, Rückenschmerzen, Schweißausbrüche. Ohne Klimaanlage ist es im Wagen zu heiß und mit Klimaanlage friert man. Nie wieder Kairo an nur einem Tag! Und trotzdem, es hat sich gelohnt.

Fast schon Abschied.

Fünf Tage sind seither verstrichen. Morgen, am 30. Oktober, fliegen wir heim. Ich liege am Strand, im Schatten des blau-weißen Sonnenhutes, die Sonne steht beinahe senkrecht und ich denke mit einem Anflug von Schaudern an das Schmuddelwetter, das uns in Kassel erwartet. Die Wellen kräuseln an das flache Ufer. Weiter draußen spielen zartweiße Schaumkronen um die vor Anker liegenden Schiffe. Links hinter den weißen Quadern der Hotelbauten fährt der Blick die scharf in den blauen Himmel gezeichneten Kanten der Wüstendünen ab. Unvermittelt fällt das gefurchte Goldgelb des Sandes ins Meer. Surfer huschen am Horizont vorüber und in der Ferne blockiert wie ein weißer Walrücken, nackt, kahl, ockerfarben, die Insel Giftun die Weite des Roten Meeres. Irgendwo, in der Öffnung zwischen zwei Inseln ahnt man den Sinai. Und wenn das Auge noch ein wenig wandert, fängt es sich wieder in den nahen Schaumkronen und kehrt dann zurück zur Anlegestelle der Schiffe, die jeden Morgen die Taucher zu ihren Revieren fahren.

Zum Schluss habe ich mir doch noch eine Diarrhöe eingefangen. Mehr oder weniger stark bekommt das hier fast jeder. Ich habe einfach zu unkontrolliert gegessen und jetzt dafür meine Strafe. Hinterher ist man immer klüger. „Koch es, schäl es oder vergiss es". Diese

Grundregel der Ernährung in den Tropen und Subtropen so missachtet zu haben, dafür geschieht es mir recht, nun zu leiden. Den ganzen Tag über bleibe ich im Bett und fühle mich hundeelend. Am Donnerstag ist zum Glück nach einer durchschwitzten Nacht das Schlimmste vorbei. Ich kann wieder an den Strand, surfe bescheiden und vorsichtig. Mit dem Surfen ist es wie mit allem: allzu viel ist ungesund und auf die Dauer wird es dann auch langweilig. So habe ich auch am Freitag, als es mir wieder gut geht, keinen Bock mehr darauf. Auch das Schnorcheln ist nicht mehr das, was es mal war. Das Meer ist unruhig, unter Wasser ist die Sicht trübe und die Fische halten sich zurück. Eine Jeepsafari in die Wüste mit Beduinenbesuch und Kamelritt könnte noch Abwechslung bringen. Aber außer uns hat keiner Interesse daran oder alle anderen haben dieses Abenteuer schon hinter sich, jedenfalls wird nichts daraus. Ich bin nicht allzu traurig. Und dann machen wir alles zum letzten Mal, den letzten Surfausflug, das letzte Sonnenbad in diesem Jahr, das letzte Abendbuffet.

Schade. Einerseits. Doch andererseits, zu Hause ist es doch am schönsten! Solche Floskeln erleichtern den Abschied.

Wir sitzen auf der Mole am Strand, nuckeln an einer Flasche ‚local beer' und sehen der untergehenden Sonne zu. Es ist schön und kitschig und herzerwärmend anzusehen, wie der Ball sich glutrot hinter den Wüstenbergen verkriecht und den Himmel in einen goldvioletten Farbschimmer taucht. Wir sagen Mohammed, dem Herrn der Surfbretter und seinem Helfer Jassr adieu. Zwei schöne Wochen sind zu Ende.

9. Kreta - Himmel und Meer (1994)

Erst, als die Wolkendecke aufriss und ich die weiß-zackigen Schründe und Gipfel der alten Alpen unter mir sah, gelang es mir, mich richtig auf den Urlaub zu freuen. Irgendwo in der Ferne, noch etwa zwei Flugstunden entfernt, lag Kreta.

Karfreitag ist heute und der 1. April. Kurz nach Mitternacht sind wir aufgebrochen, um rechtzeitig zu unserem Flugstart um 6.50 Uhr zu kommen. Ostern ist dieses Jahr so früh und der Winter noch so greifbar nahe, dass man Angst haben muss, die Ostereier holen sich Frostbeulen.

Das Flugzeug ist nicht einmal dreiviertel voll. Ich bedauere die Daheimgebliebenen, weil sie nicht die ins Meerblau mit spitzem Bleistift gezeichnete griechische Inselwelt aus 12.000 Metern Höhe bestaunen, weil sie nicht das pappige Condor-Frühstück genießen dürfen und überhaupt. Uns geht es gut. Die Sonne scheint, am Himmel unter uns und über uns zeigt sich kein Wölkchen. Manfred und Gisela Blochel hatten im nasskalten Kasseler Winter die Idee zu diesem Osterurlaub.

In Iraklion ist es windig, leidlich warm, griechisch-chaotisch und vertraut. Es dauert eine geschlagene Stunde, bis wir unsere Koffer haben. Then pirasi, macht nichts, wir sind schließlich in Griechenland.

„Du, Manfred, ich glaube, das ist hier gar nicht Palma di Mallorca."

„Meinste?! Tatsächlich, hier sind die Buchstaben ganz anders."

„Vielleicht haben wir doch das falsche Flugzeug erwischt!"

„Scheiße!"

Einige Flugtouristen, die unseren Dialog mithören, blicken uns verwirrt oder verärgert an. Erster April. Ildiko und Gisela schauen weg, wollen mit solchen Spinnern nichts zu tun haben. Manfred kann so etwas prima: Im Flugzeug vom Steward gefragt, was er trinken möchte, bestellt er frisch gepressten Waldheidelbeersaft und freut sich, als der Luftober eine schlagfertige Antwort parat hat.

Bis zum Hotel ist es nur eine halbe Stunde Busfahrt. Akti Zeus: Schön, groß, weiß, blumenumflort, arabisch anmutend mit Rundbogenfenstern und unzähligen Balkonen. Zum blauen Meer hin strahlt blau der Swimmingpool unter blauem Himmel. Weiß und Blau, die Nationalfarben Griechenlands. Der Wind bläst heftig vom Meer her. Zwei Surfer toben in den Wellen.

Während ich dies hier schreibe, befinden wir uns schon im zweiten Urlaubstag und haben soeben den Begrüßungscocktail genossen. Die Dame von Alltours gab wichtige Dinge zum Besten, über Land und Leute, Berge und Täler. Ein paar nützliche Informationen gab es auch („Sonntags sind Museen kostenlos!"); doch vor allem wurde uns klar, dass wir an den diversen angebotenen Besichtigungstouren nicht teilnehmen würden. Ildiko wäre zwar zu einer ‚Kulturtour‘ nicht abgeneigt, aber ich verfüge über die gewaltige Arroganz des pauschal reisenden Individualtouristen, der alles selbst entdecken und überall der erste sein will. Ich, der Griechenlandreisende par excellence werde mich doch nicht in einem Pulk erholungsbedürftiger Ruhrgebietler und schwäbischer Landfrauen durch kretische Dörfer schleifen lassen.

Gestern Nachmittag bei einem Spaziergang lächelte ich auf geübte Art eine Griechin an, warf einige Worte aus meinem umfangreichen griechischen Wortschatz exakt betont und wohldosiert hin und sofort waren wir eingeladen zu einem Kaffee und später auch Kuchen. „Guck mal, Eleni, er spricht Griechisch." „Ligo, mono ligo", erwidere ich in allerbestem Griechisch. Eleni vermietet Autos. Das tut allerdings, wie wir bald herausfinden, auf Kreta ungefähr jeder dritte Erwachsene. Kinder vermieten wahrscheinlich in der Hochsaison ihre Tretroller und Kinderwagen. Ich vermute zunächst, dass dieses elfenhafte, schwarzhaarige, geschäftstüchtige und liebenswerte Wesen Eleni heißt, denn das Restaurant, das sie besitzt, trägt den Namen Eleni. Deutsche Männer benennen ihr Boot, so sie eines haben, nach ihrer Frau, griechische Männer, denke ich mir, benennen das Restaurant, das Erbteil der Gemahlin ist und ihnen auch mitgehört, mit dem Namen der Herzallerliebsten. Eleni oder Helene backt leckeren Kuchen, ist hübsch, nett und kinderlos. Sie mag Ildiko mehr als mich. Frauenliebe auf den ersten Blick. Das schmerzt mein

Männerherz. Aber dass ich seit vier Wochen nicht mehr rauche, das findet Helene auch gut und steckt ihre Zigarette wieder weg. Ich bin sicher, wenn wir bei ihr ein Auto mieten, macht sie uns den allerallerbesten Preis.

Ich schwitze in der Mittagssonne. Genau gesagt sickert die Feuchtigkeit lediglich die Speckfalten am Bauch entlang. Und natürlich ärgert mich das. Nicht der Schweiß, sondern der Bauch! Er passt nicht zu meinem jugendlichen Selbstbild. Wer geht schon gerne auf die 55 zu und sieht auch so aus! Der Schweiß ist leichter wegzubekommen als der Bauch: Man geht einfach ins Wasser. Es ist saukalt, vielleicht 15 Grad im Pool, im Meer ist es ein bisschen wärmer. Alle haben geguckt, als ich ins Wasser sprang. Dabei war das gar nicht meine Absicht.

Ich glaube, es geht uns gut auf Kreta. Manfred findet's auch saustark. Und, wie gesagt, kein Wölkchen am Himmel.

Sonntag, 3. April

Frohe Ostern! Der zweite Morgen, an dem wir im Akti Zeus, im Zimmer 438 im dritten Stock in Amoudara bei Iraklion auf Kreta aufwachen. Die Holztür hinter der Glastür zum kleinen Balkon haben wir am Abend verschlossen, damit uns morgens nicht zu früh das Licht wecken möge. Als ich am Morgen im Dunkel die paar Schritte in Richtung Balkon stolpere und die Tür öffne, strömen Eimer voll Sonnenlicht ins Zimmer, überfluten es, bis wir fast darin ertrinken. Der Himmel, noch von einem blassen Morgenchiffon bedeckt, wölbt sich über einem blaugrauen Meer.

Vom Balkon herab blicken wir auf den Pool, der jetzt noch unberührt in einer blau-weißen Fliesenlandschaft eingebettet liegt. Auf einem Podest, überdacht, eine kleine Bar und keine fünfzig Meter weit sind der Strand und das Meer, dessen Wellen zärtlich über den Sand spielen.

Wir gehen frühstücken. So ein Frühstücksbuffet ist schon eine tolle Sache. Ein bisschen verschämt frage ich mich, was wohl die anderen Gäste denken mögen, wenn ich zum dritten Mal Nachschub hole. Fresslust siegt über Anstand. Es schmeckt auch einfach zu gut.

Wir wollen nach Knossos fahren. Heute am Sonntag ist der Eintritt frei. Außerdem müssen wir nach dem gestrigen Strandtag unserer geröteten Haut eine Schonzeit gönnen. Also Kultur. Bus Nummer sechs fährt bis Iraklion und dort steigen wir um nach Knossos. Welch ein Auftrieb kulturhungriger Menschen. An der Pforte zum minoischen Palast teilt sich die Menge der Bildungsbeflissenen in die Selbstversorger und die, die sich lieber führen lassen durch das Labyrinth der Doppeläxte. Ildiko und Gisela ziehen Informationen aus staatlich geprüftem Mund dem selbsterarbeiteten Halbwissen vor und so lassen wir uns denn an der langen Leine durch die Irrgärten des Minos ziehen. Die Gruppe ist nicht allzu groß und unsere Führerin, bewaffnet mit einem aufgespannten Regenschirm („Mir nach!"), ist wirklich gut. Sie lässt die Endsilben so schön nachklingen und ihr Deutsch klingt lustig. Und sie hat Humor: „Die Minoer trugen kleine Bleigewichte an den Gewändern. Von wegen der fehlenden Unterwäsche. Kreta ist ein windiges Eiland."

Manchmal kommen sich geführte Gruppen ins Gehege. Dann kämpft das Englische mit dem Deutschen und Französischen, das Griechische mischt sich auch noch ein und es gibt ein herzerfrischendes kauderwelschiges Sprachgemenge. Doch wenn unsere Regenschirmin erzählt, spitze ich die Ohren und lerne eine Menge. Woher der Name Labyrinth kommt, von Doppelaxt, labis nämlich und nix da mit Irrgarten. Und Zeus und Europa zeugten die Söhne, aus deren Lenden das Geschlecht der Minoer spross. Und dergleichen Mythologie mehr. Das Schlimme ist nur, ich vergesse all diese Sagen immer wieder oder schmeiße sie durcheinander.

Eine deutsche Oberstudienratsfamilie eilt vorüber. Er mit dem Plan des Palastes in der gezückten Hand, Mutter und Tochter hinterdrein. „Wir folgen genau der Numerierung auf meinem Plan. Dann entgeht uns nichts."

„Papa, wollen wir nicht erst einmal dorthin ...."

„Nein Ina, komm bitte hier entlang!" Und Ina folgt. Das „Bitte" hatte etwas arg Drohendes.

Es ist nicht einmal übermäßig voll in Knossos. Die Besucher verteilen sich zwischen den Trümmern, Treppen und überdachten Räumen. Nur hin und wieder gibt es einen kleinen Stau, dort, wo es mehr zu sehen gibt als nur Fundamente. Mister Evans hat sich schon etwas dabei gedacht, als er Knossos nach seinen Vorstellungen recht eigenmächtig rekonstruierte: Man ahnt ein bisschen, wie jene Stierspringer gelebt haben mochten vor fast 4000 Jahren. Die Information unserer Führerin, dass die Lebenserwartung der Männer nur 31 Jahre war, erschüttert mich. Mein Gott, da wäre ich ja schon beinahe zweimal tot. Und die Frauen lebten noch kürzer. Verdammt wenig Zeit, was Rechtes aus seinem Leben zu machen.

Am Nachmittag sind wir wieder im Hotel.

Hinter dem gläsernen Windschutz am Pool sind nur wenige Menschen und auch am Strand liegen nur sehr vereinzelt Sonnenhungrige. Den meisten ist es wohl zu kühl und das Wasser zu wenig einladend. Das Meer ist unruhig, die Wellen fallen schaumig auf den Sand. Die ersten Schritte ins Wasser sind beschwerlich, da sich an der Uferkante Algen ausbreiten. Nach zwanzig Metern beginnt dann der Sand. Der Sprung ins Nass ist ein Schock, doch nach kurzer Zeit hat sich der Körper an die Temperatur gewöhnt und es ist angenehm, in dem glasklaren Wasser zu schwimmen. Die Sonne erwärmt danach den Körper schnell wieder.

Wenn ich mir vorstelle, dass im fernen Deutschland jetzt frierende Kinder Ostereier in Schnee und Eis suchen, bin ich noch zufriedener angesichts dieser kretischen Himmelsbläue. Nur der Wind weht am späten Nachmittag ein wenig kühl um die Lenden. Aber sonst, alles „en taxi".

Ildiko und ich spielen gerade am Strand Beachball, als mein Freund Manfred auf uns zuläuft und freudestrahlend berichtet, er habe eine Kneipe entdeckt, in der von 20.00 bis 23.00 Uhr ‚Happy Hour' sei: Zwei Getränke zum Preis von einem. Wow!

Da gehen wir gleich nach dem Abendessen hin. Zuerst sitzen wir ‚happy houernd' auf der Veranda. Es ist kühl. Fast alle Drinks kosten 900 Drachmen. Ein stolzer Preis. Ich will nicht unbedingt zwei Cocktails, Schnäpse oder Liköre. Aber einer kostet 900 und zwei kosten dasselbe. Wir bestellen erst mal einen, im Glauben, dass man später dann den zweiten, den Gratisdrink ordern könne. Denkste! Für jeden kommen zwei Raki, zwei Ouzo, zwei Cocktails. Wir kommen uns vor wie eine Bande hemmungsloser Säufer.

Die Bar ist ein Familienunternehmen. Papa hat seine Frau mit zwei Söhnen gesegnet. Papa, der genau so aussieht, wie ich mir schon immer einen stolzen Kreter vorgestellt habe, kommt zu uns und bittet uns ins Innere seines Reiches: Hier draußen sei es doch zu kalt. Recht hat er. Drinnen ist auch mehr Stimmung. Sitzt viel Deutsches herum an Zwillingsgetränken. Viele große Bierkrüge, eine Maß zur Happy Hour. Gegen 10.00 Uhr wirds heiß: Sirtaki-Time. Rücksichtslos werden alle Anwesenden aufgefordert, in den schleppenden Sorbasrhythmus zu fallen. Nach drei Runden habe ich endlich die Schrittkombination heraus und nach weiteren drei Runden fühle ich mich wie über dem Olymp schwebend. Alles tanzt im Ringelreigen, und wenn der Tanzmeister pfeift, macht jeder eine Extradrehung. Ich kann mir vorstellen, dass richtige Griechen sich vor Lachen die Schenkel fleckig schlagen würden ob solcher germanischer Folkloristerei. Vom Sirtaki geht es übergangslos zum Rock'nRoll: Elvis, Bill Haley, Chuck Berry at their best. Also tanzen wir Rock und danach Twist. Ich schwitze, Ildiko vollführt eine Unzahl extravaganter Bewegungen und wir erhalten für unsere Abendgymnastik sogar Beifall. Ein wenig absurd ist die Szenerie schon: Eine griechische Kneipe ohne Griechen, dazu verbissene Touristenanimation. Aber Spaß macht es trotzdem. Die kretischen Gastgeber genießen es, den deutschen Faulärschen Zunder zu geben, und die lassen sich bereitwillig animieren. Um 23.00 Uhr sind unsere Gläser leer. Kalinichta.

Montag, 4. April

Ein Fahrradtag, ein himmelblauer, schweißtreibender Tag, so einer, gemacht, den inneren Schweinehund zu besiegen. Ich leihe mir ein Mountainbike, mit 18 Gängen von Shimano, Cantilever, ohne Schutzbleche und mit zackigen Geländereifen. Gut fährt sich das Ding, jedenfalls auf den ersten 20 Kilometern.

Manfred Blochel hat sich eine Enduro ausgeliehen, eine Kawasaki. Auch er ist jugendbewegt, aber eher PS-geil, mit dem Feeling, den Teufel zu reiten. Ich trau mich nicht auf so was. Jedenfalls habe ich gerade meine erste fünf Kilometer lange Zehn-Prozent-Steigung hinter mir, halte auf dem Scheitelpunkt an, um mir die Salzbrühe aus den Augen zu wischen, da taucht Manfred wie ein behelmter Engel aus der Tiefe auf. Er fühlt sich pudelwohl, hat auch leicht lachen mit seinen vielen Pferdestärken und braust gleich wieder davon.

Eigentlich wollte ich ins Landesinnere. Jetzt krebse ich auf der Hauptstraße herum Richtung Rethymnon. Alle Abfahrten in die Dörfer enden in Stichstraßen. Erst bei Sisses lässt sich die Tour zu einer Runde formen. Bis dahin gehts bergauf, bergab, das schwarze Asphaltband unter den trampelnden Pedalen und links die Berge und Schluchten. Viel Verkehr gibts zum Glück nicht. Nach knapp drei Stunden bin ich in Sisses: verschlafenes Nest. Ich radle einmal durch und wieder zurück zum Dorfanfang, setze mich in das einzige geöffnete Estiatorion, bestelle Souflaki und Salata und, ganz unsportlich, ein Bier. Das gluckert wie Öl die Kehle hinunter. Einen Mordshunger habe ich trotz des ausgiebigen Hotelfrühstücks. Die dreijährige Tochter des Wirts guckt mir beim Essen zu, lächelt mich an, blinzelt mir zu und stupst mich sogar einmal zart an den Arm.

Hinter Sisses öffnet sich ein weiter Talkessel. Von hier aus wollte ich in die Berge vorstoßen, nach Aloides. Nun stehe ich am Fuße der Passstraße und mich überkommen Angstschauer beim Anblick der Serpentinen, die sich in weiten Bögen den Berg hinaufschlängeln. Da soll ich rauf! Zehn Kilometer bei zehn Prozent Steigung! Nie und nimmer.

Also bleibt nur der gleiche Weg zurück über die Hauptstraße. Resignation, Pleite, aber ich bin kein Held und auch nicht mehr zwanzig. Also los!

Beim ersten Pass nach der Mittagspause sehe ich noch ganz gut aus. Bergab macht es durchaus Spaß, wenn der Fahrtwind bei Tempo 50 Kühle um die Stirn weht. Aber nach jeder Abfahrt geht es eben auch wieder bergan, genauso lang, genauso steil. Ich spüre, wie sich am Hinterteil, da, wo der Sattel reibt, leichte Sorgenfalten bilden, zunächst nur Runzeln, doch im Verlauf der nächsten Stunde werden sie zu Furchen. Bei Fodele fahre ich von der Hauptstraße ab. Ich möchte doch noch in die Berge strampeln und von hier aus bietet sich eine auf der Landkarte gelbe Nebenstraße nach Iraklion an. Fodele oder Achlada? Achlada heißt Birne und das klingt gut und saftig, außerdem müsste ich von Fodele wieder die drei Kilometer zurück.

Zunächst geht es sachte bergan. Neun Kilometer bis Achlada. Ich komme gut vorwärts. Hinter einer Bergkuppe jedoch beginnt die Straße zu steigen und plötzlich erblicke ich ganz oben, fast schon im Himmel, die grauen Quader von Häusern, ein Schwalbennest an den Berg gepappt. Mein Gott, das wird doch wohl nicht Achlada sein! Da soll ich hoch! Nach einer Stunde hab ich's geschafft, hab mein Radl allerdings geschoben die letzten vier Kilometer. Ein bisschen Verzweiflung sitzt mir schon im verschwitzten Nacken, aber es gibt ja längst kein Zurück mehr. Ich will und muss nach Hause zurück. Achlada scheint von allen Göttern und Menschen verlassen. Keine Seele hinter den verschlossenen Fensterläden, nicht einmal ein blökender Esel. Kein Stuhl vor den Häusern, kein Kafenion weit und breit. Triste Einsamkeit unter blauem Himmel. Der Blick aufs Meer und über die Berge ist traumhaft schön.

Endlich am Ortsrand ein Lädchen, halbgeöffnet die Tür. Ich trete ein und bitte um eine Limonade. Die Alte verkauft mir griesgrämig eine Dose Sprite. Ich lasse mir noch ein Glas Wasser dazugeben, schnappe mir einen Stuhl, setze mich vor die Hütte und trinke, als sei ich halb verdurstet.

Nach der Pause raffe ich mich wieder auf. 15 Kilometer sind es bestimmt noch bis nach Hause. Der Schwung ist hin, der Hintern schmerzt. Aber immerhin geht es jetzt bergab, schier endlos. Ich war ja auch 800 Meter hoch. Dann stehe ich plötzlich an einer Weggabelung. Wohin jetzt? Der Karte nach führen beide Wege nach Iraklion, aber welcher ist der kürzere und der weniger beschwerliche? Ein vergammelter Pick-up-Lieferwagen kommt angeschnauft, die Ladefläche voller Holz und Reisig. Ich halte ihn an, frage, welcher Weg der bessere nach Iraklion sei. Beide, der eine über Agia Panagia, der andere über Rodia. Aber wenn ich wolle, meint der Alte am Steuer, könne ich hinten auf der Ladefläche mitfahren bis Rodia. Und ob ich will. Das Reisig lädt er und seine Begleiterin nach einem Kilometer auf einer Schuttkippe ab. Ich wuchte mein Rad und mich auf die Pritsche und los gehts. Herrlich, nicht mehr trampeln zu müssen. Die Straße ist ein Schweizer Käse, ich halte mich verzweifelt fest und fühle mich langsam sauer werden wie ein Joghurt. Aber besser ist das allemal, als in die Pedale zu treten.

Von Rodia aus kann ich tief unten Iraklion sehen und Amoudara, die beiden qualmenden Schlote des E-Werks. Ich hab's fast geschafft und in dem Bewusstsein kann ich mir noch eine Pause gönnen. Halb fünf ist es und ich genehmige mir einen Ouzo mit Mezes. Danach, am Ortsrand treffe ich Manfred auf seiner Enduro. Er schwärmt von seiner Maschine und wie er bergauf, bergab gebrettert ist. Freiheitsgefühle. Echt geil. Was weiß ein Motorradfahrer schon von den Freuden eines Radlers, von dem Genuss, dem inneren Schweinehund eins auf die Schnauze gegeben zu haben, von dem erhebenden Gefühl, wenn das wunde Hinterteil zum Zentrum des Seins geworden ist. Motorradfahren, pah!

Die sechs Kilometer bis Amoudara fliege ich förmlich hinab und dann bin ich auch schon mit einem beherzten Sprung im eiskalten Hotel-Swimmingpool und danach im Meer und die Müdigkeit fällt ab wie ein Wintermantel im Frühling und ich fühle mich wieder leicht und frisch und unheimlich hungrig.

Dienstag, 5. April

Noch gestern Abend haben Manfred und ich unseren Drei-Tages-Wagen, einen kleinen Subaro, abgeholt. Heute wollen wir auf die Südseite der Insel, nach Phaistos und Matala.

Ich öffne die Holzjalousien und lassen den Tag hinein. Wolken am Himmel! Schwarz liegt es über dem Meer. Landeinwärts findet die Sonne noch Nischen, hindurchzublicken.

Durchschnittlich acht Regentage gibt es im April auf Kreta, sagt Polyglott. Doch ich vertraue auf unser Glück und den Wind, der die Wolken wegtreiben wird. Nein, einen Regenschirm soll Ildiko nicht mitnehmen.

Kurz nach zehn brechen wir auf. Manfred sitzt am Steuer. Der kleine rote Subaro flitzt brav nach Süden durch die fruchtbare, hügelige Landschaft. Ein paar Berge gehts hoch, aber nichts besonders Erhebendes. Am Inselmittelpunkt kommen wir vorüber, dem Nabel von Kreta, vor Agia Varvara. Dann halten wir in Gortys, der Hauptstadt Kretas aus der Zeit der Römer. Das, was die Archäologen freigelegt haben, liegt links und rechts der Straße. Wie an vielen Orten Kretas ist auch in Gortys vieles aufeinandergeschichtet. Wie die Schalen einer Zwiebel vereinigen sich die verschiedenen Kulturen zu einem Ganzen und behalten doch ihre Selbstständigkeit: Die Minoer waren hier, die Mykäner und Dorer, die Römer, und Byzanz verewigte sich. Nur die Türken, mehr als 300 Jahre Unterdrücker der Insel, ließen nichts zurück als den Hass der Söhne und Enkel der Menschen, denen sie die Freiheit beschnitten.

Dominiert wird Gortys von der Titus-Basilika, die, zur Hälfte erhalten, sich wie eine Theaterkulisse vor den Zuschauern ausbreitet. Der andere Höhepunkt von Gortys ist das Odeon, ein kleines Theaterrund und an der rückwärtigen Seite sind in hässlichen Ziegelwänden, geschützt durch Gitter, die berühmten marmornen Gesetzestafeln aus dem vierten vorchristlichen Jahrhundert eingelassen. Die ältesten schriftlich niedergelegten Gesetze auf europäischem Boden. Von Zivil- und Strafrecht handeln sie und von der richtigen Behandlung der Sklaven. Warum brachte man sie hier an im 3. Jahrhundert nach Christus, 700 Jahre nach ihrer Entstehung?

Der Ort ist idyllisch. Hügelan ahnt man die Häuser und Villen der alten Stadt. Unausgegraben schläft sie dort, nur hin und wieder von Ziegenherden gestört.

Ein paar Regentropfen fallen und die tief hängenden, sich aufhäufenden schwarzen Wolkengebirge lassen nichts Gutes erwarten. Bis Phaistos sind es nur mehr zwanzig Kilometer.

Vor dreißig Jahren etwa war ich schon einmal auf Kreta. Damals jugendlich unerfahren, trampend, am Strand nächtigend, mit wenig Geld in der Tasche aber vielen Erwartungen. Kreta war mir ein Abenteuer, touristisch wenig erschlossen, mit seinen schwarzen, zerklüfteten Bergen, den Schluchten, den weiten, sonnengemarterten Ebenen, den Mythen und Geheimnissen. Kreta im Hochsommer. Phaistos war nicht einmal mit einem richtigen Zaun umgeben. Der Alte im Kassenhäuschen war noch derselbe, den Henry Miller im „Koloß von Mouroussi" verewigt hatte und er begleitete die wenigen Fremden ins zerfallene Reich der Minoer. Der Alte ist längst tot und Kreta hat seine Unschuld verloren. Der Tourismus verändert die Menschen und die Landschaft von Jahr zu Jahr mehr. Doch es ist müßig, darüber zu klagen. Wer kann es den Bauern und Fischern verdenken, wenn sie ihr hartes, karges Leben gegen ein leichteres, besseres eintauschen wollen. Was dabei auf der Strecke bleibt, erschließt sich erst im Rückblick und wird schnell Nostalgie.

Phaistos liegt noch genauso majestätisch auf dem Hügel. Ebenen nach allen Himmelsrichtungen, im Süden die Mauer der Berge und dahinter das libysche Meer. Der Wind bläst eine kühle, gellend-pfeifende Melodie. Die schlanken Pinien am Südrand des Burghügels biegen sich unter seinen zupackenden Krallen. Schwarze Wolken schieben sich immer bedrohlicher von Norden heran und sacht beginnt es zu tropfen. Wir zählen die Stufen der großen Prunktreppe, vermessen die Gemächer der Königin, rümpfen die Nase über den Überresten der öffentlichen Toilette und Ildiko erklärt mir den Schmelzofen zur Bronzeherstellung. Nur ist der nichts als ein knöcheltiefes bräunliches Loch, von einem Gitter umzäunt.

Phaistos ist noch der gleiche Baukasten aus brusthohen Mauern und knietiefen Grundrissen, aus Treppen und Balustraden, aus Quadern und Säulenresten, ein Mosaik von Ahnungen, Planspielen und Fantasien. Man kann sich stundenlang aufhalten in Phaistos oder Minuten. Es kommt beinahe aufs Gleiche raus. Ein Gebilde, das vor dreieinhalb Jahrtausenden atmete, lebte, kämpfte und dann sterbend verging, wurde aus der End- und Zeitlosigkeit des Nicht-mehr-Seins wieder ans Tageslicht und ins Leben zurückbeordert und ist doch nur Leichnam geblieben, Skelett, zerfressen von Tausenden nagender Zeitzähne. Nichts vermag dem ewig Vergangenen neues Leben einzuhauchen, weder die Fantasie der Besucher noch die unzähligen Bücher voller Grundrisse und Rekonstruktionen, die diese mit sich herumschleppen. Ich denke bisweilen, es wäre besser, Phaistos, Knossos und all die Stätten der Minoer, die sich unter Kretas Erde fanden und noch befinden, wären nur Phantome, Gedankenspiele, Rätsel, so wie das sagenumwobene Atlantis, das noch keiner gefunden und sich jeder nach seiner Lust vorstellen kann. So aber trampeln täglich Abertausende über die glattgewetzten Steine und Platten und lassen diesen heiligen Ort und die Aura, die ihn umgibt, nicht zur Ruhe kommen. Das Geheimnis von Phaistos ist so billig zu haben und so belanglos wie ein Rummelplatzbesuch.

Tage später, nach dem Besuch des archäologischen Museums in Iraklion relativieren sich diese Gedanken. Ohne die Freilegung der minoischen Paläste gäbe es auch nicht die wunderbaren Kleinodien, die Krüge, Vasen, Schmuckstücke, die von dem unvergleichlichen Schönheitssinn und der Formvollendung dieses Volkes berichten. Vielleicht sollte man doch erst das Museum und dann die Paläste besichtigen. Oder vielleicht haben auch neuere Archäologen recht mit der Auffassung, man solle nach der Freilegung antiker Stätten, ihrer Erforschung und Sichtung diese wieder zuschütten, der schützenden Erde zurückgeben und sie vor der zerstörerischen Neugier der Menschen retten.

Phaistos verlassen wir noch trockenen Fußes. Dann aber beginnt der große Regen. Im hässlichen Moires, am Marktplatz mit den vielen wartenden grünen Fernbussen suchen wir zwischen zwei Schauern in triefnassen Straßen ein Restaurant und finden offensichtlich nach einiger Mühe auch das einzige am Orte. Vier Speisen hat der Wirt zu bieten. Die schmecken und auch der Wein mundet.

Der Himmel schluchzt jetzt und schüttelt sich förmlich aus vor Leid. Kaum sind die Regenrinnen solcher Tränenflut gewachsen. Bei diesem Wetter weiterzufahren nach Matala oder sonst wo ans Meer, ist unsinnig. Ein Stück weit tun wir's trotzdem noch. Als wir uns dann jedoch verfahren und die Straße in irgendeinem Dorf endet, geben wir auf und drehen bei. Manfred hält sich tapfer hinter dem Steuer und ich, vom Wein wie betäubt, bin froh, nicht fahren zu müssen. Die Heimfahrt ist ermüdend. Der brave kleine Subaro gleitet durch das Regenmeer, bis Akti Zeus uns endlich wieder in seine Arme nimmt.

Am Abend ergießen sich noch einmal unermessliche Wassermassen über Kreta. Das Meer röhrt vor Lachen und wir ziehen es vor, uns vor solcherlei Gewalten in den frühen Schlummer und die Hoffnung auf einen sonnigen nächsten Tag zu flüchten.

Mittwoch, 6. April

Kronos, einer der 12 Titanen, wählte Rhea, die Erdmutter, zum Weibe. Die gebiert ihm neben vielen anderen Söhnen, die der Machthungrige, aus Furcht, entthront zu werden, verspeist, auch den Zeus. Und den verbirgt die Mutter vor dem Allmächtigen, gibt ihm stattdessen einen in Windeln gewickelten Stein zum Fraß. Kronos, wie alle Götter der Griechen mit sehr menschlichen Eigenschaften begabt, ist tölpelhaft genug, auf diesen weiblichen Schwindel herein-

215

zufallen und die gute Mama versteckt den kleinen, strampelnden Zeussäugling in einer dunklen Höhle im Diktigebirge auf Kreta.

Zu dieser Kinderstube des gewaltigen Donnerers machen wir uns heute auf den Weg. Manfred und Gisela mögen lieber am Pool bleiben und so haben wir das kleine Auto für uns.

Zunächst die Nordküste entlang, an Chersonnissos und Mallia vorbei. Die flache Küste ist pickelig übersät mit Touristenhochburgen, einige wenigstens architektonisch ansprechend gestaltet, viele aber einfallslos und klobig ins Land gesetzt. Wenn man die Bauwut an dieser Seite Kretas sieht, muss man Angst haben, dass die Griechen die gleichen Sünden begehen wie die Spanier und Italiener. Einziger Lichtblick hier ist, dass die Hotels nicht in den Himmel wachsen und dass eine angemessene Entfernung zu den Stränden gewahrt bleibt.

Wir verlassen die autobahnähnliche neue Straße und wenden uns Richtung Mochos ins Gebirge. Keine drei Kilometer und schon kurven wir die Serpentinen bergan. Herrliche Ausblicke nordwärts auf die Küstenebene und die gleißenden Inselchen in der tiefblauen See. Nach den drei anderen Himmelsrichtungen versperren hohe Berge die Sicht. Schluchten öffnen sich, Felsen zacken in den Himmel und zu Füßen der Zweitausender kuscheln sich vereinzelt hellgraue Dörfer. Viel Grün um die Häuser herum. Es ist keine große Entfernung zur Lassithi-Hochebene, dreißig Kilometer vielleicht, doch die ziehen sich gewaltig in die Länge. An einer Kreuzung verlassen wir noch einmal unsere Route und fahren zu Tal. In dem Dorf Avdou soll es drei byzantinische Kapellen geben. Eine finden wir, aber auch nur deshalb, weil wir kreuz und quer durch die engen Gässchen des Dorfes fahren. Unser Auto ist so winzig, dass es gerade eben hindurchgeht. Am äußersten Dorfende, wo die Felder beginnen, liegt das kleine Kirchlein. Natürlich ist es verschlossen, aber es ist so hübsch und liegt so idyllisch, dass sich der Umweg gelohnt hat.

Am Ortsausgang hält ein Bauer Orangen und Mandarinen feil. Ohne mich nach der gewünschten Menge zu fragen, beginnt er eine Plastiktüte zu füllen. Er hat auch gar keine Waage zur Hand. Der Verkauf geht nach Sympathie. Mehrmals rufe ich „stop" und „genug", doch das hält ihn nicht auf. Er bestimmt, wann es genug ist. 1000 Drachmen möchte er schließlich haben. Sechs Kilo hat er uns bestimmt eingepackt und die Früchte schmecken köstlich. Für die nächsten Tage reichen sie uns als Mittagessen.

Der Subaro schnauft wieder bergan. Ein kühler Wind weht in dieser Höhe, doch hinter der Windschutzscheibe ist es angenehm warm. Wie durch ein offenes Tor fahren wir zwischen zwei Berggraten hindurch und plötzlich liegt gleich einem riesigen grünen Laken die Lassithi-Hochebene vor uns. Ein Dutzend Windmühlen stehen als Wächter auf den Zinnen, schon von Weitem sichtbar. Wir passieren den schmalen Einschnitt, durch den die Straße ins Tal schlüpft ins Land der tausend Mühlen. Eigentlich sehen sie aus wie Skelette, denn ihnen fehlen die weißen Flügel. Man sagte uns, dass die Mühlen weitgehend ersetzt seien durch moderne Technik.

Wie ein riesiges Schachbrett dehnt sich die platte, fast runde Weite, umgeben von steilen Höhen. Wie fruchtbar dieses Land ist in fast 1000 Metern Höhe! Ein halbes Dutzend Dörfer erblickt man von hier oben und sie verkriechen sich ganz an die Ränder, damit kein Quadratmeter der kostbaren Erde verloren geht. Felsen und Steine genügen, um Häuser darauf zu bauen. Das Getreide, das man in der Ebene erntet, brachte man jahrhundertelang hier zu den Mühlen hinauf, wo immer ein starker Wind weht. Heute sind sie nur noch Touristenattraktion.

Zwei dieser Mühlenfragmente sind als Souvenirshops ausgebaut. Der Händler in der einen bietet Ildiko einen Raki an, gegen die Kälte, wie er sagt. Als Dankeschön kaufe ich ihm für 500 Drachmen ein Fläschchen ab. Zurück im Hotel entpuppt sich der Inhalt als Fusel, Spiritus mit einem Hauch von Aroma.

Über einige Kurven geht es abwärts in die Ebene und an ihrem Rand entlang führt die Straße nach Psychro. Das Dorf hat sich auf den Durst und Hunger der Urlauber eingestellt, die vor oder nach der Besichtigung der Höhle hier einkehren wollen. Eine Reihe einfacher, aber malerischer Kafenions lädt zur Rast. Entlang der Straße bieten Bäuerinnen ihre Webwaren an. Zwei Kilometer oberhalb des Dorfes ist der Parkplatz voll von Autobussen und den vielen gemieteten Minicars, mit denen die Kretareisenden die Insel unsicher machen. So wie wir.

Ein kretischer Bauer bietet uns seine Laternendienste an: „Mit Lampe, Petroleumlampe, in Höhle, Archäologie, viel seh, ohne Lamp nix seh, erklär doitsch." Ich wimmele ab.

Über einen aus groben Holpersteinen gelegten Serpentinenpfad klettern wird durch die Macchia empor. Eine richtige kleine Völkerwanderung stolpert hier bergan und bergab. Deutsch, englisch, französisch, italienisch spricht die Pilgerschar. Zeus, der Völkervereiniger. Manche haben es vorgezogen, den Weg auf einem Esel- oder Mulirücken für 2000 Drachmen zurückzulegen. Ein stolzer Preis: Für 1000 Drachmen bekomme ich einen ganzen Tag lang ein Fahrrad geliehen. Und der Esel scheint nicht einmal besonders bequem zu sein.

Eine knappe halbe Stunde Aufstieg und dann stehen wir vor dem Kassenhäuschen der Dikteon Andron, der diktäischen Zeusgrotte. Noch einmal die Frage, ob wir eine Taschenlampenführung möchten. Ich verneine und wir klettern die ersten Stufen hinab in die Dämmerung. Ein armdicker hölzerner Handlauf gibt Halt und vermindert die Angst vor der geheimnisvollen Tiefe. Feucht und matschig sind die groben Treppenstufen. Schon bald sind wir an dem Punkt angelangt, wo es ohne Lampe tatsächlich nicht mehr weitergeht. Ich habe Angst zu straucheln. Wartend stehen wir da und mit uns ein paar andere. Und dann kommen von unten Stimmen und ein griechischer Lampenführer, der gerade eine Gruppe aus dem Orkus herausgeschleust hat, akzeptiert uns als Gruppe und ist bereit, uns für 3000

Drachmen in die Tiefe zu geleiten. Um Stalagtitenungetüme herum windet sich der Treppenpfad herab. Stalagmiten, nur schwach von der Funzel beleuchtet, wachsen zu unseren Köpfen. Ein Blick zurück in die Oberwelt lässt die zackige Helle des Tages erkennen und wie ein fratzenhaftes Loch steht die Höhlenöffnung gegen den Himmel. Unser kretischer Führer erklärt uns in deutschem Kauderwelsch, welches dort an der Decke die Ziege sei, die Zeus gesäugt und wo Mamma Rhea den kleinen Hosenscheißer bewacht habe. Dann führt er uns in eine kleine versteckte Nebenhöhle. Wir ziehen den Kopf ein und stehen in Zeussens Windelstube. Dort, auf dem Gesims hat der kleine Gott gelegen. Lange dürfen wir das Wunder nicht betrachten, denn die nächste Gruppe wartet schon vor der Pforte. Ein schmaler Steg führt über einen kleinen See. Der Lichtschein der Laterne spiegelt sich in der unbewegten Oberfläche. Still ist es hier unten und jedes Wort gebiert ein Echo. Dann geht es wieder aufwärts. Etwas froh bin ich schon, als ich die Unterwelt hinter mir gelassen habe. Der helle Frühlingstag hat uns wieder. Wir setzen uns ins Gras, hoch über der Ebene, ruhen aus von den Strapazen, genießen die Ruhe und den Blick in die grüne Weite.

Jetzt müssen wir wieder zurück, an die Küste nach Agios Nikolaos. Halbverlassene Dörfer an den Bergflanken, atemberaubende Panoramen, Serpentinen, teilweise Staubstraße. In Agios Nikolaos kommen wir am Nachmittag an, bummeln durch diese Touristenhochburg. Hier riecht alles nach Dienstleistung, Verkauf und Nepp. Der malerische Hafen ist wunderschön, nur ist ihm die Funktion eines Hafens abhandengekommen. Fischer fahren kaum noch von ihm aus zum Fang aufs Meer, hin und wieder Ausflugsschiffe. Man ahnt noch das einstige Fischerdorf, doch beim Anblick der wild die Hügel heranwachsenden Neubauten empört sich einem das Herz ob dieser Hässlichkeiten. Welche Zukunft hat dieser Ort bei unaufhaltsam steigenden Besucherzahlen? Mein mühsam gelerntes Griechisch kommt mir hier geradezu lächerlich vor. Jeder spricht deutsch oder englisch. Ich frage in einem Kafenion nach der Toilette: „pu ine tualetta"? Und die alte Frau, in Schwarz gekleidet wie ein Trauerweib antwortet mir: „upstairs"!

Wir machen uns auf den Heimweg, auf Umwegen, bummeln durch ein Dorf, werfen einen Blick auf die schon geschlossenen Ausgrabungen von Mallia, fahren dann am Bimsteinstrand vorbei durch Touristenenklaven und sind endlich gegen acht Uhr wieder im Hotel.

Donnerstag, 7. April

Nach dem verregneten Wolkenbruch-Dienstag ist klar, auch auf Kreta beginnt der Sommer nicht am 1. April. Eine in Iraklion lebende Holländerin, bei der Ildiko Silberschmuck gekauft hat, bitte ich um eine Wetterprognose, doch sie antwortet, vor Mitte Mai mache sie solcherlei Voraussagen nicht. Danach aber sei bis Oktober auf das Wetter absolut Verlass. Der griechische Wirt in Moires hatte am Dienstag dem Wind die Schuld an dem Regen gegeben und uns erschreckt: Drei Tage lang werde das Wetter schlecht bleiben. Der von Afrika wehende Wind bringt Saharasand mit sich. Der Boden des Swimmingpools ist braun und die Autos sind staubbedeckt.

Heute hängen die Wolken wieder schwarz und tief über den Bergen und der heftige Wind weht sie an die Küste. Manfred und Gisela entscheiden über das Tagesziel. Sie wollen nach Rethymnon und gleich nach dem Frühstück machen wir uns auf den Weg. Bis Sisses kenne ich die Strecke nur zu gut, habe ich sie doch mit dem Fahrrad erstrampelt. Doch diesmal ist das Meer grau und der Himmel schwarz und bald schon beginnt der Regen. Umkehren ist eigentlich genauso sinnlos wie weiterfahren. Was tun bei solch einem Sauwetter? Im Hotelzimmer ist es noch öder. Und vielleicht bessert sichs ja, bis wir in Rethymnon angelangt sind.

Es wird tatsächlich besser. Wir lassen den Wagen am Rande der Altstadt stehen, schlendern die Uferpromenade entlang um Pfützen herum und sind froh, dass es nur noch sanft tröpfelt. Überall wird gebaut und renoviert. Das christliche Osterfest ist in diesem Jahr für die Griechen einen Monat vor dem orthodoxen Pasca Anfang Mai.

Viel zu früh. Normalerweise fängt die Saison frühestens Mitte April an. Viele Hotels und Restaurants sind deshalb noch geschlossen und die, die geöffnet haben, sind halb leer. Doch trotz der relativ wenigen Touristen auf Kreta ist heute die Altstadt von Rethymnon voll von Urlaubern. Vielleicht wegen des schlechten Wetters.

Rethymnon ist trotz des Touristenbooms ein schönes Städtchen geblieben, die Venezianer drückten ihm den Stempel auf. Aus den altehrwürdigen Häusern mit den eigenartigen Holzvorbauten quillt griechisch-lautes Stimmengewirr und vermischt sich mit allen möglichen europäischen Sprachen. Die drei Minarette und die Moschee geben der Stadt zusätzlich orientalisches Flair. Überall gibt es Boutiquen mit Gold- und Silberschmuck, Lederwaren und kretischen Folkloreartikeln. Kafenions und Restaurants alle paar Meter preisen ihre original griechischen Speisen an.

Der Himmel gibt sich weiter bewölkt. Ab und zu ein kurzer Schauer, dann wieder minutenlang Sonnenstrahlen. Wenn die Sonne durchkommt, ist es gleich richtig warm.

Den venezianischen Hafen finden wir ganz am Schluss unseres Bummels. ‚I pirates‘, ein schwarzes Seeräuberschiff, blockiert die Einfahrt zu der kleinen Hafenanlage. Für mehr als einige Jachten und ein halbes Dutzend Kaikis ist kaum Platz. Rings um das Hafenhalbrund stehen renovierungsbedürftige venezianische Häuser, in deren Erdgeschoß sich überwiegend Restaurants befinden. In den Schaukästen davor liegen Fische und Meeresfrüchte aus.

Am frühen Nachmittag machen wir uns bei Regen auf den Heimweg. In Amoudara ist es nur bewölkt, aber wir haben weder Lust zu einem Strandspaziergang noch zum Kaffeetrinken in irgendeinem Kafenion.

Montag, 11. April

Seit gestern Abend haben Ildiko und ich wieder den gleichen roten Subaro. Den Preis habe ich auf 25.000 Drachmen für vier Tage heruntergehandelt, ungefähr 45 Mark pro Tag. Fast schäme ich mich dafür. Eleni hat uns ihre Not geklagt: Die böse Konkurrenz, die schlechten Geschäfte und wenn sie nicht mindestens 7000 Drachmen pro Tag, dann .... Ich solle den Preis selbst in den Vertrag schreiben, sie wasche ihre Hände in Unschuld und ich hätte mit meinem schlechten Gewissen zu leben. Ich tat es, schrieb mit zittriger Hand die Zahl 25.000 und hatte eine schlechte Nacht.

Jetzt steht das Auto vor dem Hotel und der Himmel hat sein blauestes Aprilblau angelegt. Viel zu schade zum Autofahren. Also gehen wir erst einmal an den Pool. Mal sehen, was der Tag bringt. Eine kürzere Tour nach Mallia, Thilissos, in die Berge oder nach Amnissos ist allemal noch drin. Nach Chania möchte ich noch, nach Kato Zakros und ins Tal der Toten, nach Vai und nach Chora Skafion eventuell. Ildiko möchte auf jeden Fall noch Kritsa sehen und das griechische Lato vielleicht. Ein Mammutprogramm und kaum zu machen in den verbleibenden vier Tagen. Wenn wir nur die Hälfte sehen wollen, müssen wir die nächsten Tage früher aufstehen.

Mit meinen Reiseaufzeichnungen hänge ich wieder mal ein paar Tage zurück. Ich finde zu wenig Zeit, das Erlebte aufzuschreiben, habe aber auch oft keine Lust dazu. Die Zeit vergeht so furchtbar schnell. Zehn Tage sind wir nun schon hier, und wenn ich zurückdenke, was wir am Freitag unternommen haben, weiß ich's schon fast nicht mehr. Das ist einer der Gründe, warum ich solche Reisen versuche, in Worten festzuhalten. Es bleibt sonst so wenig davon zurück. Eine Menge Fotos ja, vage Erinnerungen, aber sonst. Die Gefühle, Erwartungen, die stillen und die lauten Momente, auch die Enttäuschungen, all das wird so schnell von der Zeitmaschine aufgefressen, verliert sich im Alltäglichen.

Also **Freitag**: Manfred hat sich wieder ein Motorrad geliehen, eine 400er und gurkt begeistert durch die Berge. Je oller, desto doller, ist seine Devise. Gisela poolt und Ildiko und ich beschließen, nach Iraklion zu fahren. Bisher haben wir der Stadt nur einen einzigen Besuch abgestattet.

Von Amoudara fahren die Busse etwa viertelstündlich. In einer halben Stunde sind wir im Zentrum. Die Stadt ist mir vertraut und zugleich verwirrend fremd. Sie ist schmutzig und idyllisch, chaotisch, dunkel, hell, lieblich, freundlich und feindselig, voller Menschen, Katzen, Musik und Gerüchen. Griechisch eben. Ein orientalisch anmutender Basar, elegante Geschäfte und Kramläden, breite Straßen und verwinkelte Gässchen. Iraklion pulsiert am Vormittag. Ildiko kauft Silberschmuck, frönt ihrer Sammelleidenschaft für glänzendes Geschmeide. Dann trinken wir Cappuccino und kehren schließlich zum Hotel zurück.

Und **Samstag?**

Jeden Samstag ist Markt in Iraklion, Laiki, Zigeunermarkt. Manfred nennt das „Wollmarkt": Zehn Baumwollschlüpfer zum Preis von einem. Das Bild, das uns von Volos vertraut ist: zuerst Obst und Gemüse in atemberaubender Vielfalt und dann die Klamottenstände. Schreiende artikulierende, auf Verkaufstischen hampelnde, einander in Lautstärke und Überzeugungskraft überbietende Händler, Zigeuner, Marktweiber, immer wieder lauthals herausposaunend, dass alles nur einen Tausender, einen ‚chiliariko' koste. Auf den Tischen liegt es bunt durcheinander: Röcke, Hosen, Jeans, T-Shirts, Pullover, Blusen, Abendroben. Alles zum Einheitspreis, 500, 1000 oder schlimmstenfalls 2000 Drachmen. Schuhe auf anderen Tischen, Socken, Gürtel, Haushaltswaren, Plastikspielzeug. Und immer wieder dazwischen Obststände. Zigeunerinnen mit Handkarren voller Krimskrams schieben sich durch die Masse der Kauflustigen. Heiter geht es zu auf der ‚Laiki', laut und farbenfroh.

Ein starker Südwind weht heute wieder und er bringt viel Saharastaub mit sich. Reibt man die Zähne aufeinander, knirscht es und auf der Kopfhaut fühlt es sich an wie Sandpapier. Als wir uns am Nachmittag am Pool ausbreiten, hat sich eine lang gezogene Wolke vor der Sonne breitgemacht. Und sie weicht über Stunden nicht von der Stelle. Sie verändert ihre Form, dehnt sich aus, zieht sich wieder zusammen, wird löchrig. Aber mit unglaublicher Beharrlichkeit verdeckt sie die Sonne. Es ist zum Winseln. Der Wind ist kühl und man fröstelt im Schatten. Schließlich geben wir fluchend auf und verziehen uns ins Zimmer. Um sechs Uhr ist die Wolke auf einmal verschwunden, aber nun will ich auch nicht mehr.

Sonntag ist Museumstag. Vorgestern habe ich mir ein Buch über Kreta gekauft: Elena Galini, ‚lebendiges Kreta'. Wer mehr über Kreta wissen will, als in den üblichen Führern steht, möge es lesen. Literatur, Reisebericht, Archäologie, Mythologie, alles in einem. Die Autorin, eine Deutsche, beschreibt Kreta auf eine Art, die von Seite zu Seite mehr fasziniert.

Kreta war Schmelztiegel der Kulturen seit drei Jahrtausenden, Wiege des Abendlandes und Hort einer der immer noch geheimnisumwobensten Zivilisationen, der der Minoer. Und so ist das archäologische Museum in Iraklion eigentlich ein minoisches Museum. Die meisten Fundstücke kommen aus Knossos, aber Vieles fand man auch in Phaistos, Mallia, Gurnia, Kato Zakros, Thilissos. Es sind vor allem Kleinigkeiten, die begeistern: Schmuckstücke, Goldketten, Amulette, Ringe, geformt von Designern, die vor 4000 Jahren ihr Handwerk besser verstanden als manch heutiger. Kleine, streichholzschachtelgroße Täfelchen, bunt bemalt, vermitteln einen Eindruck vom Aussehen der minoischen Hausfassaden. Lustig, verspielt, anheimelnd mag es ausgesehen haben. Überhaupt muss es ein frohes, lebensbejahendes, kunstverständiges Volk gewesen sein, die Kinder des Minos und Radamanthes, die in jenen Städten wohnten, die in ihrer labyrinthischen Großartigkeit faszinieren. Die schriftlichen Zeugnisse über diese Kultur sind rar und die Schriftzeichen, Hieroglyphen ähnlich, bis heute noch nicht entziffert. Der Diskus von Phaistos, in einer Vitrine ausgestellt, eine tellergroße Scheibe voller Bildzeichen, gibt sein Geheimnis nicht preis. Also ist man auf die Schriften derer angewiesen, die nach den Minoern kamen, die Mykäner und Dorer. Und auf Homer, der von den 100 Städten Kretas erzählt. Evans, der Engländer, traf ins Schwarze, als er Ende des 19.

Jahrhunderts in Knossos zu buddeln begann. Die Odos Evans, die Straße mit seinem Namen in Iraklion sei ihm gegönnt.

Im Obergeschoß des Museums faszinieren die rekonstruierten Wandbilder aus dem Palast von Knossos: Die berühmten springenden Delfine, die Stierspiele, bei denen zwei zierliche Mädchen und ein Jüngling in gewaltigen Sätzen über das Kulttier, den gehörnten Stier springen, sodann die Pariserin, ‚La Parisienne‘, die Evans wegen ihrer Schönheit so nannte. Hier oben steht auch der einzige bemalte Sarkophag, den man bisher auf der Insel fand und er erzählt von den verschiedenen Kultfeierlichkeiten vor 4000 Jahren.

Nach mehr als drei Stunden verlassen wir das museale Reich der Doppeläxte und treten wieder in die Gegenwart eines strahlend hellen, sonnigen, kretischen Apriltages ein.

Happy Hour in der ‚Blue Lagoon‘

Am Schnittpunkt zweier Flüsschen, die jetzt im April noch reichlich Wasser führen, liegt die Blaue Lagune. Bei Tage unansehnlich in Stahlbeton und weißem Putz, erstrahlt sie bei Nacht vielfarbig-verheißungsvoll im Neonlichterglanz. Blaue Lagune, wer gerät nicht allein beim Klang dieses Namens ins Träumen? Doch nein, sie ist beileibe nichts Himmelblau-Romantisches, Azur-Verklärtes voller Südsee und Tiefgang, nein, die Blue Lagoon ist einfach eine Institution: eine Mixtur aus Kafenion, Supermarkt, Restaurant, Wechselstube, Autoverleih, Tanzbar, Automatenspielsalon, Sonnenterrasse, Fremdenpension, Wartesaal, Club der einsamen Herzen und vieles mehr. So zahlreich die Wünsche, die die Lagune zu erfüllen vermag, so regenbogenbunt und vielversprechend leuchten auch bei Dunkelheit ihre Lichter. Weithin sichtbar verkünden sie: „Hier, Oh Fremder, kehre ein, du findest hier alles, was dein Herz begehrt!" Denn für den Xenos, den Fremden, ist sie da und ohne ihn wäre sie nichts. Der Aufstieg zum heimlichen Zentrum Ost-Amoudaras ist noch beschwerlich, 15 Stufen hinauf, doch dann steht man im Vorhof zum Paradies: zwei Getränke zum Preise von einem. Rote, unbequeme

Holzstühle an ebenso roten, von keinerlei Tischschmuck verunzierten Holztischen laden ein, sich niederzulassen. Die Musik ist so laut, dass man nur, wenn man den Gegenüber anschreit, sich verständigen kann. Die Bar, wie üblich eine Batterie von Flaschen aus aller Herren Länder. In einer Ecke, an den Rand gerückt und doch Mittelpunkt des Unternehmens, die Kasse. Links davon an der Wand, Kretas Höhepunkte, die fünf Sterne in jedem Führer, schön groß und bunt auf Glanzpapier: Vai, Knossos, Samaria und Chora Skafion. Jeder Fremde hat sie gesehen, zumindest auf Bildern. Die Wand über der Bar schmückt Banaleres: Sonnenaufgang in den Alpen und Sonnen-untergang am Meer, eine leicht bekleidete Nymphe hoch zu Ross, ein tougher Jüngling auf stolzem Motorrad und nicht zuletzt eine ansehnliche Colareklame. Vielleicht sind dies die Zugeständnisse an das Europa der Vaterländer. Ein großer Wandkasten voller Brief-marken, weiß der Teufel aus welchen Teilen der Welt, fällt auf. Eine rote Schärpe schmückt ihn: Manchester United, elegant drapiert. Daneben drei Automaten mit Computerspielen: Abwechslung für die Kleinen, indes die Großen sich den geistigen Genüssen ergeben.

Das Personal der Lagune: Vater - stolzer Kreter, Mutter - stolze Kreterin und geschäftstüchtige Gemahlin des stolzen Kreters, zwei Söhne, ebenfalls schon stolze Kreter. Insgesamt ein stolzes Familien-unternehmen. Der eine Cousin oder die andere Cousine helfen mit, wenn es in der Saison mal zu eng wird und der Lagune das Wasser zum Halse steht. Sohn Eins vermietet Autos, sorgt als Discjockey für die passende Musik und kümmert sich um den Supermarkt. Sohn Zwei ist viel besser gelungen als Sohn Eins, ein wahrer Augen-schmaus und deshalb obliegt es ihm auch, die Gäste mit allem zu versorgen, was deren Herz begehrt. Er nimmt die Bestellungen ent-gegen, spricht natürlich bestens deutsch, englisch, französisch, japa-nisch, sanskrit und kisuaheli, ist charmant, witzig, freundlich, souve-rän und devot zugleich. Und dann ist da noch der Cousin für allerlei Handreichungen. Über allem schwebt die Mama, die alles im Auge und wacht der Papa, der alles im Griff hat.

Die Getränkekarte ist mir größtenteils ein undurchdringliches Geheimnis. Schnaps ist Schnaps, dachte ich immer und bin bestenfalls bis zum Whisky oder schlimmstenfalls zum Wodka vorgedrungen, aber was sich hier alles tummelt, ist schier unglaublich. Von Apricot, Daiquairy, Drambouilly bis zu Tequila und anderen fast unaussprechlichen Namen. Und wenn man dergleichen Flüssigkeiten mit allerlei Säften und Essenzen mischt, entstehen noch klangvollere Getränke, die man mit dem Strohhalm schlürfend genießen kann: Zombie, Manhattan oder African Queen. Die kannte ich bisher nur als Filme oder Städte. Manche dieser sogenannten Cocktails werden sogar feurig, mit flammender Wunderkerze serviert, andere kommen unterkühlt mit Fähnchen und Firlefanz daher. Doch das Schönste ist zur Happy Hour, dass immer zwei Getränke kommen, wenn man nur eines bestellt. Zwei Cocktails, zwei Wein, zwei Bier, groß oder klein, zwei Raki, zwei Cognac, zwei Ouzo. Frühlingshafte Zwitterwesen, Stereodrinks, Labsal für den Geldbeutel, Sternschnuppen für Schnäppchenfänger.

Man sitzt unbequem, trinkt sein Teil, guckt, ohne es zu wollen, in das magische Fenster des ununterbrochen laufenden Fernsehers, vernimmt zwischen den Takten der zu lauten Musik das Hämmern und Ballern der Automatenspiele und harrt der Dinge, die da kommen. Und wie sie kommen! Gegen zehn Uhr zündet Papa auf allen Tischen Kerzen an, dimmt alle Lichter im Raum, bringt auf Knopfdruck die unauffällige Spiegelkugel zum Rotieren, knipst einen Scheinwerfer an, der wunderschönes, sattes, blaues Licht auf die magische Kugel wirft, und sofort erstrahlen an der Decke der blauen Lagune Abertausende von tanzenden Sternen. Ist dieses Wunder vollbracht, bricht abrupt die Musik ab und unter dem romantischen Sternenhimmel erklingt erst leise, dann sich allmählich steigernd der eines jeden Griechenlandreisenden Herz höherschlagen lassende Sirtaki. Die Stunde der Wahrheit ist gekommen. Alexis Sorbas, der größte und einzige und echteste aller echten und stolzen Griechen steht im Raum wie der Leibhaftige. Alles, was Gast ist, ob Deutscher, Holländer oder Polynesier, ist jetzt nicht mehr Gast, sondern nur noch Grieche. Auf zum Tanz der Lebensfreude. Keine Widerrede, Sirtaki ist Pflicht. Unwiderstehlich, zeushaft autoritär ruft Sohn Zwei zum Tanz und setzt sich selbst an die Spitze des wilden Zuges. Spätestens nach drei Lagunenrunden hat jedermann und jedefrau den Grundschritt heraus und wahre kretische Fröhlichkeit macht sich breit.

Ab und zu pfeift der Tanzmeister auf den Fingern: Dreht euch, ihr Tanzbären, dreht euch im Kreise. Zeus und Apollon und Aphrodite und all die Götter Griechenlands krümmen sich vor Lachen und ihr Gelächter hallt wieder in den Schluchten des nahen Idagebirges.

Wenn die ersten Schweißperlen auf den Stirnen der fleißigsten Tänzer zu glänzen beginnen, reicht es fürs erste. Der Vorrat an Sirtakis ist auch erschöpft. Jetzt aber zeigen Sohn Zwei und Cousin den erschöpften Tanzeleven erst recht, was Sache ist. Stolz, prachtvoll und edel legen sie eine Sohle aufs Parkett, dass jede kretische Maid und sommers sicher auch manch germanisches Mägdelein seine wahre Freud an ihnen hätte. So, seht ihr, muss man's machen. Wunderschön setzen sie ihre Schritte! Alexis, der große Quinn, konnte es seinerzeit nicht besser.

Dann gehen die Lichter wieder an, der Sternenhimmel erlischt, die Lagune ist wieder einfach nur blue. Es darf weitergetrunken werden, zum halben Preis, oder weitergetanzt werden zu Rock oder Twist oder Cha-Cha-Cha. Später am Abend gibts dann noch eine Nachtvorstellung und sommers sicherlich die Late-Night-Show.

Egal, wie und wann und was, jeder, der einmal in der Blauen Lagune war, geht glücklicher heim als er gekommen ist und nimmermehr vergisst er sie mit ihrem Charme, ihrem Flair und ihrem Sirtaki.

Mittwoch, 13. April

Seit meinen letzten Aufzeichnungen sind schon wieder zweieinhalb Tage vergangen und unser Kretaaufenthalt nähert sich seinem Ende. Manfred berichtet freudestrahlend, in Deutschland regne es und sei sehr kalt. Nein, über dergleichen kann ich mich nicht freuen. Erstens wünsche ich den Daheimgebliebenen alles Gute und zweitens müssen wir ja auch wieder zurück ins germanische Kühlhaus. Seit Montag hat sich auf Kreta der Sommer durchgesetzt, kein griechischer, aber ein guter deutscher. Manfred hat heute noch ein drittes Mal per Zweirad das Hinterland erkundet und schwärmt von geilen Passfahrten.

Ich lasse die letzten Tage Revue passieren und gebe ihnen einfachheitshalber entsprechende Überschriften.

Berge - Täler - Dörfer: Entlang des Ida.

Von der Durchgangsstraße Amoudaras aus ist es nur ein Katzensprung in das Dorf Gazi. Hier sieht Kreta schon griechischer aus. Hinter Gazi geht es gleich ins Gebirge, sanft, aber stetig bergan. Im kleinen Subaro fahre ich mit Ildiko in Richtung Tylissos. Olivenpflanzungen entlang der Straße, Berghänge voller Macchia, gelb blühende Ginsterfassaden und bald schon prächtige Ausblicke auf das grauweiß am Meer gelegene Iraklion. Von oben sieht das Gewirr der Straßen imposant, sogar schön aus, jetzt, wo die Sonne ihm leuchtende Patina verleiht.

Tylissos: Die Straße wird eng zwischen den Häusern und an einer Ecke weist ein Schild zur ‚archeological site of Tylissos'. Wir fahren durch Schlaglöcher zum Parkplatz auf einem Privatgrundstück, wo uns eine Griechin einweist und uns zwei Blüten und eine Handvoll Weinbeeren überreicht. Danach möchte sie uns ihren Verkaufsraum voller Webwaren zeigen. Ich gebe ihr zu verstehen, dass wir später wiederkommen werden.

Wir beiden sind die einzigen Besucher der drei minoischen Häuser. Das, was von ihnen ausgegraben wurde, ist natürlich in den Ausmaßen nicht vergleichbar mit Knossos und Phaistos, doch die Mauerreste und Fundamente sind ansehnlich. Die Stimmung, die über der Stätte liegt, ist wunderschön. Riesige Schirmpinien spenden Schatten und Eidechsen huschen über die antiken Steinquader. Ein

Aufseher passt auf, dass wir ja keine Scherbe in unseren Taschen verschwinden lassen.

In Tilyssos habe ich den Eindruck, dass die Häuserwände höher sind, die Räume größer und die Amphoren, die in den Vorratsräumen das kostbare Olivenöl und den Wein bargen, prächtiger. Tylissos hat einen eigenen Charme. Doch vielleicht liegt das nur daran, dass wir allein sind. Wir stöbern lange zwischen den Ruinen umher und sind überrascht, als uns plötzlich der Aufseher ermahnt, dass in zehn Minuten, um 15.00 Uhr das Gelände geschlossen werde. Die drei Scherben, die wir mitnehmen, haben wir gut versteckt: Minoische Kostbarkeiten.

Die Griechin zeigt uns ihr Webwarenlager und sie hat Erfolg. Sie führt ihr Geschäft so lieb und freundlich, freut sich so herzlich über meine radebrechenden Sprachkenntnisse, dass wir gar nicht anders können, als ihr eine ihrer Decken abzukaufen. Natürlich ist sie zu teuer und auch keine Handarbeit. Tipota, was solls! Zwei schöne byzantinische Häuser und eine uralte Kapelle gibt es in Tylissos auch noch. Die Wandmalereien haben zum Teil sogar die Türkenherrschaft überlebt.

Weiter geht es in Richtung Anogia durch ein wunderschönes Hochtal, das Sklavocambos, und dann sind wir in 800 Meter Höhe in dem Ort, von dem es im Führer heißt, er habe sich in dieser Region am besten auf den Fremdenverkehr eingestellt. Gleich am Ortseingang geht es links zur Ideon Andron, zur Zeushöhle. Diese, im Idagebirge und die Diktäische Grotte streiten sich um die Ehre, Zeussens Kinderstube gewesen zu sein. Beide waren wohl Heiligtümer, denn in beiden fand man reichlich Schätze. Die Grotte im Ida, am Fuße des Psiloritis ist schwerer zu erreichen. Von Anogia aus sind es 25 Kilometer. Wir fahren nicht ganz hin. Irgendwo, bei Kilometer 18 oder 19 wird die Straße sehr schlecht und von Entgegenkommenden haben wir auch gehört, dass die Höhle geschlossen sei. Auf dem Weg dorthin aber sind wir dem Hochgebirgsschnee ganz nahegekommen. Und wir entdecken, welch ein Wunder, zwei Kuppelgräber. Dass es sich bei genauerer Untersuchung lediglich um einfache Hirtenunterstände handelt, mit einem niedrigen Eingang in dem aus Feldsteinen aufgeschichteten Iglu, ist zwar schade, beschädigt aber unsere Euphorie nur wenig. Wir beschließen, dass diese Iglus Kuppelgräber bleiben und freuen uns, dass es davon viele auf Kretas Bergen gibt.

Zurück im Dorf Anogia machen wir Rast, trinken einen Raki. Dem Alten, von dem Ildiko ein Foto macht, versprechen wir, ihm sein Konterfei zu schicken. Ich bekomme dafür einen Schnaps ausgegeben. Die Kirche in der Dorfmitte überrascht wieder mit ansehnlichen Wandmalereien. Sie erscheinen noch prächtiger, als ein eintretender Kirchenmann extra für uns alle verfügbaren Lichter erstrahlen lässt und erklärt, die Gemälde seien tausend Jahre alt.

Weiter nach Zononia, Livadia, Axos. In Axos soll es eine Mauer aus römischer Zeit geben, bei Livadia die imposanteste der vielen Höhlen Kretas. Wir finden beides nicht, weil wir uns in Axos verfahren, irgendwo einen falschen Weg wählen. Doch was heißt falsch, alle Wege führen hier in Landschaften voll herber Schönheit und Wildheit und so fahren wir einfach weiter, durch Kehren und Senken, bergauf, bergab, an Orangenhainen und verlassenen Gehöften vorbei, überholen Schaf- und Ziegenherden, grüßen entgegenkommende Eselreiter. Über den Pass hinunter nach Sisses, der mir auf dem Fahrrad solche Angst einflößte und dann sind wir wieder auf der neuen Straße nach Iraklion. Ein letzter Abstecher in das Dorf Fodele, in dem der Maler, El Greco das Licht der Welt erblickt haben soll. Weit außerhalb des Dorfes, wo das Blöken der Schafe an diesem Abend das einzige Geräusch ist, liegt die Ruine seines Geburtshauses, gegen-über einem hübschen Kirchlein, das auch zu El Grecos Kinderjahren dort schon gestanden haben mag.

Über der Landschaft liegt ein atemberaubender Duft von Orangenblüten.

Kato Zakros und der ferne Osten

Ich habe den Wecker gestellt und um Viertel nach sieben sind wir die ersten beim Frühstück. Bis Kato Zakros sind es etwa 180 Kilometer. Manfred und Gisela nehmen wir bis Mallia mit. Dort gibt es auch einen kleinen Krach mit meiner eigenwilligen Gemahlin. Sie möchte das archaische Mallia besichtigen. Ich möchte aber sofort weiter und ich empfinde mich im Recht. 350 Kilometer haben wir heute zurückzulegen, wir haben ein bestimmtes Ziel und da möchte Ildiko schon nach 40 Kilometern eine Besichtigungspause einlegen. Weibliche Planlosigkeit. Pardon. Nicht mit mir. Ich bleibe im Auto, sie geht besichtigen. Ich schmolle, sie nennt mich einen Terroristen. Nach einer Viertelstunde ist sie zurück. Einsicht oder schwache Nerven? Die Spannung löst sich bald. Für einen richtigen Krieg ist die Sache zu nichtig und der Tag viel zu schön.

Die Sonne steht um neun Uhr schon hoch, wir fahren geradewegs in sie hinein, immer nach Osten. Ein starker Wind fällt von den Bergen ins Meer. Bis Agios Nikolaos geht es recht schnell. Dann wird es mühsamer. Auf der Strecke nach Sitia waren wir noch nicht. Neuland. Von fern schon sieht man, wie die Straße wie mit spitzem Bleistift in die schroffen, schwarzen Steilwände über dem Meer gezeichnet ist. Dort entlang müssen wir, die blauen Fluten neben oder unter uns. In den Buchten lagern Dörfer und in den Felsnischen, den tief eingekerbten Tälern kauern grauweiße, unscheinbare Steinhütten mit blauen Farbklecksen.

Die 70 Kilometer bis Sitia nehmen kein Ende. Serpentinen, Kurven, Steigungen, Gefällstrecken. Eine und eine halbe Stunde werden wir auf dem Rückweg für diese Strecke brauchen. Jetzt, am Morgen, unterbrechen wir die Fahrt, um uns Gurnia, eine minoische Stadt anzusehen. Eng aneinandergeschmiegt liegt das, was von der Stadt, die sich hier vor 4000 Jahren erhob, übrig geblieben ist, an dem sanft ansteigenden Hügel. Gurnia eine Stadt zu nennen, ist irreführend. Eine kleine Siedlung war es nach unseren heutigen Größenvorstellungen, in der ein paar hundert Menschen in winzigen Häusern und engen Gassen gelebt haben. Stadt ist ein Begriff der Neuzeit. Eher war Gurnia wohl vergleichbar einer mittelalterlichen Ansiedlung, in der Menschen rund um Marktplatz, Brunnen, Kirche wohnten und einer kannte den anderen. Der Herrscher lebte inmitten seiner Untertanen. In Gurnia gab es keinen Palast, nur mehr oder weniger gleich große Häuser rund um den Hügel, auf dessen Plateau die Platia, der Stadt- und Lebensmittelpunkt lag.

Nur wenige Besucher sind heute hier und wir steigen über das holprige Pflaster zum höchsten Punkt. Die Landstraße und ein paar Hundert Meter trennen die Stadt vom Meer und von hier oben hat man einen herrlichen Blick auf die Bucht, in der einstmals die Schiffe vor Anker gingen.

Die Hafenstadt Sitia lädt kaum zum Verweilen ein. Hier hat der kretische Tourismus seinen östlichen Außenposten. Die Landschaft wird karstiger, öder, ist auf Strecken baum- und strauchlos, die Berge sind nicht mehr so steil und himmelsstrebend. Viele Oliven-Neuanpflanzungen überziehen die Hügel. Ziegenherden streifen überall durch die Macchia. Einmal fahren wir an einer Schafherde vorüber, die mitten auf der Straße gefüttert wird. In Reih und Glied stehen die Tiere nebeneinander und fressen gemächlich, ohne sich von den vorbeifahrenden Autos stören zu lassen, das ausgestreute Futter. Auf der Rückfahrt sehen wir nur noch die saubergeleckte Spur der Futterstelle fünfzig Meter lang auf der Fahrbahn.

Über Palekastron und Zakros erreichen wir endlich nach vier Stunden Fahrt Kato Zakros. Die letzten fünf Kilometer geht es über eine fantastische Ausblicke auf eine wild zerklüftete Küste freigebende Straße durch eine von Schluchten und Schründen durchzogene Landschaft. Schroffe Einsamkeit.

Von hoch oben sehen wir schon das minoische Zakros liegen, wie alle minoischen Stätten an einen Hügel geschmiegt. In geringer Entfernung vom Palast öffnet sich wie eine klaffende Wunde das Tal der Toten.

Neben Knossos, Phaistos und Mallia war Zakros der vierte der großen minoischen Paläste und nach seiner Ausgrabung entpuppte er sich als wahre Schatztruhe. Krüge, Vasen, Schmuckstücke fand man hier in großer Zahl. Ein ganzer Raum ist im Museum von Iraklion gefüllt mit den Fundstücken von Zakros. Zu einsam war dieser Ort und zu weit ab vom besiedelten Kreta, als dass Menschen hier nach Schätzen gesucht und Gräber beraubt hätten. Außer den paar neu entstandenen Tavernen am Strand gibt es hier auch heute keine Siedlung.

Wesentlich anders als die übrigen minoischen Paläste ist auch Zakros nicht: mannshohe Steinmauern, behauene Steine, Grundfesten. Vielleicht gab es hier den ersten Swimmingpool der Menschheitsgeschichte. Da, wo auch heute noch eine Quelle sprudelt, ist ein kreisrundes Becken. Stufen führen hinab ins Wasser. Vielleicht tauchten hier einst zierliche Minoerinnen die Füße ins Wasser und erfrischten sich in der Sommerhitze.

Über ein leeres Flussbett gelangen wir ins Tal der Toten. Nach hundert Metern stehen wir an der Endstation eines Flüsschens, der aus dem Tal fließend hier seine letzten Kräfte verausgabt hat, einfach versickert. Das Wasser ist voller grüner, schlierender Algenfäden. Bachaufwärts gehen wir über einen sandigen Pfad weiter in das Tal hinein. Die Wände zu beiden Seiten erheben sich schroff und fast senkrecht. Wie eine von Wunden zernarbte Haut sehen die Flanken der Schlucht aus. Überall klaffen Höhlen. In ihnen bestatteten die Bewohner von Zakros vor 4000 Jahren ihre Toten und gaben ihnen kostbare Geschenke für die Ewigkeit mit. Bis heute ist unklar, wie sie es schafften, die Leichen in den Sarkophagen dort hinauf zu bringen.

Wir gehen eine Weile, bis das Tal sich immer mehr weitet, doch mir bereitet die lange Rückfahrt Sorgen. Es ist schon nach drei, als wir Kato Zakros wieder verlassen.

Die vorletzte Station soll Vai sein. Auch hier war ich schon einmal vor etwa dreißig Jahren, damals nach einer beschwerlichen Fahrt über eine holprige, löcherige Straße, die sich gerade im Bau befand. Ich hatte ein paar Palmen und einen Sandstrand in Erinnerung. Damals gab es in Vai ein Kafenion, das von elf bis vier Uhr bewirtschaftet wurde, sonst nichts. Sechs Fremde waren wir damals in Vai.

Heute bin ich überrascht von der Vielzahl von Palmen, die schon kilometerweit vor Vai verkünden, dass man der Südsee nahe ist. Ein wahrer Palmenwald. Und dann der Parkplatz mit den Bussen, den Kiosken, den Imbisswagen. Durch ein Tor hinein ins Paradies? Der Strand ist schön wie eh und je, überschattet von weitgefächerten Palmwedeln und bedeckt mit feinem, hellen Sand. Gar nicht so viele Touristen tummeln sich heute hier, doch die Unzahl der Strandliegen lässt ahnen, was hier zur Sommerzeit, wenn Kreta Saison hat, los ist. Vai hat seine Unschuld längst verloren, seinen Zauber aber hat es bewahrt und ich bin froh darüber, dass die Palmen zum größten Teil eingezäunt sind und dass abends ein Wärter die Tore zum Paradies schließt, sonst, denke ich, wäre Vai längst verloren.

Wir baden eine knappe Stunde, lassen uns den kühlen Aprilwind um die Nase blasen und brechen dann, Salz auf der Haut, auf. Letzter Halt im Kloster Toplou, großartig zu einem Museum ausgebauter Ort des historischen Widerstandes gegen die Türken. Einer Festung gleich steht das Kloster in der herben Landschaft, reckt sich wie eine Faust zu Gott empor. Es beherbergt heute eine Ikonensammlung. Das Museum scheint ganz neu zu sein, ist geschmackvoll gestaltet und eine Fundgrube für Fotomotive. Ein heißer, sandiger Wind weht um die Gebäude, vermittelt einen kleinen Vorgeschmack auf die Gluthitze, die hier im Sommer herrscht.

Um halb neun am Abend sind wir wieder im Hotel, haben fast 400 Kilometer zurückgelegt und sehr, sehr viel gesehen.

Chania, die Schöne

Wir sind wieder die ersten beim Frühstück und um acht Uhr schon etliche Kilometer hinter Iraklion auf dem Wege nach Chania. Vorüber an Rethymnom, an Stränden und Strandhotels. Im Südwesten tauchen am Horizont die schneebedeckten Berge auf, das Massiv der Lefka Ori, der weißen Berge, die auch im Sommer unter der brennenden Sonne weiß glänzen. Die Landschaft ist hügelig, bewaldet und saftig grün.

Nach knapp zwei Stunden haben wir Chania erreicht und stecken mitten im Gewimmel eines einkaufswütigen griechischen Geschäftsvormittags. Wir finden einen Parkplatz, neben der kreuzförmig angelegten berühmten Markthalle. Ich füttere die Parkuhr für zwei Stunden. Dass wir, nach knapp drei Stunden zurück, einen Strafzettel am Auto finden mit der Aufforderung, 4000 Drachmen zu zahlen, ist ärgerlich, viel zu teuer und ganz und gar ungriechisch. Tipota! Es hat keinen Sinn, sich darüber die Haare zu raufen.

Noch ist es keine zehn Uhr und wir stürzen uns in die Wogen der quirligen Altstadt Chanias. Natürlich ist auch hier, wie in Rethymnon, das Leben auf die Fremden ausgerichtet, das Ledergässchen und die Gewürzladen, die einem Basar ähnlichen verwinkelten Straßen, die vielen Gold- und Silberschmuckhändler, die Restaurants und Cafés an jeder Ecke, und doch ist alles hier echter, noch ursprünglicher, viel weniger steril als in Rethymnon. Vielleicht erscheint dies auch nur so, weil in dieser Stadt nahezu 60.000 Menschen wohnen, von denen sicherlich nur ein Teil vom Tourismus lebt. Chania hat das Flair einer Großstadt, einer Metropole, und das war sie ja auch, nicht nur in den wenigen Jahren, als Kreta ein autonomer Staat war.

In Chania haben die Venezianer am deutlichsten ihre Spuren hinterlassen. Herrenhäuser, Prachtvillen, Hafenanlagen, Brunnen und Treppen zeugen vom Glanz und Ruhm dieser Seefahrer und Händler. An allen Ecken und Enden ist Venedigs Prachtentfaltung gegenwärtig. Und sie vereinigt sich mit dem Zerfall und der Morbidität, die fast allen mediterranen Ländern eigen ist, zu jener romantischen Patina, die jeden ordnungsliebenden und dennoch oder gerade deshalb im tiefsten Inneren nach Chaos und Unordnung lechzenden Mitteleuropäer die Kamera zücken lässt. Natürlich schimpfen wir über den Schmutz, das wirre Durcheinander, die Regellosigkeit der griechischen Lebensart, doch tief in unserem Herzen sehnen wir uns nach dem, was wir verurteilen. Wir wünschen uns in die Kindheit zurück, in der es uns erlaubt war, in Schlamm und Matsch zu wühlen und auf der Unordnung zu beharren. Nun sind wir aber erwachsen und blicken erhaben auf den Lebensstil der Griechen herab, die unartige Kinder geblieben sind und es so nie und nimmer zu etwas Rechtem bringen werden. Aber leben, ja, das können sie!

Chania ist Schönheit und Verfall, Verwesung und keimendes Leben, Vergangenheit und Gegenwart, vergängliches und prall auf-blühendes Sein, Schmerz und Freude. Chania lebt über alle Maßen. Die Fremden sind nur ein kleiner Teil dieser Stadt. In den Gassen wird gehandelt und getauscht, gefeilscht und betrogen. Wäsche wird getrocknet und Neuigkeiten werden ausgetauscht. Kinder spielen in den Gässchen und alte Frauen halten ihre runzligen Gesichter der Sonne entgegen, häkeln oder dösen. Männer schlummern im hellen Morgenlicht, spielen gedankenverloren mit ihren Komboloi, sehen verträumt den jungen Mädchen nach. Hunde liegen zusammengerollt vor den Haustüren, Katzen schnurren wohlig um die Tische und lecken sich ihr Fell.

Die Sonne fällt schräg auf die blau und grün getünchten Haustüren und wirft erste Schatten. Hitze beginnt, über der Stadt zu stehen. Nur im venezianischen Hafen ist Licht und Weite. Breit sind die Kais und die Uferpromenaden. Die türkische Moschee, in der heute das Frem-denverkehrsbüro untergebracht ist, blitzt weiß im Sonnenlicht. Sie hätte Schlechteres verdient, litten doch die Stadt und die Insel drei Jahrhunderte lang unter der Unterdrückung durch die Türken und was ließen die anderes zurück außer schmerzvolle Erinnerungen und Hass? Ein paar Minarette, die für nichts nutze sind, denn Allah hat hier nichts mehr zu suchen, nie und nimmermehr.

Wir schlendern am Hafen vorüber in die andere Hälfte der Alt-stadt. Kinder spielen auf dem Kreuzungshof zweier winziger Gassen. Ein kleiner Kostas grinst mich an, fragt: „what's your name?" und erschrickt fast, als ich ihm auf griechisch antworte: „me lene ...“!

Doch dann fängt er sich und fährt auf seinem Mountainbike die tollkühnsten Kunststücke: Schau mal, was für ein toller Kostas ich bin!

Ildiko hat in einem Juweliergeschäft ein silbernes Collier entdeckt, das ihr gefallen hat. Jetzt möchte sie es mir zeigen. Aber wo? Wir machen uns auf die Suche nach eben dem Lädchen. Sind wir vor zwei Stunden hier oder dort lang gegangen? Wir finden das Collier, doch nach einer Anprobe missfällt es. Zum Glück gibt es mehr als ein Silberlädchen und mehr als ein Collier. In der Hauptstraße, gegenüber der Basilika, wird Ildiko doch noch fündig. Der Verkäufer ist auch der Silberschmied und so signiert der Kunsthandwerker auch noch sein Werk.

Donnerstag, 14. April

Heute ist der letzte der vierzehn Urlaubstage und noch einmal wollen wir wenigstens für einen halben Tag unser rotes Autochen benutzen. Um neun Uhr stehen wir in Varvari (Myrtia) vor dem Geburtshaus des Nikos Katzanzakis, das heute als Museum an diesen großen griechischen Dichter erinnert.

Die Fahrt in dieses Bergdorf führt an Knossos vorüber. Noch ist es leer dort. Die Landschaft ist von einer zauberhaften Sanftheit und Milde. Zarte Pastellfarben fließen wie auf einem seidigen Teppich die Abhänge herab.

Nach Varvari geht es steil bergan. Schön hatte er es hier, der junge Katzanzakis, wenngleich sicherlich auch die schönste Landschaft nicht über die Not hinwegtrösten konnte, die ein Leben unter dem Türkenjoch bedeutete. Die großen Aufstände gegen die Türken erlebte der Knabe mit und in seinem Roman Griechische Passion beschreibt er das Leiden des Volkes.

Viel Informatives findet sich in dem Museum und vieles zum Anschauen. Bilder, Plakate, Bühnenentwürfe erinnern an die gewaltige Schaffenskraft und Vielseitigkeit dieses Mannes. Und überall ist Zorbas gegenwärtig, die wohl berühmteste Figur Katzanzakis', Zorbas der Grieche, Synonym für Lebensbejahung, Tatkraft und Freude.

Sah man je schönere Katastrophen als die des Alexis Zorbas? Ein zwanzigminütiger Film rundet das Andenken an den bekanntesten griechischen Dichter ab.

Zurück zur Hauptstraße. Bis Archanes sind es nur wenige Kilometer. Unter diesem Dorf hat man vor wenigen Jahren Teile eines Palastes gefunden und man vermutet, dass sich unter den Häusern eine minoische Anlage verbirgt, die sich mit der von Knossos messen kann. Archanes liegt zu Füßen des heiligen Zeusberges, des Gioutchas, und im Halbrund um den Ort liegen etliche Orte, an denen Ausgrabungen zahlreiche minoische Funde zutage gefördert haben.

Auch jenes Heiligtum liegt hier, hoch über Archanes, auf dem Berg, nur über eine schlimme Schotterstraße erreichbar, in welchem man die drei Skelette fand, die den Glauben an die freundlichen Minoer zumindest ins Wanken brachte. Einiges an diesem Skelettfund ließ die Vermutung zu, dass es sich hier um ein Menschenopfer handelte.

Der Blick von dieser Stelle auf das ferne, am Meer ausgestreckte Iraklion ist traumhaft. Solche Anblicke gibt es selten und kein Fotoapparat vermag sie festzuhalten.

Auf dem Rückweg nach Archanes kommen wir wieder einmal an einer qualmenden Müllhalde vorüber. Auch das ist Kreta. An vielen Ecken sind wir ihnen begegnet, diesen stinkenden Bergen von Plastik, Dosen, Bauschutt, Autoreifen, Papier und was alles noch durch das Sieb der Zivilisation hindurchfällt und Ratlosigkeit hinterlässt, wohin damit. Die dunkle Seite des Tourismus, der Bettenburgen und Konsumsilos hervorbringt, sich nach dem schnellen Geld streckt und keinen Gedanken daran verschwendet, wie denn mit den dunklen Folgen fertig zu werden sei. In irgendwelche, inzwischen gar nicht mehr so abseitige Täler, werden die Überreste hingekippt und stinken zum Himmel. Kreta hat viele Täler, doch die Zahl der Urlauber wächst von Jahr zu Jahr und das Bewusstsein der Griechen für Müllvermeidung ist offensichtlich so gut wie gar nicht ausgebildet.

Dreimal fahren wir durch das Dorf Archanes und finden die Ausgrabungen nicht. Archeo Archanes? Ja, irgendwo in der Nähe der Platia. Aber wo ist die Platia? Schließlich parken wir das Auto und machen uns zu Fuß auf die Suche. Ich frage einen Entgegenkommenden. Er entpuppt sich als Deutscher. In ihm lernen wir Herrn Stoll kennen: verkanntes Genie, Medium, Wunderheiler, gelernter Mediziner, Musikwissenschaftler, gestrauchelter niemand, einer, dem man in Deutschland aus dem Wege gehen würde. Herr Stoll ist sofort bereit, uns die Ausgrabungen und das Museum zu zeigen. Auf dem Wege sprudelt er über vor Beredsamkeit und in kurzer Zeit erfahren wir große Teile seiner Lebens- und Leidensgeschichte. Er sei hier, um die wechselseitigen Beziehungen des europäischen mittelalterlichen Liedguts und der kretisch-griechischen Folklore zu erforschen, doch niemand wolle seine Arbeit finanzieren. Ein paar tausend Mark und er könne der Nachwelt so viel geben. Es ist ganz und gar nicht lächerlich, was er und wie er es sagt. Man ist fast geneigt, ihm zu glauben und dann plötzlich scheint er doch wieder eher ein Fantast zu sein. Mediziner sei er auch, aber nie und nimmer wolle er diesen Beruf ausüben. Er redet und redet. In Sitia sei er verheiratet gewesen mit einer Griechin, doch habe ihn seine Frau eines Tages herausgeworfen. Seitdem lebe er mit Unterbrechungen in Archanes. Einheimische, die vorübergehen, grüßen das Genie freundlich. Er wechselt ein paar Worte mit ihnen, man scheint ihn im Dorf als närrisches Unikum zu dulden und durchzufüttern.

Wir sind am antiken Archanes angelangt, einer drei Meter tiefen Baugrube, darin Mauerreste, behauene Quader, Reste von Amphoren, das übliche Bild, nur dass am Rande der Grube Dorfhäuser stehen. Ein Bulldozer planiert das Gelände. Von Stoll, der mit einem der Bauarbeiter spricht, erfahren wir, dass Teile der Ausgrabung gerade zugeschüttet worden seien, damit man an die Häuser herankäme und sie abreißen könne. Im Sommer würde man dann mit den Grabungen an der Stelle beginnen, wo heute noch die Häuser stehen. Seltsame Vorstellung, dass unter dem Dorf ein Palast liegt. Stoll führt uns weiter zum Museum, das hier vor zwei Jahren errichtet wurde und in dem ein Teil der im Dorf gefundenen Stücke ausgestellt ist.

Was können wir für unser ‚Genie' tun? Er hat nichts vorzuweisen, keine Schriften, keine Kompositionen, nichts. Nur sich selbst. Ein lebendes Gesamtkunstwerk, mager, mit eingefallenen Schultern, spitzem Kinn, Stoppelhaaren und brennenden Augen. Die abgetragene, zerschlissene Hose ist viel zu weit und das schmutzige Hemd bedeckt einen schmächtigen Körper. Wir geben Herrn Stoll unsere Adresse und etwas Geld. Er scheint mir so ratlos, was er mit seinem Leben anfangen soll: Nach Deutschland zurück oder hier in Archanes bleiben? Doch was wäre er in Deutschland anderes als verkrachtes Subjekt, das von der Sozialhilfe lebt. Auf Kreta ist er immerhin jemand, den man freundlich grüßt.

Am Nachmittag sind wir wieder am Strand. Es ist heiß und wolkenlos. Im Meer ist es kalt, aber erfrischend. Am Abend geben wir unser Auto ab und verabschieden uns von Eleni.

Freitag, 15. April

Es ist kühler als an den vergangenen Tagen. Da fällt der Abschied etwas leichter. Das Gedränge am Flughafen ist griechisch. Nichts klappt, alles geht drunter und drüber. Niemand bringt Ordnung in die Schlange der Wartenden, die nach Düsseldorf, München, Hannover wollen.

Endlich sitzen wir im Flugzeug. Iraklion wird kleiner und Kreta, das lang gestreckte Eiland, verschwimmt in der milchigblauen Ferne.

10. Auch auf Ibiza war es schön (1995)

Eine Woche im Oktober

Nein, seinen schlechten Ruf hat dieser Balearenfluchtpunkt nicht verdient. Hippie-Eldorado und Koks und Einwegspritzen allüberall und Jugendbanden, die leicht und locker 15 bis 50 Touristen pro Tag ausrauben - nichts von alledem, jedenfalls nicht im mittleren Oktober. Da herrscht auf Ibiza unter lauwarmer Sonne Sauregurkenzeit und die Hotels, Discos und all die sommerlichen Absahner schicken sich an, die Rollläden herunterzulassen. Die Last-Minute-Reisenden sind fast unter sich. Die meisten fallen aus Deutschland, vorwiegend Ossiland, für ein paar Tage auf die sommermüde Insel herunter. Und fühlen sich wohl für eine knappe Relaxing-Woche zwischen Sommer und tristem Winterschlaf. Sie erwarten nichts Besonderes und finden weißsandige Strände und magische Buchten mit Blicken auf majestätische Felsen im Meer. Wer hätte solcherlei Wunder von Ibiza erwartet! Kinderlachen ertönt aus den Sandburgen der Strände, in den Dünen rekeln sich Liebespaare, dicke Väter umschnorcheln Seeigel-Siedlungen, indes die strammen Mütter ihre baren Busen bräunen. Nein, wahrlich, auf Ibiza ist nicht schlecht sein!

Eine Woche Herbstferien schenkte uns in diesem Jahr die Kultusbürokratie. Statt der sonst üblichen zwei Wochen.

Von Samstag zu Samstag lässt sich schlecht was buchen. L-Tour verspricht günstiges Last-minute-Reisen. Mittwoch, eine gute Woche vor Ferienbeginn spuckt der Computer die möglichen Reiseziele aus: Korfu, Marokko ab Brüssel, Ägypten in einem miesen Hotel für einen Tausender und Ibiza für die Hälfte. Korfu ist schön, aber in Griechenland waren wir schon so oft. Brüssel ist für die Anreise unbequem. Nach Ibiza gehts ab Nürnberg. Prima. Was also sollte gegen Ibiza sprechen? Nicht einmal der schlechte Ruf. Unsere Kinder rümpfen voller Vorurteile ihre Nasen: wer nach Ibiza reist, muss bekloppt sein oder bekifft oder nostalgisch. Na gut, wir stehen dazu: sind wir eben bekloppt. Soll der Nachwuchs von uns halten, was er will. Wir sind erwachsen.

Die Boing 737 ist nur halb voll, und von den knapp 120 Passagieren Leuten tragen gut zwei Drittel den lilanen L-Tour-Aufkleber, sogar eine ältere Dame mit Schoßhund und Rentnerehepaare im Überwinterungslook mit Krückstock und Regenschirm. Ibiza for everybody.

Hoch in den Lüften ist die Freiheit mal wieder wolkenlos. Jeder Passagier hat eine ganze Sitzreihe oder mindestens drei Plätze zur Verfügung. Da kann man sich richtig schön ausbreiten und auf den Flugsnack warten. Kalte Speisen mit warmem Brötchen. Mal was anderes. Sekt gibts gratis. Da kann man schon mal zwei Piccolos verkraften. Die Crew spricht nur italienisch, doch das macht nichts, weil die mitreisende Condordame uns des Rätsels Lösung gibt: Eine Fahrgastbrücke habe in Köln die für uns vorgesehene Condor-Boing gerammt und nun fliege uns stattdessen Air Europe aus Bella Italia ins heitere Ibiza. Einen guten Flug und schönen Urlaub!

Auf Ibiza gehen die Uhren genauso wie in Deutschland. Mit einer Stunde Verspätung kommen wir an und es ist abends um zehn Uhr zwanzig Grad warm. Aber nachts im Hotelbett fröstele ich, weil die zweite Decke fehlt.

Das Hotel Pueblo Ibiza in Cala des Torrent hat drei Sterne, vier dreistöckige Wohnblocks mit Außentreppen, einen großen Swimmingpool und von unserem Zimmer hat man sogar, wenn man den Hals ein wenig verrenkt, einen Meeresblick.

Uwe und Christine waren schon zweimal auf Ibiza. Manchmal lassen sie ein paar Reminiszenzen raus: Weißt du noch damals ....? So ist das, wenn man älter wird und an die Orte früherer Untaten wiederkehrt.

Vor dem Frühstück waren wir schwimmen. Kalt war es schon, aber man fühlt sich heldenhaft danach.

Cala d'Hort

Immer, wenn ich ins Wasser gehen will, schiebt sich eine fette, graue Wolke zwischen mich und den Himmel. Der ist ansonsten blau. Einige Menschen füttern Möwen und die fliegen dann ganz niedrig und gierig über unsere Köpfe. Ich bekomme einen Schreck und denke unwillkürlich an Alfred Hitchcocks Vögel. Ich stelle fest, dass ich Menschen, die Vögel füttern, nicht mag. Aber sonst ist es hier schön. Zwei große Felsen versperren den Blick in die Weite: Isla Vendranell und Isla Vedra. Die Letztere ist laut Merian eine Felseninsel von magischer und fantastischer Schönheit. Gewaltig ist dieser Felsen und auch bedrohlich: wie eine unbezwingbare Raubritterburg mit Türmen und Zinnen trutzt er vor dem Horizont. Die Isla Vendranell liegt daneben zahm wie ein Hündchen zu Füßen des Riesen.

Der Wind säuselt und wenn ich die Augen halb schließe, flirrt es silbern über den sanft gewellten Wasserspiegel. Am Strand tummeln sich 150 blaue Liegen auf schneeweißen Füßen. Malerisch sehen sie aus vor dem ockerfarbigen Hintergrund der herabfallenden Klippen. So an die fünfzig sonnenhungrige Menschen liegen auch herum und hin und wieder begibt sich wer ins Wasser. Das ist grün und klar. Nein, grün stimmt nicht: türkis. Und klar wie Edelstein. Fische spielen über den Grund. Ich schwimme zehn Minuten lang. Das reicht. Meine Uhr ist nicht wasserdicht.

Ildiko hat ihre zwanzig Kilo Freigepäck weidlich ausgenutzt. Ich musste mich mit dem schweren Stück abschleppen und habe herzhaft geflucht. Was frau für sechs Tage alles mitnehmen kann! Für jeden Abend eine Robe. Und Kosmetika. Umberto Ecos Foucoult'sches Pendel wiegt mindestens fünf Kilo. Warum schreiben Autoren so schwere Bücher? Jetzt sitzt meine Frau an der Cala d'Hort und liest Eco diagonal, 85 Seiten pro Stunde. Ich glaube, weder sie noch Eco haben was davon. Aber ich muss den Wälzer wieder nach Hause schleppen. Da schreibe ich meine Bücher lieber selber, maximal 250 Gramm.

Christine nennt den Himmel knallblau und freut sich. Man bräunt so vor sich hin und die Zeit vergeht.

Die kleine Bucht von Cala des Torrent ist wirklich mickrig. Vor allem ist sie landeinwärts verbaut von Appartementsilos. Das ist unglaublich, wie sich diese gräulichen Betonklötze vor die schönsten Aussichten hinprotzen.

Pedalos kosten 800 Peseten die Stunde, blaue Liegen 350 pro Tag. Dafür sind sie recht bequem. In der Bucht herrscht ein hübsches Leben. Vom Kleinkind bis zum Rentner krabbelt allerlei Ferienvolk herum. Gegen drei beginnt auf einmal ein wildes Geschrei und dauert bis fünf an. Eine gute Hundertschaft Engländer genießt es, god's own nation und unter sich zu sein. Unter südlich besonnten Pinien spielen sie irgendwelche lauthalse Spiele. Ein Animateur bellt ununterbrochen ins Mikrofon und die stille Bucht hallt wider vom gellenden Antwortgeschrei rothaarig blasser Britannen. Eines aber muss man diesen Tommies lassen: wo sie sind, befinden sie sich in bester Laune. Als nach fünf dann die ganze Horde zum wartenden Boot quillt, ist es auf einmal ganz still am Strand und der Tag neigt sich traurig seinem Niedergang zu. Ich habe mir tatsächlich einen leichten Sonnenbrand über dem Zwerchfell eingefangen.

Die Abende sind schon kühl auf Ibiza. Man merkt dem Jahr sein Alter an. Daheim sind manche Bäume schon blattlos.

Wir haben uns Räder geliehen. Mountainbikes mit 21 Gängen. Auf Ibiza gibt es Berge. Der höchste ist 475 Meter hoch. Von Null auf 400 hinauf zu strampeln kostet eine Menge Kraft. 400 schweißtreibende Höhenmeter. Bergauf und bergab geht es im Westen der Insel. Unser erstes Ziel ist die Cala Bossa. Eine Landschaft voller Ziegen, Olivenbäume und Macchia fliegt vorüber. Die wulstigen Reifen der Bikes surren über den Asphalt wie schlaff gespannte Geigenseiten.

Cala Bassa ist wunderschön und sommers sicher furchtbar überfüllt. Jetzt, zum Saisonende aber schön. Landeinwärts ist die Cala Bassa grün, pinienbestanden. Seewärts türkis. Oh, diese Meeresfarben. Das Meer hier tut so, als habe es noch nichts gehört von

Umweltverschmutzung. Schön ist das. Ich schwimme ein Weilchen und nenne im Stillen den Sand goldgelb. Ferienfarben.

Uwe und Christine haben hier auf dem Campingplatz am Hang mal ein paar Wochen verbracht. Weißt du noch, Schatz?!

Dann schwitzen wir weiter auf unseren Rädern zur nächsten Cala. Cala Tarida. Ich kann außer ‚si‘ kein Wort Spanisch. Mir kommen alleweil italienische Brocken in die Quere. Weiß nicht warum. Was heißt tarida? Hinter der Taverne, in der wir ein Erfrischungsbier trinken, geht es verdammt steil bergab. Das wäre nicht schlimm, wenn wir nicht irgendwann wieder denselben Berg rauf müssten.

Dann stehen die Räder wieder im Schatten des Hotels.

Punto-Tour

So ein Fiat Punto ist ein flotter Flitzer. Knallrot, nagelneu und mit genügend Platz für fünf. Vier Tage lang haben wir die Kiste und damit sollte eigentlich die Insel zu erkunden sein. Von Bucht zu Bucht. 11000 Peseten kostet uns der Puntospaß, rund 150 Mark. Zu fünft wohlgemerkt.

Abendstimmung: Die Sonne steht halbhoch über der Saline, die Strahlen auf ein paar Wolken gestützt. Jemand pfeift. Ein wirrer Pudel quert die silberne Lichtschneise, sucht Herrchens Schuh und bringt ihn brav zurück. Man rubbelt die letzte Nässe des Tages vom Körper und bereitet den Heimweg vor. In der Tiefe des Horizonts zeigt sich ein Streifen Schiefergrau. Ich werfe im gleißenden Gegenlicht meinen Schatten aufs Papier und mache einen Punkt.

Wir haben heute wieder zwei Strände geschafft. Cala d'Host und Cala des Salinas. Jetzt können wir schon fünf abhaken. Ibiza ist eine kleine Insel. Andererseits, wenn ich mir die Karte anschaue und dieses buchtenreiche Eiland, dann, denke ich, haben wir doch kaum Chancen, auch nur einen Bruchteil der Badebuchten kennenzulernen. Ibiza vom Meer aus mit dem Motorboot anzufahren, ja das wäre was. An jeder Ecke ein anderer unzugänglicher Strand. Man wäre ganz allein, bis auf das eine Dutzend Motorboote und Jachten, das gerade diesen Strand auch angesteuert hat. Zur Hochsaison wenigstens. Jetzt sind wir sogar in den Buchten, zu denen Wegweiser einladen, fast unter uns.

Salinas ist eine Bucht hinter Pinienwald. Vom Parkplatz aus geht man über lockeren, warmen Sandboden, nadelbedeckt, und dann ist man in richtigen Dünen. Wir kuscheln uns in eine Kuhle. Da kommt kein Wind herein. Der Sand ist warm. In Prospekten heißen solche Strände Traumstrände. An den nächsten Tagen bleiben wir Salinas treu. Drei Stunden am Tag mindestens.

Ibiza, das ist schon so ein bisschen wie menschlicher Zoo: Mit Hippies und Ausgeflippten und Nackedeis und dann gibt es auch die Normalos, die vielleicht gerne möchten und sich nicht trauen. Aber die Rollen sind durchaus austauschbar: So eine Brave läuft nackig herum und der Hippie wird bisweilen zum Normalo. Aber die Hippies sind deutlich älter geworden. Damals, anfangs der Siebziger, als die Insel in die Schlagzeilen und auf die Titelseiten geriet, waren sie zwanzig. Rosige Blumenkinder, voller Unschuld, Hasch und Flower-Power. Sie machten Schmollmünder, waren glücklich und erkoren Ibiza zum Paradies. Und weil alle Welt mal wenigstens einen Blick ins Paradies erhaschen wollte, wurden die Hippies reich und bürgerlich und fett und blieben trotzdem Hippies. Jetzt sind sie fünfzig und ihre Haut ist fleckig. Die Bärte sind immer noch zerzaust, aber Busen und Bärte hängen. Ihre Kinder distanzieren sich von den goldigen Tagen. Sie lungern bei Techno in den Diskotheken herum oder studieren in London, Paris oder Berlin. Mama und Papa verdienen sich in den Boutiquen und Bars rund um Eivissa eine goldene Nase. Die Menschenmassen schieben sich durch die engen Gässchen und sind entzückt. Engländer und Amis zahlen fast jeden Preis, und Kitsch und Klunkern sind immer noch wohlfeil. Der Hippiemarkt hat die Zeiten überdauert. Jeden Mittwoch das alte Lied. Krimskrams aus Fernost und Klamotten aus Ibizas Nähstuben zu Preisen à la Haute Couture. Jetzt im Oktober sieht alles ein bisschen müde aus.

Gestern, am Montag, waren Ildiko und ich im Casino, zur großen Gala-Show. Natürlich für die Fremden, für wen sonst? Warum sollten echte Bergziegenbauern oder Oliven-Handverleser auch dorthin gehen? Ob es überhaupt noch Ibizencos gibt, die nicht vom Tourismus leben? Jedenfalls gabs im Casino russisches Ballett und englischen Humor, spanischen Flamenco und amerikanische Vokalmusik. Die vier Vokalisten hießen ,The four Tops' und waren auch so: Spitze. Ich glaube, die sind richtig berühmt. Heizten ordentlich ein und machten Stimmung. Und in der ganzen Show waren die Russen allgegenwärtig. Rassige Tänzerinnen und drahtige Tänzer. Ein Fest für die Augen. Gekonnte Paraden und ganz viel Humor. Um zehn Uhr begann die Show und dauerte bis halb zwei.

In der dreiviertelstündigen Pause verspielten wir im Casino mal schnell zwanzig Mark. Ein kleines Vermögen! Na ja, Ich setzte zwei Chips auf Schwarz und dann wars auch schon aus. Ildiko kleckerte immerhin mit ihrem Einsatz zwanzig Minuten lang, bis sie auch pleite war. Dabei rollte die Kugel tatsächlich zweimal hintereinander auf unsere beiden Geburtstage. Wir hätten nur so ein Jetönchen auf uns zu setzen brauchen! Etwa sechzig Mark pro Person haben uns die Tickets gekostet. Aber dafür, dass der Champagner inklusive war, soviel das Herz begehrte, und dafür, dass wir uns so herrlich amüsierten und soviel Vitamin für Aug und Ohr geboten bekamen, war das fast nichts. Mir taten Christine und Uwe richtig leid, die so einen schönen Abend verpasst hatten.

Die Hübsche mit den strammen Brüsten liegt nun schon eine Stunde lang bäuchlings und spielt Gameboy. Ihr lockenköpfiger Freund daneben schlummert. Das ältere französische Ehepaar zieht sich zurück. Die beiden Jungs am Strand dreschen Beachball. Plopp, plopp. Die nassen Badehosen trocknen schnell auf den Büschen, so heiß ist es heute hier im Windschatten und unter dem wolkenlosen Himmel. Cala des Salinas zum zweiten Male. Ist aber auch wirklich schön hier. Der Sand ist so fein, dass man ihn kaum aus den Pobacken herausbekommt. Aber das macht nichts. Ganz flach ist das

Meer hier. Nach fast hundert Metern ist gerade mal der Bauchnabel genässt. Kaum Wellen. Der Sand ist weiß, das Wasser kühl. Vom Meer her sieht die Bucht noch hübscher aus: Das dünige Pinienwäldchen und links und rechts davon die Strandkneipen: urig, reetgedeckt, verwildert, verwachsen und gar nicht mal teuer.

Sant Josef liegt im Westen der Insel, nicht weit von unserer Bleibe entfernt. Aber was überhaupt ist schon weit auf diesem Inselchen? In Sant Josef, Hauptort der größten Gemeinde, habe sich Dorfleben noch am ehesten intakt gehalten. So steht es im Reiseführer. Wie seit eh und je gehen hier die Männer ihres Weges und die Frauen des anderen. Hier habe man noch Chancen, einen echten und wahren und unverbildeten Ibizenco zu erblicken.

Gemächlich fahren wir durch die wenigen Straßen des Dorfes. Hier verkauft eine echte Pityusenbewohnerin geschmackvolle Andenken, dort sitzt stolz ein urwüchsiger Insulaner auf einem Traktor und zwei leibhaftige echte Inselknaben spielen Fußball auf einem Hinterhof. Wir beeilen uns, Fotos von dieser ungetrübten Folklore zu machen. Hinter uns wartet schon eine Gruppe von Touristen darauf, dass wir weitergehen, denn sie möchten auch das hübsche Motiv ablichten. Man winkt uns zu, wir sollen doch schnell weiterfahren, da wir die Einfahrt zum Busparkplatz versperren. Zwei Busse stauen sich schon und die Insassen fluchen: auch sie möchten etwas mitbekommen von Sant Josefs Ursprünglichkeit.

Wir verlassen die fast intakte, vom Tourismus kaum gestörte Dorfgemeinde und brausen weiter in Richtung Es Cubells. Dort hat sich Ursula Andress ein Haus auf der Klippe gebaut. Und das ist fast einmal heruntergefallen ins Meer. Arme Ursula. Wir gucken uns das Haus nicht an.

Die Bewohner Ibizas heißen Ibizencos und ihre Insel gehört zu den Pityusen. Das Erstere ist einsichtig und das Letztere rührt daher, dass die alten Griechen die Balearen so nannten. Und die Balearen, das sind bekanntlich Ibiza und Formentera, Mallorca und Menorca. Ibizencos sieht man jetzt im Oktober nur selten. Die meisten sind

249

wahrscheinlich schon irgendwo in Europa, wo sie ihre Winterquartiere bezogen haben. Auf der Insel verwaltet indessen die zweite Hippiegeneration ihre Hotels, Geschäfte und Boutiquen. Die großen, berühmt-berüchtigten Discos haben längst dichtgemacht. Für sie lohnt sichs nur, wenn Ibiza aus allen Nähten kracht.

So eine Inselrundfahrt ist recht erbaulich. Zwar stöhnt und jammert Christine, sie wolle viel lieber an die Sonne und an den Strand, doch wir anderen erklären ihr, Sonne gäbe es auch unterwegs und auf Einzelwünsche könne man schlecht Rücksicht nehmen und überhaupt, wofür haben wir uns denn einen so schönen Punto gemietet. Also fahren wir von San Antoni de Portmany nach Santa Agnes de Corona, von da nach San Mateu d'Aubarca und dann sausen wir rüber nach San Miguel de Balanzat. In San Miguel gibt es eine Wehrkirche und noch richtig ländliches Leben. Alle Einheimischen trinken abends in der Dorfkneipe einen rosaroten Likör namens 'Frigola'. Er soll mit wildem Thymian aromatisiert sein. Jetzt, gegen Mittag, gibt es zwar keine Einheimischen, aber Frigola. Ich habe das Gefühl, dieser Sirup ist gut gegen meine Erkältung. Und er ist auch so schön klebrig. Wir trinken brav unser Stamperl leer und gehen dann zur Wehrkirche. Dort spielt eine Kassette Bach oder Händel oder Vivaldi. Das finden die Touristen sehr schön und sie verhalten sich alle ruhig und andächtig.

Zwischen Agnes und Mateu haben wir angehalten und die Harmonie der Landschaft bestaunt. Hier herrscht Ruhe und Frieden. Gelbe Blumen, Ginster vielleicht oder Mimosen, blühen am Straßenrand, Schafe dösen im Schatten einer Akazie, Ibizencos schlendern nichtstuend in ihren Gehöften herum. Ildiko macht viele Fotos. Wir sind bezaubert von der Beschaulichkeit dieser fruchtbaren Hochebene. Nur selten fallen Touristenhorden in diese Idylle ein. Hier gibts kein Meer und keinen Strand. Ich denke mir, dass hier noch so etwas wie das leibhaftige Ibiza herrscht. Es duftet nach Kräutern.

Über dem Norden der Insel hängen Wolken. Ab und zu macht sich die Sonne dünn.

In Port de San Miguel gibt es malerische, riesige, weißleuchtende Hotelanlagen, an denen unzählige Balkons wie Schwalbennester kleben. Blasse Urlauber ergehen sich am Strand. Zur Saison stapelt man in dieser kleinen Bucht die Leiber. Hier gefällt es uns nicht. Schnell weg.

Bei Na Kamena, da gibt es eine Traumbucht. Wahrhaftig. Riesig. Geil. Absolute Spitze. Super. Man kommt nur nicht ganz runter bis ans Wasser, es sei denn, man ist bergsteigerisch gerüstet. Bis achtzig Meter über dem Meer geht es noch mit dem Auto. Holperstraße, reifenschlitzende Schotterstraße und angsterregendes Gefälle. Dann ist auf einmal Schluss. Vom Plateau aus kriechen ein paar Pfade halsbrecherisch zum Meer herab und von hier oben hat man einen atemberaubenden Blick. Dass es ein so wildes Ibiza gibt! Hierhin verläuft sich zu dieser Jahreszeit kaum noch ein Fremder. Wir sind stolz darauf, Na Kamena gesehen zu haben. Zwischen den Felsabbrüchen lagert kühler Schatten. Steilwände fallen senkrecht ins Meer. Raubvögel nisten im Plattengewirr. Gigantische Kulisse. Das ist wieder mal so eine Landschaft, bei deren Anblick einem die Spucke wegbleibt und die Worte versagen.

Der Fotoapparat klickt. Das schauen wir uns zu Hause in Ruhe an. Möwen schreien.

Wir fahren weiter, weil, Christine will Sonne, Meer und güldenen Strand. Soll sie jetzt haben. Schnell vorüber an Portinaxtx (sprich Portinatsch) und Santa Eulalia. Eivissa lassen wir links liegen und hasten zum Strand von Les Salinas. Dort ist es wieder wie im Urlaub: das Wasser geht lauwarm bis zu den Hüften. 22 Grad im Oktober. Ich habe Husten und in zwei Monaten ist Weihnachten.

Auf Ibiza gibt es nur eine Stadt, nämlich Ibiza oder besser, Eivissa. Folgerichtig, dass die Ibizencos sie der Einfachheit halber einfach 'la villa' nennen. 'La villa' besteht aus zwei Teilen: dem modernen Beton-Ibiza mit den weißen Hotelsilos und den Appartementwaben, den breiten Ausfallstraßen und den Rondas, den Kreisverkehren. Und dann gibt es den alten, historischen Teil, Dalt Villa, die Stadt am

Hügel, rund um die Zitadelle mit der alles überschauenden Kathedrale. Am Sonntagabend waren wir oben, auf dem Berg und da war alles leer und wie ausgestorben. Nur ein paar ältliche Hippies in den Gassen und am Hafen verkauften Souvenirs und Tüterkram, oder sie versuchten wenigstens, ihre Sachen an Mann oder Frau zu bringen. Die engen Gässchen lagen malerisch und verlassen da. Zwei Katzen im warmen Abendlicht genossen die ungewohnte Ruhe.

Drei Tage später, am Vormittag, strömen die Massen. Straßauf, straßab. Fotogen und mediterran haben die Bewohner von Dalt Villa, so es sie denn wirklich gibt, die Balkons mit bunter Wäsche drapiert. In winzigen, dunklen Tavernen gibt es kalte Getränke und all die Boutiquen mit den klingenden Namen bieten ihre Sommerware mit bis zu fünfzigprozentigem Rabatt an. Wer da nicht zugreift, ist selbst dran schuld. Die fünfzig Prozent kommen mir allerdings immer noch wie Wucher vor. Aber was verstehe ich schon von ibizenkischer Couture!

Wir wälzen uns einmal den Berg herunter und dann wieder rauf. Ältliche Ehepaare begegnen uns, mit Bermudas über den faltigen Knien. Allerlei Hutmodelle decken kahle Köpfe. Großfamilien mit Kleinkindern tragen die Sommermodehits aus Sachsen-Anhalt und Mecklenburg. Überhaupt sind die Ossis kaum zu halten. Hätte man nicht schon Vorurteile, würde man sie bekommen. Eine sechsköpfige Familie kommt uns entgegen. Leicht ist sie als Einheit zu erkennen, tragen doch alle sechs die gleichen fliederfarbenen Shorts. Mama ist sicher Hobbyschneiderin. Gestandene Männer tragen nackte Oberkörper zur Schau. Die Bäuche wölben sich über die frisch erstandenen Ledergürtel. In Ibiza-Stadt geht wahrlich die Post ab. Wir werden uns den Rummel abends noch einmal anschauen. Jetzt am Vormittag scheint einfach die Sonne zu schön.

„Da, dort drüben, das Dunkle, das muss Formentera sein."

„Wo?"

„Na, da drüben! Die Insel Formentera!"

„Kann man da hinfahren?"

„Logisch. Fahr'n Schiffe rüber. Den ganzen Tag lang."

„Wollen wir rüber?"

„Mal sehen. .... Nee. Eigentlich nicht."

„Warum nicht?"

„Soll nicht so toll sein. Eher langweilig."

„Ist Ibiza schöner?"

„Schon. Anders auf jeden Fall. Vielseitiger. Mehr Landschaft und so."

„Wie iss'n Formentera?"

„Wahnsinnige Strände halt. Und grünes Wasser, ich mein', tintig blau. Oder türkis. Und radfahren kann man da. Ne Insel für Radfahrer. Alles flach."

„Flach?"

„Hm! Flach. Null Berge. Bloß Strände. Und Salinen."

„Salinen gibt's auch auf Ibiza."

„Eben."

„Na gut, Fahr'n wir nicht rüber. Bleib'n wir auf Ibiza."

„Ok!"

Der fährt jetzt schon eine halbe Stunde mit so einem Wassermotorrad in der Bucht herum. Steht da wie Jesus auf dem Wasser, lässt eine Fontäne hinter sich hochspritzen und röhrt und rülpst. Solches Blubbergeräusch. Das ist ekelhaft. Das Komische ist, man gewöhnt sich mit der Zeit an das Gebullere. Als ob es zum Meer gehört wie Ebbe und Flut und Wellenbrausen. Na gut, soll der Idiot doch halt Geld verpulvern, wenn's ihm Spaß macht. Nur die Fische, die können einem Leid tun.

Jetzt im Oktober ist um halb sechs spätestens Schluss mit der Sonnenbaderei. Wir packen unsere Klamotten ein. Links rum nach Hause oder rechts rum? Über San Antonio oder über Sant Josep? Im Westen geht die Sonne unter. Also fahren wir westwärts, da sind wir länger im Licht. Schön rötet sich der Himmel über den Hügeln und dann fällt die Sonne einfach ins Meer und was bleibt, ist nur noch ein fahlgelber Nachglanz. Die Berge verschatten sich und stehen schwarz gegen den Himmel. Sa Talalassa heißt der höchste, ist 475 Meter hoch, zwischen Sant Josep und Es Cubells. Cala Tarida, wo wir auch schon gebadet haben, liegt auch zu seinen Füßen. Und von da ists ein Katzensprung zur Cala des Torrents, wo unser Pueblo Ibiza liegt. Zwanzig Minuten braucht es quer durch das Eiland.

Das anekdotische Element hat auch auf Reisen durchaus seine Berechtigung. In Hotels verfügt in der Regel jedes Zimmer über einen Balkon. Diese Balkons sind so beschaffen, dass das Überwinden der Luftlinie zwischen dem einen und dem anderen dem normalen Hotelgast nicht möglich ist. Es gibt, davon geht man in der Regel aus, auch kaum Beweggründe, sich von Balkon zu Balkon zu bewegen, es sei denn als Fassadenkletterer.

Jede Regel aber hat bekanntermaßen ihre Ausnahme.

Uwe begab sich auf den Balkon seines Zimmers, schloss brav die Tür hinter sich, sodass diese ins Schloss schnappte und genoss den abendlichen Ausblick übers Meer. Christine indessen, in dem irrigen Glauben, Uwe belagere die Toilette, bat uns, dieselbe in unserem Zimmer benutzen zu dürfen. Schon bald damit fertig, erfreute sich Christine sodann am Gespräch mit uns. Alexandra, Uwes und Christines Töchterlein, kam nun, angelockt durch unser fröhliches Miteinander, ebenfalls in unser Zimmer, nicht ohne vorher in sorgsamer Vorsicht die Tür des familiären Zimmers zu verschließen. So kam es denn, dass Uwe auf dem Balkon ausgeschlossen, das Zimmer samt Schlüssel darin verschlossen war, und somit auch die beiden Frauen verhindert waren, dem Gemahl und Vater zu befreien. Erst allmählich begriffen wir die Situation und schon bald konnte sich Uwe über mangelndes Mitgefühl nicht beklagen. Wer den Schaden hat ....! Christine und Alexandra eilten in Sorge um das Familienoberhaupt, einen Zweitschlüssel zu holen. Wir versuchten inzwischen, dem Ausgesetzten vom Balkon aus Trost zu spenden. Und wie das so ist, gab ein Wort das andere und den Versuch war es allemal wert. Und siehe da, in der Not ist vieles möglich, was man ohne Not für ganz unmöglich hält. Uwe vermochte es tatsächlich, mit einem herzhaften Spagat von Balkon zu Balkon zu klimmen. Uns stockte der Atem ob solch artistischer Höchstleistung. Uwe ist Sportlehrer, doch das erklärt beileibe nicht diesen Zirkusakt. „Not kennt kein Gebot", dieses Sprichwort bewahrheitete sich hier wieder einmal und auch „Wo ein Wille ist, ist auch ein Weg". Selbst auf Ibiza also gibt es Momente, die das Beste im Menschen herausfordern und zu Höchstleistungen anstacheln. Diese Balkonüberwindung wird Uwe als einer der Höhepunkte seines Lebens in Erinnerung bleiben, als einer jener mannhaften Augenblicke der Selbstüberwindung, ein Moment des Schwebens im freien Raum. Für uns anderen wars eine Anekdote, ernsthaft und lustig und bedenkenswert: So was passiert einem auf den Pityusen.

Der Himmel ist gräulich bedeckt. Es ist Donnerstag. Warum scheint heute die Sonne nicht? Es ist eine Schweinerei. Was machen wir jetzt? Im Oktober gibt es auf Ibiza statistisch gesehen acht Regentage und die Sonne scheint täglich sieben Stunden. Statistisch gesehen. Die Wassertemperatur beträgt 21 Grad Celsius und die Luft ist 24 Grad warm. Hat bisher alles gestimmt. Die acht Regentage fanden bereits Anfang Oktober statt. Das hat man uns glaubhaft versichert. Also darf es heute, Donnerstag, keinen Regen geben. Was aber, wenn die Wolken sich nicht davonmachen?

Morgen fliegen wir eh heim!

Die Wolken reißen auf. Die Sonne scheint. Unser letzter Tag. Nein, keine Trauer. Irgendwie ist Ibiza ausgereizt. Insel für sieben Tage? Na ja, vielleicht auch für mehr, wenn's sein muss. Muss aber nicht.

Ach ja, das Finale, noch mal so richtig Spannung am Ende!

Alex, die Maus, Christines Kind und Uwes Tochter, Alexandra ist flügge, 19 und unternehmungslustig und die ganze Woche lang ist nichts passiert. Außer einem komischen Ossi, der zwar ganz nett und brauchbar, aber immer von zwei sächselnden Freunden begleitet war, die alles an uns Wessis übel und übelst fanden, gab es nichts in ihrem Alter. Nein, Alex war nicht völlig glücklich. Doch dann, am letzten

Tag, tobte da so ein braun gebrannter Augsburger, ein Wessi also, einer von uns, Volleyball spielend und muskelbepackt und verdammt gut aussehend am Strand herum. Alex kann auch Volleyball spielen. Folgerichtig verabredete sie sich am Abend mit ihm in San Antonio. Die sorgenden Eltern brachten das Kind zum Bus und verabreichten ihm den Abschiedskuss: Pass auf dich auf. Und Uwe fügte noch spaßhaft hinzu: Um sechs musst du aber zurück sein, weil, um halb sieben müssen wir am Airport sein.

Es ist ein Kreuz mit den Kindern. Die wollen ihren Spaß haben, und unsereins hat die Sorgen. Was nicht alles passieren kann: Ein junges Ding und allein auf Ibiza!

Wir Erwachsenen essen und trinken und konversieren und dann gehen wir zeitig zu Bett, weil ja der nächste Tag anstrengend werden wird und man nicht mehr der Jüngste ist.

Des Nachts höre ich zwei Zimmer weiter Liebesgestöhne. Zwei rumoren so laut aufeinander herum, dass man unmöglich drüber weghören kann. Christine und Uwe werden wohl auch wach und stellen beim Blick auf die Uhr fest: Vier und die Maus ist nicht im Bett! Christine grübelt, Uwe wälzt sich von links nach rechts. Denke ich mir jedenfalls.

Irgendwann klopft es an unserer Tür. Christine steht davor. Sparsam bekleidet und auch sonst sehr aufgelöst. Die Morgendämmerung scheint durch ihr dünnes Nachtgewand und färbt ihr blondes Haar gülden. Es ist fünf Uhr dreißig. „Die Maus ist noch nicht da!" Oh Schreck, was tun? Uwe rasiert sich und Mutterherz ist entsetzt, dass ein Vater in dieser Situation sich in seinen Bartstoppeln ergeht. Rabenmann. Uwe hingegen sagt, dass er eh nichts machen könne als Warten und wenn das Kind bis sechs nicht da sei, müsse man sich eben auf die Suche machen. Aber wo? Christine hat schon die Polizei verständigt und im Krankenhaus angerufen. Aber weder ist eine Neunzehnjährige aufgegriffen, noch ist eine solche im Krankenhaus eingeliefert worden. Wo mag diese Alexandra stecken? Mutter Christine friert und kuschelt sich in mein Bett, merkt vor lauter Sorge gar nicht, dass ich nun bettlos ebenfalls fröstele. Mein Bett ist besetzt. Christine schluchzt und Uwe rasiert sich immer noch. Ich bestehe auf meinem Bett und rate, doch weiter zu warten, das Kind werde schon kommen. Ich spreche aus Erfahrung: Diese Wänste können sich gar nicht vorstellen, dass man sich Sorgen macht. Egoisten!

Um fünf vor sechs meldet die Rezeption, dass ein Auto eingetroffen sei und dass die vermisste Alexandra vermutlich in selbigem säße. Uwe macht sich auf den Weg. Das sind Vaterpflichten. Christine harrt voller Ungeduld. Es ist 6.00 Uhr, als Vater und Tochter auf der Bildfläche erscheinen. Alex versteht die ganze Aufregung gar nicht. Sie ist doch rechtzeitig gekommen. Müde sei sie, aber es sei richtig toll gewesen. Vorwurfsvolle Blicke, aber die Eltern sind ja froh, die verlorene Tochter wiederzuhaben. „Dass du das nie wieder machst!"

Mitten in der Flughafen-Wartehalle kippt Alex plötzlich um. Einfach so. Uwe schnappt sie im letzten Augenblick, verhindert so den harten Fall. War doch etwas viel für das Kind: 24 Stunden ohne Schlaf und der kräftig-sportliche Augsburger und die Tanzerei und Ibiza ist schon eine echt geile Sache. Alex ist hart und durchtrainiert, Tänzerin, also bald wieder auf den Beinen. Zwar noch blass, aber doch voll wieder da. Nur, da kippt die Mama um. Jetzt spielt bei Christine der Kreislauf verrückt. Sie hyperventiliert. Das Ganze war doch zu viel. Tochter sorgt sich um Mutter: Welch eine Idylle.

Was für ein Glück, dass unsere Kinder erwachsen sind.

Pünktlich hebt der Flieger ab. Der Condor-Service kann sich sehen lassen. In Nürnberg scheint die Sonne nicht. Wir frösteln. Schön war es auf Ibiza, aber jetzt kommt erst einmal der lange Winter.

11. Ostern in Kenia (April 1995)

Plackerei - Unfug - Stress!

Ich sitze am Swimmingpool der Voi-Lodge im Tsavo-Nationalpark in Kenia. War eben im Wasser und schwitze schon wieder. Die Sonne ist heiß, brüllend - sofern eine Sonne brüllen kann, doch in Afrika kann sie das wahrscheinlich. Wie kann man denken bei derlei Sonnengebrüll? Vielleicht gewöhnt man sich allmählich an die Hitze. Ist ja erst der zweite Tag.

Aus der Savanne weht ein warmer Wind. Der Pool und die gesamte Lodge liegen auf einer Anhöhe über zwei Wasserlöchern. An Wasserlöchern trifft sich afrikanisches Getier. Mein Blick schweift in die Weite und verhält bei der Herde rot-bestaubter Elefanten, die im Schatten einer einzeln stehenden Schirmakazie herumlümmeln.

Was soll mag an dieser Idylle Plackerei und Stress sein. Nun, ich will's erklären: Ildiko, meine Frau, liest, die mitreisende Christine sonnt ihren Model-Körper und liest, der Christine-Ehemann Uwe schaut versonnen in die Weite und zählt mathematisch genau die roten Elefanten. Hinter mir planscht man im Wasser. Die Tierwelt Ostafrikas döst indessen in der Mittagshitze. Nur ich, ich muss arbeiten. Schreiben ist Arbeit. Glaube ja niemand, Kenia und Afrika und das alles falle einem einfach so ein, purzele gewissermaßen aus dem Dichterärmel. Mitnichten. Nachdenken muss man, Worte suchen, in die Weite starren und nach innen, in sich hinein. Einfach so hinschreiben, was einem die Natur oder die Muse so in die Feder diktiert, das wäre was. Warum ich mir diese Schreiberei antue? Das ist die Frage. Da liegt des Pudels Kern. Den Pudel mag suchen, wer will. Der Kern, der ists! Irgendeinmal habe ich angefangen, eine Reise zu beschreiben. So sind die Reisetagebücher entstanden, die Urlaubserinnerungen des Pauschalreisenden, des Neckermann- oder

TUI-Travellers. Daraus entstand schließlich ein gewisser Zwang, eine innere Notwendigkeit, die Erlebnisse zu Papier zu bringen. Man selbst erwartet es von sich, die Frau, die Kinder, die Freunde, die Mitreisenden. „Hast du wieder alles aufgeschrieben?" „Wie war's?" „Schön. Ich gebe dir mal meinen Bericht." Wenn dann die Fotos ausgetauscht werden, die Dias gerahmt sind, ist vielleicht auch, ein paar Wochen vor der nächsten Reise, der Bericht fertig. Stress! Plackerei! Ehe so ein paar Seiten gefüllt sind, dauerts eine Weile. In der Zeit kann man ganz schön lange schwimmen oder am Strand Volleyball spielen. Ich kaue am Stift und suche die Worte, die zu den Erlebnissen passen. Das Heft füllt sich, Seite um Seite. Manchmal komme ich in Rückstand, wegen der vielen Unternehmungen und Ausflüge, oder die Eindrücke sind einfach zu frisch und intensiv. Dann muss ich warten, bis ich wieder im Strandstuhl liege oder auf irgendeiner Terrasse, das Heft auf den Knien. Die Schrift ist ganz schön krakelig, hat mal Rechts-, mal Linksdrall. Dann, ein paar Wochen später, zu Hause, sitze ich am Computer und tippe mir den ganzen Kram noch einmal vom Blatt und von der Seele. Dabei wird wieder alles ganz lebendig und das ist schön und macht Spaß, Arbeit und Plackerei ist es trotzdem. Erst, wenn es fertig ist, hat es sich wieder mal gelohnt.

Kenia, was ist das?

Als ich ‚Jenseits von Afrika' zum zweiten Male gesehen hatte, nahm ich Kenia zum ersten Mal wahr und ich begann, zu glauben, dass dort das Herz Afrikas schlüge. Ich lokalisierte Kenia als Teil Ostafrikas, vom Kilimandscharo beschirmt und vom Indischen Ozean bespült. Viel weiter drang ich noch nicht in die Geografie ein. Aber ich träumte davon, mit Robert Redford über die Ngong-Berge zu fliegen und mit Meryl Streep die Nacht im Zelt in der Massai Mara zu verbringen und Afrika so von Herzen lieben zu können wie Tania Blixen, die kaum noch ein Mensch las, bis Sidney Pollack ihr ein filmisches Denkmal setzte. Kenia, das hat auch sonst einen guten

Klang, ist irgendwie solide und friedlich. KENIA, so viele schöne Vokale. Das ist Natur, Harmonie und schwarz wie Ebenholz. Massai! Da hüpft das Herz: Sind das nicht diese hochgewachsenen Dauerläufer, die nach Kuhmist stinken und einen ungeheuren Freiheitsdrang ausleben! Kenia, das war Afrika-pur für mich. An all dem sieht man, dass ich absolut nichts von Kenia wusste. Nairobi war Hauptstadt und Mombasa kam gleich hinter Sansibar. Namen wie Schall und Rauch. Ich hatte wohl schon davon gehört, dass in Kenia Schwarze leben, dass die Strände weißsandig sind und dass die Engländer eine fein-säuberliche Handschrift hinterlassen haben. Aber wie gesagt, nichts Genaues wusste ich nicht. In den Reiseprospekten sah Kenia sehr schön aus. Die Hotels hatten wohlklingende Namen. Ildiko wollte Ostern eigentlich nach Südafrika. Dort gab es aus jugendlichen Zeiten einen Philipp. Unsere Freunde Uwe und Christine hatten Marokko im Auge. Und da machte ich mich auf einmal für Kenia stark und setzte mich tatsächlich durch. Bedurfte nicht einmal großer Überredungskünste.

Wir buchten im November, schnell und hastig, im Gefühl, zugreifen zu müssen. „Es gibt nur noch wenige freie Plätze", sagte die Dame im Reisebüro. Wir beeilten uns also, Uwe und ich, obwohl fast noch ein halbes Jahr Zeit war. Ich kaufte gleich zwei Reiseführer, durchblätterte beide und las mich vor allem im Teil ‚Wichtige Informationen - Gesundheit' fest. Mein Gott, worauf hatten wir uns da eingelassen! Typhusgefahr, Diphtherie, Polio, Gelbfieber und Malaria. Wir fahren in die Tropen und da gibt es ganz andere Krankheiten. Ich fand heraus, dass es in Kassel ein Gesundheitsamt gab, begab mich zwecks Information dorthin und ließ mir die Augen öffnen. Wenn ich das gewusst hätte! Aber gebucht war gebucht. Also: zuerst Polio. Ein Klacks! Danach Diphtherie-Tetanus als Kombination. Ich bekam Fieber nach der Spritze und der Hintern tat mir weh. Aber Diphtherie kann man auch ohne Kenia gebrauchen, sagte ich mir und ertrugs. Die Typhusimpfung in Form von drei Tabletten schob ich vor mir her, bis es fast zu spät war. Ich bekam nämlich eine heftige Frühjahrsgrippe und im siechen Zustand soll man bekanntlich keine fremden Krankheitserreger zu sich nehmen. Es klappte dann doch noch: sieben Tage vor Abflug die letzte der drei Typhusbakterienpillen. Gerade noch geschafft. Es war nämlich allerhöchste Zeit für die Malariaprophylaxe. Malaria: das Wort hatte ich schon gehört, aber nie geglaubt, dass mich das je etwas anginge. Und nun sollte ich Tabletten schlucken, als Vorbeugung. Lariam heißt das Mittel, acht Tabletten, jede Woche eine, acht Wochen lang. Und was diese Dinger für Nebenwirkungen haben können. Kann einem schlecht werden, wenn man den Beipackzettel liest. Mein Hausarzt meinte, er würde kein Lariam nehmen. Nur im Falle des Falles. Aber mein Wunsch nach Sicherheit war doch größer als die Angst vor den unerwünschten Nebenwirkungen. Ich schluckte. Und fühlte mich prompt müde, war depressiv und schwankte in den folgenden Wochen zwischen Durchfall und Verstopfung. Aber was ist das schon verglichen mit den Nebenwirkungen einer Malaria. Eine Mücke und du kannst mausetot sein. Allerdings muss es eine bestimmte Mücke sein, die Amenophismücke, die es nicht überall gibt und es muss trotz aller Vorsichtsmaßnahmen überhaupt eine Mücke stechen und sie stechen auch nur in der Dämmerung und nachts und nicht in klimatisierten Räumen und Autan mögen sie auch nicht. Also genau genommen ist das Risiko so groß wieder auch nicht. Ich nahm aber folgsam mein Lariam, jeden Dienstag nach dem Abendmahl. Wie gesagt, wenn ich das alles vorher gewusst hätte, ich weiß nicht ...! Und dabei habe ich hier die Gammaglobulinspritze gegen Hepatitis A noch vergessen. Aber die Gelbfieberimpfung haben wir uns dann doch geschenkt.

Ernest Hemingway liebte Kenia und die Großwildjagd, und drückte sich am Mount Kilimandscharo herum. Winston Churchill kam auch immer wieder und fuhr mit der Schmalspurbahn zwischen Nairobi und Mombasa hin und her. Und wie wird mir Kenia gefallen? Drei Wochen haben wir Zeit für das Land, das fast doppelt so groß ist wie Deutschland: Eine Woche Safari, ein Stück weit nach

Nordwesten und dann zwei Wochen Baden am Indischen Ozean. Drei Wochen. Eine lange Zeit. Aber was ist das schon für ein solches Land!

Ankunft

Acht Stunden lang in der Luft. LTU bietet eine hervorragende Verköstigung. Die Motoren brummen sanft vor sich hin. Im Dunkeln fliegen unter uns die Alpen vorüber und das Mittelmeer und Kreta und die Wüste. Vom Aperitif bis zum Kaffee bleibt kein Wunsch unerfüllt. Zur Erinnerung bekommen alle Passagiere ein hübsches knallrotes LTU-Gürteltäschchen. In Kenia laufen ganz viele Touristen brav damit Werbung und die Farbigen sind ganz wild drauf. Da ich meine Gürteltasche in Kassel vergessen habe, tut das knallrote gute Dienste und nach einer kurzen Hemmungsphase habe ich auch keine Scheu mehr, für die Düsseldorfer Flieger Reklame zu laufen.

Um 20.25 Uhr am Sonntag, den 1. April sind wir in München gestartet. Uwe und Christine hatten uns um 11.00 Uhr mit ihrem Wagen zu Hause abgeholt. Gute sieben Stunden, das sollte genug Zeit sein bis zum Check-in auf Franz-Josef-Strauß. Kurz hinter Melsungen, gerade mal zwanzig Kilometer von daheim, stehen wir im Stau. Schneller Entschluss: Ab von der Autobahn und querfeldein durch die Dörfer. Melsungen, Rothenburg, Fulda oder Homberg? Letzteres. Nach 15 Kilometer überqueren wir die Autobahn: Kein Stau mehr! Nix wie druff. Aber bis zur nächsten regulären Auffahrt ist es noch ein ganzes Stück. Uwe hat aber einen tollen Riecher und findet eine verborgene, verbotene Behelfsauffahrt. Kurzes Zögern und dann sind wir wieder im schnell fließenden Verkehr. Es ist 12.00 Uhr und wir sind guter Hoffnung, dass wir es bis zum Abend nach München schaffen werden. Mäßiger Verkehr, Schneereste links und rechts der Fahrbahn, Matsch in der Rhön und Regen bei Nürnberg. Im Altmühltal bei Kinding regnet es Bindfäden. Dort kennen wir eine Gaststätte, wo es einen ausgezeichneten Schweinebraten zu einem sensationellen Preis gibt. Aber wir kommen zu spät: „Naa, tuat ma leid, dr Koch is scho ganga!" Der kalte Wurstsalat schmeckt aber auch ziemlich deftig. Dann machen wir uns an die letzten hundert Kilometer und sind nun viel zu früh am Flughafen. Ein eisiger Wind peitscht uns Regenschnüre ins Gesicht, als wir uns vom Parkplatz P 51 (99.- DM für drei Wochen) zum Terminal zurückkämpfen. Die Vorstellung, dass wir in den Sommer fahren, bringt die durchfrorenen Wangen zum Glühen. Der Rest ist Warterei: Einchecken, Kontrollen. Stippvisite im Duty-free-Shop. Dann endlich heben wir ab. Bei Nacht sind alle Katzen grau: Die Alpen, Griechenland, Alexandria, der Sudan. Man döst oder sieht fern. Die Füße quellen in der Wärme auf und die Müdigkeit nistet in den Augenwinkeln. Von oben sieht Kenia auch nicht anders aus als der Westerwald: grünhügelig und Berg und Tal. Wenigstens aus dem Flugzeugfenster aus 6000 Meter Höhe. Auch aus 2000 Meter sehe ich noch keine Giraffen. Aus 1000 Meter dann Hütten und, hurra, eine Rinderherde. Dann, rumms, setzt die Boing auf. Beifall für den Kapitän. „Wir hoffen, Sie hatten einen angenehmen Flug und LTU wünscht Ihnen einen angenehmen Urlaub." Natürlich sind wir viel zu warm angezogen. Was da plötzlich über mich herfällt, ist tausendmal schlimmer als erwartet: feuchtklamme, heißschwüle Waschküchen-Saunaluft. Das T-Shirt klebt, das Oberhemd runzelt sich vor Entsetzen und die warme Jacke knülle ich eilig in den Rucksack. Der salzige Schweiß beißt in den Augen, die Bäche fließen an den Mundwinkeln vorbei und versickern im trockenen Boden. In Kenia beginnt bald die Regenzeit. Die Luftfeuchtigkeit liegt hier in Mombasa normalerweise bei etwa 80 Prozent. Aber wir sind erst einmal am Ziel. Vom Geldwechsel am Flughafen rät uns die Tjaereborg-Dame ab. Ungünstiger Kurs. Welche Währung gibt es hier überhaupt? Kenia-Shilling, derzeit knapp 30 Schilling für eine Deutschmark. War ein Fehler, auf Madame Tjaereborg gehört zu haben. So tauschen wir zwei Tage später, auch nicht besser in Voi, stehen dafür aber eine Stunde in der Bank Schlange. Am Airport hätte es fünf Minuten Zeit gekostet. Die ersten Eindrücke von Mombasa sind so, dass man sie besser verschweigt: Dreck, Menschen, Chaos. In Deutschland ist es doch am schönsten. Aber vielleicht sind wir auch nur zu geschafft. Es ist 7.00 Uhr Ortszeit und ich registriere im Vorbeifahren Prozessionen ebenholzschwarzer Menschen links und rechts der Straße, Holz-, Wellblech-, Papphütten, Anti-Malaria-Reklamewände, Tankstellen und die riesigen Elefantenzähne am Anfang der Moi-Avenue. Auf den Fotos in den Prospekten sehen sie so beeindruckend aus. Doch in Wirklichkeit sind sie langsam verrottender Kunststoff. Um sie herum lagert Müll. Mombasa, heute und einstmals wichtigste Hafenstadt Ostafrikas, Umschlagplatz für Sklaven und Elfenbein, jahrhundertelang Stützpunkt der Araber, der Portugiesen, der Engländer, liegt auf einer Insel. Nördlich und südlich Mombasas liegen die Strände, da, wo heute in den großen Hotels die Touristen aus England, Germany usw. anlanden. Wir fahren zur Südküste, zur Diani Beach. Um dorthin zu gelangen, muss man einen Meeresarm überqueren. Zwei Fähren übernehmen den Transport rund um die Uhr. Basaratmosphäre an den Anlegestellen der beiden Ufer. Irgendwie zeigt uns hier Afrika zum ersten Male sein wahres Gesicht. Diese eigenartige, abstoßend-anziehende, exotische Mischung aus atavistischen Stammesritualen und Moderne, aus Christentum, Islam und Naturreligionen, dieses Gemisch aus Duft, Gestank, Dreck und Farben. Männer mit Rastalocken, die aussehen wie Bob Marley, andere mit bunten Kappies und verwegenen Shirts. Asketische Gestalten, denen man die Korantreue von Weitem ansieht, tiefschwarze Schönheiten, Hutzelweiber, Hexen, Zauberer. Andere, unendlich schlank, hochgewachsen, mit Körpern wie Gazellen tragen auf dem Kopf Körbe, beladen mit Allerlei und gehen unglaublich gerade und aufrecht. Wieder andere haben ein Baby im Rückentuch. Welch ein Durcheinander! Uns weißen Touristen stockt fast der Atem inmitten dieser Menschentraube. Wir müssen auf der Fähre den Bus verlassen und stehen wie verängstigt herum, trauen uns kaum, die Fotoapparate zu betätigen, obwohl doch hier eine ganze Welt von Fotomotiven herumwimmelt. Zehn Minuten Überfahrt und dann sind wir wieder unter uns und merken erst jetzt, wie sehr wir schwitzen. Unser Shuttlebus holpert über die Chaussee. Wellblechhütten huschen vorüber, Bretterverschläge und schäbige Verkaufsstände, behängt mit Tüchern, Schmuck und Yamswurzeln. Kinder an der Straße und Kühe und Ziegen. So hatte ich mir Kenia nicht vorgestellt, hatte Palmenhaine, weißen Strand und blaues Meer erwartet, aber keinen Dreck und Unrat, kein sichtbares Elend an der Schwelle vieler Hütten. Viele Palmen entlang der Straße sind geköpft, stehen wie überflüssige Masten in der Gegend. Affenbrotbäume sehen aus wie urige Gestalten. An Wassertümpeln stehen Rinder. Schilder weisen auf Hotels und Restaurants hin. Erste Hinweise dafür, dass hier auch geurlaubt werden kann. Dann verlässt der Bus die Hauptstraße und wir sind an der Diani-Beach, genauer gesagt, an der Straße, von der es in protzigen Auffahrten zu den Hotels geht. Urlaubsland! Im LTI Kaskazi-Beach-Hotel werden wir mit einem Drink empfangen. Zwei Wochen werden wir hier verbringen. Das Zimmer ist großzügig, einfach und kühl. Ein riesiger Ventilator dreht sich an der Decke, die Klimaanlage brummt, Zimmer mit Meeresblick. Im Indischen Ozean brechen sich die Wellen. Dort draußen liegt das Riff. Und zwischen Riff und Strand herrscht gerade viel Ebbe. In mir überwiegt die Enttäuschung: Wie soll man da baden oder schwimmen, wenn der Meeresboden nur knöcheltief mit Wasser bedeckt ist, Seegras und Tang sich stauen und Kalkablagerungen voller Löcher und scharfer Kanten, seeigelgespickt, das Laufen zum Risiko machen. Und Surfen? Wie denn erst das? Zum Glück sind diese Ängste voreilig. Sechs Stunden später ist das Meer groß und tief und reicht bis ans Ufer. Wo das Wasser in den Tümpeln stehen geblieben ist, ist es warm wie in einer Badewanne. Nachmittags um fünf, die Tide ist schon wieder rückläufig, suhlen wir uns darin wie kleine Ferkel. Nur das Seegras, das die Wellen herantragen, kitzelt und piekst. Alles in allem fühlen wir uns angekommen. Aber dieser Sonntag ist nur ein Hotel-Schnuppertag, denn morgen früh, um 5.30 Uhr werden wir zur Safari abgeholt.

Safari

Auf Suaheli bedeutet Safari Reise. Fährst du von A nach B, den Onkel, die Tante zu besuchen, machst du eine Safari. Unsere Kenia-Safari haben wir von Kassel aus gestartet, doch jetzt beginnt die richtige Safari. Wir werden im Safari-Bus kutschiert, einem dieser Minibusse für acht Personen, bei denen das Dach aufstellbar ist und in dem man, die Arme auf die Reling gestützt, stehen und den Wildtieren Afrikas zusehen kann.

Aufstehen um 4.15 Uhr und eiliges Frühstück. Um 5.30 Uhr steht der Nissan-Urvan von African Tours & Hotels Ltd. vor dem Hotel. Der Fahrer und Guide für die nächsten sieben Tage stellt sich vor: „My name ist Robert and I'm your driver. If you have any questions ... ." Gut sieht er aus und vertrauenserweckend. Grasgrüne Hose, hellblaues Hemd, wie aus dem Ei gepellt. Die ganze Woche über ist Robert dezent, zuverlässig, freundlich. Nie drängt er sich auf, geht aber offen auf alles ein. Er hat wache Augen in einem kantigen Gesicht. Ich empfinde ihn als einen schönen Menschen. Überhaupt: Black ist beautyful! Das wird mir im Verlaufe der Reise immer deutlicher. Wir begegnen vielen schönen, ebenmäßigen, schlanken schwarzen Menschen und konstatieren, dass ihnen gegenüber die Weißen, in der Mehrheit füllig, bleich, komisch aussehen. Wie sie verschwitzt, mit albernen Bermudas bekleidet und mit teuren Kameras bewaffnet das Land durchstreifen. Robert versteht seinen Job, macht ihn seit zwölf Jahren, weiß mit den Gästen umzugehen, und macht sie sich schnell zu Freunden: höflich zurückhaltend, immer pünktlich zur Stelle.

Die Fähre nach Mombasa kennen wir schon. An ihr wird die Übervölkerung Kenias überdeutlich. Kenia ist das Land der Erde mit dem größten Bevölkerungswachstum. Sieben Kinder pro Familie sind der Durchschnitt. Robert ist 36 Jahre alt und Vater von sechs Kindern, eins unter dem Durchschnitt. Als ich ihm erzähle, dass wir zwei Kinder haben und diese Anzahl auch zum Erhalt der Sippe für ausreichend halten, widerspricht er: „Two are not enough!" Kinder sind hier immer noch Reichtum und Altersversorgung der Eltern. Früher, als von zehn sieben starben, war das vielleicht in Ordnung, aber heutzutage! Die Regierung Moi, lese ich, hat sich einiges einfallen lassen: Aufklärungskampagnen, kostenlose Verteilung von Kondomen, Pille, doch die Tradition steht dagegen, die katholische Kirche und der Islam. Also wird Kenia in einem Jahrzehnt aus den Nähten platzen. Die Folgen dieses Kinderreichtums lernen wir auf der Safari noch kennen: Touristenanmache, Armut, Bettelei. Wie verhält man sich, wenn ein Vierjähriger mit dem einjährigen Geschwisterchen im Rückentuch einem die geöffnete Hand entgegenstreckt, fünfzig Meter mitläuft und ständig am Hemd zupfend um Schillinge bittet. Man gibt ihm nichts und fühlt sich wie ein Schwein. Irgendwo sitzt die Mutter am Straßenrand mit acht weiteren Kindern. Kinderreichtum. Welch ein Segen!

Mombasa - Nairobi: 150 Kilometer fahren wir Richtung Nordwesten über den Panafrican Highway. An dieser Straße, liegen die Anfänge von AIDS. Prostituierte in den Hütten am Rande der Straße, die sich großspurig Hotels nennen, reichten den Erreger weiter an die vielen Truckfahrer, die hier auf dem Weg nach Kairo oder Kapstadt bei einem billigen Quickie den Virus mit auf die Weltreise nahmen.

In Voi, einem kleinen verdreckten Knotenpunkt machen wir Pause, um Geld zu wechseln. Eine Stadt, mit einer richtigen Bank: Barcleys Bank. Nicht nur der Name erinnert an die Engländer, sondern auch die schöne Sitte des Queuing, des Schlangestehens. Der Farbige hinter dem Schalter lässt den Computer ausrechnen, wie viel 10 mal 100 Schillinge sind. So dauert die Prozedur schön lange, hat aber ihre Richtigkeit. Eine knappe Stunde stehen wir brav und geduldig an, bis wir unsere Deutschmark und Dollar in Kenianische Schillinge getauscht haben. Für eine Mark gibt es 29 Schillinge.

Robert hat in der Zwischenzeit einen Reifen, der aus unerfindlichen Gründen Luft verlor, flicken lassen. Eine komplette Garnitur Ersatzreifen haben wir dabei.

Tsavo-Ost

Voi ist auch die Ausgangsstation zum Tsavo-Ost. Tsavo-Ost und Tsavo-West, beide Nationalparks, nur durchschnitten vom Highway, haben etwa die Größe Hessens. Die Fahrt bis zum Gate dauert nicht lange. Zwanzig Dollar kostet der Eintritt für Non-Residents, für Residents 150 Schillinge. Tiere besichtigen ist kein billiges Vergnügen und in einem Land, wo der durchschnittliche Monatsverdienst etwa 50 Dollar beträgt, ist solch ein Nationalparkticket unerschwinglich. Nur für Touristen. Aber was sollen die Einheimischen auch in den Parks!

Die Voi-Lodge liegt auf einer Anhöhe über drei Wasserstellen. Von den Balkons und Balustraden der lang gestreckten Gebäude, in denen die Gästezimmer liegen, hat man einen weiten Blick über die Ebene. Im Schatten einer Schirmakazie steht eine Elefantenherde von zwölf Tieren, ganz junge und ausgewachsene, besorgte Mütter. Zwei Bullen stehen in einiger Entfernung, reglos, wie in Stein gemeißelt. Ein Einzelgänger mit gewaltigen Stoßzähnen trottet herbei, kühlt sich in dem schlammigen Wasser. Die Sonne steht senkrecht. Mittagshitze. Bis zum Lunch ist noch eine halbe Stunde Zeit. Ich würde gerne einen Spaziergang machen, wir haben den ganzen Tag im Auto gesessen. Aber wohin? Alle Lodges sind umzäunt und jenseits des Zaunes beginnt das Reich der wilden Tiere. Zu wenig Bewegung ist ein Problem bei solchen Safaris. Zwischen Durchfall und Verstopfung jonglieren wir die ganze Woche lang.

Ildiko und ich machen einen Bummel durch das Areal der Voi-Lodge. „Don't Feed the baboons!", mahnt ein Schild. Ich sehe nirgendwo Paviane. Plötzlich Schritte. Nein, kein Pavian, Robert kommt um die Ecke. Er sagt uns, dass es hier nur Hiracks gibt. Was sind Hiracks? Klein und grau, springen sie überall herum und sehen aus wie eine Kreuzung aus Ratte, Hase und Känguru. Der Hirack sei ein naher Verwandter des Elefanten, sagt Robert. Der spinnt wohl! Doch, wenn man genau hinsieht, sieht man Relikte von Rüssel.

Jumbo im Taschenformat. Auf deutsch heißen Hiracks Klippschliefer, sind possierliche Nager, neugierig und frech. Eidechsen gibt es auch, handgroß bis unterarmlang, mit orangeroten Köpfchen. Sehr fotogene Tierchen. Nach dem Mittagessen gehen wir ,poolen' und zugleich Tiere vom Pool herab in der rostroten Steppe beobachten. Wenn die Elefanten nicht die Wasserstelle in Beschlag nehmen, trauen sich die Impalas oder die Zebras heran. In der Mittagshitze aber ziehen es die Elefanten vor, im Schatten einer Schirmakazie zu dösen.

Um 16.00 Uhr startet die erste Pirschfahrt. Unser Fahrzeug holpert über die platt gewalzte rote Piste. Das aufgeklappte Verdeck wölbt sich wie ein Sonnendach auf vier Stangen über uns. Wir stehen und halten uns an der Reling fest, die Fotoapparate einsatzbereit und die Ferngläser in Griffnähe. Robert macht diesen Job seit elf Jahren, hat gute Augen und den richtigen Riecher. Er schnuppert förmlich, wo die Tiere stehen, sieht, wo wir nichts sehen. Stop: Zwei Elefanten. Da: eine Gruppe Strauße. Die Männchen haben schwarze Gehröcke an, die Weibchen sind in Mausgrau gekleidet. Über allem liegt wie ein Schleier der rote Staub des Tsavo. Da: eine ganze Herde Zebras. Wir sind begeistert. „Sind die süß!", jubelt Frau Scheuermann aus Frankenthal in Rheinland-Pfalz und möchte am liebsten ein kleines Zebra mitnehmen, „fürs Büfett, gleich hinner die Glasscheib!" Noch begeistern uns diese Streifentiere. Ein paar Tage später gähnen wir nur noch gelangweilt beim Anblick von Zebras, Gnus, Impalas, Antilopen. Solcherlei Hufgetier hüpft hier herum wie Spatzen auf Deutschlands Dächern. Zwei Stunden soll diese Fotopirsch dauern. Im Tsavo und auch in den anderen Parks, außer im Massai Mara, darf der Bus nur auf den Wegen fahren und die sind häufig gesäumt von hohem Gebüsch. Was sich dahinter alles verstecken mag. Vögel gibts darin natürlich auch zu Hauf. Ganz kleine und solche mit großen Schwingen, bunt schillernde, lila, tiefblaue, knallrote mit gelben, langen Krummschnäbeln, pechrabenschwarze Piepser und alle möglichen anderen Flattermänner. Manchmal nennt Robert die Namen, aber da passe ich selten auf. Bin ein Vogelbanause. Aber als Robert die Webervögel erklärt, da spitze ich die Ohren. Ein ganzer Baum vor der Lodge ist vollgehängt mit ihren Nestern. Wie Christbaum-kugeln am Weihnachtsbaum. Ulkige Gewohnheiten haben diese Vögel. Die Männchen bauen ein Nest, fleißig, sauber und ordentlich, geben sich so richtig Mühe in der Hoffnung und freudigen Erwar-tung, dass sich ein schmuckes Weibchen findet, das ins gemachte Nest einzieht und sich bereit zeigt, einen Hausstand zu gründen. Das Weibchen fliegt herbei, inspiziert das Nest, ob es seinen Ansprüchen genügt, und ist es ihm nicht gut genug, dann, ja tatsächlich, macht es das ganze, mühsam gestrickte Nest kaputt, zerstört ganz einfach und ohne Skrupel das kunstvolle Gebilde. Und das Männchen schaut doof aus der Wäsche und rauft sich betreten das Gefieder. Wenn es nicht Junggeselle bleiben will und unbeweibt, muss es schnell ein neues Nest bauen. Schlechte Nestbauer werden wahrscheinlich unter solchen Umständen irgendwann zu Selbstmördern oder Weiberhas-sern. Wir sehen noch sehr viele solcher Webervögelbäume. Ich schaue dabei immer weg. Diese Männerschicksale machen mich zu traurig. Um 18.30 Uhr erblicken wir die Büffelherde. Weiß nicht mehr, wer den ersten Büffel sah. Jedenfalls schrie einer auf einmal „Da"! Mindestens hundert dieser Tiere hatten sich an der Wasser-stelle und weiter, verteilt im Dickicht, zusammengerottet. Unzählige Leiber, schwarze bedrohliche Untiere mit gebogenem, spitzem, angsteinflößendem Gehörn. Das gefährlichste Tier Afrikas. Ich erinnere mich, in irgendeinem Film gesehen zu haben, wie solch ein wutschnaubender Wasserbüffel einen Jeep verfolgt, denselben auf die Hörner nimmt und einen der bedauernswerten Insassen in hohem Bogen ins Jenseits befördert. Und spielt nicht auch in einer von Hemingways Storys solch ein Buffalo eine tragende Rolle? Die Kerle sehen verdammt achtungsgebietend aus. Unausdenkbar, wenn die Stampede auf uns zurollte! Ein einzelner Büffel, sagt Robert, sei lebensgefährlich, wenn man ihm begegne. In der Herde allerdings seien sie zahmer. Außerdem, wenn ..., sagt Robert, sei er mit dem

Auto schneller. Ich bin für den Moment beruhigt und Ildiko macht viele schöne Fotos. Als die schwarzen Höllenstiere sich anschicken, uns zu umzingeln, bekomme ich es doch wieder mit der Angst zu tun. Eine halbe Stunde gucken wir gebannt dieser Büffelei zu: so viel geballte Kraft und zugleich so viel Anmut. Dann kommt die Dämmerung, ganz schnell, und die Tiere in der freien Wildbahn bekommen jetzt ihre Ruhe. Die Menschen verziehen sich in die umzäunten Lodges! Wir entstauben uns, ordnen die Eindrücke und genießen danach den Luxus, das Abendessen, die Kühle der Nacht, den Sternenhimmel. Etwas unheimlich sind die Geräusche der afrikanischen Steppe. Im Marko Polo - Reiseführer heißt es: „Wenn Sie nachts das Stampfen der Elefantenherden und das Geheul der Hyänen hören, dann stockt Ihnen der Atem." Nun ja! Mit Atemstockungen kann ich nicht aufwarten. Vielleicht, weil ich einen zu tiefen Schlaf habe. Auch in dieser Nacht in der Voi-Lodge schlafe ich recht gut. Im Traum sehe ich Herden von Tieren an mir vorüberziehen. Alle grüßen mich freundlich und verweilen so lange an der Wasserstelle, bis ich ein Foto von ihnen gemacht habe. Einmal wache ich mitten in der Nacht auf und nehme mir vor, demnächst, wenn ich wieder daheim bin, Brehms Tierleben auswendig zu lernen.

Amboseli

Amboseli, heute ein Nationalpark, ist jene Landschaft zu Füßen des Kilimandscharo, in der schon Hemingway seine Safaris zelebrierte, damals noch mit Flinte und wildjägerisch. Der große Bwana lag auf der Lauer und die treuen Kikuyus trieben ihm den Löwen zu. Klick fürs Erinnerungsfoto: das rechte Standbein auf dem Nacken der Bestie. Und nachts dann im Zeltcamp Lotterleben à la Americain an den Flanken des heiligen Berges. Nicht weit vom Amboseli entfernt liegt Tansania, immer noch sozialistisch, touristisch relativ unerschlossen mit einzigartigen Tierparadiesen. Die weißen Bwanas von damals kannten keine Grenzen und Afrikas Tieraufkommen schien unerschöpflich. Doch die Zeiten der Großwildjägerei sind längst vorüber. In Kenia schießt man keine Tiere mehr. Die Kameras mit den Mega-Super-Teles sind an die Stelle der gold- und metallbeschlagenen Ballermänner von damals getreten. Die Schüsse auf Löwe und Rhino sind nicht mehr tödlich, aber immer noch genau so ehrenvoll. Daheim lässt sich gut damit prahlen. Den Glimmer und den Glanz alter Safarizeiten gibt es auch noch, nostalgisch verbrämt: Zelt-Safaris mit allem Luxus für 1000 Mark pro Tag. Der stahlharte, nach Entbehrungen und Echtheit lechzende und dafür zahlende Tourist darf neben dem lastentragenden Kamel hergehen und der weiße Ranger, der alle Reviere kennt bis hoch zum Turkanasee treibt die Fotomotive vor die Kamera. Abends gibt es dann Champagner. Die Tiere sind weniger geworden und das Wildlife-Kenia viel kleiner. Robert berichtet, dass man vor zehn Jahren nur eine halbe Stunde durch den Amboseli zu fahren brauchte und man hatte die ‚Big Five‘, Löwe, Leopard, Nashorn, Elefant und Büffel gesehen. Heute fährt man zwei Stunden lang kreuz und quer, ehe man gerade mal einen Löwen findet. In den vergangenen zehn Jahren ist der Amboseli von 1800 Quadratkilometer auf 350 geschrumpft. Die Menschen beanspruchten immer mehr Land. Und wo sich die Menschen breitmachen, verschwinden die Tiere. Die Nationalparks sind nicht umzäunt und man sieht Zebra- und Gnuherden überall im Land, Paviane spielen am Rande der Hauptstraßen und ein Löwe kann hinter jedem Strauch lauern. Und doch ist da eine unsichtbare Grenze zwischen Menschen- und Tierland, eine Grenze, die vor allem die Letzteren achten. Die Tiere haben gelernt, dass sie in den Reservaten geschützt sind, dass man sie weder verjagt noch tötet, dass man sie schlimmstenfalls in ihren Lebensgewohnheiten stört. Sie haben sich mit diesem geschützten Lebensraum abgefunden und ihre großräumigen Wanderungen eingeschränkt. So ist das Zusammenleben im Reservat enger geworden. Der Leopard, der ein Dorf umschleicht, wird mit viel Krach verjagt und dem Elefanten, der die junge Saat zertrampelt, droht Schlimmeres. So sind sie beinahe heimisch geworden in den Nationalparks. Im Tsavo und Amboseli besonders hat sich ihre Reviertreue zum Problem entwickelt. Die Dickhäuter verändern radikal die Landschaft. Wo sie eine Zeit lang gehaust haben, hinterlassen sie Wüste, zertrampeltes Land und Baumleichen. Früher, als sie quer durch das Land zogen, war das kein Problem. Doch unter den veränderten Umständen wurde seit etlichen Jahren die Situation immer brisanter, vor allem im Tsavo: Die Dickhäuter schickten sich an, das Land kaputtzufressen. Sollte man die Elefanten in ihrer Landschaftsplünderung gewähren lassen und hoffen, dass die Natur von selbst mit dem Problem fertig werde, oder sollte man ihre Zahl durch Abschuss verringern? Es wurde eine Zeit lang ein Glaubenskrieg zwischen Tierschützern der verschiedenen Couleur, doch schließlich erledigte sich die Sache von selbst, weil die Wilderer die Elefantenherden dezimierten. Um des bisschen schäbigen Elfenbeins willen wurde wahllos abgeschlachtet. Innerhalb weniger Jahre schrumpfte die Zahl der Elefanten. Inzwischen hat nach Tansania auch Kenia erfolgreich den Wilderern den Kampf angesagt und es gibt wieder genügend, vielleicht sogar schon wieder zu viele Elefanten im Amboseli und im Tsavo. Die Tsavo-Elefanten sind leicht an ihrer rot gefärbten Haut erkennbar. Die Erde ist hier rostrot und die Tiere wälzen sich zum Schutz gegen die Moskitos darin. Der Tsavo-Nationalpark ist der Park der roten Elefanten. Im Amboseli sind sie einfach nur grau.

Auf der Fahrt von Tsavo-Ost zum Amboseli durchqueren wir Tsavo-West. Herr Scheuermann, der offensichtlich erpicht darauf ist, markante Fixpunkte der Reise festzuhalten, möchte einen Übergang der Nairobi-Mombasa-Bahn, jener vor knapp einem Jahrhundert von den Engländern gebauten Uganda-Bahn, fotografieren. Er bekommt seinen Bahnübergang. Für die anderen ist es eine gute Gelegenheit zu einer Pinkelpause. Wir schwärmen aus: die Männer hinter das eine Gebüsch, die Frauen hinter das andere. Frau Scheuermann verschwindet hinter einem Erdwall. Robert sieht dem Treiben mit sorgenvoller Miene zu und kann schließlich nicht mehr an sich halten: „Please, come back!" „Warum?" „Löwen!" „Hääh !?" Doch, hinter jedem Baum kann ein Löwe auf der Lauer liegen. „You'll understand that at the end of our journey", erklärt Robert. Wir haben alle unsere Hosen schnell wieder oben.

Wir fahren durch Massailand. Zum ersten Male sehen wir diese hochgewachsenen Gestalten. Doch sie bekommen später ihr eigenes Kapitel. Die Straße, längst keine Asphaltpiste mehr, ist voller Schlaglöcher und Regenrinnen. Robert fährt prächtig Rallye und schüttelt uns ordentlich durch. Für Menschen mit Bandscheibenschäden muss eine solche Fahrt die Hölle sein. Doch im Vergleich zu den Wegen und Straßen, die uns im Massai Mara und zwischen Narok und Nairobi noch bevorstehen, ist dieser Weg zum Amboseli noch richtig gut. Irgendwo versteckt hinter Wolkenbergen liegt der Kilimandscharo. In der Ferne sieht man seine Flanken emporsteigen, doch seine schneebedeckte Kuppel will er uns noch nicht zeigen. Bis wir die Kilimandscharo-Buffalo-Lodge erreicht haben, machen wir noch zweimal Rast. Robert tankt den Bus auf und wir gucken uns die Souvenirs in der Zebra-Curio an. Mit Curio ist wohl curiosity-shop gemeint. Man findet diese Kuriositäten-Kaufläden längs der Safari-Routen an jeder Tankstelle. Hallen voller Schnickschnack. Muscheln und Perlenketten, Speere und Schilde, Batiken und naive Malerei und vor allem Schnitzereien aus allen möglichen Tropenhölzern: Elefanten, Nashörner, Giraffen und immer wieder Massaimama und Massaipapa. Die Preise sind happig. Da die meisten Touristen ihren Keniaaufenthalt mit der Safari beginnen, sind sie noch preisunerfahren und die Curio-Verkäufer finden leicht ein Opfer, das sie kräftig übers Ohr hauen können. Ein simples Massai-Maskenimitat kostet hier leicht das Zehnfache des Preises wie in Nairobi. Bevor wir am frühen Nachmittag, nach gut fünf Stunden Fahrt für 350 Kilometer am Tagesziel ankommen, dürfen wir noch ein Massaidorf besichtigen. (Darüber mehr im Kapitel ,Massai'). Wir haben das Gefühl, ein gutes Stück dieses Landes gesehen zu haben: Städte, die keine waren, Baracken, die sich Hotels nannten, Landschaften, die bezauberten, überweidetes Land, dessen zerfurchtes Gesicht traurig stimmte. Und überall sahen wir Menschen auf dem Weg irgendwohin, Farbtupfer häufig im Grau der Landschaft unter wolkenlosem Himmel. Ich kann mich nicht entsinnen, jemals so viele Leute zu Fuß gesehen zu haben. Halb Kenia scheint unterwegs zu sein: per pedes.

Kilimandscharo Buffalo Lodge. Wir sind froh, aus der Hitze und Enge der Blechkiste herauszukommen. Bis vier Uhr haben wir Pause, Zeit, uns in unserer Hütte einzurichten, zu lunchen, die verschwitzen Klamotten auszuziehen und ein Bad im Pool zu nehmen. Die Lodge ist etwas verwahrlost und schmutzig. Die Handtücher sind nicht ganz sauber, das Bad riecht muffig, der Duschvorhang ist abgerissen, die Lampen funktionieren nur teilweise, aber die Wohneinheiten, kleine Häuschen, liegen inmitten eines wunderschönen Parks. Wir wollen hier ja nur eine Nacht verbringen.

Der große Baum hinter dem Restaurant sieht aus wie ein riesengroßer Katzen-Kratzbaum, so kahl und knochenfingrig ist er. Auf ihm hockt ein Dutzend uralter, kahlköpfiger, vor sich hin philosophierender Marabus. Seltsame Vögel. Was mag ihnen so zugesetzt haben, dass ihr Gefieder so zerzaust und zerrupft ist! Weit hinter ihnen zeigt sich jetzt auch der Kilimandscharo, schneebedeckt und fünfeinhalbtausend Meter hoch, in seiner imposanten Schönheit, bis der Wolkenvorhang die Vorstellung beendet.

Solch eine Bussafari ist eine verteufelte Angelegenheit: Vollpension und viel zu wenig Bewegung. Dreimal täglich essen und es sind die herrlichsten Gaumenfreuden, die da angeboten werden. Da die Augen meist hungriger sind als der Magen, füllt man sich die Teller zu voll und isst zu viel. Für die nötigen Verdauungsspaziergänge bleibt wenig Zeit und vor allem kein Auslauf. Während der Pirschfahrten ist das Aussteigen verboten, in den Lodges ist ein sicherer Zaun um das Areal gezogen und damit ist dem Bewegungsdrang schnell Einhalt geboten. Die langen Autofahrten von Park zu Park werden auch immer nur durch kurze Pinkelpausen unterbrochen. Kein Wunder, dass unter solcherlei Umständen der Magen-Darm-Trakt rebelliert. Man wird träge, in jeder Beziehung.

Nach der Teatime beginnt wieder die Ausgucktour durch Tierland. Zunächst sehen wir fast eine Stunde lang nur viele Massais mit ihren Herden. Sicherlich sind sie interessant, malerisch, bunt, aber jetzt hat uns das Jagdfieber erfasst. Etwas richtig Großes muss vor die Linse, ein Aha-Erlebnis. Zebras, Impalas, Paviane ab und zu. Aber dann, kaum sind wir durchs Gate in den eigentlichen Park hineingefahren, haben wir unser Erlebnis. Es wimmelt von Tieren. Zebragruppen, Strauße, eine Giraffenfamilie, Antilopen. Jetzt gegen Ende der Trockenzeit ist der See im Amboseli fast wasserlos. Viel Sumpf und platte Steppe, Paradies für Huftiere und Vögel. Was für Vögel! Nie gesehene, blaue und grasgrüne und solche mit quittengelben, sichelförmigen Schnäbeln. Und Witwenvögel mit langen schwarzen Trauerschwänzen, die vor lauter Schönheit bei ihren Balztänzen kaum vom Boden wegkommen. Ein paar Meter hüpfen sie hoch, flattern wild, erregt und Eindruck schindend und fallen dann wieder ermattet ins Gras zurück. Irgendwo beobachten wahrscheinlich die unscheinbaren Weibchen kritisch dieses anstrengende Ritual. Selbstbewusste, freche Paviane am Wegesrand: Affengesindel. Robert hält nicht mal für sie an. Die grau melierten Männer starren uns nach. Eine Büffelherde in einiger Entfernung. Dann halten wir unversehens an den Überbleibseln eines Sees, kaum mehr als eine große Pfütze. Morast an den Rändern und aufgerissene trockene Erde. Und inmitten des Gewässers Flusspferde. Vögel auf ihren Rücken, die Ungeziefer aus den Hautfalten picken. Eine Symbiose nennt man das wohl oder ,eine Hand wäscht die andere'. Es wird Zeit, dass die Regenzeit beginnt, sonst bleibt der See auf der Strecke. Und was geschieht dann mit den Flusspferden? Doch spätestens Mitte April wird der Regen kommen, die Pfütze wird wieder ein See werden, der Amboseli grasgrün und ein Paradies für alles, was drin kreucht und fleucht. Was für ein Glück für uns, dass wir es noch trocken haben. Bei Überschwemmung wäre hier nirgends ein Durchkommen und die Safari fiele wortwörtlich ins Wasser.

Ganz plötzlich stoppt Robert wieder. Eine Elefantenherde, mindestens fünfzig Tiere, quert vor uns die Straße. Bullen, Muttertiere und ganz kleine Elefäntchen. Uwe und Ildiko knipsen, was das Zeug hält. Wir sind schon mitten in der Abenddämmerung und die schwarze afrikanische Nacht ist ganz nahe.

Kili-Buffalo-Lodge ist die einzige auf der Safari, die nicht unbedingt empfehlenswert ist. Auch das Essen lässt zu wünschen übrig. Doch immerhin gibt es in dieser Lodge ein wenig Animation: Ein Akrobat zeigt vom Feuerschlucken bis zum Seiltanzen vielfältiges Können. Sogar den Clown spielt er recht gut, lacht über seine Witze am lautesten: Akuna matata! Die wenigen Zuschauer spenden spärlichen Beifall. Unterhalb der ‚Hemingway-Bar' hat man Fleisch aufgehängt, um Tiere anzulocken. Tatsächlich! Zwei Hyänen machen einem frechen Schakal das Leben schwer. Er möchte so gerne aus den Fleischtöpfen naschen, doch die beiden Hyänen sind größer und stärker. Immer wieder versucht er sein Glück und wird immer wieder verjagt. Grelle Scheinwerfer beleuchten das Schauspiel. Wir gucken uns das Spektakel nicht bis zum Ende an. Am nächsten Morgen müssen wir wieder früh aufstehen.

Ildiko und ich schaffen es nicht, unsere Tür von innen zu verriegeln. Schlüssel und Schlüsselloch vertragen sich nicht. Also rücken wir alles verfügbare Mobiliar unserer Schlafhütte vor den Eingang. Der Tisch unter der Türklinke soll uns im Schlaf wenigstens notdürftig schützen. Es ist ein beklemmendes Gefühl, in der Wildnis zwischen Affen und Hyänen bei unverschlossener Tür zu nächtigen. Und dann noch die Angst vor den Mücken, die wild darauf sind, unser Blut zu saugen. Ein Moskitonetz gibt es hier nicht. Irgendwann schlafen wir, wachen am nächsten Morgen auf und freuen uns, dass wir unbeschadet an Leib und Seele die Nacht überstanden haben.

Lake Nakuru

240 Kilometer bis Nairobi und 160 bis Nakuru. Den ganzen Tag im Auto, links Landschaft, rechts Landschaft. Bäume, Sträucher,

Berge, Hügel, Menschen, Tiere. Während der Fahrt kann man schlecht lesen, weil mindestens die Hälfte der Strecke ‚Bumping-Road' ist. Darüber hinaus ist es auch noch entsetzlich heiß. Warum tut man sich solche Strapazen an. Wegen der paar Tiere! Lächerlich! Ich weiß auch schon gar nicht mehr, welcher Tag gerade ist. Natürlich gibt es zu beiden Seiten der Straße wieder Steppe, Perlhühner, Massaidörfer, Rinderherden, Gnus, Paviane, Massaifrauen, Staub, Schirmakazien, Sing- und andere Vögel und vieles mehr. Der Kilimandscharo zeigte sich am frühen Morgen noch einmal in seiner schneebedeckten Schönheit. Fototermin mit Marabus im Vordergrund. Bevor wir endgültig Massailand verlassen, halten wir wieder einmal an einem Zebra-Curio. Zwischen Tankstelle und Toilette steht der Schuppen und kaum hat der Safaribus seine kreuzlahmen Insassen ausgespuckt, stürzen sich die Verkäufer auf uns. Auf jeden ein Verkäufer. Alles ist wieder ganz billig und alles ist Ebenholz: Elefant mit und ohne Stoßzähne, und mit Elefantenbaby, Rhino, Nilpferd, Giraffe, Büffel, Leopard, alles in vielhundertfacher Ausfertigung, und natürlich, von lebensgroß bis daumesdick, Massaimama, Massaipapa, Massaikind. Massai über alles!

Am Mittag erreichen wir schlecht gelaunt Nairobi, wo uns das Mittagessen erwartet. Es regnet und die Luft dampft. Von Nairobi sehen wir wenig. Die nächsten 160 Kilometer bis zum Lake Nakuru-Nationalpark sind genau so anstrengend. Aus dem anfänglich leichten Regen ist ein Dauerregen geworden. Ich schiebe meine miese Laune auf den Lariam-Genuss von gestern Abend. Lariam gegen Malaria. Scheiße! Mir ist auf einmal die ganze Afrikasafari und die Landschaft und überhaupt alles schnurzegal. Ich möchte zu Hause in meinem Bett liegen und Krimi gucken: Columbo, oder irgendeinen Schmalz- und Liebesfilm. Alles andere lieber, nur nicht im hoppelnden African-Safari-Bus durch dieses verregnete Kenia gurken.

Am späten Nachmittag sind wir endlich da: Lake Nakuru National Reserve. Zwanzig Dollar für Non-Residents. Ist mir so was von egal, ich genieße meine schlechte Laune. Wildschweine im Busch!, gibts in Deutschland auch. Giraffen, Wasserböcke, Gazellen - was solls, kenn ich aus'm Zoo. Flamingos im See, mit einem Bein im Wasser - na und! Bei Sonnenschein vielleicht schön und rosa, aber bei Regen - kannste vergessen! Außerdem ist es kalt. Die warmen Klamotten sind hinten im Bus in der Reisetasche und an die komme ich nicht ran, oder? Doch, ich schaffe es. Ich verrenke mir zwar den Arm dabei und ratsche mir mein Handgelenk auf, aber mir ist es danach etwas wärmer und die Laune bessert sich ein wenig. Es regnet auch ein Stück langsamer. Wir klappen pflichtbewusst das Dach hoch. Wenn schon, denn schon! Jetzt können die Viecher kommen. Die kühlen Regenschnüre flattern uns um die Nasen. Da, da steht wahrhaftig eines! Am See, mitten auf der Wiese. Steht wahrhaftig da und frisst gemütlich vor sich hin. Ein Nashorn, ein Rhinozeros, eines von diesen Vierbeinern, deren Existenz auf dem Spiel steht, weil die Dubaischeichs so gerne mit Dolchen spielen, deren Griffe aus dem Nasenhorn des Rhinos gemacht sind. Ein echtes Nashorn, breit und klotzig. Dass wir das erleben dürfen. Jetzt gehts mir wieder gut. Wow! Ein Rhino. Es guckt uns ganz lieb an und wir lassen die Kameras klicken. That's it. Weiter auf die andere Seeseite. Auch dieser See ist jetzt am Ende der Trockenzeit nur ein Seelein. Wenn der große Regen kommt, wird er anschwellen und richtig groß, breit und riesig werden, mit Millionen von Flamingos. Jetzt stehen nur ein paar hundert dieser Vogelschönheiten rosagrau in der regennassen Mulde, auf einem Bein natürlich und gelangweilt. Da auf einmal: zwei Rhinozerosse. Keine riesengroßen, sondern Jungvolk, eher Nashörnchen, so im spätpubertären Rockeralter. Die beiden haben ihren Spaß miteinander. Wir halten an. So was Schönes! Zuerst halten wir das Gerangel für ein Spiel. Spaßkämpfchen zwischen Gleichaltrigen. Nashorn 1 verfolgt Nashorn 2, Nashorn 2 wendet und kehrt Horn gegen Nashorn 1, Horn an Horn, Nashorn 2 läuft weg, Nashorn 1 hinterher. Rumpel, rumpel, ein paar hundert Meter im Stampftrab. Und im Kreis herum. Dann kehrt. Und wieder Horn gegen Horn. Diese verspielten Kinder, nichts wie Unsinn im Kopf! „Wie lieb!",

„Sie spielen". Robert versteht etwas Deutsch und stellt richtig: „They don`t play, they're making babies." Wer hätte das gedacht! Nashornsex. Jetzt auf einmal sehen wir das Schauspiel mit ganz anderen Augen. Er immer hinter ihr her, grapscht ihr mit dem Horn zwischen die Schenkelchen. Sie entfleucht dem maskulinen Ferkel, aber nicht zu schnell. Natürlich folgt er wieder ihren Spuren, ist ihr schon wieder dazwischen. Sie dreht sich und donnert ihm kokett das Hörnchen entgegen. Doch er ist bulliger, stärker. Also macht sie sich wieder auf und davon, schön im Kreis herum und er bleibt ihr schnaubend auf den Fersen. Schon spießt er sie auf, Horn zwischen ihren Beinen und hebt ihr rechtes Füßchen hoch. Auf drei Beinen trottelt sie weiter, hat Spaß daran, ein wenig zu eiern. Ihm scheint das Dreibeingehopse zu gefallen. Immer öfter geht er ihr jetzt an die Wäsche. So ein geiles Liebesspiel. Sieht ganz und gar potent aus. Kein Wunder, dass die Chinesen das Horn des Rhinos für ein tüchtiges Aphrodisiakum halten. Aber deswegen diesen schönen Riesen den Garaus zu machen, das ist schon eine Schweinerei. Ich könnte dem Softporno noch lange zugucken, doch Robert unterbricht: das könne noch stundenlang so weitergehen und soviel Zeit hätten wir nicht. Warum eigentlich nicht?

Die Dämmerung bricht an. Die Malariamücke beginnt ihr schändliches Nachtwerk und wir sind in der Lions-Hill-Lodge angekommen. Die beste Lodge bisher: kleine Hütten, luxuriös eingerichtet und Essen vom feinsten. Schade, dass es wieder regnet. Der Park mit Swimmingpool und rauschendem Wasserfall ist so hübsch.

Massai Mara

300 Kilometer liegen heute vor uns. Der vierte Tag der Safari und das Ziel ist die Massai Mara. Mara bedeutet in der Sprache der Massai ‚das große Durcheinander', das Gewimmel der Tierarten, die Harmonie der Vielfalt. 300 Kilometer kenianisches Straßenabenteuer bis zum Non-plus-ultra der Nationalparks.

Wir brechen wie stets früh auf, durchqueren Nakuru, eine recht große Stadt und von dort geht es weiter nach Südosten durch die White Highlands, eine Landschaft, die den Engländern so heimisch vorkam wie ihr Wiltshire und in der sie sich zu Hause fühlten, ihre Farmhäuser im Landhausstil errichteten und sich als Herren über die großen Kaffee- und Teeplantagen aufspielten. Es ist eine Landschaft wie der Odenwald oder der Rheingau, nur ohne Rhein und ohne Weinanbau. Statt dessen Teeplantagen, so weit das Auge reicht, sanfte grüne Hügel, verträumte Täler und Mulden, Hecken wie feine Schraffuren in einer farbenprächtigen Zeichnung. Lindgrünes Land voller Harmonie. Das Auge stößt sich nirgends. Es wandert nur so für sich hin und ruht sich bisweilen aus an einem der vielen Farbtupfer. Teepflückerinnen in gelben und roten Gewändern im hüfthohen Teegesträuch. Kein Wunder, dass die englischen Lords und Ladys von diesem Land nicht lassen wollten. Heute gehört es den Kikuyus und viele der Plantagen sind Staatsbesitz. Tee und Kaffee sind Kenias größte Devisenbringer. Gleichauf mit dem Tourismus. 160 Kilometer, die Hälfte unserer heutigen Etappe ist Asphaltstraße, die andere Hälfte ist beinahe unbeschreiblich. Begriffe wie Schlaglochpiste oder Staubstraße treffen nur ungenau. Das englische ‚Bumping-Road‘ beschreibt den Wegezustand noch am besten. Man wird im Auto herumgeschleudert, knallt den anderen Passagieren den Ellenbogen in die Rippen, stößt sich den Kopf, schreit vor Schmerz und leidet mit dem Leiden der Bandscheiben. Hinter der Stadt Narok beginnt diese Hölle. Robert, vom Stamme der Luja am fernen Turkanasee, ist solcherlei Straßenzustände gewöhnt und fährt entsprechend teuflisch. Heißa, mit achtzig durch die Querrinnen. Da freuen sich die Achsen. Der Boden des Fahrzeugs ist verstärkt, ich vermute, mit Gusseisen, aber jedes Mal, wenn der Wagen über einen der großen Steine rutscht oder einen mittelgroßen Sandberg glatt rasiert und wenn es dann ratscht und knirscht, kriege ich einen Mordsschreck. Wenn wir hier in der Wildnis liegen bleiben .... und die Massai kommen und massakrieren uns. Unausdenkbar. Wären wir bloß zu

Hause geblieben! Robert hat vorsorglich Lunchpakete von der Lion's Lodge mitgenommen, wohl wissend, dass er die 300 Kilometer bis zur Olkurruk-Lodge im Mara nicht in fünf bis sechs Stunden schafft. Und dann säßen wir irgendwo auf halber Strecke, ohne was zu essen. Schlimm! Dann schon besser Picknick in der Steppe. Gegen halb eins sind wir am Anfang der Mara. Die Dörfer der Massai werden seltener und ihre Rinder- und Ziegenauftriebe ebenfalls. Statt dessen Gnu- , Impala-, Zebraherden. Klumpenweise stehen sie beisammen. Wo viele Augen wachen, da ist die Gefahr, gefressen zu werden, geringer. Robert umrundet mit dem Bus ein größeres Buschareal, vergewissert sich, ob auch kein Löwe auf der Lauer liegt. Danach, als ihm alles sicher scheint, dürfen wir aussteigen. Die Pinkelpause ist auch nötig, Robert will auf zwei andere Fahrer warten, doch die sind weit und breit nicht zu sehen. Also fahren wir ein wenig ins Gelände, auf der Suche nach, ja, nach was eigentlich? Einen Löwen, nach dem wir uns allmählich alle sehnen, sichten wir nicht, wohl aber Hyänen, Huftiere aller Art, Schakale, Warzenschweine, Adler und allerlei gefiedertes Vieh. Die Massai Mara ist die Fortsetzung der Serengeti-Savanne Tansanias und eine riesige flache Pfanne, durchzogen vom Marafluss. Sie ist Weidegebiet unzähliger Tiere und Beutereservoir aller möglichen Raubtiere. Berühmt und Fotomotiv in jedem Kenia-Bildband sind die Wanderungen von Millionen von Gnus aus der Serengeti in die Massaisteppe im Juli, wenn hier an den Ufern des wasserführenden Maraflusses noch saftiges Weideland zu finden ist. Am Rande dieses Tierparadieses machen wir unser Picknick. Zwischen Felsen und Sträuchern und Knochengerippen gerissener Tieren unter einer Schirmakazie. Der Löwe war hier! Ildiko fotografiert die gebleichten Knochen. Am liebsten würden wir sie mitnehmen, doch das, sagt Robert, ist verboten. Naturschutzgebiet. Alles hat so zu bleiben, wie es ist. Wir nagen an den Hühnerbeinen aus unserem Lunchpaket. Die Sonne brennt. In der Ferne erhebt sich wie ein Riff im Meer der steile Rand der Marapfanne. Teilweise fast senkrecht klettert die Felswand empor. Dort oben irgendwo auf der

Klippe liegt unser heutiges Ziel. Schwere schwarze Wolken hängen darüber. Hoffentlich gibt es keinen Regen, denn dann wird die Mara undurchdringlich. Robert blickt besorgt in den Himmel und erklärt uns dann, dass wir besser die Nachmittagssafari vorziehen. In Ordnung. Irgendwann nähert sich ein Trupp halbwüchsiger Massaijünglinge. Sie wollen uns Schmuck verkaufen. Natürlich. Thank you! Sie machen sich davon, einer nach dem anderen, im Gänsemarsch, Holzketten um den Hals, hochgewachsen und jeder mit einem langen Stecken in der Hand. Die beiden anderen Busse sind inzwischen auch eingetroffen und nach der Lunchpause schwärmen wir ins offene Gelände aus. Das Dach des Busses ist wieder geöffnet und unsere Kameras sind schussbereit. Inzwischen sind wir ja schon gewiefte alte Hasen. Ich nehme mir vor, nie wieder einen Zoo zu besuchen. Wenn man einmal all diese Tiere in ihrem natürlichen Lebensraum gesehen hat, die Schönheit und Eleganz ihrer Bewegungen, die gespannte Aufmerksamkeit, das friedliche Grasen und auch die schnellen Fluchten, dann erinnert man sich an all die Zoos, die man sah, wie an triste Gefängnisse. Robert hat die Augen, das Gehör und das Gespür des Eingeborenen. Unvermittelt wechselt er die Richtung, fährt auf einmal querfeldein durch kniehohes Gras und da sehen wir, zwei Meter vor uns; einen Geparden, einen Cheetah, mit vier Jungen. Die kleinen Katzen, vielleicht einen Monat alt, haben noch ganz flauschige Nackenhaare: Sie tollen um die Mutter herum, die mit geschmeidigen Schritten das Gelände durchstreift und nach allen Seiten sichert. Sie nimmt kaum von uns Kenntnis, weiß wohl, dass ihr und dem Nachwuchs diese vierrädrigen Blechgefäße nichts anhaben können. Wir stören sie lediglich bei ihrem Spaziergang. Am nächsten Tag treffen wir die Cheetahdame wieder, fast an der gleichen Stelle und bei diesem zweiten Zusammentreffen bietet sie uns ein echtes Schauspiel. Unser Bus und zwei weitere Fahrzeuge sind ziemlich nahe an sie herangepirscht. Die Gepardin und ihre vier Jungen streifen durchs hohe Gras, die Kleinen jetzt brav eines hinter dem anderen. Plötzlich, auf irgendein Zeichen hin, sind die vier verschwunden, haben sich irgendwo tief und reglos an den Boden geduckt. Die Alte schleicht jetzt mit langsamen, ganz behutsamen Bewegungen gegen den Wind an eine Herde grasender Impalas heran. Bis auf etwa zwanzig Meter nähert sie sich den Tieren, jagt dann unvermittelt los, setzt zum Sprint an und beschleunigt aus der Laufbewegung heraus zu einer unglaublichen Geschwindigkeit. Die Impalas stieben nach allen Seiten davon. Ein Jungtier wird von der Mutter und der Herde abgedrängt, steht jetzt, angstvoll zitternd zwischen uns und der Gepardin, die, nun nicht mehr sichtbar, irgendwo im Gras lauert. Ich habe Angst um das kleine Impala, sehe es schon von unbarmherzigen Raubtierzähnen zerrissen. Einerseits wünsche ich ihm von Herzen das Leben, andererseits möchte ich auch zu gerne die Gepardin auf frischer Tat ertappen. Das kleine Bambi kommt mit dem Leben davon. Aus irgendeinem Grund hat Cheetah die Jagd abgebrochen, pfeift dem Nachwuchs und der ist sofort wieder zur Stelle. Die alleinerziehende Mutter zieht langsam mit ihrem Kindergarten weiter. Von Enttäuschung ist ihr nichts anzumerken. So ist nun mal das Leben. Jagdglück, Jagdpech. Wir brechen die Verfolgung ab. Wahrscheinlich haben wir die Gepardenmama doch sehr gestört. In der Mara-Broschüre stehen eine ganze Reihe von gut gemeinten Vorschriften: Ganz allgemein soll man die Tiere nicht stören, länger als zehn Minuten sollte man kein Tier verfolgen und mehr als fünf Fahrzeuge sollten es auch nicht umstehen. Ich fürchte, dass diese Vorschriften nur sehr selten eingehalten werden. Eine der Vorschriften heißt wörtlich: „Geparden jagen am Tage. Wenn sie von Fahrzeugen umgeben sind, können sie nicht jagen, außerdem setzen die Spuren der Touristenfahrzeuge die Jungen unnötigen Gefahren von Feinden aus. Bitte achten Sie darauf, daß Sie Geparden genug Zeit zu ihrer täglichen Ruhe und Jagd lassen." Kein Wunder, dass die Gepardin nicht zum Jagderfolg kam. Wir haben noch Glück, denn die Massai Mara ist jetzt, Anfang April, verhältnismäßig leer. In der Hochsaison aber sind Hunderte von Safariautos unterwegs und dann ist es für die Raubtiere wohl vollends aus mit der ungestörten Jagd.

An späten Nachmittag sind wir in der Olkurruk-Lodge angelangt. Olkurruk heißt Rabe in der Sprache der Massai und wie ein Raben- oder Adlerhorst hängt die Lodge über einem Felsen. Von oben haben wir einen traumhaft schönen Blick über die Weite der Steppe. Der Himmel wölbt sich wolkenlos über der gelblichgrauen Senke. Weit unten, nur mit dem Fernglas auszumachen, grasen Büffelherden und am Ufer des Maraflusses, der sich durch die Ebene schlängelt, ziehen Elefanten gemächlich ihres Weges. „Die Serengeti darf nicht sterben". In den Fünfzigern kannte jeder diesen Grzimek-Bestseller, mit dem der Frankfurter Zoologe um die Erhaltung der Serengeti kämpfte. Inzwischen haben die Serengeti und auch die Mara die Grzimeks überlebt und werden wohl auch noch weiterleben, wenn, ja, wenn die Horden der Touristen nicht überhandnehmen und die Menschen nicht gierig ihre Hände nach einem der letzten großen Tierparadiese dieser Erde ausstrecken und es in ihrer Umarmung ersticken.

Massai Mara im Abendrot: Die untergehende Sonne vergoldet die Steppe und schafft ein Bild von ergreifender Schönheit.

Ein paar Stunden später schreiten wir zum Abendessen. Nur sechzehn Leute sind wir in der gesamten Lodge und die drei Fahrer. Wir bleiben zwei Nächte. Mir gefällt der Rabenhorst. Das Restaurant ist offen zur Wildnis hin, und zum Abendessen kommt gleich ein Mungo vorbei. Ich erinnere mich an meine Jugend, als ich in Rudyard Kiplings Geschichte ‚Rikki Tikki Tavi' den ersten Mungo meines Lebens kennenlernte. Gut, dass es hier einen solchen Schlangentöter gibt, vermittelt er mir doch das sichere Gefühl, dass ich keine Furcht vor Vipern und Nattern zu haben brauche. Die Nacht ist tiefschwarz und unheimlich. Fremde Laute mischen sich in den Gesang des Windes. Unsere Hütte ist strohgedeckt und im Gebälk raschelt es bisweilen. Nach diesem erlebnisreichen Tag schlafen wir gut.

Der fünfte Tag der Safari bricht früh an. Die Sonne steht schon hoch über der Steppe. Von der Anhöhe gleitet das Auge über die morgendliche Weite. Aus der Tiefe des Grabens vor uns steigt ein bunt schillernder Heißluftballon empor. Eine Ballonsafari über der Massai Mara, inklusive Sektfrühstück nach der Landung kostet 430 Dollar. Eine Stunde lang kann man Elefanten-, Büffel-, Giraffenherden aus lichter Höhe beobachten. Nun, wem's gefällt! Wir nehmen inzwischen unser lukullisches Frühstück zu uns und dann geht es auch schon los. Ich genieße es, im offenen Bus zu stehen, mir den Fahrtwind um die Ohren pfeifen zu lassen und den Pavianen, Antilopen, Giraffen auf ihre Frühstückstische zu gucken. Doch heute muss ein Löwe her! Zwar lässt der König der Tiere noch bis zum Nachmittag auf sich warten, dann aber ist er endlich da, in voller Kraft und Schönheit. Doch das ist ein späteres Kapitel. Ansonsten ist unsere sechsstündige Pirschfahrt schon ein Stück Wiederholung, aber auch eine Wiederholung hat ja ihren Reiz. Es gab ja immerhin die abenteuerliche Fahrt den Berg hinunter, wild verwegene Umleitungen, die Fahrten ins Unwegsame sind, querfeldein über Stock und Stein. Es gab Pavianfamilien, Giraffenherden, Topis mit ihrer eigenartigen Fellfärbung oder Warzenschweine. Die mag ich am liebsten: Wie sie eines nach dem anderen, genau nach Größe aufgereiht, zielstrebig durchs Gelände streifen, das sieht lustig und zugleich gefährlich aus. Der Eber mit den dolchgleichen Hauern an der Spitze des Clans lässt keinen Zweifel daran, dass er im Ernstfall seine Rotte bis aufs Messer verteidigen würde.

Wir haben vieles schon gestern gesehen, aber schön ist es dennoch. Das Auge kann sich kaum sattsehen. So viel Landschaft, dass man besoffen davon wird. Ich kann verstehen, dass, wer einmal dieses Land kennengelernt hat, nie mehr davon lassen mag. Ich sehe Dennis Fynch Hatton, den Geliebten der dänischen Baronin, im Flugzeug über Mara, Tsavo und Ngongberge gleiten und kann seine Liebe zu Kenia verstehen, „Begrabt mein Herz am Fuße der Berge!" Wo der Marafluss sich ausbuchtet, liegen die Flusspferde im trüben Wasser, strecken nur ab und zu die Schnauzen heraus, um prustend zu verkünden, dass sie da sind. Fünfzehn zähle ich, aber es sind bestimmt viel mehr. Nachts verlassen sie das Wasser und ziehen übers Land, fressend, äsend, legen weite Entfernungen zurück und wer ihnen begegnet, der nehme sich in Acht. Frühmorgens vor Sonnenaufgang sind sie dann wieder zurück am Fluss und verdauen den lieben langen Tag. Krokodile dösen am Ufer, Kopf im Wasser und die gepanzerten Peitschenschwänze sind kaum erkennbar im grauen Morast. Wie Baumstümpfe sehen sie aus. Ich mag sie nicht besonders. Doch auch ihre Hässlichkeit hat etwas Faszinierendes. An der Biegung des Flusses dürfen wir einmal den Bus verlassen. Es tut gut, sich die Beine zu vertreten. Ein Dutzend Elefanten stöbert recht nahe durchs Gehölz. Und vier Massaiknaben kommen im Dauerlauf heran. Jim heißt einer und er spricht ganz prima Englisch. Ich kaufe von ihm meine zweite Holzkette mit Muscheln, Tierzähnen und den Big Five daran. Nach dieser Pause geht dann die ‚Löwenjagd' weiter, denn noch immer haben wir den König der Tiere nicht gesichtet. Er fällt uns zu, als der Safaritag schon beinahe zu Ende ist.

Nairobi

Der Weg, auf dem wir die Massai Mara verlassen, ist eine ganze Weile der gleiche wie auf der Hinfahrt. Erneute Schleudersitzerfahrungen.

In Narok machen wir einen kurzen Stopp. Dort erleben wir einen von Touristen inszenierten kleinen Albtraum. An einem Zebra-Shop neben der Tankstelle möchte eine Touristin, offensichtlich Engländerin, ein hübsches Foto von den ach so primitiven und aufdringlichen Einheimischen machen. Also bittet sie ihren Gatten, ihr Hilfestellung zu leisten. Und was tut der? Nimmt eine Handvoll Bonbons, mit etlichen Münzen vermischt und wirft sie unters Volk. Hei, wie sich das schwarze Gesindel um die Almosen balgt. Womit wieder einmal bewiesen wäre, dass die Farbigen eben keine Würde und keinen Stolz haben. Die Lady knipst und freut sich.

Hinter Narok beginnt das absolute Horrorszenario einer Straße: zweieinhalb Meter Asphaltreste in der Mitte, gespickt mit scharfkantigen, tiefen Löchern und ausgefranst an den Rändern. Jenseits der Ränder ist Staub, unbefahrbares Gelände. Doch das scheint nur so. Der Hauptverkehr rollt, oder besser gesagt, schlingert über die zweieinhalb Meter abgerundete Asphaltpiste: eine Lawine von Fahrzeugen, meist Safaribusse. Die meisten brettern mit hoher Geschwindigkeit über die Piste. Die Schräglage mancher entgegenkommender Fahrzeuge weckt Ängste. Zahlreiche Lkws hängen so schief in den Federn und brettern mit so hoher Geschwindigkeit über die Piste, dass man fast fürchtet, dass sie umkippen und ihre Fracht verlieren. Robert fährt meist 100 km/h, setzt hin und wieder zu einer Vollbremsung an, weicht Abgründen aus, schleudert von links nach rechts und scheint trotzdem alles völlig normal zu finden.

Rechtzeitig zum Lunch sind wir in Nairobi. Das Panafric ist ein richtig gutes Hotel, ein wenig verwohnt, aber dennoch angenehm. Wir speisen am Swimmingpool und danach tauchen wir in denselben. Einerseits möchte man am Pool liegen bleiben und sich von den Strapazen der letzten Tage erholen, andererseits ist man wahrscheinlich nur einmal in Nairobi und ein wenig Sightseeing ist auch angebracht. Also machen wir um vier Uhr auf den Weg. Vom Hotel aus erreichen wir das Zentrum zu Fuß. Wir wollen diese afrikanische Metropole hautnah erleben. Nairobi ist durchaus einen Stadtbummel wert. Etwas europäisch-westliches Flair und sehr viel Afrika. Die Skyline aus Hochhäusern und Hoteltürmen kontrastiert mit Armut, abbruchreifen Häusern, Wellblechhütten. Die Weißen sind in Nairobi in hoffnungsloser Minderzahl. Unser Touristengeld möchte man gerne haben und nimmt es mit gierigen Händen, sonst aber will man wenig von uns. Wir tätigen ein paar Souvenireinkäufe. Die Inhaber der Geschäfte an der belebten Hauptstraße sind fast alle Inder. Für die Kenia-Bildbände in einer großen Buchhandlung bin ich zu knauserig. Es ist Samstag und so gegen fünf schließen die Geschäfte und die Stadt leer sich.

Das Abendessen findet im Carnivore-Restaurant statt. Es ist berühmt in Nairobi und auch der Polyglott-Reiseführer erwähnt es lobend. Fleisch bis zum Überdruss: Gegrilltes vom Huhn, Schwein, Kalb, Rind, Lamm, Antilope, Zebra, Impala. Alles in Riesenstücken an einem übergroßen Rundgrill. Fleißige Ober sausen mit qualmenden Spießen von Tisch zu Tisch, wetzen die Macheten und schneiden die Fleischstreifen mundgerecht auf den Teller. Antilope schmeckt am zartesten und Impala ist kaum von einem Rehbraten zu unterscheiden. Es schmeckt alles, doch bald ist es des Guten zu viel und die Soßen und Beilagen sind ein bisschen lieblos zubereitet. Salate fehlen fast völlig. Das Carnivore ist in gewisser Weise Touristenabspeisung in Wartesaalatmosphäre. Der Abend klingt aus und der morgige Sonntag ist unser letzter Safaritag.

Tsavo - West

Nach einer Woche im Auto über Kenias Straßen glauben wir, ein wenig von Kenia kennengelernt zu haben. Man erlebt schon einiges, wenn man mit achtzig Stundenkilometern durch Marktflecken und Städte, sofern dieser europäische Begriff angebracht ist, braust, wenn man Menschen, in eine Staubwolke gehüllt, im Vorbeihuschen zur Kenntnis nimmt, wenn man alle hundert Kilometer bei einer Pinkelpause ein Foto macht. Nach einer solchen Woche reißt einen vielleicht noch ein die Straße kreuzender Leopard vom Hocker. Aber sonst? Alles schon gehabt: schlechte Straßen, Wellblechhütten, Hotels am Straßenrand, Dromedare seitlich der Piste, Paviane, die gelangweilt herumlungern. Eigentlich kann uns kaum noch etwas erschüttern.

Wir fahren heimwärts, nach Südosten, Richtung Indischer Ozean. Die Regenzeit kommt langsam in die Gänge, doch die schweren Wolken haben sich zum Glück in der Nacht entleert. Das Wasser steht knietief in den Pfützen und unter der brennenden Sonne dampft es wie in einer Waschküche. Die Zebra-Curio-Shops nötigen uns nur noch ein müdes Lächeln ab. Wir kennen inzwischen die Preise und auch die Tricks. Kugelschreiber sind gefragt. Tausche Kugelschrei-

ber plus eine ordentliche Menge Keniaschilling gegen einen holzgeschnitzten Elefanten.

Unsere letzte Lodge heißt Kilaguni und ist, 1963 erbaut, Kenias
erste und älteste Lodge. Damals fing der Safaritourismus in großem
Stil an. Das Alter sieht man dem ausgedehnten Gebäudekomplex
kaum an. Er hat schon etliche Renovierungen und Erweiterungen
hinter sich. Es herrscht reger Betrieb: alle Ein- oder Zwei-Tage-Safa-
ris landen entweder in der Voi - oder der Kilaguni-Lodge. Zum
Mittagessen fallen die Fotojäger ein, futtern, brausen kreuz und quer
durch den Park, übernachten und werden tags darauf wieder zur
Küste gekarrt. Ein bisschen edler als die fühlen wir uns schon. Der
Speisesaal, offen zum Park und zu den Wasserstellen, ist eine
gewaltig hohe, große reetgedeckte Zehntscheune. Spinnengewebe
und Vogelnester zieren die Decke. Bunte Vögel schwirren ein und
aus, Salamander huschen an den Wänden entlang und ab und zu fällt
ein schwarzer Käfer in den Suppenteller. Zauberhafte Atmosphäre.
An den drei Wasserstellen, kaum hundert Meter entfernt, stehen die
Wasserböcke, Impalas und Pavianfamilien Schlange. Sind die einen
fertig, dürfen die nächsten. Marabus wachen gelangweilt darüber,
dass alles geordnet zugeht. Das Miteinander der verschiedenen Tierarten, das ungeschriebenen Regeln und Gesetzen gehorcht, fasziniert.
Keine Herde kommt der anderen ins Gehege und man teilt sich friedlich das kostbare Wasser. Auch die Raubkatze gehört in dieses aus-
balancierte Gefüge. Musterbeispiel einander tolerierender Koexis-
tenz.

Die Landschaft im Tsavo-West ist ein Traum in Lindgrün. Eine
ganz junge Mittelgebirgslandschaft vulkanischen Ursprungs gleitet
sanft in den tiefen Horizont hinein. Diese Hügel sind keine Himmels-
stürmer, eher versonnene, versponnene Gesellen, die das Auge zum
Träumen verleiten. Hier müssen wir bei unserer Pirschfahrt wieder
über die vorgeschriebenen Pfade fahren und da links und rechts
hohes Gebüsch die Blicke hemmt, sind die Tiere sehr schwer auszumachen. Aber die Giraffen-, Büffel-. Zebraherden bekommen wir

trotzdem zu Gesicht. Bei den Mzima-Springs kommt der Tsavofluss aus dem Boden hervor. Gespeist vom Schnee des Kilimandscharo wird er unterirdisch zum Fluss, schwillt an, wird breiter und größer und kommt hier ans Tageslicht. Bevor er zu Tal fließt, wird er zu einem ansehnlichen See, ruht sich aus und nimmt dann seinen Weg. Er hinterlässt eine üppige Vegetation in einer zauberhaften Landschaft. Flusspferde, Krokodile, Vögel aller Couleur bietenreichlich Fotomotive. Der Spaziergang um den See ist geruhsam und wunderschön. Man darf nur nicht vom Weg abkommen. Es könnte eine grüne Mamba im Gras zusammengeringelt liegen oder ein gefräßiges Krokodil mit offenem Schnabel lauern. Eine gute halbe Stunde dauert der Gang um den glasklaren See. Es ist ruhig und nur hin und wieder prustet ein Flusspferd sein Wohlbefinden in die Luft. Robert hat in der Zwischenzeit einen Plausch mit seinen Kollegen gehalten und als wir von der Seewanderung zurückkehren, lassen sie sich auch nicht gleich stören. Auch für sie geht die Safari so langsam zu Ende. Die Trinkgelder haben wir gut verteilt schon jeweils nach den Höhepunkten der Reise gegeben, sodass in dieser Hinsicht nichts Großes mehr zu erwarten ist. Sie wissen das auch. Der Tag neigt sich allmählich und wir fahren in einen verzauberten Sonnenuntergang hinein. Kann man das fotografieren? Die Farben schon, aber die verschwimmenden Konturen, das sanfte Licht, das sich mit dem Staub vermischt, die Hügel wie graugrüne Elefantenrücken, all das sind mehr Bilder fürs Innere denn fürs Fotoalbum. Die Stimmung ergreift und man fühlt sich bemüßigt, Begriffe wie Seele, Traum, Harmonie ins Spiel zu bringen. Das ist wie die verschwenderische Totale am Ende eines guten Films. Fehlt nur noch der Abspann. Wir bekommen sogar noch eine Zugabe. Vier Löwen auf einem Felsen in ein paar hundert Meter Entfernung. Doch zwei alte Löwenmänner mit prächtigen Mähnen blicken aus dem tiefen Gras gleich neben dem Weg zu uns herauf und sind zum Greifen nahe. Sechs Safaribusse umstehen die Idylle und mindesten zwei Dutzend Kameras klicken. Das stört.

Doch woher nehmen wir das Recht, als einzige der Löwen ansichtig werden zu wollen.

Die Safari neigt sich dem Ende zu. Am Montag noch zweihundert Kilometer bis Mombasa, mit der Fähre zur Südküste bis zum Hotel Kaskazi und dann bye bye Robert! Der zweite Teil des Urlaubs mag beginnen: Holiday am Indischen Ozean.

Es war schön und spannend und auch anstrengend in Herzen Afrikas.

Löwenjagd - auf der Suche nach dem Löwen

Vier Tage auf Safari und wir haben immer noch keinen Löwen gesehen. Offensichtlich gefallen wir den Bestien nicht. Sie verstecken sich vor uns. Aber hier in der Massai Mara finden wir bestimmt Löwen. Ich überlege, was ich über Löwen weiß: Leo, leonis (lat.), Leu (mhd. umgangssprachlich), gelbe, senffarbene Raubkatze, die außer Menschen auch alle anderen Sorten von Säugetieren frisst, sofern es dieselben bei der Jagd erhaschen kann. Der männliche Löwe ist sehr faul und hat eine Löwenmähne. Der sogenannte König der Tiere liebt es, mit vollem Bauch in der Sonne zu liegen. Die Frau des Löwen, also die Königin, hat alle Pranken voll zu tun, Beute zu machen und ihren Gatten, sowie möglicherweise auch noch hungrige Wänste, sattzukriegen. Man stelle sich eine Löwenjagd gar nicht so leicht vor: Die Antilopen, Gnus, Gazellen und alle übrigen Leuspeisen pflegen nämlich bei Annäherung der Königin eiligst das Weite zu suchen. Also muss die Queen trainieren und sich gewaltig anstrengen, ehe sie und die Ihren die Zähne in das Frischfleisch fletschen können. Ich weiß auch noch, dass Löwen meistens Simba oder Kimba heißen und, von Dompteuren dressiert, im Zirkus auf Podeste springen und von dort aus mit den Pranken Drohgebärden machen. In Afrika leben Löwen in freier Wildbahn. Also, in der Massai Mara gibt es Löwen. Aber wo? Hinter jedem Busch kann einer lauern. Nur bei denen, um die Robert unseren Safaribus lenkt, liegt keiner. Von Zebras, Antilopen, Thomson- und anderen Gazellen haben wir längst genug, Warzenschweine reizen uns nicht mehr und selbst die beiden Jungschakale können uns nicht zufriedenstellen. Ein Löwe muss her. Mindestens einer. Am besten aber ein Rudel, eine Familie. Vater Leu in der Sonne ausgestreckt, Mutter Leu aufmerksam und die beiden Leukinder spielend Purzelbäume schlagend. Nichts Löwenähnliches jedoch weit und breit! Wir fahren um Buschreihen herum, quälen das Heck des Busses ins Unterholz, versinken fast bis zur Achse in einem Graben, queren brusthohe Grasflächen, hinterlassen tiefe Reifenspuren und halten verzweifelt Ausschau. Sechs Köpfe spähen aus dem Ausguck des Datsun. Ohne Löwen fahren wir heute nicht nach Hause! Die übrigen vier der Big Five haben wir schließlich schon fotografiert: Gepard (statt Leopard), Nashorn, Elefant, Büffel. Fehlt nur der King. Robert neigt nach drei Stunden Sucherei zur Aufgabe: Perhaps tomorrow. Ich stelle klugscheißerisch fest, dass Löwen offensichtlich schwer zu finden seien. Robert erwidert „yes" und ergänzt, dass sie täglich zwanzig Stunden schlafen. Sie dösen entweder im hohen Gras oder irgendwo an oder in den Gebüschreihen, die wie kleine Streifen in der Landschaft liegen. Rings um diese Gebüsche herum sind Reifenspuren zu sehen. Wir sind und waren nicht die einzigen, die dem König der Tiere seine Tagesruhe rauben wollen. Wer mag es dem King verdenken, dass er sich ob solcher Störungen tiefer ins Gesträuch verkriecht. Vielleicht gähnt er auch nur gelangweilt, wenn er die Autos mit den weißen Menschen vorbeifahren sieht. Oder er malt sich aus, wie diese Wesen schmecken. Falls einmal Gnus und Antilopen ausblieben, wären sie leichte Beute. Im Kenia-Guide las ich von einem Löwenpaar, das zu Zeiten des Eisenbahnbaus nahe Nairobi über hundert Menschen auffraß.

Langsam schiebt sich der Minibus wieder einmal mit der Schnauze voran in eine Schneise zwischen den Sträuchern. Unsere sechs Köpfe halten gespannt Ausschau. Wir stehen voll nervöser Erwartung unter dem offenen, hochgeklappten Dach. Wer spricht, tut es im Flüsterton. Die Atmosphäre bebt vor Spannung. Irgendwo im Gebüsch lauert er, wittert, ist zum Sprung bereit. Oder aber, er hält seinen Verdauungsschlaf. Wir werden es nicht erfahren, denn die dichten Büsche verbieten jegliches weitere Vordringen. Langsam tastet Robert sich mit dem Bus auf der gleichen Spur zurück. Weit und breit noch immer kein Löwe. Einmal schreie ich auf: „Da, da ist er"! Aber kein Löwe: Eine Rotte afrikanischer Warzenschweine bricht durchs Gehölz. Ich mag diese Tiere. Sie sehen klug und wehrhaft aus, richtig achtungsgebietend, aber Ersatz für Löwen sind sie nicht.

Irgendwann reicht es. Für heute können uns alle Raubkatzen gestohlen bleiben. Wir sind hungrig und müde. Morgen ist auch noch ein Tag in der Massai Mara.

Am nächsten Morgen aber ist der Jagdinstinkt wieder da. Um acht Uhr brechen wir auf. Vielleicht viel zu spät. Wildtiere sind Frühaufsteher. Fast eine Stunde lang braucht der Minibus vom Rabenberg hinunter in die Savanne. Eine Rotte Paviane sehen wir, vereinzelt Impalas, Flusspferde von der Brücke über den Marafluss, ein alleinstehendes Gnu, dann dicht gedrängt Herden von Huftieren: Gazellen, Impalas, Zebras. Den Geparden mit seinen vier Kindern treffen wir auch wieder. Er gibt uns eine Sonderjagdvorstellung: die Impalas stieben davon. Alles schön und gut, doch wir lechzen nach Löwen. Das gleiche Spiel wie gestern: „Rin inne Büsche, raus ausse Büsche." Nichts, nichts, wieder nichts. Ich glaube allmählich, dass es hier gar keine Löwen gibt. Andere Jeeps und Busse suchen genauso. Ständig hält Robert an und wechselt Suaheliworte mit den Kumpanen. Kimba? Niemand hat einen Kimba gesichtet. Viereinhalb Stunden sind wir nun schon wieder auf Tour, haben Nilpferde geknipst, Krokodile bestaunt, Kronenreiher, Massaimänner, Massaifrauen und Massaikinder gesehen. Nur: „There is no lion." Und dennoch, es riecht förmlich nach Raubtier. Robert beginnt, sich seines Landes zu schämen, und allmählich, haben es die Damen dicke. Christine, als erste, sagt, was sie denkt: „Ich will zurück zur Logde. Ich will heim." Ildiko sagt nichts, denkt sich aber auch ihren Teil. Uwe und ich bestehen männlich auf Löwen.

Was nicht sein soll, soll nicht sein. Wir machen uns auf den Heimweg, der, strapaziös genug, wieder über Stock und Stein bergan führt. Alles freut sich auf das späte Lunch. Plötzlich stoppt Robert den Bus, lässt sein Eingeborenenauge in die Ferne der weiten Ebene schweifen. Dort, irgendwo im Graugrün, steht der zweite Bus von ‚African Safari and Hotels' und dessen Fahrer blinkt. Heia Safari! Robert jubelt den Rückwärtsgang rein, dreht auf der Stelle, rattert fünfzig Meter über die ‚bumping Road', biegt nach rechts auf einen Pfad, fliegt förmlich an aufgeschreckten Massai-Rindern vorbei, bestaubt einen Kraal, rast querfeldein und tritt hart in die Bremse. Wir stehen vor einer Schlucht. Zwei bis drei Meter tief hat sich hier ein Fluss ins weiche Gestein gefressen. Jetzt ist es nur ein Bach, knapp zwei Meter breit und trübschmutzig. Wie tief? Keine Ahnung. Eine Furt? Eine Andeutung davon vielleicht. Das Gefälle zum Bach hin und die Steigung an der anderen Seite sind beträchtlich. Steine und Geröll. Robert legt den Gang ein. „Nein!", schreien Ildiko und Christine. Mir stockt der Atem. Wir kommen heil auf der anderen Seite an. Der Bus ist nicht gekentert, die Reifen sind nicht geplatzt, die Achse ist nicht gebrochen. Gott sei's gedankt! Der Rest ist Kinderspiel: Hundert Meter durchs hohe Gras und wir stehen neben dem anderen Bus, und da ist auch die Löwin. Fünf Minuten ist es vielleicht her, seit sie das Topi gerissen hat. Zweihundert Meter entfernt steht die Herde und alle Tiere blicken in unsere Richtung. Das gemeuchelte Topi, ein wohlgenährtes Tier, zwei Zentner Gewicht hat es mindestens, liegt vor uns und neben ihm, erschöpft, hechelnd, mit bebenden Flanken kauert die Königin der Tiere. Natürlich sieht sie uns. Doch nimmt sie uns zur Kenntnis? Sie bückt sich zur Beute, greift mit dem Maul nach der Kehle des gerissenen Opfers, schleppt es zwischen den eigenen vier Beinen langsam weiter. Welch eine Plackerei! Die Schleiferei hat System. Ganz langsam kommt die Löwin voran. Irgendwo, in fünfhundert oder tausend Meter Entfernung liegen die Jungen und der Löwenvater, der den Nachwuchs bewacht. Und die Bande will was zu fressen haben. Ein Löwenleben, erklärt uns

Robert, ist hart. Vater Löwe frisst und passt auf die Kinder auf, Mutter Löwe muss jagen und für das tägliche Brot sorgen. Bringt sie nicht genug zu fressen, fällt ihr Gatte vom Fleisch und wird matt und schwach. Darauf hat dann die Konkurrenz schon gelauert: Ein anderer, jüngerer, kräftigerer Löwe, ein Junggesellenlöwe erscheint auf der Bildfläche, verjagt kraft seiner ungebrochenen Manneskraft den angestammten Kindsvater, frisst die Löwenkinder auf und nimmt sich die brave Löwin zur Frau. Ob sie will oder nicht. Für sie beginnt dann das gleiche Spiel von vorne: Kinder kriegen, Beute jagen und so weiter. Diese Löwin hier, die uns das Topi an den Kameras vorbeischleppt, hat ihr Tagwerk vollbracht, oder besser, sie hat es dann vollbracht, wenn sie ihre Ernte eingefahren hat und der Alte und die Kindlein sich zufrieden die Bäuche reiben. Dann kann sie schlafen, zwei Tage lang mindestens. Wenn sie Glück hat und die neugierigen Safaribusse sie schlafen lassen. Wir gucken ihrer mühsamen Arbeit noch eine Weile zu und machen Fotos. Ein starkes Erlebnis war diese Löwenjagd auf jeden Fall. Echt geil.

Postscriptum: Die Insassen des dritten Busses unserer Safarigruppe behaupteten, sie wären nach dem Lunch noch einmal zurückgefahren zur Löwengrube und sie hätten dort dreizehn Löwen gesehen. Dreizehn! Zweifel sind angebracht. Es soll ja Menschen geben, die schwindeln.

Ein paar Gedanken zum Safari-Tourismus.

„Douglas Adams schreibt in seinem spannenden Bericht ‚Die Letzten ihrer Art‘, dass die Berggorillas in Zaire nur eine Überlebenschance haben durch den Tourismus. „Lebend sind sie für die Regierung mehr wert als tot." Genau das trifft auch für Kenia zu. Das Tierparadies Kenia, von dem Hemingway und auch nach ihm noch viele andere schwärmten und in dem noch in den Vierzigern dieses Jahrhunderts schießwütige weiße Großwildjäger wilde Jagden auf die Big Five veranstalteten, um sich abends am Lagerfeuer des Luxuscamps ihrer Großtaten zu rühmen, diese Wildlife-Kenia ist zusammengeschrumpft auf zwei Dutzend Reservate, die etwa ein Fünftel des Landes ausmachen. Der größte der Parks, der Tsavo-Nationalpark, von der Größe Hessens, hat schon imponierende Ausmaße! Doch eingedenk der Zeiten, als riesige Tierherden das ganze Land bevölkerten und durchzogen, ist das Tierparadies Kenia gewaltig geschrumpft. Obwohl keines der Reservate eingezäunt ist, bleiben die Tiere im Wesentlichen innerhalb der Reservatsgrenzen. Sie haben gelernt, dass sie hier vor dem Zugriff des Menschen sicher sind. Nicht der Mensch bedarf des Schutzes, nein, das Tier muss vor dem Raubtier ‚Mensch‘, geschützt werden. So sind denn die Reservate doch nichts anderes als riesige Zoos, die vom Nimbus des freien Tierlebens leben. Freiheit ist relativ. Die Freiheit des Zooelefanten, mit der des Elefanten im Amboseli zu vergleichen, ist ein schlechter Witz. Doch auch der Amboseli-Elefant kennt längst seine Grenzen. Weil er klug ist, bleibt er innerhalb dieser Grenzen. Die Impalas, Zebras, Gazellen und Gnus nehmen sich da mehr Freiheit heraus. Sie wandern umher und wenn ein Tier der Herde abhandenkommt, ist das natürlicher Schwund. Der Mensch ist nicht sonderlich an ihnen interessiert. Außer Fleisch haben sie nichts zu bieten und wenn sie den Rindern und Schafen das Gras streitig machen, genügt es, gehörig zu lärmen. Elefanten aber haben Stoßzähne aus Elfenbein und wo sie gehaust haben, wächst kein Gras mehr, geschweige denn Wald oder Getreide. Wenn man sie eliminiert, hat man zwei Fliegen mit einer Klappe geschlagen: das Land ist gerettet und für die Zähne gibt es viel Geld. Mit den Nashörnern ist es ähnlich. Deren Hörner sind weltweit gefragt. Diese beiden eigentlich überflüssigen Dreingaben der Natur, das Horn des Rhinos und die Zähne des Elefanten, machen diese beiden Spezies zu den am meisten gefährdeten Säugetierarten. „Vom Aussterben bedroht“, wie es so lapidar heißt. In den Nationalparks lebt Kenias Reichtum und dort ist fast das ganze Jahr über Hochsaison: Abenteuer-Safari, Fotojagd auf scheues Getier, das man sonst nur im zoologischen Garten zu sehen bekommt. Und dabei ist das Getier gar nicht mehr so besonders scheu. Die Gnu- und anderen Herden lassen die Safaribusse bis zu zwanzig Meter an sich heran, bevor sie die Flucht ergreifen, der Gepard lässt sich kaum bei der Jagd stören und der satte Löwe reagiert auf die fotografierenden Touristen nur mit einem müden Gähnen. Vorausgesetzt natürlich, die weißen Fremden bleiben im sicheren Schutz ihrer beweglichen Blechbüchsen. Die Tiere haben gelernt, mit dem alltäglichen Stress zu leben. Die Deviseneinnahmen aus dem Tourismus liegen in Kenia inzwischen über denen aus Kaffee- und Teeexport. Mit steigender Tendenz. Der moderne, expandierende Flugtourismus bringt das große Geld. Wer in Sri Lanka, auf den Malediven und in Mexiko war, fliegt auch irgendwann nach Kenia. Die Hotels am Indischen Ozean lassen keine Wünsche offen. Doch Meer und Strand gibt es überall, oft besser und auch billiger. Die Safari ist Kenias eigentlicher Hit. Die gibt es nur hier. Und die kostet. Als clevere Geschäftsleute langen die kenianischen Safariorganisationen richtig heftig zu. Von Deutschland aus direkt gebucht, kostet so einen vier- bis sechstägige Safari sieben bis neun Hunderter, je nachdem, ob es eine Flugsafari oder eine mit dem Bus ist. In Kenia selbst muss man für solch eine Reise weit mehr berappen. Die meisten Touristen buchen vor Ort: Zwei Tage Tsavo-Ost 350 Mark, drei Tage Tsavo-West und Amboseli 650 Mark, drei Tage Flugsafari in die Massai Mara runde 1400 Mark. Solche Tierbesichtigungstouren kosten also richtig viel Geld. Und das sind noch die unteren Kategorien. Nach oben, zur Luxus-, Kamel-, Hemingway-Safari gibt es kaum finanzielle Grenzen. Überhaupt Hemingway: Der gute alte Macho muss in Kenia für allerlei herhalten. Von der Lodge bis zur Bar, überall ist man irgendwie auf Ernests Spuren. Wie teuer eine solche Safari auch sein mag, die Leute buchen. Das Geschäft boomt. Kenia sind seine Tiere verdammt wertvoll geworden. Die Zahl der Lodges wächst ständig. Lodge, das klingt urig und rustikal. In Wirklichkeit sind diese Lodges Hotels, bestens ausgestattet, mit allem erdenklichen Luxus, vom Swimmingpool und Sauna bis zur überdachten Terrasse am Tierbeobachtungsplatz, zu der der Boy den eisgekühlten Drink bringt, während am flutlichtbestrahlten Wasserloch die Elefantenkuh nebst Baby ihren Durst stillt. Irgendwie ist das zum Kotzen und trotzdem toll. Ich schäme mich nicht einmal, solcherlei spießigen Voyeurismus zu genießen. Die Lodges sind voll von fotomotivsüchtigen Touristen, die fast alle ziemlich weiß sind, mehr oder weniger zur Fülle neigen und sich im Stadium abnehmender Haartracht befinden. Kenia ist Reiseland der saturierten Mittfünfziger, die schon fast alles gesehen haben und denen die Kinder entwachsen sind. Ein weiterer, kleinerer Teil der Keniareisenden rekrutiert sich aus der jung-dynamischen Erbengeneration. Breakfast, Lunch, Dinner, das sind die Zäsuren im Lodge-Alltag. Zwischen ihnen finden die Verdauungsfahrten ins Freigehege statt. Hungrig kehrt man von ihnen zurück und dann werden zu den Mahlzeiten Köstlichkeiten aufgefahren, dass die Augen tränen und sich die Tische biegen. Der Durchschnittstourist isst mit gutem Appetit und verdaut mäßig. Manchmal hat er Durchfall, doch der gehört zum Safaririsiko wie die Malariamücke, Hepatitis oder andere afrikanische Unbilden. Auf einer Safari hat man wenig körperliche Bewegung und kaum Anstrengungen. Man steht im Bus und guckt. Außer in der Massai Mara fahren die Safaribusse in allen anderen Parks auf vorgeschriebenen Wegen und dürfen nicht ins Gelände. Wer Pech hat, ist nach drei Tagen sein Geld los, hat zwar exzellent gegessen, aber nur zwei oder drei der Big Five gesehen. Die Minibusfahrer sind allerdings geschult darauf, den Gästen so viel Getier wie möglich vor die Linse zu bringen. Sie scheuen weder Reifenpanne noch Achsenbruch und schon gar nicht touristische Bandscheibenschäden. Jeder halbwegs clevere Driver weiß, dass Nashorn, Leopard oder Löwe die Trinkgelder in die Höhe schnellen lassen. So kommt es, dass während der Pirschfahrten unter den Fahrern ständige Kommunikation stattfindet. Oft ist es der direkte Austausch, wo der Löwe oder das Nashorn steht, oder man verständigt sich per Lichthupensignal und Handzeichen. Sagst du mir, wo der Löwe ist, verrate ich dir den Standort des Geparden. Leopard in Planquadrat G4, einsam grasendes Nashorn am Seeufer.

Gnus, Zebras, Antilopen sind uninteressant. Da aber, wo Action ist im Tsavo, Amboseli oder in der Mara, da beginnt der Auftrieb. Der das Zebra reißende Löwe ist schnell umzingelt von sechs ‚African-Tours and Hotels'-Bussen und drei kakifarbenen Jeeps, aus denen „Ach"- und „Oh" jubelnde Weißhäute das Ihrige zur Umsatzsteigerung von Kodak oder Fujicolor tun. Der Löwe ist diesen Rummel gewöhnt. Wo er lang will, weichen die Blechkarossen immerhin zurück. Mehr als fünf Fahrzeuge, so steht es in den Vorschriften, dürfen das Tier sowieso nicht umstehen und länger als zehn Minuten schon gar nicht. Der Löwe schaut auf seine Armbanduhr, gähnt kurz einmal und schon fahren die Autos davon. Schließlich hat ja jeder Verständnis dafür, dass die Tiere Ruhe brauchen. Sie könnten ja sonst vor Stress und Aufregung einen Infarkt erleiden und das Zeitliche segnen. Und dann?? Wie gesagt: „Die Tiere sind lebend mehr wert als tot." Und das ist ihr Glück.

Flotter Otto, starker August

Man kann die unangenehmen Seiten des Fernreisetourismus nicht einfach unter den Tisch kehren. Sie sind ganz offensichtlich da. Kenia liegt nun einmal am tropischen Äquator, die Luft ist heiß und unglaublich feucht, die Speisen sind anders zubereitet, schmecken anders und weder ihnen noch dem Obst und schon gar nicht dem Wasser ist über den Weg zu trauen. Überall lauern fremde und uns übel gesonnene Bakterien und Viren. Im schlimmsten Falle nimmt man so eine tropische Urlaubserinnerung mit nach Hause und die Ärzte doktern lange daran herum. Im besseren und weitaus häufigeren Falle rebelliert auch der robusteste deutsche Magen ob all der wohlschmeckenden Speisen und Salate einmal und im Handumdrehen meldet sich ein flotter Otto. Jeder Fernreisende kennt diesen Gesellen und wen er erwischt hat, der macht Dauerläufe zu bestimmten Örtchen.

In Ägypten vor einem halben Jahr habe ich zum ersten Male seine Bekanntschaft gemacht. Hat mich einen Tag lang umgehauen. Oben lief es und unten lief es und Fieber hatte ich obendrein. Zu Hause hat es dann noch fast drei Monate lang gedauert, bis die Darmflora wieder im Lot war. Und jetzt, in Kenia: schon wieder. Keine Ahnung, was ich Falsches gegessen habe. Gleich am zweiten Tag in der Nacht ging es los und dann am Morgen gleich noch zweimal. Ich trank viel Tee und aß Bananen, glaubte, die Sache auch ohne Medikamente in den Griff zu bekommen. Schien auch zu klappen. Nur, ich hatte offensichtlich nur ein Übel mit dem anderen getauscht, aber das merkte ich erst am übernächsten Tag: Auf einmal ging näm- lich gar nichts mehr. Der starke August saß mir im Gedärm. Und der drückte und grummelte. Das Essen schmeckte ja so toll und ich aß und fraß, nur auf der Kehrseite blieb es ruhig. Ich vermochte mich einfach nicht von den Speisen zu trennen. Und nach drei Tagen drückte und zwickte es gewaltig und auf einmal mochte ich gar nichts mehr essen. Selbst Agiolax, so ein sanfter Abführriese, brachte auch nichts ins Rollen. Ich saß am Abendbrottisch, stocherte in den leckeren Fischgerichten und Gemüsen und nichts wollte runter. Uwe, der Weltreisenerfahrene, hatte Zäpfchen im Handgepäck für solcher- lei Notfälle und die lösten den ärgsten Pfropfen. Aber normal war es auch danach eine ganze Weile lang noch nicht. Ich, der ich gewohnt war, die Uhr nach meinen Stuhlgängen stellen zu können, war recht unglücklich. Ich schreibe das auch nur zur Warnung auf. Leute, über- legt Euch gut, was ihr esst und trinkt, wenn ihr euch in jenen fernen Breiten befindet. „Wasch es, schäl es oder vergiß es". Diese Grund- regel sollte man vor jeder Mahlzeit laut und vernehmlich beten. Und kein Wasser trinken und keine grünen Salate und kein Eis und .... Und dennoch, trotz aller Vorsicht erwischt es irgendwann doch mal jeden. Otto oder August, das ist die Frage. Bisher schien mir immer August der Harmlosere zu sein. Nach kenianischer Erfahrung aller- dings bin ich mir nicht mehr sicher, wem von beiden, wenn's denn sein muss, ich den Vorzug geben würde.

Minimale Kommunikation oder ‚Jambo Bwana'

In Kenia spricht jedermann oder jedefrau Englisch. Die Tommies sind längst rausgeschmissen worden und haben doch überall ihre Duftmarken hinterlassen. Englisch ist Landes- und Suaheli ist Umgangssprache. Diese beiden Sprachen sind auch nötig bei den mehr als vierzig Stämmen, die im Land leben und mehr als vierzig unterschiedliche ‚languages' sprechen, die noch zahlreicheren Dialekte gar nicht eingeschlossen. Ein Kikuyu, so heißt der volk- und einflussreichste Stamm, versteht einen Luo, der an zweiter Stelle steht nicht, und der wiederum steht verständnislos einem Luja oder Turkana gegenüber. Da hilft nur Suaheli oder eben Englisch. An der Küste spricht man noch etwas Deutsch, weil dort ein großer Teil der Touristen aus Germany kommt und weil südlich und nördlich von Mombasa fast jeder Eingeborene direkt oder indirekt mit dem Tourismus zu tun hat. „Gucken kost nix." „Ich billiger Jakob!" „Alles nix viel teuer." Da die deutschen Urlauber sich bekanntermaßen stets bemühen, den Einheimischen mit ein paar Sprachbrocken in der Landessprache eine Freude zu machen, lernen sie ganz schnell Suaheli. Papa heißt Mann oder Herr, Mama Frau oder Dame, Jambo heißt Hallo, guten Morgen, Tag, Abend, Nacht, machs gut und noch vieles mehr. Mit dieser minimalen Wortausstattung kann man schon ganz lustige Gespräche führen: „Jambo Mama! Papa, Jambo. Papa heute gut geht?" So begrüßt einen der freundliche Kellner am Morgen. „Jambo!", antwortet der beflissene Tourist und meint damit ja. Nach vierzehn Tagen Kenia geht mir das Jambo leicht und locker mindestens 238-mal täglich über die Lippen. Jambo öffnet einem die Herzen aller dunkelhäutigen Kenianer. Das zweite, noch wichtigere Wort ist ‚akuna matata', doch, um genau zu sein, sind es ja zwei Wörter. Akuna matata ist wirklich in jeder Lebenslage angebracht: Was es heißt? Na, so ungefähr „Macht nichts", „kein Problem", „alles halb so schlimm". Reinigt der Boy das Hotelzimmer, sagt man „akuna matata" und gibt ihm zwanzig Schillinge. Er erwidert „akuna matata" und grinst. Fällt man aus einem wackligen Einbaum ins

Wasser und ertrinkt dabei fast, ruft der Bootsmann „akuna matata" und lächelt breit. Hat der Safaribus die dritte Reifenpanne in zwei Tagen, rufen alle Insassen im Chor: „akuna matata" und der Driver flickt den Reifen im African Rumba-Rhythmus. „Akuna matata"', öffnet Tor und Tür. Ich habe in einer Lodge eine halbstündige Akrobatik-Feuerschluck-Schlappseil-Show gesehen und der Künstler, der ganz allein alle diese fantastischen Kunststücke fertigbrachte, rief ununterbrochen „akuna matata" und am Anfang und Ende seiner Vorstellung sagte er „Jambo". Als er sich einmal an der brennenden Feuerfackel verschluckte, lachte das Publikum einmütig und rief wie aus einer Kehle: „Akuna matata". Die Kenianer lieben Musik und machen sie auch sehr häufig. Sie klingt wie eine Mischung aus Harry Belafonte und Bob Marley. Ein Lied aber lieben alle Schwarzen und natürlich auch alle Touristen, zumindest im Frühjahr 1995, am meisten, und dieses Lied heißt, wie auch anders, „akuna matata". Der Song hat den wunderschönen Refrain „akuna matata", mit der Betonung auf dem letzten á. Man hört ihn mindestens hundertmal täglich aus allen verfügbaren Lautsprechern. Es ist aber auch ein richtig schöner Ohrwurm und lernt sich schnell auswendig. Dann gibt es noch ein anderes Lied mit dem Titel ,Mombasa'. Aber das ist kitschiger und erinnert ein wenig in der Melodieführung an Heino oder Roy Black. Das dritte Lied, das mir auch noch ans Herz gewachsen ist und an dem ich meine Suaheli-Sprachkünste wetzen kann, heißt „Jambo Bwana". Aber darauf auch noch einzugehen, würde hier zu weit führen, weil das Wort ,Bwana' schon richtig in die Tiefen der Suahelisprache führt und solche fortgeschrittenen Kenntnisse tun für einen dreiwöchigen Keniaurlaub nicht nötig.

Gezeiten

Es ist fast sechs Uhr nachmittags und die Flut hat für heute ihren Höchststand erreicht. Die Wellen rollen mächtig heran und schwappen kraftvoll gegen die Befestigungsmauer, die die beschattete Liegewiese des Hotels von Strand trennt. Bis auf ein paar Wasserratten, die sich im Bodysurfen üben, ist jetzt kaum noch jemand in den Fluten. Die beiden Beachvolleyball-Pfosten stehen verloren im brodelnden Wasser. Der Ozean macht ein ganz schönes Getöse und schmeißt Ladungen von Tang, Seegras, Palmwedel und was weiß ich noch ans Ufer. Eine Weile nimmt das Wasser den Dreck zwar noch mit zurück im Wellensog, aber wenn es dann allmählich wieder zurückebbt und in sechs Stunden weit draußen zur Ruhe kommt, liegt der ganze Kladderadatsch am Ufer. Manchmal findet sich unter dem Strandgut auch etwas, was man gebrauchen kann. Das meiste aber verbuddeln die fleißigen Strandreiniger, damit der Strand am nächsten Morgen wieder sauber für die Fremden ist.

Es ist aber ansonsten eine tolle Sache mit der Ebbe und der Flut. Jetzt, bei Neumond und kurz vor der Springflut ist es bei Ebbe auch weit draußen noch höchstens einen halben Meter tief und bei Flut steigt das Wasser um fast vier Meter. Das ist ein ganz ordentlicher Tidenhub. Allerdings sind die Gezeiten nur merkbar innerhalb des Riffs. Es gibt kein sich kilometerweit ins Meer hineinziehendes Wattenmeer wie an der Nordsee. Bei Wattspaziergängen stößt man schnell an Grenzen. Etwa eineinhalb bis zwei Kilometer von der Uferlinie entfernt und parallel zu ihr erstreckt sich entlang der gesamten Küste ein gewaltiges Korallenriff. Wie ein Schutzschild liegt es vor der Küste und hält nicht nur die Wellen klein, sondern auch die Haie vom Ufer fern. Hinter dem Riff geht es in die Tiefe. Somit ist eben nur vom Ufer bis zum Riff bei Ebbe Watt. Da kann man dann durch Untiefen waten, Seeigel unter den Badeschuhen zermantschen, auf Korallen herumtrampeln, große, wunderschöne und rauschende Muscheln finden, mit der Taucherbrille kleine Fische fangen und vieles mehr. In den Mulden ist das Wasser warm wie in der Badewanne und man suhlt sich nach Herzenslust darin. Man kann aber auch all dieses mühsame Auf-eigene-Faust-Erkunden sein lassen und sich von einem der Beach-Boys namens Jussuf oder Klaus oder Mohammed im Glasbodenboot oder im wackligen Einbaum mit Ausleger durch die noch gerade schiffbaren Tümpel und Siele schippern lassen und nach unten gucken. Da sieht man zwar viel weniger, als wenn man's mit der eigenen Brille versucht, man unterstützt aber die einheimische Bevölkerung und wird, was die Preise betrifft, herzhaft übers Ohr gehauen. Ich kann mich nicht so recht entscheiden, wann ich den Indische Ozean spannender finde: Bei Ebbe oder bei Flut? Ich glaube eher, bei Ebbe. Aber einen richtigen gemächlichen Schwimmurlaub, den darf man an Kenias Küsten nicht unbedingt erwarten. Verglichen mit Mittelmeeresküsten ist der Indische Ozean ein wildes und heftiges Meer. Doch darüber steht kaum etwas in den Reiseführern und Prospekten.

Ukunda

Wenige Meilen vom Diani-Beach entfernt, an der Landstraße nach Tansania, liegt Ukunda. Fast alle Hotels der Südküste tragen Ukunda im Briefkopf. Südküste, Nordküste, das muss ich erklären: Zwischen Nord- und Südküste liegt auf einer Insel Mombasa, größte Hafenstadt Westafrikas, ehemaliges Sklavenhandelszentrum, Knotenpunkt des Kenia-Flugtourismus, ein brodelndes Stadtmonster. Von Mombasa aus gesehen gibt es die Süd- und die Nordküste. Letztere ist näher an Mombasa, erstere etwa 35 Kilometer entfernt.

Joseph ist Wachmann im Kaskazi, einer von mindestens dreißig, die rundum die Uhr, uniformiert die Hotelanlage bewachen und Sorge tragen, dass den Hotelgästen keine Unbill widerfährt. Kein Fremdling kommt unerkannt von außen ins Ferienparadies. Der Strand ist öffentlich und deshalb steht an jeder Strandtreppe ein Wachtposten. Am Strand lauern die Beachpeople auf Kundschaft. Sie kämen gerne ins Heiligtum herein, um ihre Überredungskünste am willfährigen Objekt zu probieren. „Elefant, Giraffe, Nashorn, alles Eben, heute gut Preis". Meist sind nur Neuankömmlinge Opfer solcher Verkaufsstrategien. Die Neuen erkennt man an der schneeweißen Haut. Nach ein paar Tagen haben sie einen Sonnenbrand und kennen die Preise.

Joseph ist einer der Wachleute, die die Landsleute davon abhalten, mit den Gästen ins Geschäft zu kommen. Das Verrückte ist, dass sowohl Joseph als auch fast alle fliegenden Händler in Ukunda leben und wohnen. Man kennt sich also recht gut. Hier aber, am Hotelstrand, muss Joseph, der Wachmann, Albert, den Holzschnitzereienhändler, an der Ausübung seines Berufes hindern. Verrückte Welt. Aber Job ist nun mal Job. Jeder hat für den anderen Verständnis, und dass Joseph Albert verjagen muss, tut der Freundschaft keinen Abbruch. Joseph sucht und findet ein Gespräch mit mir: „Jambo, Papa!" Ob ich schon in Ukunda gewesen sei? Ich weiß zu diesem Zeitpunkt gar nicht, was Ukunda ist. Joseph, pechrabenschwarz mit wachen Augen in einem runden Gesicht, 23 Jahre jung, bietet sich an, uns Ukunda zu zeigen, uns nach ‚Afrika'' zu führen. Ich halte zunächst hin. „Perhaps I'll tell you tomorrow." Am nächsten Tag sage ich zu und wir verabreden einen Termin: Freitagmorgen zehn Uhr. Was er für seine Führung haben wolle? Das läge ganz bei uns. Naja, we'll see. Am Freitagmorgen ist der Himmel voller grauer Wolken. Noch beim Frühstück regnet es. Ich bin trotzdem wild entschlossen: „Wenn ihr nicht wollt, geh ich halt alleine." Das wirkt. Außerdem haben Ildiko, Uwe und Christine ja auch nichts Besseres vor. Joseph steht an der Straße, mit Regenschirm, ohne Uniform. Ich hätte ihn kaum erkannt, wenn er uns nicht beim Entgegenkommen gewinkt hätte. Das erstbeste Personentaxi (matatu) hält an. Zehn Schillinge kostet die Fahrt bis Ukunda. Die Post, die Tankstelle, die Bank, das sind die Fixpunkte und Sehenswürdigkeiten der Stadt. Joseph erklärt sie uns, so wie ein Fremdenführer die Highlights eines deutschen Fachwerkstädtchens erklärt: Das also ist die Post von Ukunda, zweistöckig und aus richtigem Stein gebaut im Jahre 1988. An der Tankstelle gegenüber haben bestimmt schon berühmte Kenianer getankt. Fehlen nur die Gedenktafeln. Nach diesem kulturellen Teil der Führung gehen wir in die Einkaufszone, das Shoppingcenter von Ukunda. Geschäft an Geschäft, reges Leben und Treiben. Die Läden, aus Holzlatten zusammengenagelt und teilweise mit Wellblech verklei-

det, haben alle die Einheitsgröße von zwei Meter fünfzig Grund-
fläche. Das heißt sie sind nicht gerade geräumig. Vor dem Laden
steht ein Stuhl, ein Tisch, sowie der Verkäufer, der Unterverkäufer
und der Ladenbesitzer. Alle drei versuchen gemeinsam, die Passanten, natürlich auch uns, zum Kauf all der herrlichen Waren zu
überreden. In der Nacht hat es geregnet, sodass sich vor den Geschäften hübsche knöcheltiefe Pfützen gebildet haben. Quer vor einem
Laden hängen an einer Wäscheleine verwaschene T-Shirts, rote LTU-
Gürteltaschen, Seidentücher aus Indien, rote Socken und Badeschuhe. Daneben verkauft jemand Trockenfisch, welcher unbarm-
herzig seine Düfte nach allen Seiten verbreitet. Zwanzig Meter
weiter erklingt aus der dunklen Tiefe des Record-Shops ‚the Best of
African Music'. Die Kassetten sind ungelabelt, mit Hand, aber
immerhin in fehlerfreier Orthografie beschriftet. Sodann gibt natürlich Fisch-, Obst- und Gemüse - Verkaufsstände sowie etliche Lady-
Beauty-Shops. Die fünf Hair-Stylerinnen im Beauty-Shop warten auf
Kundschaft und hören derweil, überlaut natürlich, ‚African Music'.
‚Akua matata'. Die Herrenschneiderei am Rande einer dorfteich-
großen Pfütze geht recht gut. Vier Schneider rattern an flohmarktver-
dächtigen Singer-Nähmaschinen. Ich ordere ein Baumwollhemd und
Uwe lässt sich auch zum Kauf überreden. Die hübschen Zebramotive
werden zu Hause bestimmt Furore machen. Der Oberschneider vermisst uns an Ort und Stelle. Mein erstes maßgeschneidertes Hemd.
Morgen wird es am Strand ausgeliefert werden. Joseph ist geduldig
mit uns, meint aber irgendwann doch, wir sollten allmählich das Ter-
rain wechseln. Wir verlassen also das Einkaufszentrum, ein bisschen
traurig, das prachtvolle Angebot an Fleisch- und Wurstwaren und
tropischen Gemüsen und Früchten nicht so recht wahrgenommen zu
haben, und überqueren die dichtbefahrene Hauptstraße, den Highway
nach Tansania. Auf der anderen Seite liegt die Wohnstadt von Ukunda. Lichter Wald, Baobabbäume, Schatten spendende Palmen.

Unbemerkt hat sich eine dichte Wolkendecke vor die Sonne
gelegt. Wir wandern eine Weile einen schmalen Pfad entlang. Links

eine ausgedehnte, eingezäunte Plantage und rechts vereinzelt Hütten, Häuser, schuppenähnliche Behausungen. Wer ein Steinhaus besitzt, ist reich. Die meisten Gebäude sind aus Lehm. Kinder wuseln herum. Wir haben nicht einmal Bonbons dabei. Einige der Kleinsten betteln uns an: erbarmungswürdiger Augenaufschlag und ein paar deutsche Worte. Joseph beklagt, dass diese Kinder oft gar nicht mehr zur Schule gingen. Wenn sie einmal von den Fremden Schillinge bekommen und diese nach Hause gebracht haben, schicken sie die Eltern hinfort immer wieder zum Betteln. Ziegen grasen um einen Pflock, hin und wieder gackern ein paar Hühner. Manche der Hütten besitzen richtige Innenhöfe. Da sitzen Frauen und schwatzen miteinander. Wie viele Menschen mögen in Ukunda leben? Schwer zu sagen, weil diese Anhäufung von Hütten nichts mit Begriffen wie Stadt, Dorf, Gemeinde zu tun hat. Weder gibt es klar erkennbare Straßen, noch sind die Grenzen der Ansiedlung erkennbar. Sie wuchert einfach in den Urwald hinein und macht sich breit. Möglicherweise wächst sie von Jahr zu Jahr weiter, weil die Menschen ihr zuströmen, gelockt von der Mär, hier nahe der Diani-Beach lasse sich mit den weißen Touristen gut Geld verdienen. Joseph führt uns zum Big Tree. Der ist wahrhaftig eine Sehenswürdigkeit. Fünfhundert Jahre alt ist dieser Veteran, ein Riese von einem Baobab-Baum, mit Stämmen, Ablegern, Luftwurzeln, die sich in alle Richtungen verästeln. Dreißig Fuß im Umfang misst dieser Wunderbaum. Jomo Kenyatta selbst, erster Präsident des Landes, hat ihn heiliggesprochen, unter Naturschutz gestellt, dem Volk von Kenia für alle Zeiten geschenkt. Zu Füßen des Giganten haben Holzschnitzer ihre Werkstätten und Verkaufshütten. Natürlich kommen wir nicht daran vorbei, ohne etwas zu kaufen. Zwischen den Ställen, Hütten und Schuppen hindurch führt uns Joseph zu seiner Wohnung, einem Zimmer in einem festen Steinhaus. Ein afrikanisches Mietshaus. Ein reicher Mann wird hier tagtäglich reicher und die Menschen in seiner erbärmlichen Steinburg leben für teures Geld Tür an Tür. Josephs Zimmer besteht aus dem Bett, einer Kleiderecke, einem Tisch und

Stuhl sowie drei Schemeln. Wir nehmen auf dem Stuhl und den Schemeln Platz und Joseph auf dem Bett. Unser Freund zahlt für diese Bleibe fünfhundert Schilling im Monat. Zweitausend Schilling verdient er. Ein Viertel seines Monatsgehaltes also geht drauf für dieses Zimmerchen. Joseph ist Luo, sein Volk lebt weit entfernt am Victoriasee. Dort wohnen auch seine Frau und seine kleine Tochter bei ihrer Familie. Joseph ist Christ und er hält Kinderreichtum nicht unbedingt für einen Segen. Ein oder zwei Kinder seien genug. Einmal im Jahr fährt er heim, die weiten 1300 Kilometer, für die kurze Zeit seines Urlaubs. Warum er hier arbeitet und nicht zu Hause bei seiner Familie lebt? Für das bisschen Geld, das er als Wachmann verdient, lohnt sichs doch kaum. Das ist deutsch gedacht. Joseph weiß, dass er nicht viel verdient, aber es reicht ihm zum Leben, und besser, sagt er sich, ist es allemal, überhaupt etwas zu verdienen, als untätig herumzulungern und der Familie zur Last zu fallen. Seine beiden Brüder arbeiten ebenfalls an der Küste. Aber Frau und Kind will er nicht hier haben. Sie sind besser aufgehoben im Schoß der Familie. Wir geben Joseph als Dankeschön 500 Keniaschilling. Das ist immerhin die Monatsmiete für sein Zimmer. Inzwischen hat es angefangen zu schütten. Der halbe April ist vorbei, die Regenzeit ist gekommen. Unter Josephs Regenschirm und dem Schutz der Bäume werden wir nur zu dreiviertel nass. Joseph bringt uns bis zur Tankstelle. Dort stehen die Matatus. Wir zwängen uns, pitschnass inzwischen, in ein dreiviertelvolles, und warten. Der Regen hämmert auf das Blechdach und Fontänen spritzen zur offenen Schiebetür herein. Christine widerspricht heftig, als ich bemerke, dass wir hier wenigstens im Trockenen sitzen. Sie kauert nahe der Tür und schwimmt auf ihrer linken Seite schon fast weg. Ich fröstele. Hose und Hemd kleben unangenehm am Körper. Dabei ist es mindestens 25 Grad warm. Warum fahren wir nicht los? Die Kutsche ist doch voll. Ganz einfach: der Motor springt nicht an, die Batterie gibt nur noch Rülpslaute von sich. Fahrer und Beifahrer beratschlagen, was zu tun sei. Darüber vergeht eine Viertelstunde. Als wir drauf und dran sind, auszusteigen, um uns nach einem anderen Gefährt umzuschauen, erbarmt sich plötzlich irgendjemand, und schiebt die lahme Gurke auf die Fahrbahn. Zwei der Insassen helfen. Gesteigertes Schritttempo und tatsächlich greift der Motor. Hurra, wie fahren. Und die Kutsche fährt sogar in die richtige Richtung und hält an der richtigen Stelle. Bis zum Hotel sind es noch ein paar Hundert Meter, genug, um das Erlebnis nässester Nässe zu erfahren. Das ist lustig. Es ist schon so viele Jahre her, seit ich so richtig von Herzen durch tiefe, warme Pfützen getrampelt bin. Damals kriegte ich Prügel dafür. Heute finde ich es richtig schön, mich von Fuß bis Kopf einzusauen.

Massai

Den ersten leibhaftigen Massai sah ich auf der Fähre am Ankunftstag. Er fiel auf unter den Massen von Farbigen, die sich auf das rostige Fährmonster quetschten. Die beiden Fähren von Mombasa zur Südküste verkehren rund um die Uhr, gehen dem Vernehmen nach einmal im Jahr unter und stoßen einmal im Monat zusammen. Doch zurück zu dem Massai: Die Rastalocken schienen mir untypisch. Die Körperhaltung aber, die Größe, der aufrechte, lockere, raumgreifende Gang, das rote Tuch, salopp um Schulter und Oberkörper geworfen, die Füße in zu Sandalen verarbeiteten Autoreifenfragmenten, das alles war so, wie ich mir einen Angehörigen dieses Volksstammes vorgestellt hatte. Ein richtiger Vorzeigemassai. Bevor ich ihn fotografieren konnte, war er in der Menge verschwunden. Am Nachmittag kam uns dann am Strand ein zweiter Massai entgegen. Eigentlich waren es drei, aber nur einer trug Speer und Schild. Dass dieser Krieger den Speer, den Schild, überhaupt beinahe alles, was er am Leibe trug, den Hotelgästen verhökern wollte, desillusionierte mich schon ein wenig. Ich hatte mehr Stolz erwartet. Aber vielleicht waren diese Beach-Massais auch gar keine richtigen, sondern nur Eingeborene in Massaioutfit.

Zwischen Tsavo und Amboseli verläuft irgendwo die imaginäre Grenze, die das Massailand vom Kikuyuland trennt. Zehn Minuten

310

jenseits dieser Grenze kommt uns auf unserer Safari der erste zwei-
felsfreie Massai entgegen, auf einem Fahrrad. Das rotlila Tuch
schlabbert gegen den schokoladenbraunen Körper, der fast kahle,
schmale Schädel ist über den Lenker gebeugt und die hagere Gestalt
strampelt heftig gegen den Wind. Auch so habe ich mir einen
Angehörigen dieses kriegerischen Volkes nicht vorgestellt. Krieger
auf Hollandrad! Noch 1895 haben Massai immerhin 1100 Engländer
massakriert und sind, weil die Tommies Schiss vor ihnen hatten,
glimpflich davongekommen: Sie seien von Weißen provoziert
worden und deshalb träfe sie eigentlich auch keine Schuld und auch
nicht die Härte einer englischen Vergeltung. Die Massai waren
gefürchtet von allen anderen Stämmen Kenias, hatten sie doch nichts
anderes im Kopf, als Kriege zu führen.

Und heute? Die meisten der etwa 250.000 Angehörigen dieses
Volkes leben in zwei Provinzen. Eine der beiden, die Provinz Narok
passieren wir zweimal. In ihr liegen der Amboseli-Nationalpark und
auch die Massai Mara. Alle Volksstämme Kenias, mit gewissen Ein-
schränkungen vielleicht nur die im schwer zugänglichen Norden des
Landes am Turkanasee lebenden Völker, sind mehr oder weniger von
den Segnungen der Zivilisation berührt und mit dem Virus westlich-
europäisch-amerikanischer Lebensweise infiziert worden. Nicht
jedoch die Massai. Auch unter den Kenianern sind sie die Exoten
geblieben, zivilisationsresistent, seltsam, unbegreiflich und Achtung
gebietend. Sie genießen oder erleiden, je nach Sichtweise, eine
gewisse Narrenfreiheit. Einstmals kamen sie wohl vom Oberlauf des
Nil, Abkömmlinge der Pharaonen. Vor ein paar Jahrhunderten zogen
sie mit ihren Herden südwärts und wählten sich schließlich die
weiten Steppen des heutigen Kenia und Tansania zu ihrem Lebensraum. Ihre Sprache, das Maa, ist einzigartig, und verwandt sind sie
nur noch mit dem Volk der Turkana im Norden Kenias. Heute hat die
kenianische Regierung Teile des Massailandes zu Nationalparks
erklärt. Menschen haben nur nach Kauf einer Eintrittskarte, auf vorgeschriebenen Pfaden und in den Lodges etwas in ihnen zu suchen.

Und nur bei Tag. Für die Massai gilt das alles nicht, das heißt, sie scheren sich einfach gar nicht darum. Gesetze und Regeln zerbersten an ihrer dickfelligen Renitenz. Ihre Kraals, Runddörfer von der gleichen Struktur wie vor Jahrhunderten, liegen außerhalb oder innerhalb der Tierreservate, ihre Rinderherden treiben sie, wohin immer ihnen der Sinn steht und wo genug Wasser und Gras zu finden ist. Ob Tansania oder Kenia, ist ihnen egal. Pass oder Ausweis? „Ich bin Massai, sieht man das nicht!" Ob sie so das 20. Jahrhundert überleben werden? Einige meinen, sie werden sich anpassen müssen oder sie werden aussterben. Andere Kenner der Szene sind der Meinung, dass dieser Volksstamm so widerspenstig, verstockt, arrogant, stark und selbstbezogen sei, dass er jeden Kulturschock recht gut überstehen werde. Noch jedenfalls scheint die Massaiwelt einigermaßen in Ordnung. Der Alte auf dem Fahrrad und der Jüngling mit dem Transistorradio auf der Schulter, die Knaben, die die Rinderherde vor sich hertreiben und dabei den Safaritouristen in Englisch oder Deutsch Perlenschmuck anbieten, das Massaimädchen mit Baby im Rückentuch, die sich für 200 Schilling fotografieren läßt oder die malerische Tanzgruppe, die dreimal wöchentlich ihren Hüpftanz-Auftritt in den Küstenhotels hat, das alles ist heute Massaileben und Alltag. Und genauso Alltag ist das Runddorf mit dem Schutzwall gegen die wilden Tiere und dem Vieh- oder Tanzplatz in der Mitte, die Beschneidungsrituale, das Nomadisieren mit den Rinderherden, die Besuche im Nachbardorf, die Palaver und all die traditionellen Bräuche und Riten. Heute wie vor hundert Jahren. Man hat sich arrangiert, ohne die Identität verloren zu haben.

Es sind schöne Menschen. Hochgewachsen, mit schmalen Körpern und Köpfen und einer Körperhaltung und Bewegungseleganz, als seien sie Models auf den Laufstegen der Welt. Sie scheinen zu schweben, wenn sie sich über die Steppe bewegen, den unverzichtbaren Stock in der Hand und das rote, lila oder purpurne Tuch um Schultern oder Hüften. Farbtupfer im Grau, Braun, Ocker, von Weitem sichtbar. Die Frauen sind Schönheiten und auch die Männer.

Schmuck ist keine Frage des Geschlechts. Frauen wie Männer tragen die bunten Perlenketten und aufgefädelten Geschmeide aus Tierzähnen, Muscheln oder Holzschnitzereien um den Hals. Die Köpfe sind oft glattrasiert oder mit ganz kurzen Kraushaaren bedeckt. Manchmal flechten sie sich rötlich gefärbtes Kunsthaar zu langen Zöpfen und das hängt dann bis zu den Hüften. Festgehalten wird diese Haarpracht durch ein rot-weiß-blaues Flechtband um die Stirn. Ketten hängen von der Stirn herab und um die schlanken Hälse. Einzig die deformierten Ohren, durchlöchert und furchtbar in die Länge gezogen, entsprechen nicht unseren Vorstellungen von Schönheit. Wo sich die Ohren befinden, baumelt so eine Art Knäuel oder Garngebinde bis fast zum Kinn herab.

Auf der Fahrt zum Amboseli machen wir eine Tankrast. Robert, der Fahrer, wird von einem hünenhaften Massaimann angesprochen und fragt uns danach, ob wir ein Massaidorf besichtigen möchten. Ganz in der Nähe, kostet aber 500 Schilling pro Person. 500 Schilling, das ist ganz schön happig, immerhin etwa siebzehn Deutschmark. Aber wir wollen trotzdem. Wer weiß, ob wir in diesem Leben noch einmal die Gelegenheit haben werden, Massaidasein zu erkunden. Unser Bus hält vor dem Dorf. Zunächst sind nur Frauen da und ein Mann, der Riese von der Tankstelle. Der kassiert unser Geld, zählt sorgfältig nach und schickt uns dann, einen nach dem anderen, ins Dorfinnere. Allmählich kommen von allen Seiten andere Männer herbei, Kinder und Frauen. Sie umringen uns und ein ganz Mutiger traut sich sogar, mit nassem Finger die weiße Haut anzufassen und zu prüfen, ob darunter nicht doch das Braun durchkommt. Das Dorf ist kreisrund, nach außen geschützt durch palisadenartiges Gestrüpp und Reisig. Entlang dieses Zaunes kleben die Hütten eng aneinander, schmale, brusthohe Behausungen, wie in die Länge gezogene Termitenhügel. Rötlich erdfarben. Ein kleines, halbhohes längliches Loch, das zum Bücken zwingt, ist der Eingang. Im inneren Ring des Dorfes, wieder geschützt durch einen niedrigeren Zaun, befindet sich der Platz, auf dem das Vieh des Nachts steht, sicher vor Raubtieren.

Jetzt ist dieser Platz leer und Bühne für das kommende Spektakel. Die Frauen stellen sich in einer langen Reihe auf, beginnen einen monotonen auf- und ab schwellenden Singsang und machen dabei gleichförmig stampfende Bewegungen. Die Füße treten den Takt in den staubigen Boden und die schmalen Schultern zucken auf und nieder. Wir machen eifrig Fotos: malerisch-exotisch ist diese Schauspiel schon und so einen Hauch von ungebändigtem, wilden Afrika verspüren wir auch. Wenngleich ich mich auch unbehaglich in meiner Voyeurrolle fühle. Doch dann sage ich mir, dass dies schließlich ein irgendwie ausgeglichenes Geben und Nehmen ist. Der junge Chef, der Riese, der das Geld kassiert hat - es gibt auch noch einen Dorfhäuptling, der alt und vertrocknet um uns herum watschelt, bei dieser Art von Geschäften allerdings offensichtlich weniger zu sagen hat - gibt nach einer Weile ein Zeichen und erklärt in gutem Englisch und in einem Ton, der keinen Widerspruch duldet, mit der Tanzerei sei jetzt Schluss, keine Fotos mehr, jetzt käme der zweite Teil des Programms, die Besichtigung der Hütten. Je zwei Personen, immer Mama und Papa, darauf wird streng geachtet, krabbeln durch den dunklen Gang um eine Ecke - Geister können nicht um Ecken biegen - in das Innere der Hütte. Den Kopf muss man dabei ganz schön einziehen. Die Hüttenbesitzer, Mama Massai und Papa Massai erklären uns ihre Wohnung: Platz zum Schlafen für Papa, Platz zum Schlafen für Mama und Baby. Feuerstelle. Das wars. In der ‚Küche' gibt es weder Töpfe noch Geschirr, noch irgendwelche Utensilien, die auch nur entfernt an Kochen oder Braten erinnern. Es ist verdammt eng in der Höhle und es stinkt nach Rauch. Wir wechseln Worte in spärlichem Englisch und dann breitet Mama Massai ihren Schmuck vor uns aus. Natürlich kommen wir nicht eher wieder heraus, bis wir etwas gekauft haben. Ildiko ist nach Flucht zumute. Sie hat Platzangst und das Gefühl, in der stickigen Hütte keine Luft zu bekommen. Sie zieht mich am Ärmel und schimpft: „Ich will nichts kaufen! Ich will hier raus." Wir versuchen, ins Freie zu gelangen, doch zwischen uns und dem Ausgang hockt Massaimama mit ihren

314

Schmuckstücken. Für 100 Schilling erhandle ich eine Kette mit Tierzähnen und als Zugabe dürfen wir nun auch in die Freiheit. Wir
atmen tief durch. Der Rest ist Abschiednehmen vom Dorf und seinen
Bewohnern. Ihren Stolz und ihre Scheu haben sie in der letzten
halben Stunde verloren: Die Zahl derer, Männlein wie Weiblein, die
uns etwas andrehen wollen, wird von Minute zu Minute größer.
Offensichtlich ist dies ein Dorf voller Schmuck- und Waffenhändler.
Von Speer, Schild, Dolch bis zur Halskette, Nasenring, Ohrgehänge
ist alles käuflich und je näher wir dem Dorfausgang kommen, desto
billiger werden die Souvenirs. Innerhalb von fünf Minuten sackt der
Preis einer Halskette von fünfhundert auf fünfzig Schilling und
findet schließlich für vierzig einen Käufer. Wo wir zu Hause den
handgeschmiedeten Massaispeer, made in China, hinhängen, wissen
wir noch nicht, aber er war halt so billig und wir wollten den netten
Massaiopa nicht enttäuschen. Schluss der Vorstellung. Wir sind alle
um ein Stück Erfahrung und etliche Schmuckstücke reicher
geworden.

Als 1883 der schottische Keniaforscher Joseph Thompson als
erster auf die Massai trifft und sie ein wenig kennenlernt, nennt er sie
„die arrogantesten und skrupellosesten Wilden in Afrika" und
betrachtet sie mit einer Mischung aus Faszination und Abscheu. Ich
denke, diese Mischung ist bis heute gleich geblieben. Selbst bei
Robert, dem zivilisierten Schwarzen, klingt diese Ambivalenz durch,
wenn er uns etwas von der Lebensweise seiner Landsleute berichtet.
Sie sind ihm beinahe ebenso fremd wie uns. Sie gehören einem anderen, eigenartigen Volk an. Mit den Kikuyu, den Luo, den Digo kann
sich Robert identifizieren, sie sind wie er auf dem Marsch ins zwan-
zigste Jahrhundert, bemühen sich um Anpassung. Aber die Massai,
die sind anders, fremdartig, unzugänglich, verschlossen. Die Massai
stinken. Kein Wunder, wenn man sich mit Erde und Kuhmist
beschmiert. Und die Eßgewohnheiten!! Hauptnahrungsmittel ist
Milch, vermischt mit Blut, das sie aus der Halsschlagader ihrer
Rinder zapfen. Oder sie essen eine Art Joghurt aus Milch, mit Kuhu-

rin versetzt. Rindfleisch gibt es relativ wenig auf dem Massai-Speise-
zettel. Nur zu Zeremonien, Riten, besonderen Festlichkeiten. Rinder
sind schließlich der ganze Reichtum und wer frisst schon gerne sein
Geld auf. Ziegenfleisch gibt es hin und wieder. Sonst aber steht
nichts auf dem Speiseplan. Kein Gemüse, kein Obst! Ob man so
leben kann? Ernährungswissenschaftlich gesehen? Offenbar ja.
Robert behauptet, manche Massai würden weit über hundert Jahre
alt. Der uralte Massai im Dorf, dessen Gesicht nur noch aus Runzeln
und Falten besteht, scheint Roberts Behauptung zu bestätigen. Verdammt widerstandsfähiges Volk. Wasser zum Beispiel trinken sie aus
jeder Pfütze. Jeder normale Mensch wäre am nächsten Tag tot, sie
aber trinken und gehen munter ihrer täglichen Faulenzerei nach. Wir
haben wirklich gesehen, wie Massaiknaben Wasser aus einer schlammigen Regenpfütze schöpften und tranken. Ein Massai arbeitet nie.
Dafür hat er seine Frau. Er heiratet sie und dann baut sie die Hütte,
sorgt sich um alles und schuftet. Sie hält den Kuhbesitz in Stand und
die Kinder treiben das Vieh auf die Weide. Er faulenzt und palavert.
Früher durfte er wenigstens noch in den Krieg ziehen und Feinde
töten, heute aber gibt es nicht mal mehr Kriege, also kann er nur spazieren gehen. Vielleicht sieht man auch deshalb ständig und überall
Massaimänner herumlaufen. Komischerweise haben sie es immer
eilig. Die Frauen arbeiten indessen. Immerhin, wenn einer Frau die
tägliche Plackerei zu viel wird, dann sucht sie für ihren Mann eine
zweite Frau und die beiden teilen sich denselben und er muss dafür
zwei Weiber beschützen und zusehen, dass er seinen Besitzstand
mehrt. Möglicherweise suchen sich die beiden voll weiblicher
Hinterlist dann noch eine dritte Frau. Also, genau genommen, ist
auch so ein Massai-Männerleben kein reines Honigschlecken. Man
möge mir meine etwas flapsige Auseinandersetzung mit diesem Volk
und ihrer Lebensweise verzeihen. Ich wollte keinen Massai oder
Massaikenner beleidigen, und wenn ich etwas Falsches geschrieben
habe, entschuldige ich mich dafür. Wer mehr über dieses Volk wissen

will, für den gibt es ja dicke ethnologische Bücher und Bildbände mit tollen Fotos.

Mwazaro-Beach

Jörg, Anfang Dreißig und Tauchlehrer im Kaskazi, hauptberuflich Toyota-Verkäufer in Berlin, jetzt außer Diensten, beurlaubt für ein Jahr, überzeugt uns: „Kommt mit uns nach Mwazaro - Beach! Tauchen, Schnorcheln, afrikanisches Hochzeitsessen, Bootsfahrt durch Mangrovenwälder. Um halb acht abends sind wir wieder zurück. Es wird euch gefallen." 125 Mark pro Kopf soll der Tag kosten. Aber Jörg lässt mit sich handeln: 25 Prozent Rabatt, hundert Mark weniger für alle vier.

Es wird ein wunderschöner, erlebnisreicher Tag, ein Tag à la Hans von Loesch, dem Herrn von Mwazaro-Beach. Hans von Loesch, Jahrgang 40, genau mein Alter, geboren in Kassel, mit Blick auf den Herkules. Afrika ist weit weg. Die Familie ist bieder, großbürgerlich, spielt eine Rolle in der Kasseler Gesellschaft: von Loesch, Adel verpflichtet. Hans ist Kriegskind: Man schlägt sich so durch im zerbombten Kassel mit Hamsterei, Lebensmittelkarten, Nachkriegsschwarzmarkt. Hänschen von Loesch geht aufs Willhelmsgymnasium. Wer dahin geht, ist wer und wird was. Die Fünfziger-Jahre mit ihren Nierentischen, dem deutschen Schlager und Elvis-Anfängen übersteht der Knabe in kurzen Hosen. Irgendwann wechselt er auf die Waldorfschule. Möglicherweise haben die von Loesch einen anthroposophischen Touch: Rudolf Steiner und Goethe im Bücherschrank und die Geige liegt auf dem Klavier. Hans genießt die musische Erziehung und die Sechziger tauchen am Horizont auf. In Freiheit dressiert, lechzt der Jüngling nach mehr, macht Abitur und beginnt, irgendwo Medizin zu studieren. Marburg vielleicht, das liegt nahe. Aber warum Medizin? Der Familieneinfluss vielleicht? Das Albert-Schweitzer-Syndrom? Das wäre dann ja schon eine Vorausdeutung auf Afrika. Die Sechziger waren Protestjahre: Flower-Power, Vietnam, Hoh-Ho-Ho-Shi-Minh und die kleine radikale

Minderheit. Hans auf dem Marsch nach Bonn: Benda, der war damals Innenminister, „Benda, wir kommen!" Vielleicht war das so. „Hast Du schon gehört, der junge von Loesch hat das zweite Examen geschafft." „Wer hätte das gedacht!" „Ja, aber Arzt will er nicht werden." „Hab' ich doch immer schon gesagt, aus dem wird nichts rechtes." Hans von Loesch macht einen weiten Bogen um Kassel, verschwindet aus Nordhessen, geht in die medizinische Forschung. Für die Zigarettenindustrie nach Indien und Südamerika. Aus der ersten Ehe sprießen Kinder. Doch die Frau zieht es nach Kassel zurück. Wer möchte schon mit einem Globetrotter verheiratet sein und außerdem brauchen die Kinder eine geregelte Umwelt und eine ordentliche Schule. Man geht getrennte Wege. Von Loesch sammelt Erfahrungen, menschliche, medizinische und überhaupt. Indien, Kolumbien, Asien. „Die Welt ist rund, ich bin ein Vagabund." In Deutschland wird es immer enger während der fetten Ludwig Erhardt-Jahre. Und dann Kurt Georg Kiesinger und Barzel. Da ist von Loesch vielleicht schon in Afrika. Eine zweite Ehe scheitert auch. Wenn er seine Kinder besucht, macht ihn alles nervös in Deutschland: die Hektik am Flughafen, die Staus auf den Straßen, die Aggressivität der Autofahrer, die Telefone, die ständig klingeln, der Fernseher, der jedes Gespräch tötet. Er haut schnell wieder ab. 1993 findet Hans von Loesch an der Südküste Kenias, nicht weit von Shimoni und dem Wasini-Island entfernt, gegenüber der Insel Funzi eine Bucht und einen Strand, die es beide eigentlich gar nicht gibt. Der Strand ist verhext, verzaubert, verboten. Der Fluch der Medizinmänner liegt über ihm. Mwazaro ist ein Ort, an dem böse Geister hausen. Kein Eingeborener ist hier zum Bleiben zu bewegen. Doch Hans ist sich sicher, dass er den Ort gefunden hat, an dem er sesshaft werden möchte. Ein feinsandiger Strand, eine schmale Halbinsel, flankiert an beiden Seiten von dichten Mangrovenwäldern, der weiten Bucht vorgelagert die Insel Funzi und davor das große Riff, ein zweiter Schutzwall, gegen die Haie und Wellen. Bei Flut leckt das Wasser bis an die Landzunge und bei Ebbe kann man fast trockenen Fußes bis zu den Sandbänken laufen. Ein Paradies. Eines mit Haken und Ösen.

Jeder Mensch hat, glaube ich, einen Ort, der ihm bestimmt ist, an dem er leben und eine Weile bleiben und Wurzeln schlagen möchte, wo er mit sich selbst in Einklang ist. Meiner ist am Meer, vielleicht in Kato Gatzea, einem Dörfchen am Pagiasitischen Golf in Mittelgriechenland. Hans' Fleckchen Erde ist Mwazaro-Beach. Er will es haben, er kämpft darum und er bekommt es. „Schwierigkeiten sind da, um überwunden zu werden", sagt er. Er erzählt seine Erwerbsgeschichte so: Zuerst bat er die Medizinmänner der umliegenden Dörfer zu einem Palaver und versuchte ihnen begreiflich zu machen, was er wollte. Sie schüttelten den Kopf. Er nahm einen erneuten, beredten Anlauf und sie strichen sich nachdenklich die Bärte. Schließlich opferte er eine Ziege und die weisen Männer wurden milde gestimmt. Sie ließen ihn schwören, die Natur in ihrem Zustand zu lassen, ohne Teufelswerk und fremde Geister. Der gewaltige, heilige Baobabbaum sollte heilig bleiben für alle Zeiten. Wie Hans von Loesch den nächsten Schritt schaffte, der kenianischen Regierung zwölf Hektar dieser herrlichen Küste abzukaufen, und wo er das Geld dafür hernahm, mag sein Geheimnis bleiben. Er schaffte es jedenfalls. Und er rodete, griff ganz vorsichtig ein in die Natur, ohne zu zerstören, er baute Laubhütten, zwei kleine Steinhäuser, Toiletten, legte Wasserleitungen und Treppen und Wege an. Er errichtete ganz behutsam sein ‚Hotel nature', „where God makes holiday". 73 Eingeborene halfen ihm am Anfang. Heute hat er einen kleinen Trupp von Köchen, Boys und Helfern und er schwört auf seine Digos, die Leute dieser Küstengegend. Inzwischen kommen Gäste aus aller Welt in seine Herberge. Ohne Werbung, ohne Prospekte. Nur Mundreklame. Wer Mut hat, Afrika und Natur pur, ohne Elektrizität, warmes Wasser und Telefon zu erleben, wer den Versuch wagt, in dieser Abgeschiedenheit mit sich selbst ins Reine zu kommen, der kann hier urlauben. Ildiko bekommt Schweißausbrüche bei dem Gedanken, auch nur eine Nacht hier zu verbringen. Entschieden zu viel Natur. Und tatsächlich ist der Gedanke schon bedrohlich, hier in dunkelster Nacht ein paar Hundert Meter zur Toilette zu gehen. Was da im Finstern kriecht und lauert! Schlangen, Spinnen, Skorpione und Raubtiere gebe es in Mwazaro nicht, sagt Hans, doch woher weiß er das so genau? Und die Geister? Die allerdings sind allgegenwärtig. Videokameras funktionieren nicht beim Ablichten des Baobabbaumes und wer an diesem Orte etwas stiehlt, der stirbt eines unnatürlichen Todes. Zwei Menschen haben es bisher versucht und beide traf ihr verdientes Schicksal. Man fand sie am nächsten Morgen mit aufgeblähten Bäuchen am Strand. Schwärzestes Afrika.

Um halb zehn kommt unsere Gruppe von fünfzehn Touristen in Mwazaro an. Hans von Loesch begrüßt und erklärt. Er redet gerne und gut. Das runde Gesicht mit dem Dreitagebart und den kurzen Haaren ist freundlich und offen. Er freut sich über uns. Besuch, der neugierig ist, Leben bringt und auch noch etwas Geld dazu. All das kann er gebrauchen. Die Taucher fahren zum Tauchen Richtung Shimoni und wir anderen zum Schnorcheln zu den nahen Korallenriffen. Hans steht im Heck und bedient den Motor des acht Meter langen Holzbootes und ein Boy sitzt auf dem Bug und gibt die Richtung an. Er weiß genau, wo die Korallenriffe unter der Wasseroberfläche versteckt liegen. Mehr als eine Stunde lang schnorcheln wir. Wir erleben einen Traum aus Formen und Farben. Ich habe kaum zuvor so etwas Schönes gesehen: Filigrane Sterngebilde, riesengroße Schneeflocken, seeigelartige Iglus, Bäume, deren Äste winterlich erstarrt sind, Kakteen, Blumen, Fantasiegebilde. Und Fische, Fische, Fische. Farbenflimmerndes Leben. Nach zwei Stunden sind wir wieder zurück. Hungrig. Gegessen wird unter Schilf-Sonnendächern, auf Bastmatten auf dem Boden sitzend, an ganz niedrigen Tischen. Messer und Gabeln gibt es nicht. Wofür hat man zehn Finger! Der erste Gang besteht aus in Bohnenöl gebratenen Kokosnussstreifen, panierten Fischhäppchen und süßen Pfannkuchen. Als wir damit fertig sind, werden die Tische fortgeschafft und einfach neue herbeigetragen. Auf großen Bananenblättern ist der zweite Gang ausgebreitet: zwei tellergroße Fische, afrikanischer Krautsalat, Soße, Kochbananen und gebratene Bananen, Mangostreifen und tropisches Gemüse. Das also ist das Hochzeitsessen. Hans meint es gut mit uns.

Die Ebbe hat ihren Tiefstand erreicht. Allmählich steigt das Wasser wieder. Gegen vier beginnt der dritte Teil unseres Ausfluges. Wir steigen in das Boot und tuckern langsam quer über die Bucht zur Mündung des Ramisi-Rivers. Da, wo der Fluss, der jetzt von den starken Regenfällen der letzten Tage schon rötlich gefärbt ist, aus der Shimbabergen kommend ins Meer strömt, breitet er sich noch einmal kräftig aus und bildet ein verzweigtes Delta. An die Ufern all dieser vielen Flussfinger erstrecken sich dichte Mangrovenwälder. Mangroven sind die einzigen Bäume, die auch im Salzwasser leben können. Ein kompliziertes System: den zum Leben nötigen Sauerstoff beziehen diese Bäume von Bakterien, die an ihren Wurzeln leben. Jetzt, bei noch niedrigem Wasser hängen die Wurzeln der ansehnlichen Bäume wie trichterförmige Büschel verfilzter Haare in der Luft. Schwarzer Schlamm deckt unter ihnen den Boden. Langsam schiebt sich das Boot den Flusslauf hinan. An manchen Uferausbuchtungen liegen Einbäume der einheimischen Fischer. Fischreusen zeugen von ihrer Tätigkeit. Die einzigen Geräusche außer den Warnrufen der Vögel sind das Tuckern des Motors und unsere halblauten Gespräche. Der Flusslauf wird schmaler und das Ast- und Zweiggewirr dichter. Hin und wieder kürzen wir ab und fahren durch Seitenarme wie durch Tunnel. Der Gedanke, dass in den Ästen und Zweigen über uns Schlangen lauern könnten, macht Angst. Hans hat uns gebeten, nicht im Boot aufzustehen während der Fahrt, nicht am Rande zu sitzen und weder Hände noch Füße ins Wasser zu strecken. Es gibt Krokodile. Er braucht uns nicht besonders eindringlich zu bitten. Irgendwo im Wasserarmdschungel ist eine Grenze, von der ab der Fluss nur noch Süßwasser führt. Weiter schiebt die Flut das Meerwasser nicht mehr. Die Vegetation verändert sich: kaum noch Mangroven, dafür urwaldartiges Durcheinander. Hohe Bäume, mit dichten lichtabweisenden, fast undurchdringlichen Kronen, Lianen,

Schlingpflanzen, Baumleichen am Boden, Gestrüpp und Farnbüsche am Ufer. Dunkles morastiges Gelände, bisweilen wie eine Mondlandschaft. Hier hausen Krokodile. Scheu sind sie, sagt Hans, weil sie bis vor kurzem noch gejagt wurden. Neuerdings ist das Flussdelta Naturschutzgebiet. Etwa tausend dieser gefräßigen Riesenechsen sollen hier leben, die größten erreichen bis zu sechs Meter Länge. Ihre Eier legen sie in die Farne am Ufer und dort wächst auch die Brut heran. Wir sehen zwar keinen Krokodilwinzling, dafür aber ein halbwüchsiges und ein etwa drei Jahre altes. Das Letztere, gelblichgrün, schießt urplötzlich aus dem Unterholz heraus und verschwindet mit einem weiten Satz von der Uferböschung im undurchsichtigen Wasser. Bis zu einer Stunde kann es dort bleiben und bewegungslos auf Beute lauern. Der Gedanke daran lädt nicht gerade zum Baden ein. Die zweite Echse, ein Krokodiljüngling, liegt faul auf einer Lichtung. Etwa drei Meter ist er lang und fotogen. Als wir auf der Rückfahrt zum zweiten Mal an ihm vorüberfahren, gibt er uns noch eine kleine Extravorstellung: er bewegt sich ein paar Meter und döst dann weiter. Ildiko mag Krokodile nicht. Sie und die anderen im Boot haben mehr Freude an all dem gefiederten Vieh, das hier herumfleucht. Hans benennt sie uns alle: den Schopf- und den afrikanischen Fischadler, den Seidenreiher, die Schlammstelze, das Paar Ibisse, die mitleidig von einem Baumstumpf auf uns herabblickenden Schwarzstörche und so fort. Ich kenne mich mit Vögeln noch weniger aus wie mit Säugetieren, verspürte auch nicht den Drang, Ornithologe zu werden, aber die Vielfalt und Pracht dieser Fluss-Vogelwelt ist zutiefst beeindruckend. An mehreren Stellen des Flussverlaufs sind lehmige Abbruchwände mit faustgroßen Löchern gespickt. Das sind die Nistplätze der Kingfischer. Diese amselgroßen Gesellen mit dem schwarz-weißen Gefieder hocken in Scharen vor ihren Höhlen. Die Stille über dem Fluss tut fast weh und das schwerelose, geräuschlose Kreisen eines Schwarzhalsheihers ist wie eine Erscheinung am wolkenlosen Himmel. Gegen halb sieben beginnt die Dämmerung und geht sehr schnell in Dunkelheit über. Es wird Zeit, dass wir zurückkehren. Die Abendstimmung über dem Flussdelta ist faszinierend. Die Silhouette des Baobabbaumes steht wie gemalt im gelbrot verglühenden Himmel. Dann erglänzt über uns der unglaublichste Nachthimmel. Stunde des Abschieds. Mach's gut, Hans von Loesch! Ob wir uns noch mal wiedersehen in diesem Leben?

Hans von Loesch kann man am besten per Post erreichen. Einen Brief schreiben an: Hans von Loesch, Mwazaro Beach, P.o. Box 14, SHIMONI. Wenn man Glück hat und Hans noch lebt, kommt Wochen später ein Antwortschreiben.

Kaskazi

Heute, 22. April ist unser letzter Tag im Kaskazi Beach Hotel. Eine vierköpfige pechrabenschwarze Band spielt guten alten Swing. Der Saxofonist presst sanfte und schrille Synkopen, der Drummer macht Kleinholz und die beiden Gitarristen zupfen. Die Bierbar ist seit einer Stunde eröffnet: Bier vom Fass und Laugenbrezeln. Bavarian Africa.

Ich bin dem Kaskazi wohl noch ein paar Notizen schuldig. Kaskazi, so heißt der Wind von Westen, der in den heißen Monaten bis etwa Mitte April über den Indischen Ozean bläst und die hohen Wellen bringt. LTI-Kaskazi-Beach-Hotel gehört zur Kategorie der Vier-Sterne-Hotels, geht nach vierzehntägigem Härtetest aber meiner Meinung nach durchaus als Fünf-Sterne-Burg durch. Nur der Strand war manchmal zu sehr von Seegras bedeckt und um ins Meer zu gehen, braucht es Badeschuhe. Die Küche im Kaskazi war super. Zwei Wochen lang sind wir verwöhnt worden. Das Frühstücksbuffet bot vom Müsli über die verschiedensten Eierspeisen bis zum Minutensteak alles, was man sich wünschen konnte. Auch die anderen Mahlzeiten waren so gut, dass man eigentlich viel zu viel aß.

Zwei Kaskazi-Höhepunkte gab es: das große Fischbuffet am Karfreitag mit Meeresfrüchte-Schlemmereien. Selbst Ildiko, die Fisch eigentlich verachtet, musste zumindest die ästhetische Schönheit der Gaumenkreation und der Dekorationen bewundern. Der zweite kulinarische Höhepunkt war das Ostermontags-Buffet rund um den Swimmingpool. Unter dem Sternenhimmel verlockte eine vielfältige Salatbar und eine fantastische Auswahl warmer Hauptspeisen. Und danach die Dessert-Sensation: eine Pyramide aus Eis.

Was für Gegensätze! Draußen Armut, bettelnde Kinder und Feilschen um jeden Schilling und im Hotel-Ghetto Überfluss, Völlerei und Verschwendung. Doch Schluss, ich will hier nicht moralisieren. Alle, die im Kaskazi Urlaubszeit verbringen, haben das erforderliche Geld, sind von der fetten Seite dieser Erde und die anderen, die die weißen Gäste bedienen, haben eben das Pech, auf der ärmeren Seite geboren worden zu sein. Nur wer im Wohlstand lebt, lebt angenehm. Zynismus? Ja! Aber ....! Kann ich die Welt ändern? Natürlich weiß ich, dass diese Haltung beschissen ist. Außerdem, ohne uns, ohne die Touristen, ... was wäre denn dann in Kenia .....? Das wars. Schluss.

Kenia hat Spaß gemacht. Jambo!

12. Bali: Das gespaltene Tor (1996/97)

Nun gehöre ich auch zur Schar der Glückseligen, die auf Bali waren. Bei ‚Bali‘ bekommen manche Menschen einen traumverlorenen Blick und seufzen:„Bali! Ach ja!“

Ich war nur sechzehn Tage, auf Bali, aber das war genug, mich in diese Insel und seine Menschen zu verlieben. Von einem Kennen Balis kann nicht die Rede sein und vom Verstehen schon gar nicht. Aber für eine kurze Zeit hat sich mir etwas sehr Schönes, Fremdes, Eigenartiges aufgetan, hat mich angerührt und lächeln gelehrt. Ein Stückchen Bali wird vielleicht in mir bleiben.

Am Strand von Seminyak haben wir von einem Händler ein Aquarell gekauft. Zartblau, von weißen Wolken getönt, dehnt sich der Himmel. Darunter, in sanft ansteigender Linie ein Berg, sich mächtig aus der Ebene erhebend, drohend, aber auch das Land schützend, das sich wie in einer offenen Handfläche vor der dunklen Höhe erstreckt.

Der Gunung Agung, der Götterberg. Dumpfes Grollen tönender Vokale. Wie ein weiter Mund ist der Krater, himmelwärts. Ein weißer Wolkenschal legt sich um den Hals des Vulkans. Das Land zu Füßen ist fruchtbar und grün. Ein Saum schlanker Kokospalmen umrahmt die Reisterrassen. Wie die sanft ansteigenden Reihen eines riesigen Amphitheaters klettern die Felder bergan, Stufe für Stufe. Und jede Stufe grenzt sich ab von der nächsten durch einen zarten grünen Strich. Wasser glänzt auf den Feldern und in den Spiegeln wiegen sich Wolken und Vogelflüge. Drei hochgewachsene Frauengestalten in gelbe Tücher und bunte Sarongs gehüllt, auf den Köpfen Türme von Opfergaben, queren das Bild. Ihr Ziel? Die rote Hütte vielleicht unter den Schatten spendenden Bäumen oder einer der vielen Tempel zu Füßen des Berges.

Wie soll ich die Insel, die Landschaften, das Meer, die Menschen beschreiben? All das Widersprüchliche und Fremdartige das wir erlebt haben. Ich möchte in den Farben malen, die mich zwei Wochen umgaben, möchte die Töne und Klänge finden, die Stimmen der Menschen, die Tiefe ihrer Augen wiedergeben und das Lächeln, das mir auf allen Wegen entgegenkam. Ich möchte Bali wiederentdecken und neu erschaffen aus mir und weiß doch, dass das nicht geht. Also werde ich versuchen, nachzuzeichnen und zu erzählen, was uns begegnete.

Vor der Reise

Im März 1996 hatten Ildiko und ich uns zum ersten Mal nach Südostasien, nach Thailand gewagt. Wir waren begeistert. Uwe und Christine jedoch, mit denen zusammen wir diese Reise gemacht hatten, schwärmten uns vor, dass Bali noch viel schöner und überhaupt einmalig sei. Ich beschloss, der Sache auf den Grund zu gehen. Warum nicht einmal die deutsche Weihnacht ohne Kerzen, Baum und Schnee unter Palmen feiern! Die Kinder einladen und das Fest südlich vom Äquator verbringen. Julia und Patrick, 24 und 22 Jahre alt, zögerten zuerst, konnten dann aber der Verlockung doch nicht widerstehen. Also buchte ich. Wir kauften Reiseführer und schauten uns Videos über Bali an. Weihnachten rückte näher und damit die Angst, ob das denn gut ginge, mehr als zwei Wochen mit unseren erwachsenen Kindern zu verbringen, die uns längst über den Kopf gewachsen waren und ihr eigenes Studentenleben lebten. Doch es gab kein Zurück mehr: Am Abend des 19. Dezember waren die Reisetaschen gepackt, Pässe, Tickets, Gelder, Schecks versorgt. Es konnte losgehen.

Die Reise

Über Nacht hat es zu schneien begonnen. Ich habe schlecht geschlafen: Das Reisefieber, Angst vor der Reise, vor dem langen Flug, die Furcht, etwas Wichtiges vergessen zu haben, steckt mir in den Knochen.

Ich mache das Frühstück und wecke Frau und Kinder. Kinder!? Ich weiß gar nicht mehr, ob ich die beiden noch richtig kenne. Wir werden uns wieder kennenlernen, sagt Ildiko.

Von dem gespaltenen Tor, dem man überall auf Bali begegnet, habe ich gelesen und finde dieses Symbol sehr eindrucksvoll. Gut und Böse sind in gleicher Weise existent und zwischen diesen beiden Polen spielt sich das Leben des Menschen ab. Der rechte Weg liegt irgendwo in der Mitte. In mir steckt eine Sehnsucht nach Harmonie, und Konflikte halte ich viel schlechter aus als meine Frau. Vielleicht war es deshalb meine Idee, die Kinder einzuladen und den Versuch zu wagen, einen Weg zu ihnen zu finden, zwischen kindlicher Vertrautheit und erwachsener Entfremdung. Auf der Suche nach der heilen Familienwelt. Ich bin Optimist und Angsthase zugleich.

Der ICE hat mehr als 20 Minuten Verspätung. Doch wir sind rechtzeitig am Flughafen. Pünktlich hebt der Vogel der Garuda Indonesia ab. Bald sind wir über den Alpen und allmählich wird es dunkel. Ich beginne Weihnachten, Schneetreiben und den Winter zu vergessen. Elf Stunden bis Medan. Bis vor Kurzem hatte ich den Namen Medan noch nie gehört, nun weiß ich, dass es sich dabei um die größte Stadt auf Sumatra handelt und dass wir, wenn wir dort landen, bereits in Indonesien sind. Um 9.00 Ortszeit sind wir da. Ich habe die Uhr umgestellt: in Deutschland ist es sechs Stunden früher und wenn wir in Denpasar ankommen, wird der Zeitunterschied sieben Stunden betragen.

Ich wechsele die ersten hundert Mark in indonesische Rupien und freue mich über die schönen, bunten Scheine, mit Papageien drauf und Orang Utans. Für eine Mark bekomme ich 1430 Rupien. Ein schlechter Kurs, auf Bali gibt es fast 100 mehr. Aber wir besitzen erst einmal etwas Landeswährung. Neunzig Minuten haben wir Aufenthalt. Danach sind es noch zweitausend Kilometer und drei Stunden Flug bis Denpasar.

Um 13.30 Uhr haben wir balinesischen Boden unter den Füßen. Eine feuchte Hitze überfällt uns. Im Reiseführer habe ich gelesen, dass man sich beim Aussteigen aus der Maschine beeilen soll, da man sonst lange in der Schlange am Immigration-Counter steht. Aber wir haben Glück: Gerade wird ein dritter Schalter geöffnet und schon sind wir durch.

Vor dem Flughafengebäude warten zahlreiche Shuttlebusse und sonnengebräunte Männer halten Tafeln mit Namen hoch. Ich blicke mich suchend um, frage nach dem Shuttle-Bus des Bali Holiday Resort. Patrick und Julia ist das peinlich: „Mensch Papa, du benimmst dich ja wie ein richtiger Tourist!" Na und, ich bin doch auch einer. Da ist tatsächlich ein Schild, auf dem Neukäter steht, Mr Patrick Neukäter. Meinem Sohn ist das gar nicht recht. Mir auch nicht so ganz: ich bin doch hier der Familienboss. Wir helfen dem Fahrer, unser Gepäck in den Wagen zu wuchten, steigen ein und sind schon bald in Kuta.

Kuta

Zum Glück ist Kuta nicht Bali. Kuta ist so etwas wie ein Geschwür auf heiler Haut. Hat man Kuta erlebt, wünscht man sich, es gäbe es nicht. Aber es gibt Kuta, und da alle Reisenden vom Flughafen kommen, kann keiner Kuta völlig entgehen.

Vor dreißig Jahren muss Kuta ein verschlafenes Fischerdorf gewesen sein, etwas abgelegen und nicht sonderlich beachtet vom übrigen Bali. 1955 errichtete man das erste neue Hotel, das Kuta Beach Hotel und von da an ging es aufwärts, oder bergab, je nachdem, wie man es betrachten mag. Die Hippies kamen und dann die Traveller und immer mehr Touristen fühlten sich angezogen von dem unendlich langen Sandstrand und den hohen Wellen. Hotels, Bungalows, klimatisierte Restaurants, Bars und Shops schossen aus dem Boden. Heute ist beinahe jeder Zentimeter Boden in Kuta verbaut und der Ort ist so etwas wie Reeperbahn und Rummelplatz unter tropischer Sonne. Vierundzwanzig Stunden lang Vergnügen, Business und Lärm. Vom Flughafen kommend, biegt man in die Legian Street ein und die zieht sich schier endlos. Eine unablässige Autoschlange schiebt sich an den Geschäften vorbei. Der Neuankömmling schwitzt und staunt. Bali hatte er sich anders vorgestellt.

Wir nehmen uns vor, einen Bogen um Kuta zu machen. Das schaffen wir natürlich doch nicht. Aber mehr als drei Besuche sind es nicht geworden. Und jedes Mal war Kuta auf andere Weise abschreckend.

Beim ersten Mal lassen wir uns mit dem Taxi direkt zum Nachtmarkt fahren. Der liegt an der Peripherie und hier scheint der Verkehr nicht ganz so zusammenzubrechen wie in der Legian Street. Wir bummeln zwischen den Essensständen hindurch und entscheiden uns nach einigem Hin und Her für ein ‚Restaurant‘, das so aussieht, als ob man auf den blauen und roten Plastikhockern einigermaßen bequem sitzt. Jule und ich bestellen uns zu zweit einen großen Fisch, der mit einer scharfen und würzigen Soße bedeckt eine halbe Stunde später vor uns steht. Er schmeckt herrlich. Patrick und Ildiko sind Fischverächter und nicht ganz so zufrieden mit ihrem Essen. Danach sind wir zu müde, oder es ist zu laut, jedenfalls zahlen wir dem Taxifahrer viel zu teure 16.000 Rupien, um uns ins Hotel nach Seminyak fahren zu lassen.

Beim zweiten Mal laufen wir am Abend von Seminyak aus am Strand entlang. Es ist weiter, als wir dachten. Es schwülheiß und vom Meer her weht ein starker Wind. Schon nach zehn Minuten fühlen wir uns klebrig verstaubt und der Schweiß liegt schwer auf der Haut. Nach mehr als einer Stunde biegen wir vom Strand ab in eine Seitengasse. In Bögen zieht sie sich an hohen Hotelmauern entlang. Hier am Ende von Poppie's Lane II sind die Bürgersteige schon hochgeklappt. Immerhin gibt es noch Straßenhändler, die uns etwas andrehen wollen und denen man nur schwer ausweichen kann. Hungrig und durstig fallen wir in das erstbeste Restaurant ein. Von der Theke her quäkt ein Lautsprecher Popmusik, und im Fernseher knapp über meinem Kopf dröhnt ein Ballerfilm in den heißen Abend. Immerhin ist das Bier kühl und durstlöschend. Auf das Essen warten wir länger als eine Stunde. Die Bedienung ist unfreundlich und zum Schluss lasse ich auch noch meine Brille im Lokal liegen. Nach vier Tagen frage ich nach ihr: Sie ist tatsächlich noch da. Das versöhnt etwas mit Kuta. Während wir auf das Essen warten, gehe ich Geld wechseln. 300 Mark. Dafür müsste ich über 450.000 Rupien bekommen. Tatsächlich versucht der Money-Changer den alten blöden Trick: Vierhunderttausend Rupien zählt er mir exakt vor, doch dann kommen fünf Tausender. Für wie dämlich hält man mich! Eine Woche später, wieder in Kuta, passiert etwas Ähnliches: Der Geldwechsler tippt Betrag und Kurs in den Taschenrechner und bekommt eine Summe heraus, die exakt 15.000 Rupien unter dem mir zustehenden Betrag liegt. Ich bitte ihn, noch einmal nachzurechnen, und wieder kommt der gleiche Betrag heraus. Schließlich nehme ich den Rechner, tippe und zeige ihm den richtigen Betrag. Er findet nicht einmal ein Wort der Entschuldigung.

Bali Holiday Resort in Seminyak

In Kuta beginnt die Legian Street, durchquert Legian und erreicht Seminyak. Dort geht sie zwar noch parallel zur Küste weiter, heißt aber nicht mehr ‚Street', sondern wie sich das in Indonesien gehört ‚Jalan'. Nachdem wir mindestens eine halbe Fahrstunde lang all die Läden, Boutiquen, Restaurants und Snackbars zu beiden Seiten der Straße bestaunt hatten, bog endlich unser Shuttle in eine Seitenstraße und hielt nach ein paar Kurven vor unserem Hotel: Bali Holiday Resort. Endlich, nach 24 Stunden Anreise konnte der Urlaub beginnen.

Ich mochte das Hotel auf den ersten Blick, die hohen Bäume in den parkähnlichen Innenhöfen, die Teiche mit den Goldfischen und auch unsere Bungalows. Zwei große Zimmer nebeneinander mit einer großen Terrasse davor. Die Klimaanlage verbreitete angenehme Kühle, in der Minibar war noch Platz für eigene Getränke und die Dusche hatte einen kräftigen Strahl.

Unser erster Besichtigungsgang führte uns zum Swimmingpool. Ein u-förmiges Becken, so groß, dass man richtig drin schwimmen kann, ohne sich gleich den Kopf an der gegenüberliegenden Wand zu stoßen. In der Mitte gibt es eine ‚sunken bar'. Im Wasser sitzend an der Bar einen Gin-Tonic zu schlürfen, das liegt mir nicht, und unseren Kindern behagt so etwas auch nicht. Aber die bequemen Liegen und die kuscheligen Badetücher fanden wir auf Anhieb gut. Für morgen nahmen wir uns vor, einfach so in der Schattenwärme zu sitzen, baden, lesen, relaxen und darauf zu warten, dass es Weihnachten wird. Und dann war da ja auch noch das Meer, der Indische Ozean, unüberhörbar, röhrend, grollend. Der Strand war breit, bedeckt mit allerlei Treibgut. Weit draußen bauschten sich die Wellen auf und rollten in strammen Fünferformationen ans Ufer. Hohe Wellen, voller weißer Gischt, die sich wie eine drohende Mauer auftürmten und einen mit einem gehörigen Schubs uferwärts hievten. Ildiko und ich haben uns unsere kindliche Seele bewahrt, und die Kinder waren ja sowieso noch Kinder und so hatten wir alle vier eine

Stunde lang einen tollen Spaß beim Wellentoben. Die Müdigkeit war wie weggeblasen. Gegen halb sieben schickte sich die Sonne an unterzugehen. Wir mussten noch unser Gepäck auspacken, und dann war es an der Zeit, an etwas Essbares zu denken.

Wir verließen das Resort, um ein Restaurant zu finden. Außer dem Hotel kannten wir noch gar nichts. Die beiden hübschen jungen Mädchen, die ich nach einem Restaurant fragte, ‚rumah makan‘, ‚Essenhaus‘ in ‚Bahasa Indonesia‘, kicherten und zeigten auf einen erleuchteten, überdachten Garten, in dem leere Tische und Stühle offensichtlich auf Gäste warteten. Der Wirt war freundlich und auf der Speisekarte gab es reichlich Chicken und Rice und Nasi und Bami. Diese Gorengs kennt jeder Tiefkühlkostfan und mit Bami, finde ich, kann man nichts verkehrt machen. Die Kinder hielten sich an Nasi. Sie fanden bald heraus, dass Goreng so viel bedeutet wie gebraten. Leider schmeckte ihnen gebratener Reis gar nicht. Die Pineapple-pancakes als Nachtisch erwiesen sich als fette, wässrige Teigfladen mit ein paar verlorenen Stücken Ananas drin. So ein Abendessen-Flop! Dabei war der Wirt, der selbst kochte, so sympathisch. Er erzählte uns, wie schön es auf Bali sei und dass er ganz glücklich wäre, wenn es uns in seiner schönen Heimat gefiele, und noch glücklicher wäre er, wenn wir noch oft zu ihm zum Essen kämen. Ich brachte es nicht übers Herz, ihm zu raten, vielleicht doch besser seine Frau kochen zu lassen oder, wenn er denn keine hätte, seine Mutter oder sonst ein Wesen mit intakten Geschmacksnerven. Wir machten danach einen achtungsvollen Bogen um dieses Restaurant.

Aber außer Hotel und besagtem Restaurant gibt es in Seminyak auch eine belebte Hauptstraße mit Shops, Money-changern, Souvenirläden, Restaurants, Kodak- und Fuji-Läden („your photo in twenty minutes"), Suppenverkäufern, Holzschnitzereien, Taxiständen, Cafés, Supermärkten, Sarongverkäufern, Fledermäusen in abendlichen Bäumen, Zikadengezirpe, heiße Luft und warmen Wind. Das alles entdeckten wir am nächsten Tag.

Seminyak ist tatsächlich noch ein Stück Bali, viel mehr als Legian und Kuta. Hinter Seminyak, ein paar Meter von der Straße weg, beginnen die Reisfelder. Die balinesischen, zartbraunen Rinder zupfen am Gras, die Bauern stehen knietief im Wasser und setzen ihren Reis. Bis Seminyak ist der Strandtourismus vorgedrungen. Der Strand geht noch fast fünfzehn Kilometer weiter, bis Tanah Lot kann man zu Fuß am Wasser entlang gehen, aber die Hotels hören halt auf einmal auf.

Tanah Lot

Die meisten Balinesen leben in Dörfern. 1500 gibt es, meist wenige Kilometer voneinander entfernt und in sich geschlossene Einheiten. Jedes Dorf hat seinen Dorfplatz an der Hauptstraßenkreuzung, seine Versammlungshalle (Bale agung) und drei Tempel: den Pura Dalem, der Shiva geweihte Unterweltstempel, in dem auch die Verbrennungen stattfinden, den Pura Puseh, den Fruchtbarkeitstempel, dem Gott Vishnu geweiht und den Pura Desa, den Dorfgründungstempel, dem Schöpfergott Brahma geweiht. Allein die Dorftempel Balis machen eine gewaltige Zahl aus, aber sie sind eher unwichtig, verglichen mit den vielen anderen Tempeln dieser Götterinsel, die sich beinahe an jeder Quelle, Höhle, Schlucht, an jedem See, Teich oder Fluss befinden. Wo immer sich Natur außergewöhnlich zeigt, steht ein Tempel. Balinesische Tempel keine geschlossenen, überdachten Gebäude, sondern meist mehr oder weniger große rechteckige Plätze, von einer Mauer umgeben. Innerhalb dieser Mauern befinden sich Vorplätze, offene Pavillons, Hallen für Hahnenkämpfe oder das Gamelanorchester, pagodenartige Türme und vor allem Schreine für die Gottheiten. Balinesische Gottheiten sind unsichtbar und leben in Sphären oberhalb der Berggipfel. Nur bei Tempelzeremonien lassen sie sich herab, eine Weile in den ihnen zugedachten Schreinen des Tempels zu logieren.

Es gibt sechs Tempel auf Bali, die als besonders heilig gelten. Der Pura Tanah Lot gehört dazu.

Wir haben beschlossen, unseren ersten Balitag als Strandtag zur Erholung zu nutzen. Ich bin früh wach, schwimme vor dem Frühstück eine Runde im Pool. Ich hatte ein eher spärliches American Breakfast erwartet, doch das Frühstücksbuffet ist mehr als reichhaltig.

Patrick leiht sich ein Surfboard aus, eines dieser spitzen, kurzen Bretter, mit denen Könner die Wellenkämme entlang surfen. Die Wellen sind nicht so hoch wie am Vortag, aber noch imposant genug. Ich wage das Wellenreiten mit einem Boogieboard, einem kurzen, gummierten Waschbrett, auf welches ich mich im entscheidenden Wellenmoment werfe, um, uferwärts befördert zu werden. Ein paar Mal schaffe ich es. Patrick mit seinem schwerer handzuhabenden Board hat den Kniff zumindest theoretisch sehr bald heraus. Tatsächlich gelingt es ihm aber auch nur zwei oder dreimal, kniend oder stehend die Welle abzureiten. Aber es ist ja auch erst sein erster Tag und aller Anfang ist bekanntlich schwer.

Was sind wir doch für ignorante Rabeneltern. Viertelstündlich hätten wir den Knaben aus dem Wasser zerren und ihn dick einschmieren sollen mit den wasserunlöslichsten Cremes mit den allerhöchsten Sonnenschutzfaktoren. Stattdessen gucken wir zu, wie der Sprössling ungeschützt stundenlang seine bleiche Haut in die Sonne hält und im Wasser herumtobt. Während wir im Schatten relaxen, verschmort ihm die Pelle. Als wir bemerken, dass sich sein Gesicht, seine Schultern und seine Brust gefährlich gerötet haben, ist es schon zu spät. Die Tropensonne hat zugeschlagen. Patrick macht zwar unser Spätnachmittags- und Abendprogramm noch mit, angeschlagen und schon halb krank, aber die nächsten beiden Tage sind für ihn verloren. Nichts und niemand kriegt ihn aus der Kühle des Zimmers heraus. Sein Gesicht ist knallrot und zombiehaft verformt, die Stirn und die Wangen aufgebläht und unter den Augen liegen wässrige Wülste. Am zweiten Tag lassen wir einen Arzt kommen. Der grinst über die blöden Touristen, ist nett, verschreibt Salbe und Antibiotika und kassiert 45 US-Dollar. Aber er tröstet uns damit, dass wohl keine ernsteren Folgen zu gewärtigen seien. Wenn es denn bei den beiden verlorenen Urlaubstagen bleibt, hat Patrick Glück gehabt und eine Lehre fürs Leben.

Von Seminyak nach Tanah Lot kann es gar nicht so weit sein. Tanah Lot ist am schönsten, habe ich gelesen, bei Sonnenuntergang. Gegen fünf sind wir ausgehbereit und zwischen halb und sieben geht die Sonne unter. Wenn wir uns also beeilen und gleich ein Taxi finden, erleben wir Tanah Lot im schönsten Abendlicht. Wir eilen zum nächsten Taxistand. Es ist meine erste Taxi-Verhandlung auf Bali. Zwar habe ich mich schon nach den Ungefähr-Preisen für Tagestouren mit Fahrer erkundigt, aber was eine Dreistundenfahrt nach Tanah Lot kosten mag, da habe ich keinen blassen Dunst. Der Fahrer will 60.000, ich biete 20.000 Rupien. Wir einigen uns schließlich auf 35.000 und dafür fährt er uns am Schluss auch noch nach Kuta. Allerdings waren die 35.000 nur zu erreichen, weil es sich bei dem Gefährt um einen ziemlich defekten Minibus handelte, dessen Auspuff wie der eines Rennwagens röhrte und der bei Vollgas mal gerade 35 Stundenkilometer schaffte.

Es ist das erste Mal, dass wir etwas von dem Bali sehen, das nicht nur von und mit dem Tourismus lebt, sondern ein eigenständiges Leben führt. Unser klappriger Minibus verlässt nach wenigen Kilometern die Küstenzone und fährt landeinwärts. Der Verkehr auf der engen Straße ist beängstigend. Obgleich die Straße eigentlich gar nicht breit genug für zwei Fahrzeuge nebeneinander ist, schiebt sich die Blechlawine fast ununterbrochen in beiden Richtungen vorwärts. Irgendwie kommt man aneinander vorbei und nicht nur das, man lässt sogar noch die vielen Radfahrer am Straßenrand leben, findet Raum, die Moped- und Motorradfahrer zu passieren und schafft es, relativ wenige Hunde totzufahren. Bei manchen der waghalsigen Überholmanöver schließe ich die Augen und erwarte das hässliche Knallen aufeinanderprallenden Blechs. Aber eigenartigerweise bleibt es jedes Mal aus, und ich beginne, zu glauben, dass Opfergaben für all die guten und bösen Geister auf Bali einen ganz konkreten Sinn haben. Voller Freude konstatiere ich, dass hinter der Windschutz-scheibe unseres Wagens ein Opferkörbchen mit Blüten, Reis und Früchten steht. Das Räucherstäbchen qualmt zwar nicht mehr, hat aber offensichtlich heute schon seine Arbeit getan.

Krobokan ist das erste Dorf auf Bali, das ich bewusst als ein solches wahrnehme. Das gespaltene Tor am Eingang und dann kommen schon die Häuschen entlang der Straße, die Mauern und engen Tore, an denen Fabelwesen, Geister und Dämonen mit fratzenhaften Gesichtern und Klauenfingern Wache halten. Wir fahren an Tempeln vorbei und an hallenartigen Gebäuden, die ich für Tempel halte. Noch bis zum Ende unserer Balizeit habe ich die Schwierigkeit, aus-einanderzuhalten, was im Dorf Tempel, Gehöft, Versammlungshalle oder Privathaus ist. Alles sieht so gleich aus: von Mauern umgeben, verschnörkelt, von Figuren umstanden. Das Profane und das Sakrale sind sich so ähnlich, als ab es keinen Unterschied zwischen ihnen gäbe.

Gleich hinter den Dörfern beginnen die Reisfelder. Ich habe viel von den balinesischen Reisfeldern und Reisterrassen gelesen und so viele Fotos gesehen, dass ich mir nicht vorstellen konnte, dass mich ihr Anblick noch überraschen würde. Doch als wir dann zwischen ihnen hindurchfahren, verschlägt es mir den Atem. Ich habe nie zuvor eine so schöne, von Menschenhand geschaffene Naturland-schaft gesehen. Schmale, im Sonnenlicht spiegelnde Wasserflächen, aus denen die zarten Halme der jungen Reispflänzchen spitz heraus-ragen, grün umsäumt von schmalen Böschungen, kleine, braun gedeckte Hüttchen inmitten der Farbskala, und von den Rändern werfen hohe Kokospalmen ihre Schatten in das Himmelblau der Seen.

Bald stoßen wir auf die Hauptstraße von Denpasar nach Tabanan. Mitten auf der Kreuzung steht ein riesenhafter Wächter, aus Stein geformt, eine der vielen Fabelgestalten, von denen man nicht weiß, sind sie gut oder böse? Überall mischen sich diese Wesen ins Leben der Insel ein, sehen nach dem Rechten oder führen Böses im Schilde, wollen besänftigt, versöhnt oder betrogen werden.

Nach ein paar Kilometern steht schon wieder so ein Wächter auf der Kreuzung. Im Abbiegen lese ich auf dem Schild, dass es immer noch acht Kilometer bis Tanah Lot sind. Mit einer Dreiviertelstunde Fahrt hatte ich gerechnet, aber nun sind wir schon mehr als eine Stunde unterwegs. Ich fürchte, dass die Sonne untergegangen sein wird, bevor wir da sind. Dann war die ganze Mühe umsonst und wir brauchen einen neuen Fototermin, denn Bali ohne Tanah Lot-Foto, das geht nicht. Aber wir haben Glück: die Sonne geht etwas langsamer und behäbiger unter als sonst und sie bietet uns sogar, trotz Regenzeit und Wolken am Himmel, ein ansehnliches Schauspiel. Sicherlich gibt es spektakulärere Sonnenuntergänge am Theaterhimmel Tanah Lots, aber unserer kann sich durchaus sehen lassen. Im Hintergrund die rosa und violett gestreiften Wolkenvorhänge, ein Stück Sonne dazwischen, und davor, im nahen Vordergrund der schwarzgraue Fels im Meer und wie ein stumpfer Finger aus ihm herausragend der Tempelturm. Der Ozean wirft seine Wellen gegen das Inselchen, dass die es umarmen und gebändigt gegen die Uferfelsen schwappen. Dort stehen wir trockenen Fußes mit vielen anderen Ausflüglern, um den Sonnenuntergang am Meerestempel zu fotografieren. Jeden Abend findet hier das gleiche Schauspiel statt, mit der Sonne und dem Meer als Hauptdarsteller. Der Tempel, na ja, der steht einfach nur da, als Kulisse. Unter den Zuschauern sind auch viele Balinesen, die auch Fotos machen und Beifall klatschen. Wir lassen den Zauber der Stunde und des Ortes auf uns wirken, bevor wir den Rückweg antreten. Dabei müssen wir an unzähligen Buden, Geschäften, Händlern und Postkarten verkaufenden Kindern vorüber. Wer es schafft, diesen Jahrmarkt zu verlassen, ohne etwas gekauft zu haben, kann sich seiner Standhaftigkeit rühmen. Wir haben es nicht geschafft.

Ubud

Der 23. Dezember begrüßt uns mit blauem Himmel. Patricks Gesicht hat Ähnlichkeit mit ortsüblichen Dämonen bekommen. Verständlich, dass er das Dämmerlicht des Zimmers vorzieht. Das Frühstück, die Schirmmütze tief ins Gesicht gezogen, nimmt er gerade noch mit, aber danach verlangt es ihn nur nach dunkler Ruhe. „Lasst mich einfach in Frieden!"

Wir haben uns Ubud vorgenommen. Um neun Uhr fährt der hoteleigene Shuttle-Bus nach Kuta bis zum Alfabet-Shop in der Legian-Street. In der Nähe finden wir das Perama-Office und kaufen drei Return-Tickets. Um zehn Uhr fährt der Bus ab. Er macht Umwege, hält noch zweimal in Kuta, dann in Sanur und kommt nach eineinhalb Stunden in Ubud an. 15.000 Rupien kostet das Return-Ticket. Bei vier Personen lohnt sich die Perama-Busfahrt nicht, denn für 60.000 Rupien bekommt man, wenn man gut verhandelt, schon ein Taxi plus Fahrer für den ganzen Tag und kann halten, wo man möchte. Und die Fahrt ist bequemer. Unser Peramabus war der älteste, klapprigste und bandscheibenunfreundlichste, den die Busgesellschaft wohl auftreiben konnte.

Ich hatte auf Folklore bei einer solchen Busfahrt gehofft: Bauersfrauen mit Hühnern im Korb, Männer, die ihrem Kampfhahn die schöne Landschaft zeigen, Kühe und Ziegen. Stattdessen gab es im Bus lediglich eine gutsortierte Auswahl von Travellerrucksäcken und dazugehörige unrasierte Reisende, langmähnige Australier, blasse Mädchen mit Akne im Gesicht. Ich war enttäuscht. Da studierte ich lieber den Reiseführer und las, dass es in Ubud viel zu sehen gebe, dass jeder Reisende mindestens zwei Nächte in Ubud verbringen solle, weil dort, so man sich von der Hauptstraße entferne, noch echtes balinesisches Dorfleben pulsiere und dass Ubud das Dorf der Maler sei. Solchermaßen vorbereitet, genoss ich den Fahrtwind, der durchs offene Fenster meine gerötete Haut streichelte, und die Landschaft, die draußen vorbeihuschte. Die war bezaubernd. Ich dachte bisher, dass grün grün sei und war überrascht, wie wenig das stimmte. Das Grün der Reisfeldumrandung war ein anderes als das der Kokospalmenblätter und diese waren wieder von anderem Grün als die Wiese jenseits der Reisterrassen. Und nicht nur das Grün war von anderer Beschaffenheit, auch die anderen Farben hatten eine Qualität, die ich nie zuvor wahrgenommen hatte. So viel Farbigkeit kann auch besoffen machen.

„Rent a Bike!" Dieses Schild am Ortseingang von Ubud, gleich hinter der Busendstelle, war das Erste, was mir an Ubud gefiel. Wir liehen uns Räder aus, um das Künstlerdorf per Pedal zu erfahren. Was sich bergauf, bergab, bei dreißig Grad im Schatten als gar nicht so einfach erwies. Eigentlich gibt es in Ubud nur drei Straßen: die Monkey Forest Road, die Jalan Hanoman und die Jalan Terasaya. Auf Letzterer fuhren wir erst einmal ein Stück bergan, bis zu einem Café, um uns von der strapaziösen Busfahrt zu erholen. Vier Stunden hatten wir Zeit für Ubud, also konnten wir uns ruhig eine kleine Rast erlauben. Freunde hatten uns von einer sehenswerten Schlucht am Ortende berichtet und nicht weit davon entfernt sollte das Neka-Museum sein. Dorthin wollten wir. Doch, wie das so ist, wenn man offenen Auges durch fremdes Land zieht, stets weckt etwas Unerwartetes die Aufmerksamkeit. In unserem Falle waren das Dutzende fleißiger Handwerker und Künstler, die vor und im Palast des Rajas von Ubud bauten, konstruierten, werkelten, schreinerten, bastelten, gestalteten, dass es eine wahre Freude war. Überall saßen schwarzhaarige Künstler an der Arbeit und überall liefen aufgeregte Touristen mit Kameras herum. Wer hätte gedacht, dass wir Augenzeugen werden würden bei den Vorbereitungen einer ganz großen Leichenverbrennung. Der König, der Raja von Ubud, war vor zwei Monaten gestorben und am 28. Dezember sollte der Verblichene in einer kolossalen Zeremonie, die seiner Wichtigkeit entsprach, und in Anwesenheit aller seiner Verwandten, Freunde, Bekannten, der Bewohner von Ubud und Umgebung sowie aller Interessierten und Neugierigen, wozu selbstredend auch die vielen Fremden gehörten, verbrannt werden. Julia hatte zunächst Hemmungen, den Handwerkern bei der Arbeit zuzusehen. Erst als ich einen jungen Mann fragte, ob wir uns im Palast umschauen dürften und der uns erklärte, dass das alles doch öffentlich sei, verlor Tochter ihre ehrfurchtsvolle Scheu. Der junge Mann, ein Tänzer und Gamelanspieler - wir sahen ihn auch am Kremationstag als Träger wieder - erzählte, dass es ihn stolz mache, dass so viele Fremde hier seien und Interesse zeigten. Ganze Teile des Palastes waren zu Werkräumen umfunktioniert. In einer offenen Halle verkleidete man einen großen langhalsigen Drachen, in einer anderen legten Maler letzte Hand an den überlebensgroßen schwarzen Stier, in den die Leiche vor der Verbrennung aufgebahrt und in dem sie Opfer der Flammen werden würde. Der Sarkophag wurde verkleidet und das riesige Podest mit dem farbigen Baldachin war auch kurz vor der Vollendung. Es ruhte im Tempelinnenhof auf einem Gitter von dicken Bambusstangen, die am entscheidenden Tag auf den Schultern von 500 Männern ruhen würden.

Leichenverbrennungen sind auf Bali etwas ganz Alltägliches. Menschen werden geboren und Menschen sterben. Nach dem Tode muss die Seele aus dem nun überflüssig gewordenen Körper entweichen. Also muss alles Fleischliche verbrannt werden, damit das Wesentliche frei werde und sich einen neuen Körper finden kann, um weiterzuleben in einer neuen Inkarnation. Bis denn endlich, nach zahlreichen gelebten Leben, sich als Lohn von Güte, Freundlichkeit, Frömmigkeit das Nirwana einstellt, das endliche Abhandenkommen allen Seins. Solche Verbrennungen sind Feste, fröhliches Abschiednehmen von einem Menschen, der ja wiederkehrt in einem neuen Leben und der ein Stück seines Weges geschafft hat zum allguten Ende hin. Balinesen lieben die Feste, und ihr Leben ist umwunden von den zahllosen Feierlichkeiten der Reisaussaat, der Reisernte, der Tempelgründungs- und -jahrestage, der Tage zu Ehren des einen oder anderen Gottes, Dämons oder Geistes. Alles Dasein ist bevölkert von unsichtbaren Wesen und Lebewesen. Wie kann man diesen besser huldigen und ihnen Freude bereiten als durch farbenfrohes Feiern, Musik und Tanz. Die ,Cremation' ist in diesem Festereigen etwas

Besonderes. Sie bedarf der sorgfältigen Planung und sie kostet Geld, bisweilen, wenn der Verstorbene eine hohe Persönlichkeit war, viel Geld. Die Handwerker, die hier in Ubud die Verbrennung des Raja vorbereiten, sind Spezialisten, hoch bezahlt und geehrt. Sie würden sich nie als Künstler bezeichnen, obgleich ihre Arbeit von höchster Kunstfertigkeit geprägt ist und die Ergebnisse so schön sind, dass die Tatsache, dass sie gemacht wurden, um Raub der Flammen zu werden, wehtut.

Da wir diesen Kunsthandwerkern lange zusahen, wurde unser ganzes Ubud-Programm durcheinandergebracht. Die Fahrräder erwiesen sich als überflüssig, weil die Zeit für das Neka-Museum nicht mehr reichte und den Weg hinab die lange Monkeyforest Road entlang hätten wir auch zu Fuß machen können, was bei der Enge und Abschüssigkeit der Straße ungefährlicher gewesen wäre. Doch immerhin waren wir auf den Rädern wenigstens schneller am Monkeyforest, in welchem, von zahllosen unverschämt frechen und ordinären Affen bevölkert, sich ein Tempel befindet, den zu besichtigen sich genau genommen nicht lohnt. Wir machten je ein Foto mit bunter Tempelschärpe und Sarong von uns. Die vier Stunden waren wie im Fluge vergangen.

Wir wollten am Tage der 'Cremation', dem 28. Dezember, nach Ubud zurückkommen und uns dieses Spektakel nicht entgehen lassen. Einheimische warnten uns: die Stadt werde schon frühmorgens sehr voll sein, halb Bali werde da sein und dann noch die vielen Fremden. Am besten würde es sicher sein, sich schon am Vortag ein Quartier zu besorgen, denn an dem Tage selbst wäre die Stadt weiträumig für jeden Verkehr gesperrt und wir kämen wahrscheinlich gar nicht mehr hinein.

Ein Problem gab es: Vom 27. bis 31. 12. würden wir in Lovina sein, relativ weit weg von Ubud im Nordwesten der Insel. Wollten wir die Kremation miterleben, bliebe also nichts anderes übrig, als für mindestens eine Nacht auf unser gebuchtes Lovina-Domizil zu verzichten.

Am Nachmittag des 27. Dezember sind wir wieder in Ubud. Zunächst suchen wir Quartier für die Nacht. Entlang der Monkeyforest Road, besonders im unteren Teil, gibt es ein Bungalowhotel neben dem anderen. Das erste, bei dem wir unser Glück versuchen, ist elegant, blitzsauber, verfügt über Swimmingpool, große Liegewiese und ist 35 US-Dollar pro Häuschen teuer. Das ist uns zu viel. Wir brauchen weder Pool noch Wiese. Ich versuche noch zu handeln, aber unter 30 Dollar geht der Chef nicht. In der Nacht vor einer solchen Kremation wird er seine Häuser allemal los. Auf der anderen Straßenseite weist ein Schild zu Paddy Rice Bungalows. Zwischen Mauer und Hauswänden entlang führt ein schmaler langer Pfad zu einem Garten mit zwei zweistöckigen Häuschen und einem Bretterschuppen. Zwei Räume sind frei. Wir werfen einen Blick hinein. Luxus ist das nicht gerade, aber das große Bett sieht sauber aus, Licht, Ventilator und Dusche funktionieren und ein Schrank ist auch vorhanden. Nach kurzem Verhandeln sind wir uns einig: umgerechnet 15 Mark einschließlich Frühstück. Das ist doch was! Das Zimmer im Obergeschoss verfügt über einen etwas leistungsfähigeren Ventilator. Unsere Kinder sind leider nicht der Meinung, dass den Eltern automatisch das bessere Zimmer zustünde. Also knobeln wir. Ich verliere. Na ja, dafür brauche ich wenigstens keine Treppen zu steigen.

Für Patrick, dessen Gesicht sich im Laufe der letzten Tage gut erholt hat und wieder ganz manierlich aussieht, ist Ubud neu. Also schwärmen wir aus, um es ihm zu zeigen. Den Palast natürlich zuerst und all die Verbrennungsvorbereitungen. Wir haben ihm wohl so viel davon vorgeschwärmt, dass nun die Realität ein wenig hinter seinen Erwartungen zurückbleibt. Der Verbrennungsturm ist nicht so hoch wie der Eiffelturm und Drache und Stier nicht so farbenprächtig wie ein Regenbogen. Patrick gibt keine Schreie des Entzückens von sich, sondern lediglich distanzierte Begeisterung und sparsame, aber echte Bewunderung für so viel Kunstfertigkeit. Uns dreien, die wir all das nun zum zweiten Mal sehen, scheint das fertige Kunstwerk noch bewundernswerter. All das soll verbrannt werden! Welch ein Jammer. War vor ein paar Tagen Ubud quirlig, so wirkt es heute brodelnd. Wie ein angeheizter Kessel, kurz bevor das Wasser zu kochen beginnt. Touristen und Einheimische, Sarongs und Bermudas, Dunkelhäutige und Bleichgesichter, alles wuselt durcheinander, quillt durch Straßen und Geschäfte und quetscht sich in die zahlreichen Cafés und Restaurants. Die Balinesen schaffen es, Religion, Kultur und touristischen Voyeurismus zu einer Einheit zu verbinden. Die Leichenverbrennung wird zu einem Volksfest, zu dem jedermann/jedefrau geladen ist. „Schaut euch an, knipst und macht euch euer Bild von dem, was passiert, wenn eine Seele im Flammenmeer den Körper verlässt. Quetscht euch an die Brüstungen, schiebt euch durch die Menge, auf dass euer Dabeisein die bösen Geister verwirre!"

Aber noch ist es ja nicht so weit. Der Leichnam des Raja liegt noch aufgebahrt auf einem Podest im Palast, zur Ansicht und Ablage für Opfergaben freigegeben. Ein Stierkopf schmückt den Sarkophag, Spanferkel liegen zu Füßen des Toten, Früchte, Sarongs, Papierblumen, Girlanden. Die quadratmetergroßen geflochtenen Körbe quellen über von Opfergaben. Über alles legt sich sanft der Klingklang des Gamelanorchesters. Der Verblichene sieht klein aus und kann einem leidtun, wie er da unter Papierblumenkränzen und Bergen von Opfergaben liegt und seine Seele auf den Feuerzauber vorbereitet.

Wir verbringen den Nachmittag wie all die Touristen an diesem Tag, flanierend, speisend und wartend auf den kommenden Tag. Der Ventilator surrt uns sanft in den Schlaf. Die Nacht ist gar nicht so heiß, wie ich befürchtet hatte und weder Spinnen noch Kakerlaken suchen uns heim.

Früh um 7.00 Uhr beginnt der denkwürdige Tag. Wir frühstücken vor dem Bungalow. Gegen 13.00 Uhr soll das Verbrennungsspektakel starten. Balinesische Uhren gehen anders: Die Sonne muss einen ganz bestimmten Stand erreicht haben, erst dann kann das

Ritual beginnen. Das wird auf weltlichen Uhren zwischen 12 und 14 Uhr sein. Uns bleibt also noch viel Zeit und wir beschließen, uns im Taxi zum Neka-Museum fahren zu lassen. Der Fahrer ist skeptisch, versucht es, muss aber bald aufgeben. Die Stadt ist rundherum abgesperrt. Wer drin ist, kann nicht raus und wer draußen ist, nicht mehr rein. Es sei denn zu Fuß. Ubud quillt aus allen Nähten: babylonisches Sprachengewirr, ein pulsierender Jahrmarkt. Mir scheint, dass aus ganz Bali Händler und Händlerinnen herbeigeeilt sind, um Sarongs, Knochenschnitzereien, Masken, Holzfiguren, Uhren, T-Shirts, Batiken, echte Schweizer Messer, Batterien und was weiß ich noch alles zu verkaufen. Dank Ildikos Handelsgeschick erstehen wir eine feine Knochenschnitzerei für 15.000 Rupien. Wenig später wird uns eine ähnliche für 1000 Rupien angeboten. Aber unsere ist natürlich schöner und viel echter.

Schon am Vortag hatten wir uns einen Beobachtungsplatz ausgeguckt: die Balustrade im ersten Stock der Markthalle schräg gegenüber vom Palast. Von dort können wir gut von oben herab sehen, was sich tut, wo der Zug startet, und vor allem kann Ildiko Fotos machen. Als wir gegen 11.00 Uhr unseren Platz einnehmen wollen, ist es schon beinahe zu spät. Überall drängen sich die Menschen dicht an dicht. Irgendwie schaffen wir es aber dennoch, in die erste Reihe vorzustoßen, und dieser Logenplatz wird nun verteidigt. Einmal begebe ich mich noch ins Getümmel, um etwas Trinkbares zu besorgen, und ich brauche eine halbe Stunde, um mich durch das Gewühl wieder zurück an unseren Platz zu kämpfen. Ordner in schwarzen Gewändern und gelben Schärpen um die Taille halten die Straße frei, aber links und rechts an den Rändern ist ein wildes Gewusel. Der Stier, in welchem der Tote in den Flammen rösten wird, auf dem Tragegestell, das die ganze Straßenbreite einnimmt, und der Verbrennungsturm auf einem noch größeren Podest sind inzwischen zum Ausgangspunkt der Prozession getragen worden. Hunderte von Trägern, junge Männer, warten lachend, lärmend, gestikulierend auf den Moment, wenn sie ihren Teil der Stangen auf die Schulter nehmen werden und unter Stampfen und Schreien die gewaltige Last von Stier und Turm samt gesamtem Hofstaat die Straße hinab zwischen den Menschenmassen hindurch zum Verbrennungsplatz am Pura dalem, dem Unterweltstempel, befördern werden. Vorher macht noch vorsorglich die Feuerwehr aus einem Spritzenwagen die Straße nass und versetzt die Zuschauer in Entzücken: Gleich geht es los! Dauert aber immer noch eine Weile. Touristen fotografieren, fliegende Händler machen Geschäfte, die Gamelanmusiker beklopfen ihre Instrumente und mir läuft der Schweiß den Nacken herab. Endlich, um fast genau ein Uhr, geht es los. Ganz plötzlich Rufe, alle Augen wenden sich wie auf ein Zeichen nach links, ich recke mich weit vor und sehe, wie sich der Stier erhebt, wackelig noch, dann aber fest und groß dasteht, sich langsam vorwärts bewegt, hin und her geschleudert wird, stoppt, weiterrückt. Jetzt sehe ich die vielen Träger, die das Tier auf den Schultern tragen. Und auf ihm sitzt, festgebunden und mit gar nicht glücklichem Gesichtsausdruck ein Sohn des verstorbenen Rajas. Traurige Sohnespflichten. Den ältesten Sohn des Toten hat es noch schlimmer getroffen: Ihn hat man auf den Leichnam des Papa platziert, mehr als zehn Meter hoch, auf dem Pagodenturm. Auch er ist festgebunden. Gut dass man schon am frühen Morgen alle Stromleitungen Ubuds entlang des Prozessionsweges entfernt hat. Einen Tag lang muss die Stadt eben mal ohne Elektrizität auskommen. Zwischen Stier und Turm bewegt sich eine lange Reihe bunt gekleideter Frauen mit Opfergaben auf dem Kopf und sie alle kettet, Symbol der Verbundenheit, ein rotes Seil zusammen. Hinter dem Turm folgt noch der Baldachin. Und schon ist alles vorüber. Kaum zehn Minuten hat die Prozession gedauert. Menschenmassen schieben sich sofort hinterher, füllen die ganze Straßenbreite. Sinnlos, jetzt zu folgen, man sähe in dem Gedränge nichts. Von irgendjemand erfahre ich, dass die Umbettung und die Zeremonie auf dem Verbrennungsplatz unter Ausschluss der Öffentlichkeit und die eigentliche Verbrennung sowieso erst viel später stattfindet. Irgendwie finden wir das Ganze doch ein wenig pietätlos und auch makaber. Unsere Vorstellungen von Tod und Trauer und Zu-Grabe-getragen-Werden sind eben doch andere. Wir beschließen, uns das Feuer zu schenken und stattdessen lieber etwas für unser leibliches Wohl zu tun.

Die Stadt hat sich merklich geleert, als unsere Mägen gefüllt sind und so treibt uns die Neugier dann doch noch zum Verbrennungsplatz. Qualmwolken und ein Geruch von im Lagerfeuer gerösteten Kartoffeln weisen uns den Weg. Gar nicht weit, am Rande des Ortes liegt der Friedhof oder sollte man vielleicht genauer sagen die ‚Leichenzwischenlagerungsstätte‘, denn jeder Tote auf Bali wartet schließlich mehr oder weniger lange auf die ihm zustehende Verbrennung. Schmucklos ist dieser Acker, ein Waldstück mit aufgeworfenen Erdhügeln. Auf der großen Wiese davor, zu Füßen des Tempels, der gut angefeuchtet von der Feuerwehr bewacht wird, brennt der Stier lichterloh und der hohe Pagodenturm, schon in sich zusammengefallen, schießt Flammen und Rußflocken in die heiße Luft. In der Feuerglut knistert und knallt es. Unter den Stierbauch gebunden, der nur noch Gerippe aus Holzstangen ist, baumelt die Leiche, halb verkohlt, schwarz, unscheinbar. Ein wenig stockt wohl all den Fremden, die das Schauspiel mit einer Mischung von Abscheu und Lust betrachten, der Atem. Wer hat schon einen menschlichen Körper am Spieß über offenem Feuer braten sehen.

Eine gute Woche später machen wir noch einmal einen Abstecher nach Ubud, um im dritten Anlauf doch noch das Neka-Museum zu besichtigen. In lebendiger Erinnerung ist mir davon noch der Blick aus einem offenen Fenster des Museums auf eine bezaubernde Landschaft: Über einen sanftgrünen Hügel verläuft unter Palmen ein Pfad, gesäumt von glitzernden Reisterrassen, und über diesen Pfad schlendern, sich an den Händen haltend, zwei Menschen. Auf ihren Köpfen kann man die Sonnenhüte erkennen. Dieses Bild hat sich mir eingeprägt.

Auf dem Weg nach Lovina

So hatten wir die Reise geplant: Fünf Tage Seminyak, Meer, Baden, Eingewöhnung. Danach quer durch die Insel nach Lovina: Vier Nächte im Hotel Anneka Lovina ein anderes Bali erleben. Dann wieder zurück ins Bali Holiday Resort, um dort Silvester zu feiern und die 16 Tage ausklingen zu lassen.

Weihnachten also in Seminyak. Ein riesiger Father Christmas aus buntem Schaumstoff hängt an der Decke, es gibt einen Weihnachtsbaum aus Plastik und in regenbogenfarbenen Großbuchstaben ist quer von Wand zu Wand zu lesen: MARRY CHRISTMAS AND A HAPPY NEW YEAR. Der Einladung zur großen Xmas-Party konnten wir nicht widerstehen. Buffet, first drink free, Life-Music, Ramayana, funny games, drinking competition und viele Preise. Wir gewannen keinen der Preise, weder Riverrafting noch Bungee-jumping, das Buffet war eher mies, im Um-die-Wette-Bier-Trinken waren die Schweden unschlagbar, die Band war mittelmäßig und der Ramayana-Tanz beeindruckend. Insgesamt war es ein halbwegs gelungener Heiliger Abend und wenn Bali nicht so wunderschön wäre, hätte man echt einen Weihnachts-Heimweh-Kater bekommen können.

Nach eifrigem Reiseführer-Studium hatte ich die erlebnisreichste Route in den Norden geplant und die Sehenswürdigkeiten notiert, die wir keinesfalls verpassen sollten.

1. Seminyak - Mengwi : Pura Taman Ayun
2. Tabanan: Besuch des Marktes
3. Pura Luhur Batakau, der Tempel mitten im Urwald
4. Jatiluweh - Reisterrassen, Wanderweg zum Pura Petali.
5. Apuan: Gewürznelken und Vanilleplantagen
6. Bedugul
7. Candi Kuning - Botanischer Garten
8. Pura Ulun Danu Brantan - Tempel am Seeufer
9. Anneka Lovina.

Ich hatte zuvor mit Oka, einem Taxifahrer, die Fahrt nach Lovina für 60 Mark ausgehandelt, allerdings, ohne ihm meine Extratourwünsche darzutun. Am 25. um 8.00 Uhr sollte er am Hotel sein. Als ich ihm meine Route vortrug und was wir alles zu sehen wünschten, schüttelte er nur den Kopf. Erstens sei das gar nicht an einem Tag zu schaffen, zweitens würde er bei einer so langen Tour nichts verdienen, und drittens seien die Straßen, die ich ausgesucht hätte, so schlecht, dass er seinen Wagen ruinieren würde. Ich sah alles ein, bestand aber auf meiner Planung und bot ihm ein bisschen mehr Geld an. Wir einigten uns schließlich auf 80 Mark unter der Bedingung, dass er uns dafür auch wieder am 30. abholen und wir dann eine halbwegs vernünftige Strecke fahren würden. Oka war sympathisch, 22 Jahre jung und freundlich. Sein Auto allerdings, eine große, protzige Limousine entpuppte sich als für die Strecke denkbar untauglich. Unsere langen Beine fanden kaum Platz, die Köpfe stießen an die Decke, der Kofferraum war zu klein für all unser Gepäck und noch dazu lag der Wagen so tief, dass er etliche Male unerwünschten Bodenkontakt bekam.

Von Seminyak nach Mengwi war es nicht sehr weit. Einen Teil des Weges hatten wir auch schon auf der Fahrt nach Tanah Lot zurückgelegt. Unsere erste Station war der Pura Taman Ayun. Von einem Wassergraben umgeben, lag der Tempel in der Morgensonne. Wir hatten eher das Gefühl, in einem botanischen Garten zu lustwandeln, als einen Tempel zu besichtigen. Dieses zweite Heiligtum unseres Baliaufenthaltes verdeutlichte, dass balinesische Tempel nichts gemein hatten mit Kirchen oder anderen Gotteshäusern. Sie bestehen aus Pagoden und Schreinen, in die die Götter eingeladen sind, zu verweilen. Nichts trennt außen von innen. Tempel auf Bali sind von Menschen gestaltete Naturräume. Es gibt weder Altäre, noch Bildnisse oder Säulen, nicht einmal erhabene Architektur. So wurde denn aus unserer Tempelbesichtigung in Mengwi ein morgendlicher Spaziergang im Grünen. Zum ersten Male probierten wir dabei auch eine Salak. In einem Häuschen im Tempelbereich bereiteten Mädchen

Früchte zum Verkauf vor und auf meine Frage hin, wie denn diese seltsamen, herzförmig-runden, wie Schlangenhaut aussehenden bräunlichen Früchte hießen, lernten wir, wie gesagt, Salak kennen. Man zieht die Haut ab, leicht und locker löst sie sich vom Fruchtfleisch, beißt hinein und es schmeckt herzhaft sauer. An Rambutan, jene stachelige Igelfrucht, wagten wir uns erst später und auch erst, als Oka versichert hatte, dass man dieses glitschige Ei, ohne Schaden zu nehmen, essen kann.

In Tabanan gibt es einen interessanten Markt. Das schien sich allerdings unter Touristen kaum herumgesprochen zu haben, jedenfalls waren wir in den engen Gässchen der Markthalle mit den Einheimischen fast unter uns. Angeboten wurde alles, was indonesische Familien so zum alltäglichen Leben brauchen.

Oka, unser schwarzhaariger Fahrer mit den dunklen, traurigen Augen wartet am Taxi. Nie drängt er uns oder wirkt ungeduldig. Er hat uns seinen Tag geschenkt und nun sollen wir uns daran erfreuen. Wir fahren nach Nordwesten weiter. So dicht besiedelt wie im Süden ist es hier nicht mehr. Trotzdem reiht sich noch Dorf an Dorf, unterbrochen von Reisterrassen. Der Verkehr ist weniger geworden. Wir befinden uns auf einer Straße, die abseits vom großen Strom der Balibesucher ist. Sie ist enger und die Schlaglöcher sind zahlreicher. Die Menschen in den Dörfern winken uns freundlich zu.

Pura Luhur Batakau. Es gibt noch einen zweiten Pura Luhur. Dieser, den wir besichtigen wollen, liegt im Schatten des Vulkans Batakau. Er zählt zu den sieben Haupttempeln Balis und ist als einziger Tempel der Insel nicht auf den heiligen Berg Gunung Agung ausgerichtet. Wo er steht, erhob sich möglicherweise schon in vorhinduistischer Zeit ein Heiligtum. Wenige Kilometer davor hören wir aus einem Dorf Gamelanklänge, sehen weiß gekleidete Menschen und andere mit leuchtend gelben Gewändern. Ich bitte Oka, zu halten. Neben der Straße, auf einer Anhöhe liegen das Dorf und der Tempel, zu dessen Einweihung die Bewohner ein Fest feiern. Der alte Dorftempel bedurfte der Renovierung und die Dorfgemeinschaft hat gemeinsam den neuen Tempel gebaut. Wir steigen scheu die Stufen zum Dorf hinauf, wollen bei den Feierlichkeiten nicht stören und schon gar nicht wie Eindringlinge wirken. Das Gamelanorchester fesselt uns: Dreißig blau gekleidete Musiker sitzen im Schatten einer Überdachung, schlagen Gongs, Trommeln und Glocken. Für unsere Ohren klingt diese Musik fremd und langweilig, ein Klangteppich ohne erkennbare Höhepunkte, doch wenn man den Musikern zusieht, ist sie auf einmal spannend, rhythmisch und widerspruchsvoll. Die Dorfbewohner nehmen uns wahr, weder einladend, noch ablehnend. Julia hat Skrupel, die Tempelanlagen zu betreten. Ildiko wagt sich mit ihrer Kamera am weitesten vor. Ich frage einen jungen weiß gekleideten Balinesen, ob wir herumlaufen und Bilder machen dürfen. „No problem", erwidert er, „we are happy that you are here." Vielleicht ist das übertrieben, aber jetzt, da wir unsere schlimmsten Hemmungen überwunden haben, bemerken wir auch das Lächeln auf den Gesichtern einiger alter Menschen, die aufmunternd unsere Unbeholfenheit zur Kenntnis nehmen. Eine junge Frau nimmt sich unserer an. Dass sie Englisch kann, hebt sie aus der Dorfgemeinschaft heraus. Sie erzählt, dass sie in einem Hotel in Sanur arbeite und heute zu diesem Feiertag nach Hause gekommen sei. Das Gamelanorchester hat sein Spiel beendet. Es ist Mittag und offensichtlich Zeit für das gemeinsame Mahl. Unsere Führerin geleitet uns in die enge Gasse des Dorfes. Links und rechts des kaum mehr als zwei Meter breiten mit groben Steinen gepflasterten Weges stehen Holzhütten, eine neben der anderen und jede mit einer kleinen balkonähnlichen Balustrade vor dem einzigen Innenraum. In einer dieser Hütten, in der Mitte des Dorfes, ist die Mahlzeit für das ganze Dorf zubereitet worden: Reis und Chicken-Curry in großen Töpfen. Frauen verteilen Teller an alle Dorfbewohner. Kinder, Alte, die Musikanten, alle hocken und verzehren ihre Portionen. Man isst mit den Händen und dazu trinkt man aus kleinen Schalen warmes Wasser. Ob wir auch etwas essen möchten. Unsere Kinder schütteln eilig die Köpfe. Ildiko aber ist neugierig und risikobereit. „Yes, please!" Die junge Frau bittet uns in ihre Hütte. Ein niedriger Tisch, eine Bank, Stühle. Schon stehen vier Teller vor uns. Es ist das erste Mal, dass ich mit Fingern Reis und Curry esse. Man nehme Mittel-, Zeigefinger und Daumen der rechten Hand, fasse beherzt zu und verfrachte die Portion in den Mund. Wenn man es richtig gemacht hat, klebt ordentlich was an den Fingern und man wird mit der Zeit auch satt. Offensichtlich mache ich es ganz und gar falsch, denn die drei Knaben, die durch das Fenster den Fremden beim Mahl zusehen, lachen sich scheckig über meine Ungeschicklichkeit.

Schließlich lassen wir es genug sein und treten den Rückzug an. Das Dorf kennt uns inzwischen, die Kinder winken uns zu, die Alten nicken und es ist fast so, als ob wir schon tagelang hier zu Gast waren. Wir verabschieden uns von unserer Gastgeberin. Die Fotos werden wir ihr schicken.

Oka hat auf uns gewartet. Vom Dorf zum Pura Luhur Batakau sind es nur ein paar Minuten. Die Straße wird noch einmal eng und es geht bergan durch dichten Urwald. Am Tempeleingang binden wir Sarong und Schärpe um und erfahren, dass heute ein Feiertag sei: Vollmond, und deshalb seien auch sehr viele Gläubige im Tempel. Wir hätten Glück, würden Zeugen einer Zeremonie werden. Zeremonie, das klingt gewichtig und offiziell. Was wir sahen, waren Menschen, die ihre Opfergaben, die sie mitgebracht oder im Tempelbezirk kunstvoll zusammengestellt hatten, zum Hauptschrein trugen und dort ihre Segnungen von den Brahmanen erhielten. Nichts Spektakuläres, in seiner Einfachheit jedoch ergreifend. Zwiespältiges Bali: Beeindruckend und großartig sind die Tänze, die Verbrennungen, die großen farbenprächtigen Feste. Und auf der anderen Seite ist die alles umfassende Religiosität der Menschen ganz und gar unspektakulär. Unaufdringliche Tempel, einfache Zeremonien. Faszinierend ist das in diese Mischung aus Hinduismus, Geisterglauben und Animismus eingebettete Leben der Menschen. Die Natur ist belebt von Geistern, Ahnen, Göttern, und die Leute sind im Einklang mit sich und ihrer Umwelt, dem Meer, aus dem das Böse kommt, den

Wäldern, dem heiligen Berg, den Reisfeldern. Alles unterliegt Ritualen, einem ewigen Kommen und Gehen, das Gestern lebt im Heute und das Heute wird weiterleben im Morgen. Und weil so eine allumfassende Geborgenheit besteht, strahlen die Balinesen Ruhe und Schönheit aus und was sie anfassen und gestalten, ist schön und harmonisch. Wo in der Welt gibt es so viele Künstler und wo findet man so viele schöne Dinge wie auf dieser kleinen Insel.

Bei Jatiluweh soll es die schönsten Reisterrassen geben. Ob es wirklich die Schönsten sind, weiß ich nicht, faszinierend und beeindruckend sind sie auf jeden Fall. Stufenweise steigt eine Terrasse nach der anderen den Berg hinab, im Wasser spiegelt sich der blaue Himmel und auf der anderen Seite des Tals ziehen die Stufen wieder den Berg hinauf. Die jungen Reispflänzchen glänzen in den verschiedensten Grünschattierungen. In der Talmitte setzen zwei blaugekleidete Gestalten mit spitzen Hüten auf den Köpfen frischen Reis. Ein Motiv zum Malen.

Die Straße ist furchtbar schlecht geworden, holprig, schlaglöchrig und immer öfter hört die Asphaltdecke auf. Dann wird es abenteuerlich, denn man hat einfach schmutzigweißen Kalkschotter auf die Fahrbahn geworfen und der tut mit seinen scharfen Kanten den Reifen und dem Wagenboden wahrlich nicht gut. Ich kann Oka verstehen, dass er Angst um sein Fahrzeug hat. Schließlich muss er auch morgen noch sein Geld damit verdienen. Wir helfen ihm ein wenig aus der Patsche, in die wir ihn mit unserer Dickköpfigkeit gebracht haben, indem wir an den kritischen Wegstrecken aussteigen und dem Toyota damit mehr Bodenfreiheit schenken. So können wir sogar sagen, dass wir uns ein Stück Bali erlaufen haben. Bei Apuan wird die Straße besser und Oka kann aufatmen. Bei Bedugul sind wir dann wieder auf der Nord-Süd-Hauptachse.

Wir machen eine kleine Pause bei Kandi Kuning am Brantansee, essen eine Suppe am Straßenrand und für jeden gibt es einen gerösteten Maiskolben. Dann geht es weiter. Affen kauern am Straßenrand, verwöhnt von den Touristen, die ihnen Bananen zustecken. Um 5.00

Uhr sind wir in Lovina. Oka muss noch den ganzen Weg zurück und wird uns in fünf Tagen wieder abholen.

Anneka Lovina

Hier im Nordwesten ist Bali ganz anders. Die Küstenebene fällt flach ins Meer und statt der vielen Grüns dominieren die Grau- und Brauntöne. Die wenigen Dörfer sind keine geschlossenen Einheiten wie im Süden. Das Land ist dünner besiedelt. Hier leben auch die meisten Moslems Balis. Sie machen lediglich fünf Prozent der Bevölkerung aus, doch man hat den Eindruck, dass diese fünf Prozent hier den Großteil der Bevölkerung ausmachen. Alles wirkt ungeordneter und weniger harmonisch. Singaraja, Hauptstadt dieses Bezirks, ist die zweitgrößte Stadt Balis und war früher der wichtigste Hafen. Bevor die Holländer auch den Süden der Insel, Sanur, Klunkung, Denpasar einnahmen, herrschten sie hier. Der Raja von Singaraja paktierte mit den Fremden, während noch die übrigen Rajas auf der anderen Inselseite auf ihrer Unabhängigkeit beharrten. Vicky Baum hat in ihrem Roman ,Liebe und Tod auf Bali' sehr eindrucksvoll balinesisches Leben und vor allem das tragische Ende des freien Bali und den Sieg der holländischen Kolonialherrschaft beschrieben.

Das ,Anneka Lovina' liegt am Anfang der Lovina Beach. ,Lovina' bedeutet „liebt Fisch" und die Küste hat ihren Namen erhalten, weil der Raja von Singaraja dort eine Dependance hatte und den hiesigen Fisch so sehr liebte. Lovina, ein winziges Nest ist im Laufe der Jahre in die Breite gegangen und entlang der Straße zu einem ausgedehnten Streifen von Bungalowanlagen, Restaurants, Geschäften, Boutiquen gewachsen. Unser Bungalow ist hübsch, sauber, aber auch ein wenig steril. Julia und Patrick sind enttäuscht, obwohl sie gar nicht genau sagen können, weshalb. Auch ich sehne mich jetzt schon nach Seminyak zurück. Der Pool ist winzig und das Meer ist gar nicht einladend. Braun-schmutzig pladdern die halbhohen Wellen an den schwarzen Strand.

Am nächsten Morgen ist der Himmel wolkenlos, dabei hatten wir für Bedenken wegen der Regenzeit. Doch bisher, nach einer Woche hat es noch kein Mal geregnet.

Bali ist nicht gerade berühmt für seine Tauchreviere, aber wenn man schnorcheln oder tauchen will, soll man dies am besten an der Lovina Beach können. Für 35.000 Rupien, das sind etwa 25 Mark, lassen wir uns zum Schnorcheln zum Riff herausfahren. Etwa einen Kilometer weit liegt es vor der Küste. Doch wahrscheinlich ist es schon zu spät am Vormittag, das Wasser ist trübe, die Dünung hoch und was wir an Fischen und Korallen sehen, wirft uns nicht um. Enttäuscht kehren wir zum Strand zurück. Doch dort lauern die Verkäufer. Wir ziehen den Pool vor, verbringen den Tag mit Lesen und Faulenzen und am nächsten Tag wollen wir ja nach Ubud.

Von Lovina nach Ubud

Es ist Freitag, der 27. Dezember. Am Abend zuvor habe ich mit einem Shuttlebus-Besitzer den Preis ausgehandelt für unseren Transport nach Ubud und am nächsten Tag wieder zurück. Verglichen mit Okas Limousine ist der Mitsubishi-Colt (Colt heißen in Indonesien die Minibusse, die in Deutschland unter der Bezeichnung L 300 laufen) sehr bequem. Wir bestimmen die Route und halten, wann und wo wir es wünschen.

Um acht Uhr fahren wir los. Ich habe den Reiseführer auf dem Schoß und tüftele noch über der Route. Doch eigentlich geht es ja nur um die Abstecher. Hinter Singaraja fahren wir küstenwärts und machen ersten Halt in Sangsit. Dort steht einer der eindrucksvollsten Tempel des Nordens. Neben dem Tempelgelände zieht ein Bauer Furche um Furche mit seinem Hakenpflug durch das knietief überflutete Reisfeld. Zwei der hellbraunen, zartgliedrigen Balirinder, die aussehen wie zu groß geratene Rehe, ziehen das Gerät und der schmächtige Mann stapft schwerfällig, bis zu den Knien im Morast, hinterdrein.

Im Tempel sind wir die ersten Besucher. Doch die einheimischen Knaben sind schon vor uns da. Einer dieser selbst ernannten Guides nimmt uns gewissermaßen an die Hand, ob wir wollen oder nicht und zeigt uns die Sehenswürdigkeiten. Die würden wir zwar auch ohne ihn finden, aber der Junge erzählt uns das wenige, was er weiß, so nett in einem Mischmasch von Deutsch und Englisch, dass wir ihm ein paar Rupien Trinkgeld gerne geben. Wir steigen die Treppen hinauf zum ersten gespaltenen Tor und von dort geht es über eine Wiese zur zweiten und dritten Pagode. Die Wände sind eine Ansammlung fantastischer Steinfiguren. Jeder Quadratzentimeter ist gestaltet. Dämonen und Fabelwesen springen einem entgegen, janusköpfige Gestalten und vielarmige Göttinnen. Wir erkennen Garuda, den Göttervogel und Hanuman, den Affenkönig mit seinem Gefolge kreischender Affen. Auf einer Wand des rückwärtigen Tempels ist ein radelnder Mann auf einem altmodischen Fahrrad dargestellt. Nun brauchen wir unseren jugendlichen Führer doch. Er erklärt uns, dass dies ein radfahrender Holländer sei. Na ja, so sehr viel weiter hat uns diese Erklärung auch nicht gebracht. Offensichtlich hat sich hier einer der Tempelkünstler bei der Kolonialmacht einschmeicheln wollen. Berühmt jedenfalls ist die Plastik, vielleicht wegen ihrer Skurrilität. Man findet sie in jedem Reiseführer.

Tempel besichtigen macht Durst. Wir haben vergessen, uns mit Trinkwasser einzudecken. Schräg gegenüber vom Tempel gibt es ein Geschäft und ich kaufe schnell dort eine Literflasche. Durstig trinken wir und plötzlich meint sich Patrick, der die Flasche geöffnet hat, zu erinnern, dass sie nicht verplombt war. Mein Gott, eine unversiegelte Flasche Wasser und das in Indonesien. Verunreinigtes, schlechtes Wasser: Millionen von Keimen und Bakterien tummeln sich jetzt schon in unserem Innenleben und in ein paar Stunden werden wir wahrscheinlich alle furchtbar krank sein. Zum Glück passiert außer ein bisschen eingebildeten Bauchschmerzen, die schnell mit einem Schluck Whisky übertönt werden, nichts. Aber von jetzt an gucke ich mir doch jede Wasserflasche genauer an.

Whisky und Gin haben wir bei Tropenreisen übrigens immer dabei, meist umgefüllt in handlichen Plastikflaschen. So kann man selbst in feineren Lokalen unauffällig dem Cola oder Tonic einen belebenden Schuss verpassen. Außerdem vertrauen wir der Weisheit tropenerfahrener Engländer, dass Alkohol Bakterien tötet und gut gegen allerlei Übel ist. Gin-Tonic als Malariaprophylaxe und Cola-Whisky als Verdauungshilfe!

Nach Sangsit sind wir schnell wieder auf der Hauptstraße. Eine ganze Weile geht es nun über Serpentinen bergauf, vorüber an Reisfeldern, Palmen und häufig durch dichte Wälder. Bisweilen kann man in einer Kurve den Vulkankegel des Gunung Batur erspähen. Die Ansiedlungen werden seltener, je höher wir kommen. Die Menschen am Straßenrand winken uns zu. Obststände am Straßenrand locken mit Salak, Rambutan, Granatäpfeln, Ananas. Wir erreichen Kintamani. Dort steht der drittgrößte Tempel Balis und man hat einen wunderschönen Blick auf den Gunung Batur. Kintamani hat wenig Balinesisches, ist nichts als eine Anhäufung schäbiger Hütten am Straßenrand. Allein der Batur-Tempel ist Grund, hier Halt zu machen. Dass viele Fremde ihn besichtigen, beweist der riesengroße Parkplatz. Heute ist er fast leer, was zu Folge hat, dass Dutzende verkaufswütiger, Saronghändlerinnen gestikulierend über uns herfallen. Preiserprobt merken wir sofort, dass die Sarongpreise hier in astronomischen Höhen angesiedelt und selbst beim Herunterhandeln auf 30 Prozent des Anfangspreises noch zu teuer sind. Wir fliehen, nur um sogleich den Schachbrett- und Figurenverkäufern in die Fänge zu geraten. Erst im Tempel können wir diese aggressiven Geschäftemacher abschütteln.

Ich weiß nicht, ob der Tempel beeindruckender ist als andere, denn alle Tempel Balis sind sich ähnlich. Sie leben von der Landschaft, in der sie stehen. Hier haben es mir zwei Affengestalten, die ein Portal bewachen, angetan: Ihre Gesichter sind so verschmitzt-ironisch und zugleich bedrohlich, dass sie jedem Eindringling Einhalt gebieten.

Hat man all die Pagoden bestaunt und am gegenüberliegenden Ausgang den Tempelbezirk verlassen, steht man auf einer Anhöhe und hat einen wunderbaren Blick auf den Batursee und den aufgebrochenen Kegel des Gunung Batur. Von seiner Spitze hinab leckt in einem weiten Bogen die schwarze Zunge der erkalteten Lavaströme in das satte Grün der Ebene. Alle Reiseveranstalter bieten Vulkan-Trekking-Touren durch das Batur-Gebiet an.

Knapp hinter Batur verlässt unser Colt die Hauptstraße, um eine Nebenroute über Tampaksiring nach Ubud zu nehmen. 25 Kilometer sind es noch bis Ubud. Die enge Straße führt durch kleine Dörfer und vorbei an spektakulären Reisterrassen. Fünfundzwanzig Kilometer, das ist nichts auf europäischen, breiten Straßen. Hier aber braucht es viel Zeit, ein paar Kilometer zurückzulegen. Weniger die zahlreichen Kurven sind es, die die Fahrt verlangsamen, auch nicht die Mopedfahrer, sondern vor allem die Dorfdurchfahrten. Welch eine Vielzahl von Fotomotiven: Menschen, die sich am Straßenrand in einem Bach waschen, winkende Kinder, Mädchen mit Opfergaben auf dem Haupt. Und nicht zuletzt zwingen die vielen Hunde, die sich stets im falschen Augenblick anschicken, die Straße zu überqueren, den Fahrer immer wieder, langsam zu fahren. Hunde sind eine ganz eigene Spezies auf Bali und sie führen ein autonomes Eigenleben. Überall sind sie, eigentlich hässliche Viecher, bullterrierähnlich mit kurzen Beinen, nach oben gerecktem Stummelschwanz und strähnigbraunem Fell. Ihre Augen sind aufmerksam, zumeist aber eher gleichgültig allen Zweibeinern gegenüber. Balis Hunde leben, schlafen, laufen herum, wo und wie es ihnen gefällt. Stört sich jemand an ihnen, weichen sie unwillig und verärgert zurück und machen Platz. Die Balinesen stören sich selten an ihnen. Sie gehören zum alltäglichen Leben. Niemand gibt ihnen etwas zu fressen, es liegen ja allerorten genügend Opfergaben herum und die sollen sie sich gefälligst mit den Hühnern teilen. Ich glaube, auch die Hunde sind glücklich auf Bali. Nach balinesischem Glauben sind sie auch die einzigen Wesen, die böse Geister erkennen können.

Irgendwann auf der Strecke nach Ubud tauchen am Straßenrand die ersten Holzschnitzereien auf. Zuerst hängen vereinzelt Masken an den Häusern, bunt und gruselig. Dann aber werden die Werkstätten der Holzschnitzer immer häufiger. Vom Auto aus sehen wir, wie die Männer über ihren Arbeiten sitzen und wir schauen in die Verkaufsräume, die vollgestopft sind mit allem, was nach Ansicht balinesischer Holzschnitzer interessant für Fremde und Einheimische sein könnte. Vom holzgeschnitzten Harley-Davidson-Motorrad über langhalsige Katzen und Giraffen, alle Arten von Dschungelgetier, Obst und Gemüseschalen bis zu Barong-, Rangda-Hexen-Masken und Garudas gibt es alles, was man sich nur ausdenken kann und was irgendwie in Holz formbar ist. Nachdem wir Dutzende solcher Werkstätten und drei Dörfer passiert haben, überwältigt uns doch unsere Kauflust. Ein Garuda und drei fantastische Masken hängen heute in unserem Wohnzimmer an exponierter Stelle. Wir finden unsere Erwerbungen immer noch schön.

Am Nachmittag kommen wir in Ubud an.

Noch einmal Lovina

An der Lovina-Küste kommen jeden Morgen die Delfine vorüber. Das ist schön von ihnen, weil so die Einheimischen um eine Attraktion reicher sind. Sicher machen die Delfine ihren täglichen Schwimmausflug der Touristen wegen. Sie tun das relativ früh. Delfine sind Frühaufsteher.

Um 6.30 Uhr lassen wir uns wecken. Natürlich haben wir mit dem Bootsführer den Preis vorher ausgehandelt. Wecken inklusive. Pünktlich klingelt das Telefon. Aus dem Bett in die Badehose. Etwas Warmes mitnehmen, der Morgen ist noch kühl. Um 6.45 Uhr sitzen wir im blau-roten Auslegerboot, frösteln und sind ein bisschen enttäuscht darüber, dass wir nicht die einzigen Delfinjäger sind. Mindestens dreißig andere Boote starten entlang der Küste. Die drei Boote neben uns sind besetzt mit Japanern. Sie sind ganz aufgeregt und fuchteln so wild mit Armen und Kameras, dass die Delfine, gäbe es denn schon welche, vor Angst vermutlich schnell abtauchen würden. Zum Glück ist unser Bootsführer Individualist. Er entfernt sich vom Pulk der übrigen Boote, nicht ohne zu beteuern, dass er in den letzten Tagen immer Glück gehabt habe. Er weiß, was er uns schuldig ist, lässt sein Boot kreuz und quer und immer ferner von der Küste durch das Meer gleiten, behält aber dabei sehr wohl die anderen Boote im Blick. Kann ja sein, dass eines von ihnen eher fündig wird. Irgendwo müssen sie doch sein. Wie auf ein Kommando steuern plötzlich alle 29 Boote auf einen Punkt zu, das unsere auch, nur, dass unser Bootsmann einen Punkt ansteuert, der schon ein wenig außerhalb des Zentrums des Auflaufes liegt. Er kennt sich aus mit den Delfingewohnheiten. Und tatsächlich sehe ich plötzlich eine Flosse und dann noch eine und einen runden grauen Rücken, und noch einen, und da springt es auch schon aus den Fluten, elegant in einem beherzten Satz und ist wieder in der Tiefe verschwunden. Wow, ist das schön! Wir sind mitten unter den Delfinen, das heißt, sie unter uns. Weg. Und nun? Wo tauchen sie wieder auf? Mann, ist das spannend. Die Insassen der übrigen 29 Boote haben ebenfalls ihren Spaß. Irgendwann nach einer halben Stunde Juchzerei haben die Meeressäuger die Faxen dicke und machen sich aus dem, was man in erdhaften Gefilden Staub nennen würde. Sie suchen die Weite. Die Jagd ist zu Ende.

Es ist wolkig, der Wind ist kühl und die Sonne versteckt sich hin und wieder hinter einer Herde kleiner Schäfchen. Wenn wir schon so früh aufgestanden und nun mal auf See sind, dann wollen wir auch noch gleich ein bisschen schnorchelnd die Unterwasserwelt begaffen. Ich hatte wohlweislich umfassend verhandelt: Delfine gucken plus schnorcheln zum Paketpreis. Es ist kühl zu dieser Morgenstunde, das Wasser ist wellig und aufgewühlt, aber viel wärmer als die Luft. Eine Stunde lang halten wir es aus. Die Sicht im Wasser ist besser als erwartet und so früh am Tage sind die Fische noch wach und knabbern frohgemut an den bunten Korallen.

Was fängt man nun mit dem angebrochenen Tag an? Im Minipool baden, am Strand sich mit den Händlern herumbalgen, sich im schmutzigbraunen Meer von den Wellen schaukeln lassen? Nee, das alles kommt nicht in Frage. Urlauben heißt aktiv sein, auf der Suche nach Futter für die Erinnerung.

Im Nordwesten Balis liegt das Naturschutzgebiet des Bali Barat, das als zusammenhängendes Urwaldgebiet ein Sechstel der Insel ausmacht. Für 50.000 Rupien steht uns unser inzwischen schon vertrauter Shuttlebus nebst Fahrer wieder für den ganzen Tag zur Verfügung. Eine Stunde braucht er bis zu dem großen Parkplatz, wo sich Informationszentrum, die Guides und auch die Kassen befinden. Von hier aus kann man auch zur Insel Menganjan übersetzen, Balis schönstem Tauchrevier. Insel und Waldgebiet stehen unter striktem Naturschutz. Wir entscheiden uns für eine zweistündige Trekkingtour, eine Urwald-Stippvisite gewissermaßen. Mit meinem Handeln verärgere ich offensichtlich den Oberguide und er reicht uns an einen Unterguide weiter. Damit tut er uns einen Riesengefallen, denn der junge Mann, dem wir nun auf Zehenspitzen und psst-mucksmäuschenstill in die geheimnisvolle Welt des Dschungels folgen, ist freundlich und liebenswürdig und möchte uns gerne ganz viel zeigen. Wenn wir Glück haben, werden wir vieles zu sehen bekommen. Ist das da im dichten Gestrüpp etwa ein Gürteltier? Maybe. Aber da, „look, over there! Black monkeys." Das sind wahrlich keine ordinären braunen Affen, „grey monkeys", sondern viel seltener und scheuer, eine Art Gibbon. Von Ast zu Ast hangeln sie und sind ganz schnell wieder verschwunden. Und dann, im Unterholz ein Reh, keines aus Gips, sondern ganz echt und klein, und daneben ein Rehbock. Drumherum hampelt ein halbes Dutzend brauner Affen. Wir laufen hinter dem kleinen Führer her durch einen ausgetrockneten Fluss, staksen über umgestürzte Bäume und fürchten uns ein wenig. Wer hätte denn am Morgen gedacht, dass aus dem Ausflug ein richtiger Dschungeltrip würde. Nicht einmal mit Mückenschutz haben wir uns einbalsamiert.

Wie überall auf Bali gibt es auch hier im Urwald einen Tempel. Auf der Karte ist er nicht einmal vermerkt. Drei Punkte im Dreieck für wichtige Sehenswürdigkeiten. Im Bali Barat nicht mal ein Punkt. Wir steigen steile Treppen hinauf, Glöckchengeklingel, Stimmenwirrwarr und Singsang kommen näher. Unser Guide gibt leise Anweisungen, wie wir uns zu verhalten haben. Im Tempel gäbe es heute nämlich ein Fest, viele Gläubige seien da, den ganzen Tag über und er wolle mit dem Priester sprechen, dass der uns segne. Fein.

Ein paar Dutzend Frauen bereiten unter den Sonnendächern die Opfergaben vor und grüppchenweise begeben sich die Gläubigen ins Tempelinnere, um ihre Segnung zu empfangen. Tatsächlich besorgt unser Guide eine Sonderaudienz für uns. Wir bekommen Sarong und Tempelschärpe, ziehen die Schuhe aus und dürfen solchermaßen ins Heiligtum. Dort begeben wir uns in den vorgeschriebenen Kniesitz und legen die Handflächen, Finger himmelwärts vor der Brust zusammen. Ich empfinde diese Haltung als äußerst unbequem, bin einfach zu steif für derlei Devotionen. Wenn schon beten, dann bitteschön sitzend oder stehend. Aber geehrt fühle ich mich schon und ich nehme die Zeremonie auch ganz ernst. Ob Buddha oder Shiva oder Christus, schaden kann eine solche Kontaktaufnahme mit höheren Mächten wohl nie. Ein ernster Brahmane, gelb gewandet und mit gütig lächelnden, doch, wie ich finde, auch ein wenig spöttischen Augen, bespritzt uns mit geweihtem Wasser. Es kommt aus dem gleichen Urwaldbrunnen, auf dem wir im Vorübergehen die Mückenschwärme tanzen sahen. Die priesterliche Weihung macht das Wasser heilig und rein. Etwas zaghaft zunächst, doch dann vollen Herzens und Vertrauens trinke ich den mir zugedachten Schluck. Tatsächlich, es schmeckt heilig. Nun bekomm ich noch eine Blume hinter das Ohr gesteckt und eine weitere zwischen die gestreckten Zeigefinger. Ich finde das schön, viel schöner als ein Abendmahl. Die Klebreiskörner pappen auf der Stirn. Schließlich segnet uns der heilige Mann. Unser Guide übersetzt: Wir werden Glück auf Bali haben und einen guten Heimflug. Das ist schön und das können wir gebrauchen. Ich finde es sehr vernünftig, dass sich der Gottesdiener nicht zu irgendwelchen waghalsigen Prophezeiungen verstiegen hat. Solcherlei Segnungen sind natürlich nicht kostenlos. Für die Tempelspenden liegt eine Liste bereit, mit Spalten für Name, Nationalität, Datum, Betrag. Auch auf Bali hat alles seine Richtigkeit zu haben.

Im Schatten einer steilen Felswand liegt Pura Pulaki, der letzte Tempel, den wir uns für diesen Tag, zumuten wollen. Manche nennen ihn auch den Affentempel. Balinesinnen verkaufen Trauben auf dem Parkplatz, „for the monkeys". Ich kaufe eine Tüte. Kaum sind wir auf den Tempelstufen, sind wir schon von einer gierigen Affenhorde umgeben. Gönnerhaft und gerecht will ich meine Trauben unters Affenvolk verteilen, halte dabei leichtsinnigerweise eine ganze Rebe in der Hand und kriege einen Riesenschreck, als mir ein ganz besonders frecher Affe den ganzen Früchtevorrat aus der Hand reißt.

Letzter Halt auf dieser Erkundungsreise durch den Nordwesten der Insel ist Air Panas. Weit mehr als 35 Grad warm fließt Wasser aus den Quellen und füllt zwei große Becken. Angenehm körperwarme Badepools in einer herrlichen Gartenlandschaft. Palmen, Bananenstauden, Orchideen, Pflanzen in voller Blütenpracht umstehen das Areal, ein großer Ara tut lauthals sein Wohlbefinden kund. Von der höher gelegenen Terrasse des größeren Beckens blickt man in eine wildbewachsene Schlucht, in der ein Flüsschen sich in einer Felswanne staut, um danach seine Wasser drei Meter tief fallen zu lassen. So wie in Air Panas habe ich mir immer ein Stück vom Paradies vorgestellt. Die Badegesellschaft in dem schwefelhaltigen, trüben Wasser ist international. Viele Japaner sind da, Bali ist für sie so nah wie Mallorca für die Deutschen. Das warme Wasser macht müde und nach einer Stunde haben wir genug. Es war ein schöner langer Tag. Am Abend packen wir unsere Sachen und freuen uns auf Seminyak.

Auf Oka ist Verlass. Pünktlich um neun Uhr ist er zur Stelle.

Wir haben keine Lust, die weite Tour über Batur zu machen. Den kürzesten Weg am Brantansee vorbei und so schnell wie möglich heim nach Seminyak. Einen kleinen Abstecher zu den Gilgit-Wasserfällen gönnen wir uns aber trotzdem noch und der ist wirklich lohnend. Am frühen Vormittag sind noch wenige Touristen da und viele Verkaufsstände auf dem Weg zum Fuß der Fälle haben noch nicht geöffnet. Aus dreißig Meter Höhe fallen die Wassermassen vom Felsüberhang herab, fließen in einem reißenden Flüsschen weiter und hüllen das halbe Tal in einen Nebel von Wasserstaub. Schade, dass wir die Badesachen im Gepäck gelassen haben. Muss schön erfrischend kalt sein, sich unter dem Wasserfall zu duschen.

Gegen Mittag fühlen wir uns im Bali Holiday Resort wieder wie zu Hause. Allerdings ist unser Bungalow besetzt und wir müssen mit einem Zimmer im Haupthaus vorliebnehmen. Ein bisschen enttäuscht sind wir schon. Wir wollen mit dem Auspacken bis zum Abend warten, um zu sehen, ob nicht doch noch ein Bungalow frei wird. Wir haben nicht mit dem Neujahrsansturm der Japaner und Australier gerechnet. Für die sind die Feiertage ein willkommener Kurzurlaub. Unser Hotel ist voll und die Hoffnung auf unseren Bungalow geben wir am frühen Abend auf. Genaugenommen sind die Zimmer ja genauso schön. Der Weg zum Strand ist zwar ein bisschen weiter, dafür aber ist die Klimaanlage besser und die Dusche ebenso. Also kann der dritte Abschnitt des Urlaubs beginnen.

Seminyak und ein bisschen Drumherum

Sylvester unter Palmen bei 30 Grad. Ob das gut geht? Zunächst verdränge ich noch die Gedanken daran, wie wir ins neue Jahr gelangen. Auf keinen Fall werden wir die New-Year-Party im Hotel mitmachen.

Zunächst aber erst einmal Frühstücksbüffet und dann an den Strand. Blauer Himmel und hohe Wellen. Ich miete ein Fun- und ein Boogieboard und dann lassen wir uns auf den Kampf mit den Wellen ein. Ein paar Mal schaffe ich es, auf dem kurzen Board zwanzig Meter weit auf der Welle zu gleiten. Patrick ist besser, kommt zweimal auf seinem Board zum Stehen und flutscht über den Wellenkamm. Doch verglichen mit den Wellenrittprofis ist das nichts. Die schwingen sich auf die Bretter, fahren ein Stück weit wilden Slalom und lassen sich dann, wenn die Welle bricht, ins Wasser gleiten. Doch ganz ungetrübt ist das Surfvergnügen an diesem letzten Tag des Jahres nicht: das Wasser ist schmutzig, voll gelber Schaumkronen und außerdem gibt es Quallen. Wenn eine Welle einem solch ein Viech gegen den Körper klatscht, tut das weh. Einmal erwischt es mich und es brennt höllisch.

Am Nachmittag versuche ich vergebens, eine Flasche Sekt aufzutreiben. Überall verkauft man Papiertrompeten und spitze Hüte: Happy new year!

Schon am frühen Nachmittag haben sich Wolken am Himmel zusammengeballt und wenig später ist es so dunkel, als ob die Nacht schon angebrochen ist. Um 18.30 Uhr beginnt der große Regen. Wie aus Eimern fallen die Wassermassen herab. Wir stehen auf dem Balkon und staunen. Binnen weniger Minuten steht das Wasser knöcheltief auf allen Wegen. Patrick und Julia machen sich einen Spaß daraus, durch die Fluten zum Meer zu waten. Gegen das, was da vom Himmel fällt, ist eine Dusche weniger als ein tropfender Wasserhahn. Der Regen ist kühl, doch im Meer ist es angenehm warm.

Als es nach zwei Stunden immer noch gießt, beginnen wir uns allmählich Sorgen um unseren Silvesterabend zu machen. Wir können doch den letzten Abend des alten Jahres nicht im Hotelzimmer verbringen. Außerdem knurren die Mägen. Als es endlich etwas weniger regnet, nützen wir das, um über Pfützen springend ein Taxi zu ergattern, das uns nach Seminyak-Zentrum bringt. Für die Taxifahrer ist der Regen ein wahrer Segen. Sie können Preise verlangen wie sie wollen. Für die kurze Fahrt zahlen wir den vierfachen Preis. Für meinen Versuch, zu handeln, hat der Driver nur ein müdes Lächeln.

Immerhin finden wir im Restaurant Goa noch Platz. Wir speisen gut und lange. Das Lokal füllt sich zusehends. Immer mehr verrückt angezogene, ausgeflippte Leute nehmen die freien Plätze ein. Wir fühlen uns fehl am Platze. Hier biertrinkend das neue Jahr erwarten?

Nöö. Im Supermarkt gibt es Cola, und Whisky ist noch genügend zu Hause. Das Taxi zum Hotel ist natürlich wieder sündhaft teuer: Regen und Sylvester. Statt 3000 Rupien kostet die Fahrt 10.000. Die Nachfrage ist riesig.

Im Restaurant ist die Silvesterparty voll im Gange. Wir sitzen auf dem Balkon, die Musik schallt herauf, und als das Jahr 1997 beginnt, stoßen wir mit unseren Whisky-Cola-Gläsern an. Wir sind uns nahe und mögen uns. Statt Raketen oder Böller abzuschießen, schnippen wir eine Portion Streichhölzer in die feuchte Luft. Sie zischen so schön, bevor sie sternschnuppengleich verglühen. Der Regen hat aufgehört. Um zwei Uhr machen wir einen Spaziergang zum Meer. Prost Neujahr.

Am nächsten Morgen riecht alles sauber und frisch. Statt „Good morning" wünscht jeder uns „Happy new year". Das Personal ist noch freundlicher als sonst. Dieses strahlende Lächeln der Balinesen, das direkt aus dem Herzen zu kommen scheint, ist so ansteckend. Man kann gar nicht anders, als den noch verschlafenen Gesichtsmuskeln ein ebenso strahlendes Lächeln abzuringen. Zu Hause im kalten Deutschland werde ich dieses Lächeln am meisten vermissen. In den ersten Tagen nach unserer Rückkehr habe ich den Eindruck, alle Menschen laufen mit verschlossenen, tiefgefrorenen Gesichtern herum. Ich versuche noch eine Weile, ihnen etwas von der balinesischen Wärme und Herzlichkeit abzugeben, doch nach einiger Zeit friert auch mein Gesicht wieder immer mehr ein. Ich bin bald wieder der kühle Deutsche unter grauem Winterhimmel.

Eigentlich sollte heute ein guter Tag sein, um Denpasar einen Besuch abzustatten. Der Taxifahrer kennt einen Schleichweg querfeldein über die Dörfer. Ein paar Hundert Meter hinter der Hauptstraße mit den Restaurants und Geschäften hört der Touristikrummel auf und Bali beginnt. Die intakte Welt der Dörfer, Tempel, der spielenden Kinder, der Balirinder und Reisfelder. Das macht hoffen, dass sich Bali nicht vom Massentourismus kaputtmachen lässt, dass die Insel ihn sich einverleibt wie eine zu fette Speise, ohne sich den

Magen daran zu verderben. Bestimmte Teile Balis aber sind wohl verloren, Kuta, Sanur, Nusa Dua mit den eleganten Hotelghettos, doch noch gibt es viel echtes Bali. Zum Glück sind die meisten Touristen faul und scheuen das Unbekannte. Zwei oder drei Wochen Pauschalurlaub bedeutet nun mal eingeschränkte Hotelwelt und geführte Ausflüge. Ubud leidet unter dem Ansturm der Sightseeingbusse, wie auch die Elefantenhöhle Goa Gaja und eine Reihe anderer Orte, die touristisches ‚Muss‘ sind. Die Touristen fallen aber immer nur kurze Zeit wie ein Schwarm Heuschrecken ein und dann ist wieder Ruhe. Jenseits dieser Muss-Orte ist die Welt noch in Ordnung. Ich habe gehört, dass man eine Schnellstraße von der Küste über Ubud quer durch die Insel plant. Was wird aus Bali, wenn man in ein bis zwei Stunden jeden Punkt der Insel erreichen kann? Ich bin Optimist. Anders als mein Sohn. Am Abend zuvor hatten wir eine lange Diskussion: Patrick meint, die Welt gehe vor die Hunde.

Denpasar, das zu Kolonialzeiten Bandung hieß, ist an diesem Morgen erstaunlich ruhig. Die Geschäfte sind zu. Wir haben die Bedeutung des christlichen Neujahrsfestes unterschätzt. Indonesien ist kein demokratischer Musterstaat und der schlechte Ruf Suhartos und der moslemischen Javaner ist weltweit bekannt, aber immerhin herrscht in diesem Vielvölkerstaat Religionsfreiheit. Jede der vier Hauptreligionen, Islam, Buddhismus, Hinduismus und Christentum genießt das Recht der freien Glaubensausübung. So kommt es, dass es in Indonesien wahrscheinlich mehr Feiertage gibt als in den meisten Ländern der Erde. Obwohl es nur wenige Christen auf Bali gibt, ist Neujahr ein Feiertag.

Der Fahrer setzt uns im Zentrum ab. Zum Glück ist wenigstens der Pasar Badung, der große Markt zu beiden Seiten des Flusses geöffnet. Eine Geruchsmischung aus Fisch, Gewürzen, Verwesung schlägt uns entgegen. Gestank, der die Nasenflügel zum Zittern bringt. Patrick ist gleich schlecht gelaunt: er kann dieses Duftkonglomerat am schlechtesten ertragen. In den oberen Stockwerken der Markthallen, wo ‚Non-Food‘ verkauft wird, sind die Gerüche nicht so intensiv. Dort kommen wir denn auch auf unsere Kosten, das heißt, wir genießen das Einkaufsparadies Bali: T-Shirts, Hemden, Mützen, Masken, Holzschnitzereien, Uhren usw. usw.. Gut, billig, schön.

Der Taxifahrer, der uns nach Denpasar gebracht hatte, hatte uns angeboten, zu warten und uns wieder zurückzufahren. Wir hatten abgelehnt, weil wir nicht unter Zeitdruck stehen wollten. Wir finden schnell einen anderen Driver und als wir dem sagen, wie schade es sei, dass die Geschäfte zu sind, will er uns zum Department-Store fahren, das sei heute offen. So kommen unsere Kinder an diesem Tag zu ein paar neuen Klamotten.

Unser neues Taxi besteht aus einem Team, dem Fahrer und dem Beifahrer. Ich weiß nicht, wie ich die Funktion des zweiten Mannes beschreiben soll: Guide, Organisator? Er versucht jedenfalls, aus der kurzen Tour ein Anschlussgeschäft zu machen. Da Oka nicht mehr aufzutreiben, der Wagen bequem ist und der ‚Guide' Englisch spricht, machen wir für den nächsten Tag eine Ganztagestour aus: Besakhih, Klungkung, Goa Lawah, Padang-Bay, Tabanan, Sehenswürdigkeiten, die wir noch nicht kennen. Der Guide verspricht, morgen mit einem Colt zu kommen, denn der Suzuki-Bus ist zwar wendig, aber für uns vier doch zu klein.

Das Meer ist wellig und schmutzig an diesem Nachmittag und auch der Pool sieht nicht einladend aus. Also geben wir uns dem Genuss der Massage hin. Fünf Balinesinnen wickeln hier im Hotel das Massagegeschäft ab. Bei den Preisen gibt es auch kein Feilschen: 10.000 Rupien, also knapp 7 Mark und damit basta. Mitten in die Massage platzte der Regen. Offensichtlich hatte nach zehn Tagen Sonnenschein die Regenzeit nun doch begonnen und bescherte uns den täglichen Guss. Nach einer halben Stunde war es vorbei. Die Luft war mild und lockte zu einem Strandspaziergang. Scharen von Balinesen bevölkerten an diesem Feiertag den Strand. Spielende Kinder, Familien, die Picknick machten, Fußball und Volleyball spielende Männer, Suppenverkäufer mit ihren Wägelchen, andere, die

Obstsalat, Ananas, Papaya oder Erdnüsse feilboten. Und dazwischen immer wieder ein junger Mann, der uns seinen Musterkoffer mit Seiko-, Rado- oder Cartier-Armbanduhren öffnete. Wir haben schon eine Uhr. Macht nichts, man kann doch eine zweite, dritte, vierte besitzen, oder?

Gunung Agung

Der heilige Berg, der Sitz der Götter, der höchste der balinesischen Vulkane. Alle 15.000 Tempel der Insel sind auf ihn ausgerichtet. Er ist der Mittelpunkt allen balinesischen Lebens. Kein Balibesucher kommt an ihm vorbei. 1958 hat der heilige Berg zum letzten Male Feuer gespieen und dabei große Teile des Nordostens der Insel unter der Lava begraben. Wie durch ein Wunder blieb der Muttertempel Besakhih verschont.

Eine seltsame Geschichte: Das größte Fest Balis findet nicht jährlich, nicht zehnjährlich, sondern sage und schreibe, alle hundert Jahre statt. Ein Fest, das ein paar Monate lang dauert, alle Bewohner Balis einbezieht, Prozessionen durch die Insel pilgern lässt. Der Zug der Gläubigen startet am Fuße des heiligen Berges und zieht, immer mehr Menschen mitreißend, singend, tanzend, musizierend, buntgeschmückt in einem langen Marsch zum Meer. Das Meer ist für Balinesen der Sitz alles Bösen. Dämonen und böse Geister kommen aus den Fluten. Eigenartig, dass eine Inselbevölkerung solch eine Beziehung zum Meer hegt. Balis Bewohner sind Bauern, und den Reisanbau haben sie zur Perfektion gebracht. Ist jemand Fischer auf der Insel, so ist er entweder ein schlechter, von vielen gemiedener Mensch, oder ein Moslem. An den Gestaden des Ozeans also kommt der Pilgerzug zum Stehen. Ein gewaltiges Fest findet statt, mit Opfern und Tänzen und Beschwörungen. Der balinesische Hinduismus enthält viel Animismus: Geister und Dämonen müssen tagtäglich beschwichtigt werden. Nach dem Fest zieht der Zug wieder landeinwärts zurück zum Gunung Agung. Jeder Balinese begleitet ihn ein Stück des Weges. 1858 sollte dieses große Fest wieder stattfinden. Doch am Vortag des Beginns zeigte der heilige Berg seine Krallen und bedeckte das Land mit glühender Lava. Wenn das kein Zeichen der Götter war! Natürlich setzte man das Fest aus. 1962 fand es dann statt, nachdem die schlimmsten Schäden der Katastrophe überwunden waren. 2062, wenn alles gut geht, werden die Balinesen, die Enkel und Urenkel der Heutigen, wiederum jenes größte aller Feste begehen. Was macht es schon, dass viele der Inselbewohner zu ihren Lebzeiten nie an dem Fest teilnehmen. Das Leben ist schließlich eine Aufeinanderfolge von Inkarnationen und in einem seiner vielen Leben wird jeder Balinese einmal das Glück haben, mit im Festzug vom heiligen Berg ans Meer zu laufen, zu singen und zu tanzen. Vielleicht ist er dann sogar dazu ausersehen, den Trancetanz im Morgengrauen am Meer zu tanzen.

Jedes Mal, wenn wir dem heiligen Berg nahekamen, am Batur oder am Brantansee, war er in dichten Wolken. Und auch heute sind die Götter uns nicht hold. In den Führern steht, dass der Berg sich meist bis elf Uhr vormittags in seiner ganzen Schönheit zeigt. Doch als wir um 8.30 Uhr in Seminyak aufbrechen, ist schon abzusehen, dass dieser Tag mit blauem Himmel geizen wird. Um 11.00 Uhr, als wir am Besakhih ankommen, ist der Himmel schwarz und der Berg in dichte Nebelschwaden gehüllt. Es beginnt zu regnen und hört von da an mit kurzen Unterbrechungen den ganzen Tag nicht mehr auf. Wir leihen uns für ein paar Pfennige Regenschirme. Der Weg zum Muttertempel ist flankiert von Verkaufsbuden mit dem üblichen Angebot balinesischer Waren. Ganz und gar unüblich aber sind die riesigen Spinnen, die ihre Netze zwischen den Drähten der Strommasten und von einer Hauswand zur nächsten gespannt haben. Nie habe ich so große Spinnen gesehen. Auch die Falter und die Motten, die sich an die Laternen klammern, haben alles andere als die üblichen Ausmaße.

Der weitläufige Besakhih-Tempelkomplex wird überragt von zum Teil elfstöckigen Berus, Pagodentürmen. Alle diese Berus sind Häuser für die Ahnen und Aufenthaltsorte für die Götter, so sie denn gewillt sind, dem Tempel einen Besuch abzustatten. Und so wächst Besakhih von Jahr zu Jahr weiter. Jede Familie, die es sich erlauben kann, baut ihren Ahnen hier einen Schrein und verschafft ihnen damit einen Platz am heiligen Berg. Der Ort zu Füßen des Gunung Agung ist somit kein einzelner, sondern eine Ansammlung vieler, unterschiedlich großer Tempel, deren Inneres allerdings für Fremde verschlossen ist, es sei denn, man möchte ein Opfer bringen. Egal, ob Christ, Hindu oder Moslem. Hier und da finden Zeremonien statt. Man sieht den Rauch der Räucherstäbchen emporsteigen und hört leise Gesänge. Wir erklimmen die Stufen des höchsten Tempels und verewigen uns auf einem Fotos vor dem gespaltenen Tor. Hinter uns der heilige Berg.

In anhaltendem Regen verlassen wir Besakhih und fahren zu Tal. Unterwegs begegnet uns ein kleiner Kremationszug. Ich frage mich, wie man bei dem Regen die Leiche zum Brennen bringen will.

In Padang Bay machen wir Mittagspause und hoffen, dass der Regen aufhört. Padang Bay ist eines der wenigen Dörfer mit überwiegender Moslembevölkerung. Die meisten Bewohner sind Fischer und so sieht man am Strand viele bunte Auslegerboote, alle mit zwei lustigen Delfinschnauzen. Der Indische Ozean ist hier türkisgrün, klar und voller Fische. Wir haben zwar unsere Taucherbrillen und Flossen dabei, aber bei dem Wetter, nein. Von Padang Bay aus fahren stündlich die Fähren nach Lombok. Nusa Penida, das karge Fels-Eiland liegt ein paar Kilometer entfernt im Dunstschleier.

Um 4.00 Uhr treten wir die Rückfahrt an. Es hat aufgehört zu regnen, sodass wir die Fledermaushöhle, Goa Lawah, jetzt trockenen Fußes besichtigen können. Niemand weiß, warum sich in dieser halb offenen Höhle Millionen von Fledermäusen an die taglichthelle Decke klammern. Sind doch diese Säuger normalerweise Nachttiere. Grund genug, diesem Phänomen und einer großen Kobra, die irgendwo in den Felsen hausen soll, einen Tempel zu weihen. Schwarz und unheimlich stoßen die Fledermäuse aus dem Halbdunkel und kehren flatternd zurück, um sich wieder in das Körpergewühl an der Decke einzuhängen. Wie es da kopfüber herunterbaumelt, ein lebendiger, zuckender Vorhang, das ist unheimlich.

Auf dem Parkplatz, wo unser Wagen wartet, haben wir wieder einmal eine der gewohnten Abwehrschlachten gegen aufdringliche Verkäufer zu bestehen. Wie viele Sarongs sollen wir denn noch kaufen? Die niedlichen kleinen Mädchen machen es hier ganz geschickt: Sie schenken jedem Fremden bei der Ankunft eine Blütenkette. Man ist gerührt über so viel Freundlichkeit und wenn man den Ort verlassen will, dann, na ja, dann kann man natürlich nicht anders, als ein paar der viel zu teuren Postkarten zu kaufen.

Für den Abschluss unserer Tour haben wir uns die Gerichtshalle von Klungkung aufbewahrt. Klungkung war vor der Zeit, als Holland Kolonialmacht auf der ganzen Insel wurde, eines der Königreiche auf Bali. ‚Reich‘, das klingt in unseren Ohren gewaltig und mächtig. Die ‚Reiche‘ auf Bali waren klein, der Größe der Insel entsprechend. Die Herrscher, Rajas, von Klungkung, Badung, Ubud regierten über ihre Länder wie die Herrscher aller Länder mit mehr oder weniger Gewalt und Prachtentfaltung. Sie führten Kriege gegeneinander und hatten ihren Hofstaat. Die Holländer, die ihre Kolonialmacht von Java aus ausübten, fanden derlei kleinstaaterische Wichtigtuereien albern und machten ihnen auch schließlich mit brachialer Kanonenbootpolitik ein Ende. Dieses Ende wurde tragisch: der Raja von Bandung beging Selbstmord mitsamt seiner Familie und seinem ganzen Gefolge. Vicki Baum erzählt das sehr lebendig und bewegend.

Was Klungkung den anderen Reichen voraushatte, war, dass sich hier die große Gerichtshalle befand. Heute wie damals war jedes Dorf Balis eine autonome Einheit, in der alle Angelegenheiten der Gemeinschaft gemeinsam beraten und beschlossen werden. Auch die Gerichtsbarkeit ist zunächst Sache des Dorfes und der Dorfältesten. Finden die keine Lösung der Rechtssache, geht sie an die nächsthöhere Instanz. Früher war das der Raja oder die von ihm beauftragten Leute. Fanden auch sie keine Lösung, dann blieb nur noch als höchste Instanz die Gerichtshalle von Klungkung. So eine Art

Bundesverfassungsgericht mit höchstrichterlicher Entscheidungs-
gewalt. Diese Gerichtshalle war bekannt und berüchtigt für ihre
drakonischen Strafen. Wer es nicht schaffte, auf den unteren Ebenen
zu einer gütlichen Lösung zu kommen, der sollte richtig büßen.

Heute ist die Gerichtshalle so etwas wie ein Freilichtmuseum. Eine
offene Halle, die man über eine Treppe betritt und schon steht man
im Zentrum eines bilderbogenhaften Strafenkatalogs. Rundum an
den Friesen und an der Decke sind in farbenfrohen, kräftigen Bildern
alle möglichen Sünden und Schandtaten dargestellt und zu jeder
strafbaren Handlung findet sich gleich die Darstellung der ihr gebüh-
renden Buße. Da gibt es alle möglichen Folterqualen für alle nur
denkbaren Sünden. Was waren das für Sünden? Mehr als vier Kinder
zu haben, Sodomie zu treiben, sein Vieh zu schlagen, als Bauer ein
Faulpelz zu sein, in einem bestimmten Alter noch unverheiratet oder
gar kinderlos zu sein und vieles, vieles mehr. Auf den Bildtafeln
neben diesen Strafbarkeiten kann man dann gleich sehen, was mit
den Sündern geschah: Dämonen zwicken sie, nagen an ihren
Gebeinen, piesacken sie so, dass einem beim Anblick der Geplagten
ganz mitleidvoll ums Herz wird.

Das kleine Museum neben der Halle ist interessant. Es zeigt
Szenen aus dem Leben der letzten Herrscherfamilie von Badung,
Teile ihrer Familienchronik, vergilbte Protokolle der Verhandlungen
mit den Holländern, antiquierte Waffen und das letzte Stück schlimmer holländisch-balinesischer Kolonialgeschichte in bewegenden
Bildern: den ‚Zwischenfall von Badung‘, oder die Massakrierung des
wichtigsten balinesischen Herrscherhauses und damit die Einverlei-
bung Balis ins niederländische Kolonialreich. Den Holländern war
und ist es heute noch ein ‚Zwischenfall', für die Balinesen war es
eine Tragödie.

Wir haben genug gesehen. Die Rückfahrt zum Hotel dauert lange,
um Denpasar herum geht es nur im Schritttempo. Als wir
ankommen, ist es bereits Zeit zum Abendessen.

Fast schon Abschied.

Freitag, der 3. Januar. Vier Tage bleiben uns noch. Wir wollen uns doch noch einmal für einen halben Tag Kuta zumuten. In Kuta beginnt das Leben offensichtlich später als im übrigen Bali. Die Nächte sind länger. Um halb zehn beginnen die Händler gerade mal, ihre Stände aufzubauen. Um elf Uhr aber läuft dann der Betrieb schon auf Hochtouren und man hat seine liebe Not, das aufdringliche Volk loszuwerden, das einem alles Mögliche andrehen will. Wie oft haben uns balinesische Taxifahrer und auch das Hotelpersonal gewarnt: Kuta ist kein gutes Pflaster, Taschen gut festhalten und Vorsicht, es kommen so viele schlechte Menschen von Java herüber. Mag sein. Nach zwölf Tagen Bali ist unsere Kauflust erschöpft und so ist der Bummel eher lustlos.

Der Nachmittag gehört dem Strand, der Abend Legian. Dort waren wir noch nicht. Viel Rummel. Treffen sich in Kuta die Traveller und die Surferszene, so ist Legian das Revier der Edeltraveller und betuchten Fun-people, die wie bunte Paradiesvögel die Straßen bevölkern. Auch hier ist Boutique neben Boutique und wir haben wieder Abwehrschlachten gegen die Straßenhändler zu bestehen. Das Restaurant für das Abendessen suchen wir nach dem Bierpreis aus, denn die Flasche Bier ist meist teurer als ein Essen. Im ersten Stock über der Straße ist der Lärm erträglich. Unten schiebt sich die endlose Autokarawane über die Legian Street Richtung Kuta. Von einer Straßenseite auf die anderen zu gelangen, erfordert Mut und Glück. Von allen Seiten dröhnt Musik aus Lautsprecherboxen. Gut, dass wir das andere Bali auch kennen.

Der Taxifahrer, der uns nach Legian fuhr, erzählte uns freimütig, dass sein Name ‚Nummer zwei' sei. Das zweite Kind also nach der balinesischen Kinderzählung, nach der maximal vier Kinder erlaubt sind. Traditionelle Bevölkerungspolitik. Er erzählte uns auch, dass er keine Geschwister und Eltern mehr habe, auch keine Wohnung, und dass er ganz allein lebe. Jede Nacht schlafe er im Auto seines Chefs, dem Mitsubishi Lancer, mit dem er uns kutschiert. Armer Kerl! Soll man ihm glauben? Mitleidsmasche? Wenn wir ihn am nächsten Tag mieten, sagt er, spiele Geld keine Rolle. Wichtig sei ihm nur, dass uns Bali gefällt. Das mache ihn glücklich. Arme glückliche Nummer Zwei.

Tänze

Noch einmal haben wir uns zu einem Ausflug entschlossen. Vor allem wollen wir den Barongtanz in Batubalan sehen. Der beginnt täglich um halb zehn. Das gleiche Mitsubishi Colt-Team wie vor zwei Tagen holt uns wieder ab.

Batubalan ist das Dorf der Steinmetze. Vor dem gespaltenen Tor des Tempels ist eine Bühne aufgebaut und ihr gegenüber die Zuschauerreihen. Es ist nicht einmal voll und wir bekommen Plätze ganz vorne in der dritten Reihe. Der Barong ist der eindrucksvollste der balinesischen Tänze.

In Ubud haben wir den Kecak und den Trance-Tanz gesehen. Der Kecak, im Fackeldunkel getanzt, erschlägt einen zuerst durch die Vielzahl der stampfenden Männerbeine, der ölglänzenden Körper und der immer wieder rhythmisch sich wiederholenden Kecak-Rufe. Dieser Tanz ist wohl der geheimnisvollste und ursprünglichste, aber gerade deshalb verschließt er sich am meisten der touristischen Vermarktung. Sowohl Kecak als auch Trance-Tanz verlieren viel von ihrer Glaubwürdigkeit, wenn sie vor fremdem Publikum getanzt werden. Sie gehören in die verborgene Dunkelheit einer Vollmondnacht. Doch trotz aller Öffentlichkeit war gerade der Trance-Tanz unheimlich und beeindruckend. Der einzelne Tänzer, der aus dem Dunkel auftauchend, ohne irgendeinen Schmerz zu empfinden, eine Viertelstunde lang über Feuer und glühenden Kohlen tanzt, der kann das nicht simuliert haben. Als sein Tanz zu Ende ist, bestürmen ihn viele Zuschauer. Er ist wie gerade aufgewacht, ratlos, weiß nicht und kann sich nicht erinnern, wie er hier auf die Tanzfläche kam. Er empfand auch keinen Schmerz. Nur die schwarzen Brandstellen an seinen Füßen sprechen eine beredte Sprache.

Das Ramayana-Epos hatten wir schon am Weihnachtsabend gesehen und es hat uns zutiefst beeindruckt. Die fantastischen Masken, die märchenhaften Gestalten, Hanuman, der Affenkönig, der zarte Prinz und seine Geliebte, Garuda der Göttervogel, alle kommen sie ja vor in dieser zauberhaften Geschichte von der geraubten und wiedergewonnenen Prinzessin. Eine Stunde lang dauerte diese Aufführung und sie wurde in keiner Minute langweilig. Der gleichförmige Klangteppich des Gamelanorchesters und die durchdringende, manchmal schrille, manchmal monotone Stimme des Erzählers bildeten eine atemberaubende Einheit mit dem bildhaft Dargestellten.

Vor dem Barongtanz in Batubalan gibt es als Vorspiel den Legong, den Tanz zweier ganz zarter jungfräulicher Mädchen. Jede Geste, jede Bewegung der langgliedrigen Finger, jede Veränderung der Mimik hat ihre Bedeutung. Wie sich die beiden Mädchen zum Klang der Gongs, Glocken und Trommeln schlängeln und winden, das hat eine unglaubliche Grazie.

Und dann endlich folgt der Barong-Tanz. Gut und Böse im Streit um ein Menschlein. Dass das Gute siegt, ist eher Zufall als wirkliche Stärke. Der Mensch lebt im Hin- und Hergerissensein zwischen den beiden Polen. Immer wieder befindet er sich inmitten des gespaltenen Tores, mal hierhin, mal dorthin gezogen. Ihm allein obliegt es, den richtigen Weg zu finden. Der Barong, klobige, fratzenhafte Verkörperung des Guten - zwei Tänzer tragen seinen riesigen hundeähnlichen Körper - wirkt eher dümmlich und naiv. Wie einfältig ist doch das Gute. Rangda, die Hexe mit den langen schwarzen Haaren jedoch und ihre Vasallen wirken da weitaus gemeiner, gefährlicher, klüger. Das Böse verfügt über die abgefeimtesten Tricks, und hätte nicht Vishnu, Gott selbst eingegriffen, wäre das Prinzlein nicht aus den Fängen des Bösen zu retten gewesen.

Nach dem Barongtanz kann es eigentlich keine Steigerung mehr geben. Wir hätten das wissen müssen. Stattdessen lassen wir uns noch auf den Krampf einer Halbtagestour zur Goa Gaja, der Elefantenhöhle und nach Ubud ein. Wir haben in den vierzehn Tagen zu vieles gesehen, sind satt. In der Elefantenhöhle wimmelt es von Touristen und das Neka-Museum in Ubud nehmen wir nur noch halbherzig auf. Es reicht. Was bleibt, ist der Abschied von dieser wunderbaren Insel, vom Meer, vom Spiel mit den Wellen.

Am 5. Januar am späten Nachmittag steigen wir in den Jumbo der Garuda-Air und der Göttervogel bringt uns über Djakarta und Singapur zurück in die Kälte der Heimat.

Der zweite Band meiner Reiseberichte (1998 – 2018) *wird in abseh-barer Zeit folgen. Darin werde ich unter anderem über meine/unsere Erlebnisse und Erfahrungen bei den folgenden Reisen berichten:*

Costa Rica

Djerba

Nilkreuzfahrt,

Down Under (Australien)

Koh Chang (Thailand)

Korsika,

Langkawi,

Gran Canaria,

Kreuzfahrt mit ‚Mein Schiff 1'

Boa Vista (Kapverden)

I.C.H.

Ein alter Kreter. Ein Bild von Ildiko Hajnal.

Viel Platz für Ihre /Euro Reisenotizen und Anmerkungen zum gelesenen Inhalt.